Wolfgang Appel, Werner Felisiak (Hrsg.)
HR-Servicemanagement

Wolfgang Appel, Werner Felisiak (Hrsg.)

HR-Servicemanagement

Produktion von HR-Dienstleistungen

2. Auflage

DE GRUYTER
OLDENBOURG

ISBN 978-3-11-057851-5
e-ISBN (PDF) 978-3-11-037629-6
e-ISBN (EPUB) 978-3-11-039869-4

Library of Congress Cataloging-in-Publication Data
A CIP catalog record for this book has been applied for at the Library of Congress.

Bibliografische Information der Deutschen Nationalbibliothek
Die Deutsche Nationalbibliothek verzeichnet diese Publikation in der Deutschen Nationalbibliografie; detaillierte bibliografische Daten sind im Internet über
http://dnb.dnb.de abrufbar.

www.degruyter.com

Vorwort zur zweiten Auflage

Gerade einmal drei Jahre hat es gedauert, dass von „HR-Servicemanagement" eine zweite Auflage auf den Markt kommt. In dieser Zeit hat sich das Buch als Standard bei den deutschsprachigen HR-Serviceexperten etabliert. Es hat damit den Zweck erfüllt, den wir ihm von Anfang an zugedacht hatten: ein „Kochbuch" für die Praxis zu sein, in dem viele praxisrelevante Erkenntnisse, Methoden und Strukturen dieser Organisationsform wissenschaftlich geordnet und aufbereitet dargestellt werden.

Seit dem Erscheinen der ersten Auflage hat sich das Thema HR-Services deutlich weiterentwickelt: Ganz oben auf der Agenda stehen die Themen Professionalisierung, Automatisierung und Internationalisierung. Wir haben dem Rechnung getragen, indem wir in dieser Auflage neue Steuerungsmethoden wie etwa das ITIL-Management oder Erfahrungen der Praxis mit einem fortentwickelten Prozessmanagement vorstellen. Ebenso wurde erstmalig ein Abschnitt zu rechtlichen Fragen rund um das HR-Servicecenter aufgenommen. Um den vielfältigen Aspekten der technischen Entwicklung gerecht zu werden, haben wir dieses Kapitel vollständig neu gestaltet. Nicht zuletzt haben wir mehrere Praxisbeispiele ausgetauscht.

Wir danken unseren Co-Autoren und -Autorinnen, die entweder bereit waren, ihre Beiträge zu überarbeiten, oder die wir für ganz neue Artikel gewinnen konnten. Unser Dank gilt auch den Mitarbeitern des Verlags De Gruyter Oldenbourg für ihre Unterstützung bei der Realisierung dieses Projektes. Ganz besonders wichtig war wiederum wie bei der ersten Auflage die Redaktion und Layoutgestaltung durch Frau Christina Rathmann, ohne die dieses Buch nicht möglich gewesen wäre.

Wolfgang Appel und Werner Felisiak

Vorwort zur ersten Auflage

Dieses Buch ist das Ergebnis der langjährigen beruflichen Tätigkeit der Herausgeber im Bereich des HR-Servicemanagements – und dies sowohl in der Praxis als auch in der Wissenschaft. Das HR-Servicecenter hat uns nicht nur beschäftigt, sondern auch gefesselt, bietet es doch eine große Vielschichtigkeit von Themen und Prozessen, die über das gewöhnliche Geschäft eines Personalers weit hinausgehen. Mit dieser Schrift wollten wir eine Art „Kochbuch" erstellen, um unser in der Praxis gesammeltes Fachwissen und unsere Erfahrungen zu verbreiten. Einem Novizen des HR-Service soll es eine Anleitung zum Aufbau eines Servicecenters sein. Dem erfahrenen Praktiker wird es bei dem einen oder anderen Thema Anregungen zur Verfeinerung und Optimierung seines Centers liefern.

Das Buch hat eine mehr als zweijährige Vorgeschichte, in der wir Konzepte geschmiedet und Mitstreiter gewonnen haben. Wir hatten rasch erkannt, dass ein solches Werk auch zu zweit nicht in einer relativ kurzen Zeit zu stemmen ist: Entweder fehlten uns die Kapazitäten oder die spezielle Expertise. Wir bedanken uns darum sehr herzlich bei unseren Co-Autoren Rainer Aries, Joachim Bauß, Reinhold Bailer, Prof. Dr. Malte Beinhauer, Jens Berger, Thomas Essig, Christine Glörfeld, Sven Kaiser, Dr. Markku Klingelhöfer, Joachim Krahl, Andreas Mayer, Thomas Merkl, Navid Nazemian, Klaus Schewe, Michael Schwarz, Jan Schüler, Arthur Seidl und Bernhard Thibol.

Herzlichen Dank auch für die Unterstützung seitens des Oldenbourg-Verlags, namentlich Herrn Thomas Ammon, der als Lektor das Vorhaben seit Beginn des Jahres 2011 wohlwollend und geduldig begleitet hat. Seine Kollegin, Frau Sarah Voit, war immer wieder bereit, uns kurzfristig eine Rückmeldung zum Stand der Druckvorlage zu geben, und hat darum einen guten Anteil daran, dass wir in der letzten Phase der Fertigstellung in großen Schritten vorangekommen sind. Bei Frau Christina Rathmann bedanken wir uns für die sorgfältige Erstellung des Verlagsmanuskripts, ihre Eigeninitiative in der Abstimmung mit dem Verlag und die präzise und angenehme Einforderung der Lieferpflichten der Autoren. Frau Dr. Birgit Michel-Dittgen hat die Korrektur des Manuskripts in kurzer Zeit zuverlässig und aufmerksam erledigt – auch dafür danken wir herzlich.

Dem Buch wünschen wir, dass es viele interessierte Leser in Wissenschaft, Lehre und Praxis finden wird. Für alle Verbesserungsvorschläge und Ergänzungswünsche interessieren wir uns sehr – wir bitten um Ihre Rückmeldung.

Wolfgang Appel und Werner Felisiak

Inhalt

8   Führung und Steuerung   171
          Werner Felisiak

Praxisbeispiel 5: Service Management bei Merck HR-Services –
inspiriert von ITIL®   206
          Oliver Daraga

Abbildungsverzeichnis

Abbildungsverzeichnis Praxisbeispiele

Tabellenverzeichnis

Abkürzungsverzeichnis

6σ	Six Sigma
ABC	Activity Based Costing
ABPA	Activity Based Profitability Analysis
ACD	Automatic Call Distribution
ADP	Internationaler Anbieter von HR-Outsourcing
AIP	Action in Process
BESt	Betriebliche Einsatzstellen
BPMN	Business Process Modeling Notation
BPO	Business Process Outsourcing
BPS	Bosch Production System
BSC	Balanced Scorecard
CIP	Continuous Improvement Process
CoE	Center of Expertise bzw. Center of Excellence
COO	Chief Operating Officer
CRM	Customer-Relationship-Management
CTI	Computer Telephony Integration
CTQ	Critical to Quality
DGFP	Deutsche Gesellschaft für Personalführung
DMAIC	Define, Measure, Analyze, Improve, Control
EFQM	European Foundation for Quality Management
EIC	Employee-Interaction-Center
ERP	Enterprise-Resource-Planning
ESS	Employee-Self-Services
EVA	Economic Value Added

FAQ	Frequently Asked Questions
FIFO	First In – First Out
FpMM	Fehler pro Millionen Möglichkeiten
FPY	First Pass Yield
GBS	Global Business Services
GPO	Group Process Owner
HR	Human Resources
IPMS	Integrated Performance Measurement System
ITIL	IT-Infrastructure-Library
IVR	Interactive Voice Response
KPI	Key-Performance-Indikator
MSS	Manager-Self-Services
PDCA	Plan, Do, Check, Act
PE/OE	Personal- und Organisationsentwicklung
PeNL	Personalabteilungen in den Niederlassungen
PIMS	Profit Impact of Market Strategies
PKI	Public Key Infrastructure
PM	Performance Management
QM	Qualitätsmanagement
ROI	Return on Investment
SHV	Shareholder Value
SLA	Service-Level-Agreement
SMART	Specific (spezifisch), Measurable (messbar), Achievable (erreichbar), Realistic (realistisch), Time framed (Zeitrahmen)
SSC	Shared-Service-Center
TCT	Total Cycle Time
TQM	Total Quality Management
KVP	Kontinuierlicher Verbesserungsprozess

1 Servicemanagement im Personalwesen

Wolfgang Appel, Werner Felisiak

In den abgelaufenen zwei bis drei Jahrzehnten beschäftigten sich die Organisationsentwickler in der Managementpraxis vor allem mit den Themen Kundenorientierung, Dienstleistungsmanagement und Wertschöpfungsstrategien. Dabei gewannen die Humanressourcen als das entscheidende Unternehmenspotenzial an Bedeutung (Wunderer/Jaritz 2006, S. 3). Auf Basis dieser Erkenntnisse vollzogen sich drastische organisatorische Veränderungen in den Unternehmen. Die HR-Organisation blieb bis Ende der 1990er-Jahre bis auf wenige Ausnahmen von fundamentalen Umstürzen verschont, obwohl der Aufgabenumfang sowie die Aufgabeninhalte zunahmen. Über Jahrzehnte hinweg war sie als eine geschlossene Einheit betrachtet worden, deren Akteure wechselten und Themen sich entwickelten, deren Arbeitsweise aber im Grunde unverändert geblieben war.

Das HR-Management erfüllt eine duale Rolle, indem es auf der einen Seite im Auftrag der Unternehmensleitung übergeordnete unternehmerische Interessen durchsetzt. Ebenso überwachen die Personaler die Einhaltung von gesetzlichen, tariflichen und firmenrechtlichen Rahmenbedingungen. Sie verkörpern in diesem Sinne die regulative oder Eingriffsfunktion. Diese erfolgskritischen Aktivitäten unterliegen einem hierarchischen Steuerungsprinzip, d. h. die internen Leistungsempfänger können nicht frei über den Bezug entscheiden, sondern sind zur Abnahme verpflichtet. Wegen der primären Strategie- und Effektivitätsorientierung sollten die Leistungen von einer marktmäßigen Steuerung durch Angebot und Nachfrage ausgenommen werden. Auf der anderen Seite soll das HR-Management Partner der Mitarbeiter und operativen Führungskräfte auf Augenhöhe sein und eine dienende Funktion zur Erreichung des Unternehmenszwecks erfüllen. Nicht erst seitdem die machtausübende Funktion als Governance und die dienende Funktion als Service bezeichnet wird, kennzeichnet diese Ambivalenz das Denken und Handeln der Personaler. Neu ist lediglich, dass seit Anfang der 2000er-Jahre, als die ersten entsprechenden Funktionen in deutschen Großbanken entstanden, eine Organisationsform vorhanden ist, die die Servicefunktion der Personalarbeit unabhängig von der Beratungs- und Steuerungsfunktion in einer neuen Struktur abbildet: das HR-Servicecenter.

Dass diese organisatorische Idee erfolgreich war, ist Veränderungen geschuldet, die im letzten Jahrzehnt auf mehreren Ebenen stattgefunden haben: Strategisch erlebten wir eine starke Zentralisierungswelle nicht nur in Unternehmen, sondern auch in staatlichen Institutionen. Kompetenzen wurden entgegen der offiziellen Rhetorik in der Hierarchie nach oben verlagert und Ausführungsressourcen gebündelt – siehe die Entwicklungen im Zuge der europäischen Einigung. Verbunden damit ist ein „Rückzug aus der Fläche" – ehrlicherweise müsste man sagen: ein Rückzug aus den ländlichen Räumen –, aber auch die Internationalisierung von Dienstleistungen in bisher nicht bekanntem Ausmaß. Die Organisationsform des Call Center, selten geliebt, aber seit den 1990er-Jahren von einem beeindruckenden Erfolg begleitet, ist Ausdruck dieser Entwicklung. Die Personalarbeit hat sich von diesen Einflüssen nicht abkoppeln können und die Idee unter der Bezeichnung HR-Servicecenter adaptiert. Entsprechende Reorganisationsprojekte wurden in einigen Großunternehmen gestartet und umgesetzt – selten aus innerer Überzeugung, sondern häufiger auf Druck der operativen Vorstandsressorts oder des Controllings.

Das Servicecenter ist jedoch mehr als nur ein aufbauorganisatorisches Konstrukt – es ist ein Zusammenwirken neuer Technologien mit einer konsequent prozessorientierten Arbeitsweise unter dem ideologischen Überbau einer kundenorientierten Kultur. Die Menschen in dieser Organisation müssen sich selbst als Dienstleister verstehen: „Service is our passion." Entsprechend ist über die Idee eines HR-Servicemanagements als umfassendes Konzept für die dienende Funktion der Personalarbeit nachzudenken, wozu dieses Buch einen Beitrag leisten möchte.

Service wird in der deutschen Fachliteratur mit dem Begriff der Dienstleistung gleichgesetzt. Dieser Begriff ist vielschichtig und kennt drei relevante Perspektiven (vgl. Bruhn 2011, S. 23 f.):

- Eine potenzialorientierte Perspektive, die die erbrachten Leistungen immer in Abhängigkeit von den Potenzialen der leistenden Menschen und Ressourcen betrachtet. Die Ergebnisse werden nicht aus Sicht des Kunden definiert, sondern erklären sich aus den Möglichkeiten der leistenden Organisation.
- Die prozessorientierte Perspektive, die den Erstellungsprozess im Vordergrund sieht, da Dienstleistungen in der Regel in der Gleichzeitigkeit der Leistungserbringung und des Leistungsverzehrs stattfinden.
- Zuletzt die ergebnisorientierte Perspektive, die auf das erstellte Produkt abzielt.

Ausgehend von diesen drei Dimensionen des Dienstleistungskonstrukts wird dem HR-Servicemanagement in Anlehnung an die allgemeine Begriffsbestimmung von Bruhn die folgende Definition zugrunde gelegt (vgl. Bruhn 2011, S. 24):

HR-Servicemanagement ist die Planung, Bereitstellung und Steuerung von HR-Services, verstanden als abgrenzbare, marktfähige Leistungen (potenzialorientierte Perspektive). Diese entstehen durch die Kombination vorrangig interner, aber auch externer Ressourcen innerhalb eines Produktionsprozesses (prozessorientierte Perspektive). Die Leistungen werden vorrangig für interne Kunden produziert, um diese bei der Erreichung des Unternehmensziels zu unterstützen (ergebnisorientierte Perspektive).

Gemeinsames Merkmal aller HR-Services ist der eher immaterielle Charakter der Leistung, die Einbindung des Kunden in den Prozess der Leistungserstellung und ein Selbstverständnis als dienende Funktion, die im Auftrag der Unternehmensleitung tätig wird (vgl. Haller 2010, S. 18–23). Bruhn und Stauss führen aus, dass ein Unternehmen nur dann erfolgreich extern dem Kunden Services anbieten kann, wenn dies durch eine interne Serviceorientierung spiegelbildlich vorgelebt wird (vgl. Bruhn/Stauss 2010, S. 5). Das HR-Management kann also einen Beitrag zum Erfolg des Unternehmens am externen Markt leisten, indem die an der Schnittstelle zum Kunden tätigen Mitarbeiter erfahren, dass sie nach innen ebenso als Kunden gesehen werden und von den internen Dienstleistern nach denselben Grundsätzen von Freundlichkeit, Schnelligkeit, Fairness und Qualität behandelt werden.

Bruhn/Stauss nennen zwei Ebenen, die zur Erreichung einer hohen internen Serviceorientierung wichtig sind: zunächst die persönliche Serviceorientierung und sodann die organisationale. Die persönliche Serviceorientierung hängt ab von der Einstellung und den Werten des Mitarbeiters, der die Leistung erbringt. Sind diese wertschätzend, positiv, aber auch verknüpft mit einer positiven Selbstwahrnehmung, dann wird der Mitarbeiter ein serviceorientiertes Verhalten zeigen. Die organisationale Serviceorganisation gestaltet wiederum vier nachgelagerte Subebenen: Ziel ist es, serviceorientierte Strukturen, Führung, Systeme und Unternehmenskultur aufzubauen (vgl. Bruhn/Stauss 2010, S. 8–21). Entsprechend wollen wir in diesem Buch die Ebenen des HR-Servicemanagements umfassend behandeln.

2 Die HR-Organisation – Re-loaded

Navid Nazemian, Wolfgang Appel

2.1 Die HR-Welt nach Dave Ulrich

Als Dave Ulrich sein maßgebliches Modell der neuen HR-Organisation vor über zehn Jahren auf den Markt brachte, löste es Eruptionen in der Personalarbeit aus.

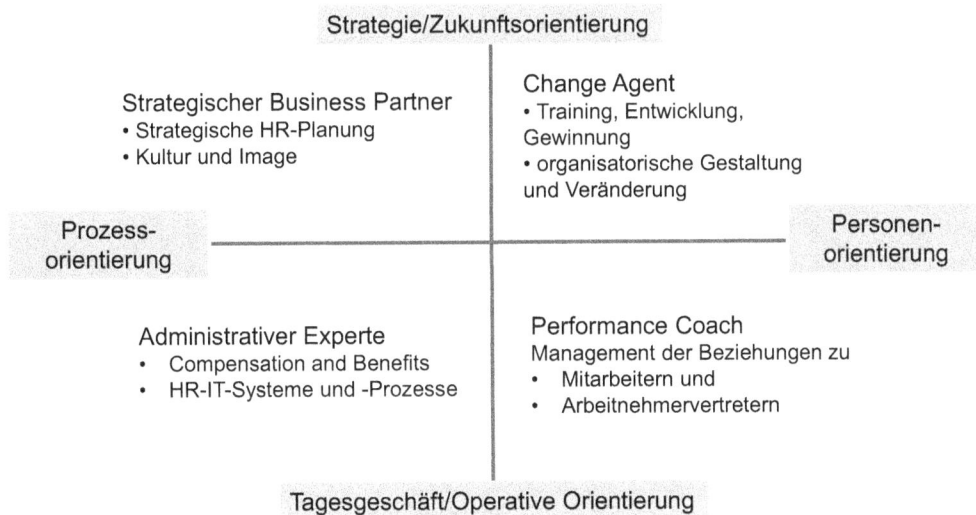

Strategie/Zukunftsorientierung

Strategischer Business Partner
• Strategische HR-Planung
• Kultur und Image

Change Agent
• Training, Entwicklung, Gewinnung
• organisatorische Gestaltung und Veränderung

Prozess-orientierung

Personen-orientierung

Administrativer Experte
• Compensation and Benefits
• HR-IT-Systeme und -Prozesse

Performance Coach
Management der Beziehungen zu
• Mitarbeitern und
• Arbeitnehmervertretern

Tagesgeschäft/Operative Orientierung

Abb. 2.1: Das Dave-Ulrich-Modell der „HR-Value-Proposition" (Quelle: Eigene Darstellung in Anlehnung an Ulrich 1996, S. 24, sowie Oertig 2007, S. 20)

Kaum ein Großunternehmen, das seine Personalarbeit nicht an diesem Konzept ausgerichtet hätte. Das Kompetenzmodell wurde ein Maßstab für fortschrittliche HR-Organisation, an dem sich Personalverantwortliche messen lassen mussten. Ulrich wurde zu einem Vordenker der Szene, der seine Konzepte mit hohem Unterhaltungswert und anschaulichen Bildern transportiert. Noch dazu ist er ein Hochschullehrer, den die Praktiker trotz aller Abstraktion seiner Konstrukte zu akzeptieren scheinen. Wie wichtig ist jedoch seine Person für die Entwicklung der HR-Funktion?

Wäre die HR-Welt ohne die Ansätze eines Dave Ulrich dieselbe wie zu Beginn der 1990er-Jahre geblieben? Wohl kaum, denn die HR-Funktion hat sich nicht allein verändert, vielmehr vollzog sich ihr Wandel im Gleichklang mit der Finanzabteilung oder der Logistik, die ebenfalls in ihren Bereichen Konzept- und Prozessdesign von der Ausführung trennten. Die Stoßrichtung dieser Entwicklungen entsprach dem strategischen Impetus dieser Zeit, der lautete: Konzentration auf das Kerngeschäft. Somit war es bei Ulrich wie so oft in der Geschichte charismatischer Visionäre: Ihre geniale Eingebung genügte nicht, um eine Revolution auszulösen, sondern sie musste auch auf einen fruchtbaren Boden fallen. Die Zeit war Ende der 1990er-Jahre einfach reif für Ulrichs Vorstoß und sie hat den damals einsetzenden Schub in der Professionalisierung der Personalarbeit mit gestützt. Trotz dieser Verdienste gab und gibt es jedoch vielfältige und beachtenswerte Kritik an seinen HR-Modellen.

Zunächst ist anzumerken, dass Ulrichs Modell vor allem im Bereich der Großkonzerne umgesetzt wurde. Seine Idee der vier Rollen einer Personalfunktion wäre zwar auch in kleinen und mittleren Unternehmen anzuwenden, beschreibt sie doch lediglich verschiedene Anforderungen an den HR-Manager. In einem Kleinunternehmen mit einem einzigen Personaler wären letztlich alle Rollen in einer Person zusammenzuführen. Fragt man aber Personalverantwortliche von kleinen und mittelgroßen deutschen Unternehmen nach Dave Ulrich, so wird man oft auf Ratlosigkeit und Unkenntnis stoßen.

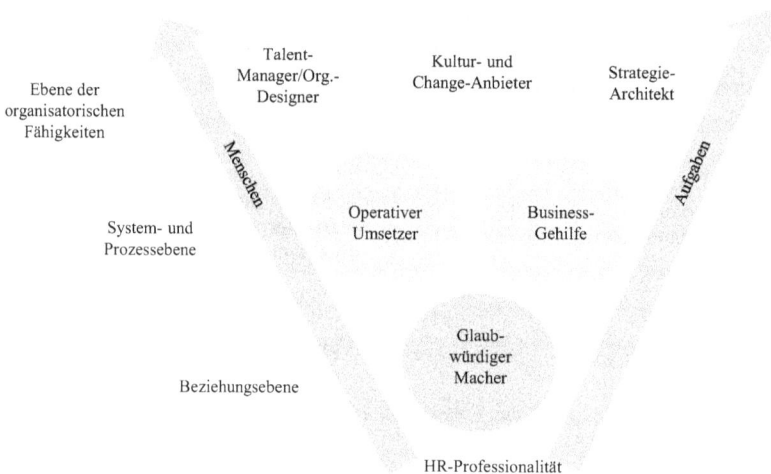

Abb. 2.2: Das überholte Kompetenzmodell von Dave Ulrich (Quelle: Eigene Darstellung in Anlehnung an Ulrich 2008, S. 226)

Das eingeschränkte Anwendungsgebiet mag von den wenig praktischen Handlungsanweisungen der Modelle Ulrichs herrühren. Denn im Kern ging es ihm nicht um aufbauorganisatorische Strukturen, sondern er beschrieb lediglich die Idealkompetenzen eines HR-

Managers. Kompetenzen sind allgemein zu verstehen als die „Fähigkeit, das Richtige zur richtigen Zeit zu tun" (Demmer 2010, S. 24). Ulrich hat seinen Ansatz aus einem empirischen Forschungsprogramm gewonnen. Seit Ende der 1980er-Jahre befragte er Praktiker (sowohl Personaler als auch Business Leader) nach deren Erwartungen an die Personaler. Geantwortet wurde ihm mit Kompetenzen wie persönlicher Glaubwürdigkeit, strategischem Beitrag und Kenntnis des operativen Geschäfts. Aus diesen Anforderungen an die Personalarbeit und die Personaler wurden in den 1990ern „HR-Competencies" und in der vorletzten Version die „HR-Capabilities", die stärker auf die Rollen des modernen Personalers abstellen (vgl. Ulrich/Brockbank/Johnson 2008, S. 37 f.). Diese wurden zuletzt im Jahre 2012 weiter aktualisiert und in Form von „HR From the Outside In" verfeinert (vgl. Ulrich/Younger 2012, S. 52):

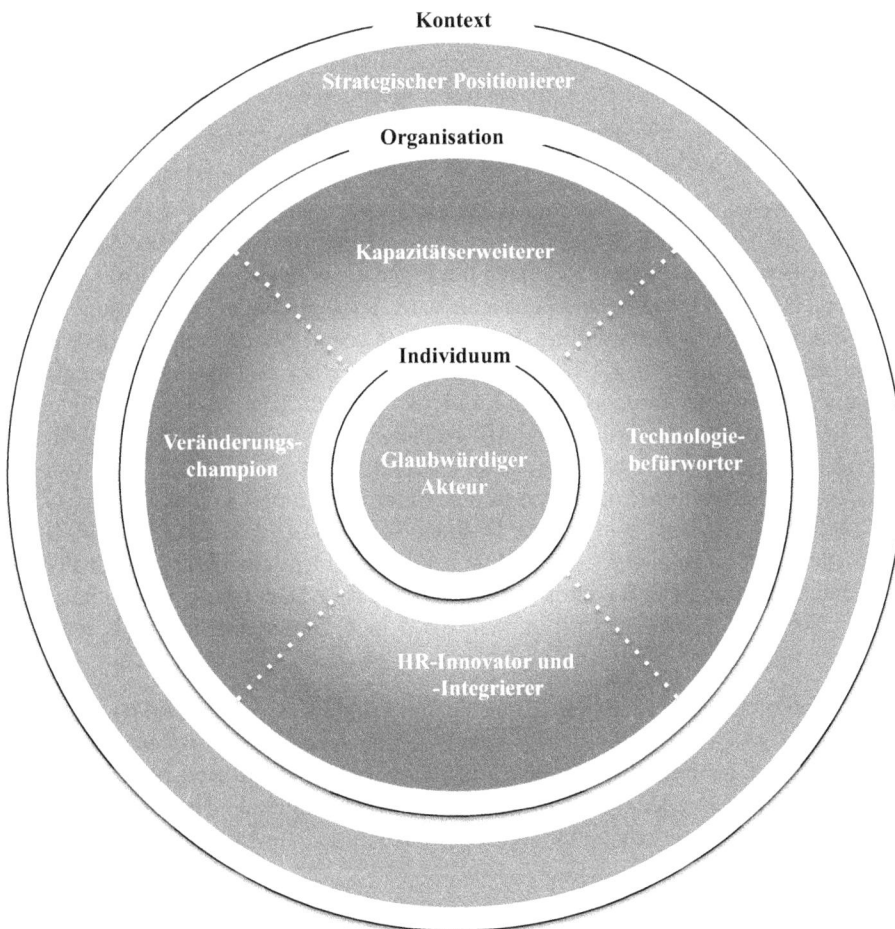

Abb. 2.3: Das aktuelle Kompetenzmodell von Dave Ulrich (Quelle: Eigene Darstellung in Anlehnung an Ulrich/Younger 2012)

Vielleicht ist darum die Kritik an seinem Modell das Resultat eines großen Missverständnisses, denn sie verdichtet sich in der aufbauorganisatorischen Umsetzung des Konstrukts des „Strategic Positioner" – des vormaligen „Strategic Business Partner". Ulrich scheint von der anhaltenden Auseinandersetzung selbst so genervt, dass er im Herbst 2010 auf einem Kongress in Zürich meinte, dass er zu diesem Thema nichts mehr sagen möchte. Es bleibt aber festzustellen, dass dieses Rollenmodell in der Umsetzung die schwierigste seiner HR-Positionen ist (vgl. Kötter 2011, S. 40). Es verlangt von dem Rolleninhaber eine Konzentration auf strategisches Handeln des begleiteten Managers und der Business Unit. Er soll die Implikationen der operativen Strategie auf das HR-Geschäft in langfristiger Weise vorausdenken sowie negative Auswirkungen auf die Personalressourcen und Umsetzungsbeiträge der Personalfunktion aufzeigen. Der HR-Business-Partner kann diesen Anforderungen nur gerecht werden, wenn er aufgrund seiner organisatorischen Einordnung auf Augenhöhe mit der Geschäftsleitung agieren kann. Die Ergebnisse der Cranet-Studie, einer vergleichenden empirischen Studie der Personalarbeit in verschiedenen Ländern, zeigen, dass der Anteil der Personalleiter mit Sitz in der obersten Hierarchieebene in deutschen Unternehmen zwar stark gestiegen ist, aber immer noch unter 50 % liegt. In anderen europäischen Ländern wie Schweden (91 %) und Finnland (82 %) ist man da wesentlich weiter (vgl. Kabst/Kötter/Meifert u. a. 2010, S. 7).

Was wünscht sich eine operative Führungskraft aber tatsächlich von ihrem Personaler? In letzter Konsequenz braucht das Business einen Manager zur Umsetzung einer Strategie in operative HR-Arbeit. Daraus leitet sich jedoch die Frage ab, an welcher Stelle im Unternehmen überhaupt strategisch gedacht und gehandelt wird. Strategie findet man vorrangig doch eher auf der Ebene von Geschäftsführung bzw. Vorstand sowie in den direkt an diese Ebene berichtenden Instanzen. Die Masse der Führungskräfte ist eher entfernt von strategischen Themen und hat überwiegend operative HR-Probleme zu lösen, von Disziplinarmaßnahmen bis hin zu Versetzungen. Sie steht eher hilflos einem strategischen HR-Business-Partner gegenüber, der dem Alltagsgeschäft scheinbar enteilt ist. Ein strategischer HR-Business-Partner, der diesen Namen verdient, würde in den Unternehmen den Kontakt zur Basis und dem Tagesgeschehen verlieren. Wie soll der Business Partner aber dann noch seine Rolle als „Employee Advocate" einnehmen? Ulrich selbst behilft sich hier neuerdings mit der Fiktion, dass die gesamte HR-Funktion Business Partner werden soll. Damit wird jedoch aus einer Rollenbeschreibung ein ideologischer Überbau, der seinen Umsetzungsanspruch endgültig verliert.

Die in vielen Unternehmen entstandene „Drei-Säulen-Struktur" ist voller struktureller Konflikte. Nehmen wir etwa die Funktion des Center of Competence bzw. Excellence oder auch Expertise genannt. Diese Funktionen agieren in vielen modernen Konzernen wie Adidas, British American Tobacco oder General Electric nicht unabhängig als Berater der Kunden, sondern sind in die HR-Corporate-Strukturen eingebunden und sowohl für HR-Governance als auch für Produkt- und Prozesssteuerung verantwortlich.

Ein anderer Konflikt zeigt sich bei der Frage der Einbindung der Business Partner in die Linienfunktionen. Eine direkte Berichtslinie zwischen dem Personaler und dem operativen Manager scheint ganz in Dave Ulrichs Gedankenwelt zu passen. Jedoch besitzt nicht jeder Business Partner die Persönlichkeit und die fachlich-methodische Kompetenz, um in einer solchen Abhängigkeit erfolgreich zu bestehen. Der Konflikt zwischen operativen Bedürfnissen und spezifischen Zielen der Personaler wird immer vorhanden sein und sich durch eine organisatorische Einordnung in die eine oder andere Berichtslinie auch nicht lösen lassen. Darum arbeiten bereits sehr viele Personaler in Matrixstrukturen und berichten sowohl an einen oder mehrere operative Manager als auch an einen übergeordneten Personaler.

Gegen eine Einordnung des Personalers in das operative Geschäft ist zudem einzuwenden, dass es eigene, spezifische Ziele der HR-Funktion gibt, die oftmals gegen die kurzfristigen Ziele des Business durchzusetzen sind, wie z. B. das Diversity Management oder Maßnahmen zur Steuerung der Auswirkungen des demografischen Wandels. Gerade die generative Herausforderung wird erst nach einer Zeitspanne/einem Zeitraum von 10 bis 15 Jahren negative wirtschaftliche Konsequenzen nach sich ziehen. Gegenmaßnahmen von „Ausbildung über Bedarf" bis hin zu einer ehrlichen „Work-Life-Balance" fordern aber bereits heute Managementkapazität und damit einhergehend Budget sowie Commitment. Einer Linienmanagerin, die in einem Turnus von zwei bis drei Jahren ihre Stelle wechselt, wird der zukünftige Erfolg ihres dritten oder vierten Nachfolgers in konsequenter Anwendung des ökonomischen Prinzips nicht unbedingt wichtig sein. Der Personaler braucht daher eine duale Strategie, die sowohl kurzzyklisches wirtschaftliches Denken als auch langfristige personalwirtschaftliche Stabilitätserwägungen zusammenführt. Genau hier kann der Personaler seinen strategischen und langfristig angelegten Beitrag leisten (einen Überblick über die möglichen Berichtslinien eines HR-Business-Partners geben Claßen/Kern 2010, S. 30–32).

In seinem Buch HR-Transformation benennt Ulrich (vgl. Ulrich/Allen/Brockbank u. a. 2009) drei Ebenen der HR-Transformation: die HR-Funktion, die operative HR-Arbeit sowie die HR-Profession, womit die Personalentwicklung für die Personaler gemeint ist. Aus unserer Perspektive fehlt allerdings die Dimension der „Kultur", denn gerade die Kultur der Personaler ist geprägt von langfristigen Verhaltensmustern und -traditionen, die in komplexen Zusammenhängen stehen. Bildlich gesprochen: Selbst wenn ein Glied in der Kette verändert wird, so bedeutet das noch nicht, dass sich die gesamte Kette geändert hat. Zur Erläuterung eine Beobachtung aus dem Alltag:

Bei der Ankunft auf einem US-Flughafen wird ein Reisender von einer Grenzbeamtin mit einem freundlichen „Congratulations, Sir!" angesprochen. Nach kurzem Zögern des Ankömmlings verbunden mit der Hoffnung auf eine unerwartete Belohnung wie bspw. einen Gewinn der Flughafenlotterie („Sie sind der millionste Besucher" oder dergleichen) eröffnet die Grenzbeamtin: „You have been selected for additional screening!" Durchgeführt wird die wenig angenehme Intensivkontrolle sodann von unfreundlichen Beamten, die von noch unfreundlicheren Zöllnern mit einem unangenehmen und lang anhaltenden Interview beendet wird. In der Servicesprache: Das Gesicht des Front Office war perfekt geschult mit einer euphemistischen Sprache, während das Back Office den bitteren Mief des Obrigkeitsstaates fortführte. Dort waren die Transformation und die gleichmäßige Umsetzung der Kundenfreundlichkeitsstrategie klar gescheitert.

Es gelingt oft nur schwer, eingeübte Verhaltensmuster der Personalarbeit aufzubrechen; ganz einfach weil häufig lediglich die Titel vom „Personalreferenten" zum „HR-Business-Partner" mutieren, die Personen aber einfach in den alten Rollen verbleiben. Laut einer Untersuchung von Deloitte verwenden Unternehmen lediglich 0,6 % ihres Umsatzes für die Personalarbeit.

Für die Gewinnung, Entwicklung und Steuerung der wichtigsten Ressource moderner wissensbasierter Unternehmen steht demzufolge weniger als 1 % des Umsatzes zur Verfügung – oder: Unternehmen verwenden durchschnittlich 99,4 % ihres Umsatzes nicht für das Humankapital. Zum Vergleich beanspruchen die Manager von Aktienfonds jährlich zwischen 1,5–2 % des eingesetzten Kapitals als Entschädigung für ihre Aufwände. Wenn HR einen Beitrag zur Wertsteigerung leisten will, dann darf sich HR nicht auf eine Reduzierung des anteilsmäßig geringen Aufwands der Personalfunktion konzentrieren, sondern sollte die übrigen 99,4 %, die für andere Aktivitäten aufgewendet werden, mit beeinflussen. Sie muss den Beitrag zur Wertschöpfung der anderen Funktionen herausstellen.

Benchmarks waren in der vergangenen Dekade ein wichtiges Steuerungsinstrument, gerade für Shared Services. Allerdings verleiten sie einseitig zu einer Optimierung wirtschaftlicher Kennzahlen der Personalarbeit wie etwa der Betreuungsrelation von Personalern zu Mitarbeitern. Im Ergebnis werden die Unternehmen hier gut abschneiden, die über einen hohen Outsourcing-Grad verfügen. Ob sich die Zufriedenheit von Mitarbeitern und Management mit HR ebenfalls auf einem der vorderen Plätze befindet, wird nicht hinterfragt. Stattdessen wird die Aufmerksamkeit der Entscheider auf die Frage gelenkt, ob man HR-Aufwendungen (und oft damit einhergehend den Service) auf ein noch niedrigeres Niveau reduzieren sollte. Sinngemäß würde die Herabstufung des Service Levels auf 0 % auch die HR-SSC-Ausgaben signifikant reduzieren. Es stellt sich jedoch die Frage, ob Management und Mitarbeitende mit einem solchen HR-Service-Level auch zufrieden wären.

2.2 HR-Zukunftsthemen und die nächste HR-Organisation

Die Struktur sollte immer eine Ableitung aus den Aufgaben einer Organisation sein. Was werden die Topthemen der Personalarbeit in der Zukunft sein und welche Auswirkungen werden diese Themen auf die HR-Organisation haben?

- Talent Management wird der durchgängige Prozess der HR-Arbeit werden, an dem sich alle HR-Funktionen und Subprozesse ausrichten sollen. Bei Beschaffungen soll etwa nicht mehr allein auf die Erfüllung der Anforderungen der konkret zu besetzenden Stelle geachtet werden, sondern genauso auf die Kompatibilität des Kandidaten zur gesamten Organisation und auf seine Entwicklungsfähigkeit und sein Potenzial, um auch noch zehn Jahre nach dem Eintritt ins Unternehmen erfolgreich einsetzbar zu sein (aka Recruiting for Potential).
- Managing Change und kulturelle Transformation: Die atmenden Unternehmen mit einer aus Mergers und Acquisitions getriebenen Kultur brauchen mehr denn je Begleiter des Wandels. Auch weil globale Unternehmen in immer neue Märkte mit erhöhtem Tempo vordringen, kommt diesem Bereich eine besondere Bedeutung zu. Darüber hinaus gibt es erste Trends, wonach Unternehmen durch die Abbildung der Diversität in der eigenen Mitarbeiterstruktur Kundenbedürfnisse besser verstehen und entsprechend gezielter mit Produkten bedienen wollen.

- Demografiemanagement: Organisationen müssen gegen Wissensverlust durch den Austritt erfahrener Mitarbeiter geschützt werden. Sie müssen zudem lernen, auch mit einer alternden Belegschaft noch agil und dynamisch im Markt zu bestehen.
- Lernende Organisation: Unternehmen müssen ihre Belegschaft auf immer neue Komplexitäten im Geschäftsalltag vorbereiten, und das in immer kürzerer Zeit. Dies wird umso wichtiger, da einige nationale Bildungsinstitutionen – gerade außerhalb Deutschlands – diesen Wandel in ihren eigenen Lernprogrammen nicht schnell genug berücksichtigen bzw. umsetzen können.
- Work-Life-Balance: ein Thema, das sowohl die Berufseinsteiger als auch die Berufserfahrenen bewegt. Ein nicht unerheblicher Teil der Berufstätigen fühlt sich, getrieben durch eine rasante technische Entwicklung, oft überfordert, da die Barrieren zwischen Privat- und Berufsleben immer mehr einbrechen. Bei einer Konferenz von Vertriebsleuten eines großen Softwarekonzerns wurden die Mitarbeiter kürzlich vom Vertriebsleiter gefragt: „Hände hoch, wer hat einen Account gleichzeitig bei Facebook und Twitter?" – Etwa 90 % der Teilnehmer gaben ein Handzeichen. „Die anderen sollten sich diese Accounts schnellstmöglich zulegen oder gleich nächste Woche die Kündigung einreichen", war der Kommentar des Vertriebschefs. Soziale Netzwerke wurden in dieser Situation zu ausgrenzenden Instrumenten, da sie nicht Freiheit gaben, sondern raubten.
Diese Entgrenzung kann mit Work-Life-Balance nicht gemeint sein, sondern gesucht ist die Extensivierung des Humankapitals, um in der Zukunft leistungsfähig zu bleiben. Dies wird auch eine Frage der persönlichen Wertvorstellungen sein, die bei Arbeitsplatz- und Konsumentscheidungen, als Ausdruck eines hoch entwickelten, individualistischen Lebensstils, immer wichtiger werden. Eine zunehmende Anzahl von jungen Absolventen und künftigen Mitarbeitern wird die Berufswahl auch davon abhängig machen, wie gut die Unternehmen ihnen dabei helfen, ihre persönlichen Ziele und Wertvorstellungen umsetzen zu können (vgl. Strack/Caye/Leicht 2015, S. 4).

Diese Themen erfordern Steuerer, Gestalter und Umsetzer. Innerhalb von vorgegebenen Leitplanken sind Konzeptschmiede verantwortlich für den Zuschnitt von Produkten und Prozessen, die von Produktionsspezialisten erstellt und von Vertriebsmitarbeitern an den Kunden vermittelt werden müssen. Dazu wird ein Operating-Modell der HR-Funktion gesucht, das diese verschiedenen Rollen zu einem Organismus verknüpft, die heute in der aktuellen HR-Organisation zu oft segmentiert nebeneinanderher, schlimmstenfalls aber sogar gegeneinander arbeiten. Es wird ein integriertes Personalmanagement gefordert sein, das in durchgängigen Prozessen vom Kunden und zum Kunden denkt und handelt (vgl. DGFP 2009, S. 39–41). Es wird eine ganzheitliche Betrachtung erforderlich sein, die Führungskräfte, Mitarbeiter und Personaler in geschlossenen Prozessketten sieht. Wenn die Führungskräfte häufiger als bisher in das Cockpit des Rennwagens mit Namen „Führung und Personalentwicklung" steigen, dann brauchen sie dazu nicht nur einen hervorragenden Motor, sondern auch entsprechend leistungsfähige Reifen und Getriebeteile. Insgesamt gibt es – so stellt das Corporate Executive Board fest – Verbesserungsbedarf zwischen den unterschiedlichen HR-Abteilungen (vgl. Corporate Leadership Council „HR-Building-Bridges" White Paper 2012, S. 7). Die HR-Funktion muss agieren wie ein firmeneigener Dienstleister, der Wissen in hohe Produktivität für Kunden umwandelt. Das HR-Wissen, erzeugt von Experten, wird von einem integrierten „Kundenbeziehungsmanager" fokussiert. Diese Struktur wird in Abhängigkeit von der Unternehmensgröße variieren, aber über die Konjunkturzyklen hinweg Bestand haben (vgl. Voigt 2011, S. 28).

Die Aktivitäten der Personalfunktion werden sich an der Frage ausrichten, wie Mehrwert für die Kunden erzeugt werden kann. Die Antwort auf diese Frage muss immer wieder beim Kunden, also in den operativen Linienfunktionen und der Geschäftsführung, eingeholt werden. Bei der Unternehmensleitung muss ein Urvertrauen geschaffen werden, dass die Personalfunktion ihr eigenes Geschäft im Griff hat: Qualitative Kennzahlen wie die Time to Hire oder die Annahmequote angebotener Arbeitsverträge müssen wettbewerbsfähig sein. Auch muss das eigene Haus gut bestellt sein: Die Personalentwicklung für die eigenen Leute, die Personaler, sollte nicht die schlechteste aller Unternehmensbereiche sein.

Wir sehen folgende ausgewählte organisatorische Veränderungsmöglichkeiten:

- Das viel zitierte „Drei-Säulen-Modell" umfasst in der Unternehmenspraxis oft vier Säulen: neben Business Partnern, Servicecenter und Competence Center noch die Governance-Funktion. Die Beziehung zwischen den Center of Excellence und der HR-Governance muss bereinigt werden, um Doppelarbeiten und das zweimalige Vorhalten von Know-how zu vermeiden. Unterschiedliche Berichtslinien sind wenig sinnvoll. Eine Trennung könnte allenfalls Sinn ergeben, wenn die Governance-Funktion globale Steuerungsaufgaben wahrnimmt, die CoE dagegen als regionale oder nationale Einheiten agieren. Sollte es bei einer Trennung von CoE und Governance bleiben, könnte allenfalls die Aufgabe der Prozessstandardisierung aus den CoE herausgezogen und von einer übergeordneten Steuerungsfunktion besser wahrgenommen werden. Oertig nennt in diesem Zusammenhang als Grundsätze einer konsolidierten HR-Governance: 1. eine unternehmensweite Mit- und Zusammenarbeit in Tandems und Fachausschüssen der verschiedenen HR-Abteilungen; 2. eine Überordnung der Gesamtinteressen des Unternehmens über die Individualinteressen der Bereiche; zuletzt 3. eine differenzierte Steuerung der HR-Einheiten in Abhängigkeit von der organisatorischen Einordnung (Internationalität, Größe, Nähe zur Unternehmenszentrale) und Aufgaben sowie Prozessen (vgl. Oertig 2009, S. 27).
- Die Rolle des HR-Business-Partners wird fortentwickelt in zwei Richtungen:
  einmal in die Rolle eines echten „Strategic HR-Partners", der auf Augenhöhe des Topmanagements tatsächlich strategische Aufgaben wahrnimmt. In dieser Rolle könnte ein HR-Business-Partner eine Art „General Manager" für die HR-Funktion werden.
  Daneben tritt ein „Talent Manager", der zuständig ist für alle Belange der operativen Führungskräfte und der Kandidaten im Talent Pool. Für die Umsetzung der Anforderungen an die Führungskräfte von Versetzungen über Disziplinarmaßnahmen bis zu Personalanforderungen kann er auf die Unterstützung der Servicecenter zugreifen. Für die Talente ist er greifbarer und persönlicher Ansprechpartner und setzt den zentralen Prozess der zukünftigen Personalarbeit, das Talent Management, über alle Stufen der personalwirtschaftlichen Wertschöpfungskette um.
- Es könnte sich die neue Rolle eines HR-Chief-Operating-Officers (COO) für alle unternehmensweiten HR-Prozesse ergeben, der unter seiner Führung die Talent Manager, die HR-Services und die HR-IT vereint. Diese Rolle ist bereits heute Realität, beispielsweise

hat die UBS Bank diese Rolle vor Kurzem eingeführt. HR-Services und HR-IT haben ohnehin so viele Schnittstellen, dass sie in vielen Unternehmen bereits heute unter einer Leitung stehen. Die Talent Manager würden in der neuen Organisationsform die Rolle eines Vertriebsmitarbeiters der HR-Prozesse übernehmen und für die Produktionseinheit der HR-Services die Schnittstelle zwischen Kunden und Führungskräften besetzen. Durch die gemeinsame Leitungsinstanz können die heute üblichen Konflikte zwischen Services und Business Partnern damit deutlich verringert werden.

- Die heutigen SSC sind die Produktionshallen der vergangenen Jahrzehnte: Die Art der erstellen Produkte tritt in der Fertigung hinter die Organisation, die Technologien und die Philosophie zurück. Eine nächste Entwicklungsstufe könnte darum nach dem HR-COO die Herauslösung der HR-Services aus der disziplinarischen Führungsverantwortung eines HR-Verantwortlichen sein und die Zusammenführung aller Servicefunktionen eines Unternehmens von Einkauf, Finance über IT und Gebäudemanagement bis hin zu HR unter dem Dach eines Serviceleiters für das Gesamtunternehmen. Unter dem Stichwort des „Multi-Tower Service Center" wird diese Organisationsform bereits in vielen Unternehmen diskutiert, aber erst an wenigen Stellen umgesetzt. In Deutschland sind hier etwa die Deutsche Post und Siemens als erste Ausnahmen zu nennen. Vorteile wären die Teilung von Managementkapazitäten, da etwa Kennzahlensysteme und Projektmanagement in allen Servicefunktionen vergleichbar wären, sowie die gemeinsame Nutzung von Rechtsmänteln im Falle einer internen Ausgliederung oder das Teilen von Immobilien und IT. Auf operativer Ebene ist die Teilung von Mitarbeiterressourcen aber erst ein übernächster Schritt, da heute aufgrund der qualitativ hochwertigen Spezialisierung vieler HR-Service-Agents eine schnelle Verlagerung von Produktionskapazitäten auf neue Inhalte noch nicht leistbar und auch nicht gewünscht ist.

Zu guter Letzt sind in einer Untersuchung der veröffentlichten HR-Transformationsstudien folgende sogenannte Enabler als maßgebliche Erfolgsfaktoren von HR-Transformationen herauskristallisiert worden:

1. Oberstes Führungsgremium und Sponsoring

2. Interne Kapazität und Fähigkeiten

3. Angemessenes Fördern und starkes Projektmanagement

Abb. 2.4: Schlüsselfaktoren der erfolgreichen HR-Transformation (Quelle: Eigene Darstellung)

Gewiss, dies sind allesamt weitere Optimierungen und Verfeinerungen im Detail, die wir hier vorstellen. Auf den großen Wurf wartet die HR-Welt aber noch immer. Der bzw. die Autorin des nächsten HR-Modells ist vermutlich schon geboren – seine bzw. ihre Zeit ist aber scheinbar noch nicht gekommen.

Als Fazit ist festzuhalten: Die Idee des HR-Servicecenters ist unumkehrbar und die Entwicklungen des Jahres 2015 sprechen für eine Verstetigung des Konzepts. Nach der Euphorie der Aufbruchsjahre seit 2004 kommt jetzt die Phase der kontinuierlichen Verbesserung mit großen Chancen und spannenden Herausforderungen.

3 Der Bauplan

Werner Felisiak

3.1 Der Entwicklungsprozess in der Personalorganisation

Die Entwicklung der Organisation in den administrativen Bereichen der Unternehmen hat in den letzten Jahren deutlich an Fahrt aufgenommen. Im Rahmen einer verstärkten Konzentration auf ihre Kernkompetenzen werden in vielen Unternehmen die internen Dienstleistungsbereiche durchforstet und neue Organisationsformen für diese sogenannten Nebenprozesse gesucht. So verstärkt sich zum einen das Bewusstsein für eine stärkere Prozessorientierung auch im Bereich der administrativen Unternehmensfunktionen und zum anderen denken die Organisationsentwickler über neue Formen der Verlagerung auf Dritte, das Service Outsourcing, bzw. über neue partnerschaftliche Zusammenarbeitsmodelle mit externen Dienstleistern nach.

In den Bereichen Finanzen, Informationstechnologien und eben Personal spielt darüber hinaus die Senkung der Kosten verbunden mit einer Verbesserung der Qualität eine entscheidende Rolle. Dabei blieb die Personalfunktion relativ lange von Neustrukturierungen verschont. Sie wurde lange Zeit ausschließlich als Cost Center geführt, verstand sich als Bindeglied zwischen der Unternehmensleitung und den operativen Einheiten und war mehr oder weniger als Controller der Unternehmensziele sowie als Überwacher firmenrechtlicher, gesetzlicher und tariflicher Regelungen tätig. Diese Sonderstellung der Funktion Personal führte aufgrund von starker Ausweitung interner Servicekosten, unkontrollierbaren Overheads, Verlagerung von Personalaufgaben in die Linie und die Konzentration auf meist nur einen Firmenstandort bei schrumpfenden Betreuungszahlen zu negativen Folgewirkungen auf die Rentabilität.

Der wertschöpfende Anteil der Gesamtleistung ist für viele Unternehmen bei dieser Form der Personalarbeit zu gering. Der traditionelle Ansatz leistet einen zu geringen positiven Beitrag zur Wertschöpfungskette und befriedigt in keiner Weise steigende Qualitäts- und Serviceansprüche der internen Kunden. Die einzelnen Unternehmensbereiche sind nicht mehr bereit, für die Umlage dieser ineffizienten Organisationsform aufzukommen, und fordern verstärkt variable Servicekosten, die z. B. bei Nachfrage („Service on Demand") „bezahlt" werden müssen. Es sind an dieser Stelle Konzepte zur Umgestaltung des Personalwesens gefragt, die die Service- und Prozessqualität nachhaltig steigern und gleichzeitig auf unterschiedliche und zum Teil auch rasch wechselnde organisatorische sowie technische Anforderungen reagieren können. Um die HR-Geschäftsprozesse (HR-Prozesse) schneller, effizienter und professioneller zu gestalten, werden, wie bei anderen Nebenfunktionen, auch HR-SSC eingesetzt. Bereits vor einigen Jahren haben sich Großkonzerne wie z. B. die Lufthansa AG oder auch die Siemens AG und andere für ein HR-SSC-Model entschieden. Der Einsatz eines HR-SSC erfolgt in der Regel nicht auf Anhieb in einem Schritt als Transformation der klassischen Personalarbeit. Hierzu empfiehlt sich ein systematischer Transformationsprozess. Die Organisationsentwicklung in der Personalfunktion ist in den Unternehmen unterschiedlich weit fortgeschritten und entzieht sich einheitlichen, einfachen Patentrezepten. Zur strategischen Planung des Transformationsprozesses, aber auch zur Bewertung von Alternativen bietet sich ein Reifegradmodell an, mit dessen Hilfe ein Unternehmen seine transaktionsnahen Prozesse bewerten, gestalten und weiterentwickeln kann.

Das Reifegradmodell, das die Personalarbeit in Unternehmen in fünf Reifegrade einteilt, wird als HR-Service-Delivery-Maturity-Model bezeichnet. Dieses Modell ist durch praktische Beobachtung entstanden, es fehlt hier der entsprechende empirische Nachweis (vgl. Kruppke u. a. 2006, S. 77). Die fünf Reifegrade (vgl. Abb. 3.1), die das Personalwesen in diesem Modell annehmen kann, sind: **HR-Funktion, HR-Produktdefinition, Service-Level-Agreements, SSC und Business Process Outsourcing (BPO)/Stabiles Netzwerk.** Nach dem Ansatz dieses Modells durchläuft die Personalorganisation die einzelnen Reifestufen von unten nach oben. Jede dieser Reifestufen erfordert die Erfüllung von Eigenschaften und Merkmalen der eigenen und der vorhergegangenen Stufe(n). Einzelne Stufen können auch übersprungen werden, jedoch müssen dann auch hier die Eigenschaften und Merkmale der darunter liegenden Stufe(n) erfüllt werden. Es ist deshalb empfehlenswert, die Stufen in Einzelschritten zu erreichen (vgl. Kruppke u. a. 2006, S. 69).

Business Process Outsourcing/ Stabiles Netzwerk	• „Buy"-(statt „Make"-)Entscheidung für mehrere HR-Prozesse • Langfristige Partnerschaft mit einem externen Dienstleister • Statt Prozessausführung nun Auswahl und Kontrolle der Partner • Ziel: Kosteneffizienz und erhöhte Flexibilität
Shared-Service-Center	• Skaleneffekte durch Bündelung verschiedener HR-Ressourcen • Weitestgehende Automatisierung der Prozesse • Transparenz über die Preise und Kosten der HR-Produkte • Nutzung von Off- und Near-Shore-Ressourcen
Service-Level-Agreements	• Kunden-Lieferanten-Beziehungen zu anderen Abteilungen • HR-Leistungen werden verhandelt und gemeinsam festgelegt • Monitoring der SLA über Prozesskennzahlen • Abteilungsübergreifende Prozessoptimierung/-standardisierung
HR-Produktdefinition	• Erste Ansätze zur Standardisierung von HR-Produkten • Optimierung von Prozessen und Einführung von Self-Services • Höhere Transparenz über die Leistungsbreite des HR-Bereiches • Zum Teil existieren Kennzahlen zur Messung der Prozesse
HR-Funktion	• HR als wichtiger Supportprozess angesehen • Selbstverständnis als Dienstleister für die Linie • Qualitative Ziele sind schriftlich formuliert • HR als Cost Center

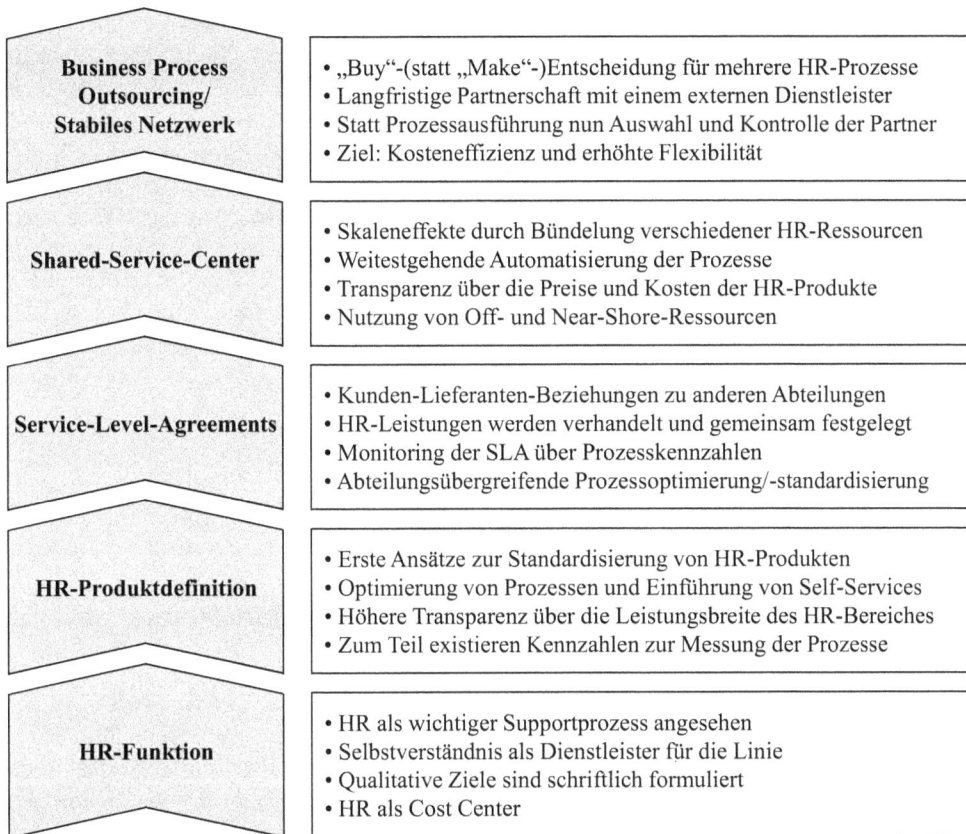

Abb. 3.1: HR-Service-Delivery-Maturity-Model (Quelle: Eigene Darstellung)

Auf der untersten Reifegradstufe ist die **HR-Funktion** angesiedelt, die klassische Personalabteilung. Die Personalabteilung ist auf dieser Ebene lediglich eine Einrichtung, die für die HR-Supportprozesse im Unternehmen zuständig ist. Der Gedanke der Dienstleistung, des Dienens, kommt nur gegenüber der Geschäftsführung zum Tragen. Das Service- und Qualitätsbewusstsein existiert zwar, wird aber nicht explizit verkörpert, denn die Personalabteilung versucht in erster Linie, allen anfallenden Arbeiten gerecht zu werden. Typisch ist bei dieser Stufe, dass keinerlei Kennzahlen implementiert werden, die die HR-Prozesse bewerten. Die HR-Funktion wird nach dieser Definition im Unternehmen als Cost Center (siehe unten) eingesetzt.

In der darauffolgenden Stufe wird der HR-Bereich von einer rein administrativen Einheit zu einem kundenorientierten Dienstleister transformiert. Der Gedanke der klassischen Personalabteilung verschwindet und es wird begonnen, das Leistungsangebot transparenter und leistungsfähiger zu gestalten. Die bislang erbrachten Leistungen werden erstmals als HR-Produkte formuliert. Für die HR-Produkte und HR-Prozesse werden Kennzahlen eingesetzt, die vor allem die Leistungserstellung bemessen. Damit kann eine Aussage über die Leistungsfähigkeit der HR-Einheit gegenüber der Geschäftsleitung erstellt werden. Bei dieser Reifestufe wird die HR-Einheit weiterhin als Cost Center geführt, jedoch ist es leichter, den Grund der angefallenen Kosten darzulegen. Diese Stufe ist jedoch immer noch nicht der angestrebte Idealfall, der die gewünschten Kosteneinsparungen und ein umfassendes Leistungsportfolio mit sich bringt (vgl. Kruppke u. a. 2006, S. 70 f.). Das Reifegradmodell sieht als Weiterentwicklung der HR-Produktdefinition die Service-Level-Agreements vor. Mithilfe der Service-Level-Agreements werden die HR-Produkte weiter standardisiert und messbar gemacht. Durch das entstehende Kunden-Lieferanten-Verhältnis werden die HR-Produkte für alle Beteiligten verhandelbar. An dieser Stelle wird auf das Kapitel 8.3 verwiesen, in dem das Thema Service-Level-Agreements behandelt wird. Service-Level-Agreements können im Zusammenhang mit dem Reifegradmodell nicht nur als eigene Stufe angesehen werden, sondern stellen eine unabdingbare Basis für die Weiterentwicklung der Personalarbeit für die Stufen „HR-SSC" bzw. „Business Process Outsourcing/Stabiles Netzwerk" dar. Auf diese beiden Stufen wird in den folgenden Kapiteln eingegangen.

3.2   Definition des Shared-Service-Centers

Wenn man die Begriffsteile „Shared", „Service" bzw. „Center" ins Deutsche übersetzt, dann ergibt das zusammen wörtlich genommen „gemeinsam genutzte Dienstleistung" bzw. „gemeinsam genutzte Dienstleistungsstelle".

Unter dem Shared-Service-Konzept wird in Literatur und Praxis ein betriebswirtschaftlicher und organisatorischer Ansatz verstanden, interne Dienstleistungen (Services) für mehrere Einheiten innerhalb eines Konzerns unter der gemeinsamen Nutzung von Ressourcen (Shared) nach Bedarf bereitzustellen (vgl. Kagelmann 2001, S. 49). Wenn von Shared Service die Rede ist, wird auch oft vom „Grundprinzip der internen Dienstleistung" gesprochen.

Eine weitere Definition, die das Shared-Service-Konzept aus Prozesssichtweise beschreibt, wird von Fischer dargelegt: „Hierbei werden betriebliche, unterstützende Prozesse (z. B. Buchhaltung, Gebäudemanagement) aus einzelnen Unternehmensbereichen herausgelöst und in einer bereichsübergreifenden Organisationseinheit zusammengefasst" (Fischer 2007, S. 2). Wird, wie auch in oben genannter Definition, von einer „Organisationseinheit" gesprochen, dann ist damit ein SSC gemeint. Diese Organisationseinheit ist nach dem Shared-Service-Konzept letztendlich der Anbieter der Dienstleistungen. Auf dieses Center können die einzelnen Geschäftsbereiche zugreifen, um die angebotenen Serviceleistungen zu erhalten.

Zielsetzung dieses Konzeptes ist es, durch Know-how-Bündelung und Prozessoptimierung deutliche Kosten- und Qualitätsvorteile zu realisieren. Dabei stehen die Arbeitskosten und das Ausbildungsniveau potenzieller Mitarbeiter im internationalen Vergleich im Mittelpunkt, um eine anforderungsgerechte Produktqualität für das Unternehmen zu gewährleisten. Die Kosteneinsparungen ergeben sich hauptsächlich aus der Bündelung von häufig aufgeführten Arbeiten und der Realisierung von Economies of Scales. Daher findet man in der Praxis vor allem bei größeren, aus mehreren Einheiten bestehenden Konzernen diese Bündelung von unternehmensinternen Dienstleistungen.

3.3 Organisatorische Zuordnung von Shared-Service-Centern

In Literatur und Praxis herrscht oft ein überlappendes Verständnis bei den Begriffen „Shared Service" und „Offshoring" (vgl. Dressler 2007, S. 9). Beide Ansätze stellen eine Form der Auslagerung ganzer Geschäftsprozesse dar, jedoch ist die organisatorische Einordnung nicht auf Anhieb ersichtlich. Business Process Outsourcing (BPO) unterscheidet sich damit von anderen Formen des Outsourcings darin, dass nicht ein Teil der Aufbauorganisation (d. h. eine organisatorische Einheit/Abteilung), sondern ein Teil der Ablauforganisation ausgelagert wird. In der Regel wird mit dem Geschäftsprozess auch das zugrunde liegende IT-System verlagert. Eine umfassendere Einordnung des SSC in den Gesamtkontext des BPO schafft eventuell mehr Klarheit. Das BPO kann in höchst unterschiedlicher Art und Weise durchgeführt werden. Deshalb ist es zunächst erforderlich zu klären, ob die Leistungserstellung in einem SSC eine Eigenerstellung (intern) oder einen Fremdbezug für den Leistungsempfänger darstellt. In der unten stehenden Abbildung sind einige gängige Formen des BPO anhand der Kriterien „Art der Leistungserstellung" und „Kulturdistanz der Leistungserstellung" dargestellt.

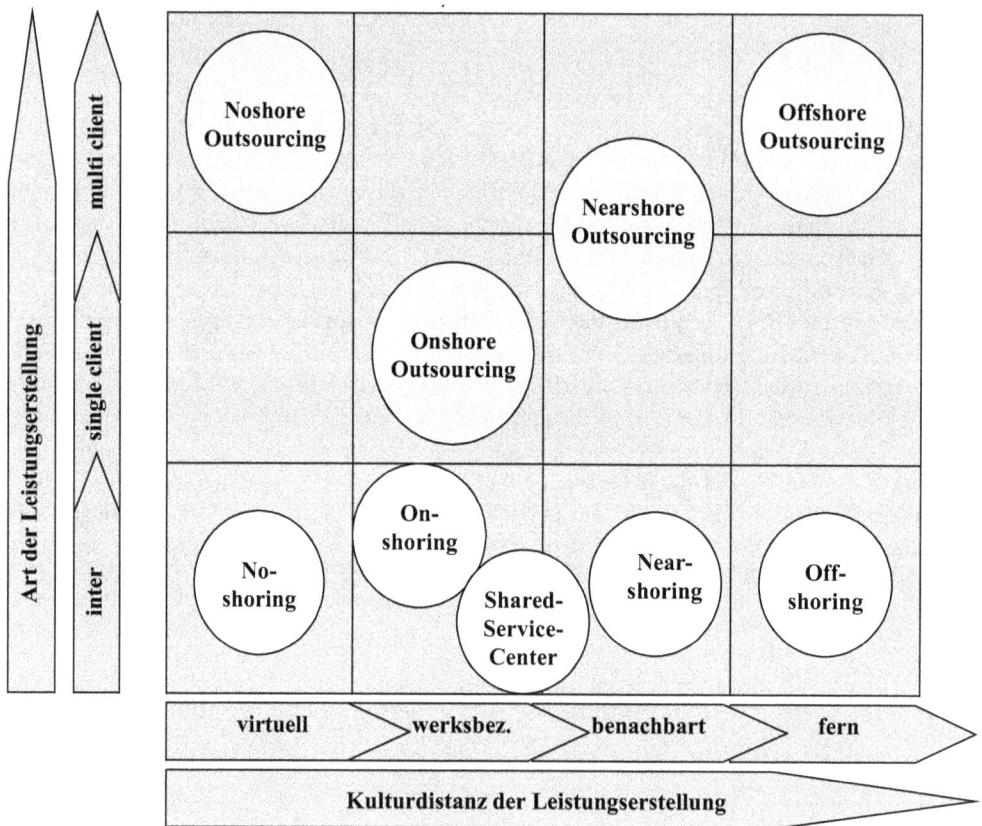

Abb. 3.2: Formen des Business Process Outsourcing (Quelle: Eigene Darstellung)

3.3.1 Make-or-Buy

Eigenfertigung oder Fremdbezug oder Make-or-Buy sind Bezeichnungen für die Frage bzw. für die von jedem Unternehmen zu treffende Entscheidung, ob man etwas im eigenen Unternehmen herstellt oder ob man etwas von einem nicht dem Konzern zugehörigen Lieferanten kauft. Neben Eigenfertigung und Fremdbezug gibt es weitere Möglichkeiten, Arbeitsteilung bei einer Wertschöpfung zu realisieren, z. B. mittels Lohnunternehmern bzw. Lohnfertigung. Jede Arbeitsteilung bedarf der Koordination und bringt Transaktionskosten und -risiken mit sich.

Man kann sich auch dafür entscheiden, statt bei einem „Single Client" bewusst bei mehreren Lieferanten zu kaufen („Multi Client"), um Abhängigkeiten bzw. andere Nachteile zu vermeiden.

Nach der Festlegung von Kagelmann ist die Eigentümerstruktur das wesentliche Unterscheidungskriterium. Da SSC in der Praxis meistens zu 100 % dem eigenen Konzern angehören und die Leistung eine Eigenleistung ist, kann man diese Form der Leistungserstellung als „Make" und die Leistungserstellung durch einen unternehmensfremden Anbieter in Form von Outsourcing als „Buy" bezeichnen. Viele Unternehmen möchten die Geschäftsprozesse nicht durch einen Outsourcing-Dienstleister ausführen lassen und nehmen den operativen Betrieb eines SSC selbst in die Hand, um so die Kontrolle und das Fachwissen im Unternehmen zu behalten. „Mittelgroße" Unternehmen mit einem Umsatz ab ca. 1 Milliarde Euro können vom Einsatz eines „eigenen" SSC profitieren. Unternehmen, die diese Größe nicht erreichen, werden ggf. auf die „Buy"-Variante (Outsourcing) setzen.

3.3.2 Organisatorische Verankerung

Dressler beschreibt drei wesentliche Möglichkeiten der organisatorischen Verankerung von SSC im Unternehmen:

- Funktionale SSC
- Multifunktionale SSC
- Stand Alone SSC

Das funktionale SSC deckt einen Bereich einer speziellen Unternehmensfunktion ab. Hierbei werden z. B. in einem Finance-SSC alle unternehmensweiten Finanzprozesse konsolidiert und dem Unternehmen zur Verfügung gestellt. Diese Ausprägung ist nach Studien die übliche Form in der Praxis (vgl. Dressler 2007, S. 52). Im Gegensatz hierzu führt das multifunktionale SSC unterschiedliche Unternehmensfunktionen an einer zentralen Stelle aus. Das bedeutet in diesem Fall, dass sich unternehmensinterne Kunden des Multifunktions-SSC aus unterschiedlichen Unterstützungsfunktionen, z. B. Einkauf, Finanzen oder Personal, bedienen können. Das Stand-alone-SSC ist, was den Leistungsumfang angeht, wie das multifunktionale SSC aufgebaut, jedoch wird diese Einheit als selbstständige Tochtergesellschaft geführt, die auch unternehmensexterne Kunden bedienen kann.

3.3.3 Organisatorische Einordnung (Verrechnung)

Eine weitere Strukturierung von SSC ist die organisatorische Einordnung in Bezug auf die Verrechnungsmodalitäten. Hier unterscheidet man bisher zwischen zwei Möglichkeiten, wie ein SSC aus Sicht des Konzerns gesteuert wird, entweder in Form eines Cost Centers oder als Profit Center bzw. Reguliertes Profit Center.

3.3.4 Marktsituation des internen Dienstleisters

Ein global verschärfter Wettbewerb zwingt die Unternehmen, mit zunehmender Geschwindigkeit kulturelle, organisatorische, strategische und personelle Veränderungsprozesse zu initiieren und zu realisieren. Kaum ein Unternehmen, das in den letzten Jahren nicht Strukturen auf „Schlankheit" (Lean Management, Dezentralisierung, Downsizing), Prozesse auf Qualität, Kundenorientierung und auf Effizienz (Business Reengineering, Prozess- und Qualitätsmanagement) oder Geschäftsaktivitäten auf Nutzen und Wirtschaftlichkeit (Value added, Outsourcing, Core Business, Kernkompetenzen) durchleuchtet hat. Der Personalbereich ist von diesen betriebswirtschaftlichen Konzepten gleich in doppelter Hinsicht betroffen. Einerseits muss der Personalbereich aktiv an der Gestaltung und Umsetzung der Konzepte partizipieren (Business Partner, Managementdimension) und andererseits werden im Rahmen „schlanker Zentralbereiche" gerade auch interne Dienstleistungsfunktionen auf Wirtschaftlichkeit und Effizienz durchleuchtet. Der Personalbereich erbringt interne Dienstleistungen, die bisher in der Regel über Kostenumlage finanziert werden. Als klassischer Gemeinkostenbereich wird vor allem der Servicebereich der Personalorganisation vermehrt nach seinem Wertschöpfungsbeitrag befragt. Parallel dazu treten externe Anbieter auf den Markt, die Personaldienstleistungen wie Entgeltabrechnung, Personalbeschaffung, Personaladministration, aber auch Personaldelegation zu Niedrigpreisen offerieren. Dieser Trend erfordert von der Personalorganisation eine strategische und unternehmerische Ausrichtung, um den eigenen Wertschöpfungsbeitrag im Marktvergleich auch durch Transparenz über Preise und Kosten zu dokumentieren.

3.3.5 Schwachstellen traditioneller Kostenrechnungsverfahren

Häufig finden wir bei zentralen Personalfunktionen die bisher übliche Führung als Gemeinkostenbereiche (Cost Center) vor. Ihre Steuerung erfolgt über Gemeinkostenbudgets, die aus Vergangenheitswerten unter Berücksichtigung bekannter Entwicklungen – wie beispielsweise die Veränderung des Personalbestandes – ermittelt werden. Dieses Fortschreiben vergangener Werte bietet keine optimale Lösung, die Wirtschaftlichkeit der Leistungserbringung zu überprüfen, denn solange keine wert- oder mengenmäßigen Leistungsmaßstäbe (vereinbarte Mengen/Preise) bestehen, lassen sich auch keine Sollkosten als Kontrollmaßstab ermitteln. Diese Vorgehensweisen bergen die folgenden bekannten Gefahren des Budgetierungsprozesses in sich (vgl. Appel/Mayer 2009, S. 35 f.):

- **Kein Verursachungsprinzip:** Die aufgelaufenen Kosten (Budgetüberdeckungen/ Budgetunterdeckungen eingeschlossen) werden über Verteilschlüssel (z. B. betreute Mitarbeiter) auf die Hauptkostenstellen umgelegt. Diese Kostenumlage mittels Umlageschlüssel kann eine Kostenstelle überproportional belasten, auch wenn diese Kostenstelle die Dienstleistungen nur in geringem Umfang bezogen hat.
- **Keine Wirtschaftlichkeitsbetrachtung:** Bei fortlaufender Handhabung dieses Systems vergrößert sich der Wert des Umlageschlüssels auf Basis des Vorjahreswertes ständig um die allgemeine Kostensteigerung sowie um mitfinanzierte und unentdeckte Ineffizienzen.
- **Negative Verhaltenswirkungen:** Zur Vermeidung von Budgetkürzungen in der kommenden Abrechnungsperiode werden Budgetvorgaben voll ausgeschöpft, auch wenn die tatsächlichen Istaufwendungen zum Jahresende zunächst unter den Kostenprognosen liegen. Um im Rahmen der Budgetgespräche erwartete Streichungen von vornherein antizipieren zu können, tendieren erfahrene Kostenstellenleiter beim Budgetentwurf dazu, diesen um einen gewissen Prozentsatz zu überziehen.
- **Fehlende objektive Leistungskriterien:** Weder eine Budgetunterschreitung noch eine Budgeteinhaltung liefert einen Beleg für eine effiziente Leistungserstellung. Es besteht durchaus die Möglichkeit, dass einige geplante Aktivitäten nicht bzw. nicht in der vereinbarten Qualität ausgeführt wurden oder dass das Budget von vornherein zu hoch angesetzt war.

- **Lineare Budgetkürzungen:** Wegen fehlender Kostentransparenz werden Budgets in Krisensituationen nach der Rasenmähermethode gekürzt, ohne eine strategische Gewichtung vorzunehmen.

3.3.6 Marktorientierte Steuerung interner Dienstleistungen

Zur Behebung der aufgezeigten Schwächen bisheriger Kostenverrechnungsverfahren sollten die oben aufgezeigten Fertigungssteuerungsverfahren eines SSC um kosten- und ertragsorientierte Perspektiven ergänzt werden.

Das Gestaltungsmodell einer solchen internen Marktwirtschaft mit kostengesteuerten Verantwortungsbereichen kann wie folgt beschrieben werden:

- Das HR-SSC agiert gegenüber seinen internen Kunden (Bereichsverantwortliche, Linienführungskräfte, Tochtergesellschaften) als Anbieter von Personaldienstleistungen. Die Zusammenarbeit mit den internen Auftraggebern erfolgt nach dem klassischen Kunden-Lieferanten-Prinzip unter Berücksichtigung einer langfristig angelegten Beziehungsgestaltung.
- Zur Beeinflussung der unternehmensinternen Kooperation werden Mechanismen geschaffen, die ein monetäres betriebswirtschaftliches Lenkungssystem zielorientiert beeinflussen. Dazu zählen:
  - Die Nachfrage bestimmt auf der Grundlage von Dienstleistungsverträgen weitgehend das Angebot. Einzelfertigungen können durch den Lieferanten abgelehnt werden.
  - Die auftragsbezogene Verrechnung von Produkten bzw. Produktgruppen erfolgt nach dem Verursacherprinzip. Das setzt eine quantitative und qualitative Bewertung, Kalkulation und Bepreisung von Leistungen voraus.
- Die Bewertung der internen Dienstleistung basiert auf qualitativen Zielvereinbarungen (Kundenzufriedenheit, Einhaltung vereinbarter Service-Level-Agreements, Qualitätsmessungen, Audits) sowie quantitativen Zielvereinbarungen (monetäre Kosten-Nutzen-Relationen, Preisvergleiche mit externen Anbietern, Benchmarking, Rationalisierungsvereinbarungen).

Voraussetzung für jede Erfolg versprechende marktorientierte Steuerung eines SSC ist eine Differenzierung bezüglich Kalkulation und Preis der einzelnen Leistungsangebote. Nicht alle Leistungen sind beispielsweise mengenabhängig. Die Bandbreite möglicher Einflussfaktoren ist vielschichtig, daher können nicht alle Leistungen gleichermaßen bewertet werden.

Die Differenzierung kann nach drei Kriterien erfolgen, und zwar nach Leistungen, die repetitiv oder einmalig, leistungsmengenneutral bzw. leistungsmengeninduziert vorkommen. Durch die Leistungsdifferenzierung wird deutlich, welche Kalkulationsprinzipien (Bezugsmenge, Kalkulation aufgrund betreuter Mitarbeiter, Kostenumlage auf Basis eigens etablierter Projekte) für einzelne Leistungsblöcke angebracht sind. Aufgrund der Kalkulationsprinzipien ergeben sich die Verrechnungsmodalitäten, die aufgrund des internen

Verrechnungsmodus sowie der Möglichkeit zu externem Marktzugang wie folgt unterschieden werden können (vgl. Wunderer/Arx 2002).

Das Cost Center ist eine rein interne Centerform mit dem Auftrag, unternehmenssichernde Leistungen im Auftrag bzw. auf Weisung der Geschäftsleitung durchzuführen. Die Steuerung erfolgt über vorgegebene Budgets, die Finanzierung über Umlageverfahren. Der Autonomiegrad des SSC ist als gering zu bezeichnen, da es sich um eine zwingende Herstellungspflicht für unternehmenssichernde Leistungen – jedoch mit Richtlinienkompetenz gegenüber internen Kunden – handelt. Der Autonomiegrad der internen Kunden ist ebenfalls gering, da zwingende Abnahmevorschriften bestehen. Erfolgskontrollen können im Rahmen von Kostenabweichungen gegenüber Planzahlen erfolgen. Benchmarking ist mit gleichen Bereichen anderer Unternehmen möglich.

Das Revenue Center bietet ausschließlich auf dem internen Markt zu kalkulierten Verrechnungspreisen marktfähige Leistungen und individuelle Lösungen an. Die Steuerung erfolgt über marktmäßige Mechanismen wie Preis-Leistungs-Verhandlungen. Direkte auftragsbezogene Kosten werden den Kunden belastet. Der Autonomiegrad des SSC ist als mittelmäßig zu betrachten, das Angebot orientiert sich an der Nachfrage der internen Kunden, externer Verkauf wird ausgeschlossen, Verrechnungspreise werden nach Abstimmung festgelegt. Der Autonomiegrad der internen Kunden ist ebenfalls als mittelmäßig zu bezeichnen, da der Zugang zum externen Markt durch Vorschriften eingeschränkt werden kann. Erfolgskontrollen werden über quantitative und qualitative Zielvereinbarungen getätigt. Benchmarking ist mit gleichartigen externen Marktleistungen möglich.

Das Profit Center bietet marktfähige Leistungen mit Vergleichsmöglichkeiten der Preise und der Qualität auch auf dem externen Markt an. Die Steuerung erfolgt voll über den Markt und zwar über Orientierung an Marktpreisen sowie über Vergleiche mit externen Angeboten. Der Autonomiegrad des SSC ist als hoch zu bezeichnen, da das Angebot sich an der internen und externen Nachfrage orientiert, die Preise konkurrenzfähig sein müssen und die Marktpartner frei gewählt werden können. Der Autonomiegrad der internen Kunden ist ebenfalls als hoch zu bezeichnen, da sie Dienstleistungen auf dem externen Markt beziehen können, wenn intern kein konkurrenzfähiges Angebot vorliegt. Erfolgskontrollen basieren auf erfolgreicher Marktpositionierung sowie Erreichen der Umsatz- und Absatzziele. Benchmarking ist mit gleichartigen Konkurrenzunternehmen möglich.

In den letzten Jahren hat sich das sogenannte Regulierte Profitcenter in einigen Unternehmen als Verrechnungsmodell entwickelt. Augenscheinlich will man mit diesem Modell die interne Kundschaft gegenüber der externen Kundschaft stärken. Als Regulativ wird beispielsweise die Verwendung des Gewinns bzw. eines prozentualen Anteils des Gewinns zweckgebunden vereinbart. Der Anteil der externen Kundschaft wird auf ein bestimmtes Maß begrenzt.

In der betrieblichen Praxis wird es aus den vorgenannten Centermodellen über unterschiedliche Leistungsfelder Mischformen geben. Außerdem handelt es sich auch bei der Festlegung der Verrechnungsmodalitäten um einen Entwicklungsprozess, der je nach Unternehmenssituation und -kultur unterschiedlich aufgesetzt und begonnen werden muss.

3.4   Merkmale eines HR-Shared-Service-Center

Der Personalbereich erfüllt eine duale Rolle, indem er einerseits im Auftrag der Unternehmens- bzw. Geschäftsgebietsleitung agiert und andererseits die Bedürfnisse und Nachfrage der internen Bezugsgruppen zufriedenstellen muss. In seiner Beratungsfunktion für die Unternehmens-/Geschäftsgebietsleitung erfüllt der Personalbereich vor allem Planungs- und Steuerungsaufgaben, die integraler Bestandteil des Managements sind. In diesem Feld handelt er auf Weisung und im Auftrag der Unternehmensleitung und sichert so die Effektivität des unternehmensweiten Personalmanagements. Diese erfolgskritischen Aktivitäten sollten einem hierarchischen Steuerungsprinzip unterstellt werden, d. h. dass die internen Bezugsgruppen nicht frei entscheiden können, sondern eine verpflichtende Abnahme besteht. Wegen der primären Strategie- und Effektivitätsorientierung sollten diese Leistungen von einer marktmäßigen Steuerung ausgenommen werden.

Im Gegensatz zu dieser Managementdimension des Personalbereiches unterliegt die Servicedimension anderen betriebswirtschaftlichen Anforderungen. In der Servicedimension handelt es sich um standardisierte, auf die Bedürfnisse interner Bezugsgruppen ausgerichtete Personaldienstleistungen. Dies können Anfragen zu gelieferten Produkten (z. B. Erläuterungen zu einer Gehaltsübersicht oder eine Frage zur Sonderurlaubsdauer) oder aber Aufträge (wie z. B. Schreiben einer Abmahnung oder Administration einer Einkommenserhöhung) sein. In beiden Fällen geht es um den ökonomischen Wert eines hohen Dienstleistungsniveaus sowie dessen Sicherung über Potenzial-, Prozess- und Ergebnisgrößen. Ziel eines jeden SSC ist es, mit den vorhandenen Ressourcen auf effiziente Weise („Die Dinge richtig tun") ein hohes Dienstleistungsniveau zu erreichen (vgl. Wunderer/Jaritz 2006, S. 280).

Um die Besonderheiten bzw. Merkmale eines HR-Shared-Service-Centers im Vergleich zur bisherigen Personalorganisation aufzuzeigen, ist es notwendig, dass wir uns den stark automatisierten Prozess und die Beteiligten eines typischen Shared-Service-Centers vergegenwärtigen.

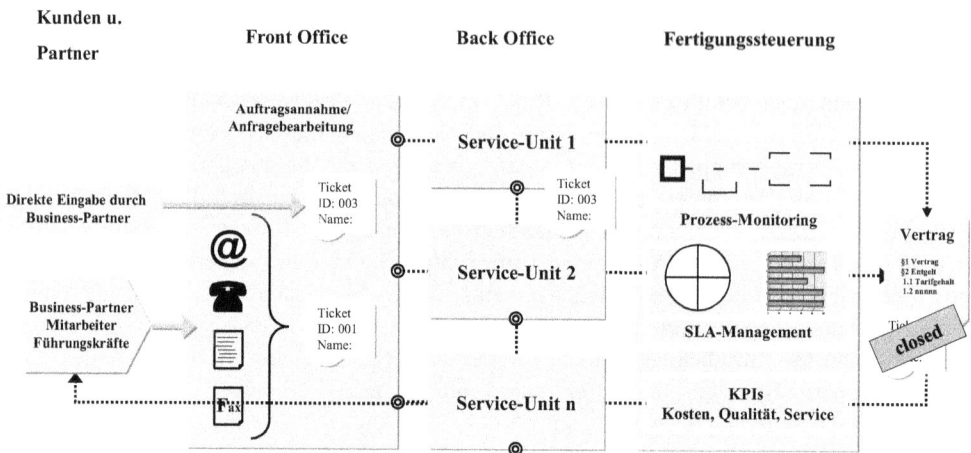

Abb. 3.3: Typischer Ablauf der SSC-Auftragsbearbeitung mit integrierter Fertigungssteuerung (Quelle: Eigene Darstellung)

Basis sämtlicher Abläufe eines Shared-Service-Centers ist ein funktionierendes, voll integriertes Customer-Relationship-Management-Tool, kurz HR-CRM, auch Kundenbeziehungsmanagement, Auftragsmanagement oder Kundenpflege genannt. Es unterstützt die systematische Gestaltung des Kundenbeziehungsprozesses, um eine standardisierte Auftragsabwicklung zu gewährleisten. Die Kommunikation im Kundenprozess mit verlässlichen Zahlen, Daten und Fakten wird entscheidend unterstützt, aber auch Schwachstellen im gesamten Prozess identifiziert. Die Erfassung einer Anfrage bzw. eines Auftrages bis zum Output der Leistung wird hierüber abgewickelt. Daher werden sämtliche Daten der Kunden und alle mit ihnen abgewickelten bzw. abzuwickelnden Transaktionen in Datenbanken gespeichert. Diese Daten können integriert und aufbereitet werden, um in der Organisation an jeder Stelle in der passenden Zusammenstellung zur Verfügung zu stehen. Die Daten und Transaktionen werden immer im Kontext zu Prozessen der Organisationseinheit gesehen.

Durch diese integrierte IT-Lösung wird eine optimale Prozessbeschleunigung ermöglicht sowie eine durchgehend hohe Servicequalität erreicht. Ohne dieses unterstützende System wäre eine wirtschaftliche Bearbeitung der Anfragen und Aufträge nicht möglich. Das Auftragsmanagement- oder CRM-Tool sollte sowohl den Mitarbeitern im SSC – im Front Office, im Back Office sowie in der Fertigungssteuerung – als auch den Partnern in der noch verbliebenen Personalorganisation (Business Partner) zur Verfügung stehen. Über ESS/MSS-Lösungen verbunden mit sog. Workflows ist es möglich, die Kunden (Mitarbeiter und Führungskräfte) mit in diesen Prozess einzubinden. Dadurch wird eine umfassende Transparenz über sämtliche Aufträge und deren Bearbeitungsstände erzielt.

Die Grundlage dieses IT-Systems stellt ein klar definierter und mit den Kunden abgestimmter Produkt- bzw. Leistungskatalog dar. Dieser Katalog beinhaltet sämtliche Leistungen mit genauer Spezifizierung. Jede Leistung aus dem Produktkatalog erhält eine Produktkategorie, z. B. Entgeltabrechnung oder Administration etc., sowie eine Produktnummer. Über den Produktkatalog kann der Kunde erkennen, was angeboten und im Auftragsfall geleistet bzw.

nicht geleistet wird. Darüber hinaus wird ggf. je Produktkategorie beschrieben, welche Anforderungen an die Auftragserteilung gestellt werden, um einen termingerechten und reibungslosen Ablauf gewährleisten zu können. Neben Service-Level-Agreements (siehe Kapitel 8) werden Preise bzw. Verrechnungs- und Haftungsmodalitäten angegeben.

Eingangskanal oder auch Single Point of Contact ist das Front Office bzw. das sog. Call- oder Customer Care Center. Ins Deutsche übersetzt würden wir sagen „Kundenberatungszentrum" oder „Kundenbetreuungszentrum". Das Front Office stellt das Interface, die Schnittstelle zum Kunden bzw. zum Markt da. Man unterscheidet grundsätzlich zwei Arten:

- Inbound-Center: Es nimmt den Anruf des Kunden entgegen, ohne selbst gegenüber dem Kunden aktiv zu werden. Der Kunde gibt Bestellungen auf, fordert Informationen, meldet Störungen, beschwert sich, möchte vermittelt werden, es handelt sich also um den traditionellen Kundendienst.
- Outbound-Center dagegen agieren aktiv, d. h. die Mitarbeiter dieses Front Office rufen gezielt potenzielle Kunden bzw. Bestandskunden an, um im Rahmen eines Telefonmarketings Produkte zu vertreiben oder statistische Daten zu erheben, Bedarf zu ermitteln, After-Sales-Prozesse abzuwickeln etc.

Leider waren in der Vergangenheit durch entsprechende Beispiele die Begriffe „Front Office" oder speziell „Call Center" negativ belegt. Es galt in einigen Branchen die These „Telefonieren kann jeder". Es zeigt sich jedoch, dass eine qualifizierte Beratung und Betreuung von Kunden auch eine qualifizierte Mitarbeiterführung bedingt. Das einfache Qualifikationsniveau der Mitarbeiter verstärkte das Negativimage. Die Erkenntnis, dass die Mitarbeiter des Front Office den Außenauftritt der Auftraggeber verkörpern und damit den entscheidenden ersten Eindruck vermitteln, hat sich aber mittlerweile durchgesetzt.

In der Personalorganisation handelt es sich in der Regel um Inbound-Center. In einem HR-SSC, aber auch in anderen Bereichen (z. B. in der Medizin oder in der professionellen Telekommunikation) kommt den Mitarbeitern dieses Bereiches in Bezug auf eine anforderungsgerechte Service- und Kundenorientierung, aber auch in Bezug auf eine wirtschaftliche Bearbeitung durch nachfolgende Serviceeinheiten (Back Office) hohe Bedeutung zu. Hier werden nicht nur Aufträge angenommen und als Ticket ins Verfahren eingegeben, sondern auch regelmäßig ca. 80 % der eingehenden Anfragen direkt und kompetent beantwortet und ggf. dokumentiert. In diesem Bereich sitzen erfahrene Generalisten, die durch professionelle Schulungen und mit einer entsprechende Begabung ausgestattet Freude daran haben, nicht persönlich bekannte Kunden telefonisch bzw. per Mail bestens zu bedienen.

Die Arbeitsumgebung eines Front Office ist zumeist ein Großraumbüro mit akustisch abgeteilten Arbeitsplätzen. Die Mitarbeiter (allgemein Agenten genannt) sind mit Sprechgarnituren und Bildschirmarbeitsplätzen ausgerüstet, um nötige Informationen zu erhalten und in dem CRM-System zu speichern. Am Bildschirm können erledigte Aufträge und Anfragen sowie laufende Auftragssituationen und Bearbeitungsstände abgeglichen werden.

Die Standortwahl eines Front Office ist grundsätzlich vom Prozess der Leistungserfüllung bzw. vom Standort der Kunden unabhängig. Kriterien für die Standortwahl sind in der Regel

zum einen eine ausreichende Verfügbarkeit qualifizierten Personals, zum anderen das Ge-
haltsniveau in bestimmten Regionen. In einem HR-SSC spielen darüber hinaus der Datenschutz und die Auslagerung von personenbezogenen Daten eine nicht zu unterschätzende
Rolle. Multinationale Konzerne haben ihre zentralen Front Offices auch international ausgelagert, um beispielsweise den gesamten europäischen Markt abdecken zu können. Auch
Indien und andere geeignete Länder werden durch die schnelleren weltweiten Netze zu
Standorten für entsprechende Center.

Das technische Kernstück eines Front Office bildet die Automatic-Call-Distribution-Anlage
(ACD). Diese Anlage teilt alle eingehenden Anrufe in spezifischer Form auf die verfügbaren
Mitarbeiter auf. Es gilt im Regelfall für den Anrufer das sog. FIFO-System (First In – First
Out) und für die Annahmeseite das Longest-Idle-Prinzip. Der am längsten wartende Anruf in
der Warteschlange wird an denjenigen Mitarbeiter geleitet, dessen letztes Gespräch am
längsten zurückliegt.

Die Mitarbeiter im Front Office werden des Weiteren durch die CTI-Technik (Computer
Telephony Integration) unterstützt. Der Anrufer wird automatisch identifiziert, z. B. durch
die eingehende Telefonnummer oder durch die manuelle Eingabe einer Kennnummer wie
z. B. die Personalnummer. Auf diese Weise kann vor bzw. zu Beginn des Gespräches die
Kundenhistorie (Kundenangaben zu laufenden und abgearbeiteten Vorgängen, Antworten
anderer Mitarbeiter, Arbeitsstände und Ort der momentanen Bearbeitung etc.) am Bildschirm
angezeigt werden. Somit ist der Agent in der Lage, sich rasch mit dem Kunden und der Anfrage vertraut zu machen, ohne diesen ggf. erneut befragen zu müssen oder intern Rückspra-
che zu nehmen (siehe hierzu auch Abschnitt 9.2).

Der Ressourcenplanung in einem SSC im Allgemeinen und in einem Front Office im Speziellen kommt besondere Bedeutung zu. Das Volumen der eingehenden Anfragen und Aufträge wird im Inbound-Betrieb sehr stark durch äußere Faktoren, aber zum Teil auch durch
unklare und unüberlegte Bekanntmachungen im Rahmen der Unternehmenskommunikation
beeinflusst und kundenseitig gesteuert. Diese Fragestellung wird in Kapitel 8 aufgegriffen.

Ein weiteres wesentliches Merkmal eines HR-SSC ist in der strikt räumlichen und grundsätzlich auch personellen Trennung zwischen dem Front Office und dem Back Office zu finden.
Während im Front Office die Kommunikation mit dem Kunden stattfindet, werden im Back
Office die im Auftragsmanagementverfahren hinterlegten Aufträge und spezifischen Anfragen (allgemein: Tickets) in unterschiedlich organisierten Serviceeinheiten abgewickelt und
nach deren Erledigung abgeschlossen. Die Organisation der Serviceeinheiten richtet sich in
der Regel nach der Art der zu erbringenden Services – mengen- oder expertiseabhängig –
sowie nach der Möglichkeit, Skaleneffekte durch Prozessstandardisierung bzw. Qualitätssicherung durch entsprechend qualifiziertes Personal zu erzielen.

Da das Back Office vom Grundsatz her keinen bzw. nur einen passiven Kundenkontakt (Klärung von Aufträgen bzw. Beantwortung von Spezialanfragen) pflegt und das Front Office
nur einfache Aufträge oder Anfragen bearbeitet, stellt die Trennung zwischen Front und
Back Office hohe Anforderungen an das Aus- und Weiterbildungsprogramm sowie an die
Kommunikationsbereitschaft beider Gruppen.

Um diesem Umstand zu begegnen, empfiehlt es sich, Front und Back Office nicht vollständig voneinander abzugrenzen. Zum Beispiel könnten Mitarbeiter des Back Office rollierend
in Teilzeitsystemen auch Aufgaben des Front Office übernehmen. Somit erhalten die Teams,
die für die Kundenbeziehungen zuständig sind, die nötigen Informationen über die Erstel-
lungsprozesse von Produkten oder Diensten im Unternehmen bzw. von sich ständig ändern-
den Rahmenbedingungen. Andererseits werden die für die Produktkonzeption zuständigen
Bereiche über Probleme, die bei Nutzern auftreten, auf dem Laufenden gehalten oder auch
über deren Bedürfnisse informiert, damit diese in einen Zyklus der kontinuierlichen Verbesserung eingebracht werden können. Spitzenbelastungen beider Gruppen kann mit einem
solchen System flexibel begegnet werden.

Bei der Shared-Service-Organisation handelt es sich im Organisationsaufbau um eine Drei-
teilung. Neben der Auftragsannahme bzw. Pflege der Kundenbeziehungen sowie der Auftragsabwicklung bzw. Erzeugung der HR-Produkte finden wir die Fertigungssteuerung. Diese dritte Aufbausäule ist für den Erfolg eines HR-SSC ein unabdingbares Muss. Kritiker des
SSC sehen in der systembedingten Kundenferne eines SSC das größte Risiko in Bezug auf
Service und Qualität. Der Einsatz eines anforderungsgerechten Prozess- und Qualitätsmana-
gements mit entsprechenden Steuerungskriterien und kontinuierlichen Verbesserungsprozes-
sen ist bei konsequenter Umsetzung der Garant für eine höhere Prozess- und Servicequalität.

3.5   Geeignete Geschäftsprozesse

Eines der wichtigsten Gestaltungsmerkmale des SSC ist die Entscheidung über die einzube-
ziehenden Prozesse. HR-Geschäftsprozesse, im weiteren Verlauf HR-Prozesse genannt, sind
in der Hierarchie der Unternehmensprozesse grundsätzlich als Stützungsprozesse oder auch
als Supportprozesse zu bezeichnen. Innerhalb der HR-Prozesse wird aber dennoch zwischen
Management-, Zentral- oder Hauptprozessen und Querschnittsprozessen unterschieden.

HR-Managementprozesse	HR-Strategy HR-Policy Personal Performance Labour relation and legal

HR-Zentralprozesse	Beschaffung	Entwicklung	Trennung

HR-Querschnittsprozesse	Administration von Personalbewegungen Administration entgeltrelevanter Themen Personalstammdatenverwaltung Leistungen der Personalabrechnung Reisekostenabrechnung Internationale Mitarbeiterentsendungen Soziale Dienste (Gesundheit, Sicherheit und Soziales)

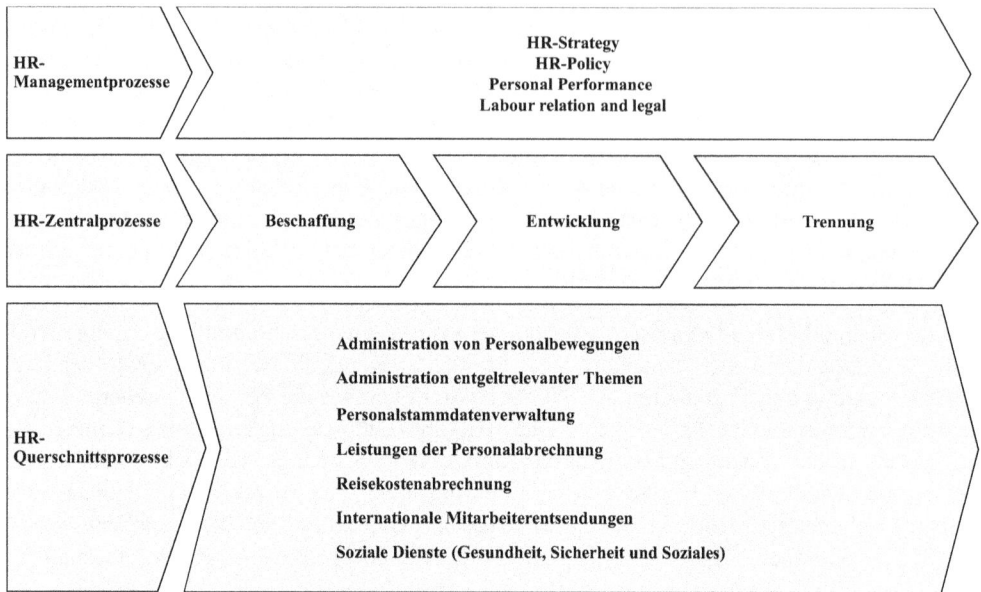

Abb. 3.4: Unterteilung der HR-Geschäftsprozesse (Quelle: Eigene Darstellung)

Einigkeit besteht in Literatur und Unternehmenspraxis, dass Hauptprozesse, die sich aus der Kompetenz einer Einheit ableiten lassen, nicht ausgegliedert werden sollten. Hieraus ergibt sich, dass HR-Managementprozesse, die keinen operativen Charakter haben, nicht für eine Überführung in ein SSC infrage kommen.

Die operative Prozesskette ist am „Lebenszyklus" des Personals ausgerichtet, beginnend mit der Personalbeschaffung, weiterführend mit den Entwicklungsprozessen wie Einsatz, Förderung, Einkommen, Weiterbildung und endet mit der Freisetzung, also dem Ausscheiden bzw. der Trennung von Personal.

Die HR-Querschnittsprozesse unterstützen größtenteils die HR-Zentral- bzw. -Hauptprozesse. Die hier vorkommenden Aktivitäten treten nicht an speziellen Stellen innerhalb der HR-Zentral- bzw. -Hauptprozesse auf, sondern begleiten diese meist vor, während oder nach dem Auftreten. Die HR-Querschnittsprozesse müssen nicht unbedingt geschäftsbereichsspezifisch ausgerichtet sein und können in der Regel auch ortsunabhängig erbracht werden. Sie sind hervorragend geeignet, standardisiert und harmonisiert zu werden, und treten bei Bündelung über Regionen- und Geschäftsbereichsgrenzen in hoher Menge auf. Die Nachfrage nach den bereitgestellten Dienstleistungen erfolgt durch mehr als eine Einheit im Konzern. Diese Eigenschaften sind wesentliche Voraussetzungen, um die Querschnittsprozesse in einem HR-SSC an zentraler Stelle effektiver und effizienter abzuarbeiten als in vielen örtlichen Administrationen.

Typische HR-Querschnittsprozesse sind die Stammdatenpflege sowie die Vertragserstellung und das Schreiben von Briefen. Prädestiniert für den Einsatz in einem HR-SSC sind die Lohn- und Gehaltsabrechnung, die Zeitwirtschaft sowie das Reisekostenmanagement.

Trotz der o. g. grundsätzlichen Gemeinsamkeiten wird von SSC eine Vielzahl unterschiedlicher Services erbracht, die sich im Wesentlichen in zwei Hauptkategorien unterteilen lassen: transaktionsbasierte und expertisebasierte Prozesse bzw. Services.

3.5.1 Transaktionsbasierte Prozesse und Services

Transaktionsbasierte Services zeichnen sich durch verwaltungs- und prozessorientierte Unterstützungsaufgaben aus. Typisch für diese immer wiederkehrenden Prozesse sind ihre hohe Ressourcenbindung und ihr fortwährendes hohes Aufkommen. Durch ihren hohen Standardisierungsgrad sind sie bestens geeignet, durch Zusammenfassung und Optimierung Kostensenkungen durch Skaleneffekte zu realisieren. Transaktionsbasierte Services sind darüber hinaus durch ihren begrenzten Entscheidungsspielraum gekennzeichnet. Die Entscheidungskompetenzen verbleiben in der Regel im Verantwortungsbereich der dezentralen Geschäftseinheiten. Mit ihrer Ausführung sind eher geringe finanzielle und wirtschaftliche Risiken verbunden. In der Regel stehen gerade diese Services im Zentrum der konzeptionellen Überlegungen. Das SSC hat vor allem das Ziel, die transaktionsbasierten Services durch Serviceexperten so schnell wie möglich und qualitativ hochwertig bereitzustellen.

3.5.2 Expertisebasierte Prozesse und Services

Expertisebasierte Services treten in den einzelnen Konzerneinheiten selten auf. Das Prozessvolumen ist daher im Gegensatz zu den transaktionsbasierten Services gering. Die Ausführung von expertisebasierten Services setzt hohes spezifisches Wissen und Prozesskenntnisse voraus. Durch Bündelung dieses Spezialwissens und Beschäftigung von spezialisierten Fachkräften lassen sich Rüstzeiten verringern und qualitative wie inhaltlich gleichwertige Ergebnisse erzielen. In der Praxis existieren unterschiedliche Bezeichnungen für ein expertisebasiertes SSC. Hier sind die Begriffe „Center of Expertise", „Center of Excellence", aber auch „Corporate Center" zu nennen. Die Schwerpunkte der Aufgaben liegen in der Beratung operativer Einheiten, der Bereitstellung von integrierten Lösungen sowie der Unterstützung bei der Umsetzung von Unternehmenszielen. Im Vergleich der beiden Services wird deutlich, dass das expertisebasierte SSC eine steuernde, unternehmenseinheitliche Sichtweise verfolgt.

Häufig finden wir in der betrieblichen Praxis in den Unternehmen SSC-Einheiten vor, die sowohl transaktions- als auch expertisebasierte Dienstleistungen erbringen.

In der Personalarbeit gibt es eine Vielzahl von anfallenden operativen Geschäfts- bzw. administrativen Teilprozessen, die sich ausgezeichnet für eine Bündelung in einem HR-SSC eignen. Voraussetzung für die Entscheidung, welche HR-Prozesse ins HR-SSC eingebunden und damit aus den Standortpersonalabteilungen ausgegliedert werden, ist jedoch eine umfassende Prozessanalyse.

3.5.3 Prozessanalyse bildet die Entscheidungsgrundlage

Der Erfolg einer Reorganisation über den Einsatz eines HR-Shared-Service-Centers wird in der Regel über die Kosten definiert. Synergie- und Skaleneffekte lassen sich durch Bündelung, Standardisierung und Harmonisierung von Prozessen erzielen. Die Herausforderung dabei ist jedoch die Identifikation der zur Bündelung anstehenden Prozesse, die Zuordnung der entsprechenden Kosten sowie die entsprechende Neustrukturierung im Front bzw. Back Office.

Eine umsetzbare Lösung im Rahmen einer Reorganisation – gleich welcher Zielrichtung – lässt sich nur finden, wenn zunächst die wesentlichen Faktoren, namentlich Prozesse, Organisation und IT, in Gleichklang mit der Leistungsfähigkeit des zur Verfügung stehenden Personals gebracht werden können. Würde man beispielsweise an der IT ansetzen – ohne Zweifel ein erster Ansatzpunkt auf der Suche nach Einsparpotenzialen –, so stellt man bei genauerem Hinsehen vielfach fest, dass ein IT-System, das im Regelfall einen Geschäftsprozess unterstützt, meist um einen Ablauf herum entwickelt wurde. Die Kausalkette lässt sich noch weiter führen: Der Ablauf wird meist um verschiedene Abteilungen herum gestaltet. Damit entstehen jedoch organisatorische Rahmenbedingungen, die sich in den betrieblichen Abläufen spiegeln und letztlich in ein IT-System einbetoniert sind, das sich so schnell nicht wieder auflösen lässt – zumindest nicht über ein reines IT-Projekt.

Um dieses komplizierte Gefüge für eine erste Analyse zu vereinfachen, empfiehlt es sich, den Faktor Prozesse als Ordnungssystematik zu wählen und die Kapazitäts- und Kostensituation, die IT-Unterstützung sowie die Kommunikationswege auf dieser Basis zu untersuchen.

Die Spiegelung der realen Prozesse sollte an einem generischen HR-Prozessmodell erfolgen (siehe z. B. Abb. 3.4). Das Prozessmodell und damit die Identifikation und Strukturierung der (Teil-)Prozesse sind für die Potenzialermittlung und spätere Prozessoptimierung unverzichtbar und bestimmen gleich zu Beginn den Erfolg und das Ausmaß der Veränderungen. Das Prozessmodell erleichtert zugleich auch die spätere Koordination der Umsetzungsmaßnahmen und hilft, auftretende Gegenargumente und Widerstände aus der Belegschaft auf ihre Relevanz hin zu prüfen.

Die oben dargestellten HR-Prozesse zeigen die Prozessebene null, unter denen sich die mit dem Kunden abgestimmten Ebenen eins, zwei und drei mit den zugehörigen Aktivitäten befinden. In Abhängigkeit von Unternehmensgröße und Untersuchungsgegenstand kann die Zuordnung auf weitere Detailebenen (beispielsweise durch zusätzlich strukturierte Fragebögen) innerhalb der jeweiligen Prozesse vorgenommen werden.

Sobald die vorhandenen Prozesse identifiziert sind und ein einheitliches Verständnis über die konkreten Inhalte vorliegt, können die vorhandenen Kapazitäten – Mitarbeiter, genutzte IT und Infrastruktur, Kosten – prozentual bzw. absolut zugeordnet werden. Zudem sind Aufwandstreiber sowie Informationen über die Art und Weise der IT-Unterstützung, den Informationsfluss und natürlich eine differenzierte Betrachtung der Kostensituation zuzuordnen. Basis für Informationen über die Kosten sind regelmäßig Kostenstellenberichte. Methodisch haben sich für diesen Schritt strukturierte Interviews bewährt. Als ideal erweist sich eine elektronische Vorlage, in die live – noch während der Besprechung – die Ergebnisse aufgenommen werden können und die im Anschluss von den Interviewpartnern um die fehlenden Informationen schnell und umfassend zu ergänzen ist.

Als Ergebnis lässt sich eine Prozesslandkarte für ein Unternehmen erstellen, in der sämtliche für die Abwicklung eines Prozesses notwendigen Ressourcen hinterlegt sind. Dieser Ordnungsrahmen ermöglicht eine entsprechende Gesamtsicht, die alle wesentlichen Informationen, insbesondere im Hinblick auf die weiteren Schritte, enthält.

Abstimmungsgespräche zu den relevanten Prozessen mit den zu untersuchenden Einheiten erlaubten es darüber hinaus, relevante Informationen über geschäftsspezifische Besonderheiten in der Aufgabenwahrnehmung und damit das Standardisierungspotenzial von Teilprozessen zu gewinnen.

Liegen alle Informationen vor, liefern Benchmarks erste Anhaltspunkte für die Gewinnung von Optimierungspotenzialen. Gerade im administrativen Bereich geben, neben Branchenbenchmarks, auch branchenfremde Benchmarks Aufschluss, wobei darauf zu achten ist, dass die Unternehmensgröße (Mitarbeiterzahl) vergleichbar bleibt.

3.6 Das Geschäftsmodell eines HR-Shared-Service-Center

3.6.1 Der Kundennutzen bestimmt das Geschäftsmodell

Ausschlaggebend für den Geschäftserfolg einer jeden Organisation ist ein schlüssiges, auf die Kundenanforderungen abgestimmtes Geschäftsmodell. Vor der Wahl eines solchen Geschäftsmodells müssen wir uns einige Fragen stellen und beantworten, um die Parameter zu erkennen, die ausschlaggebend für die Bestimmung des Geschäftsmodells sind (vgl. Treacy/Wiersema 1997, S. 4). Die wesentlichen Fragen lauten:

- Welche Kundenzielgruppe wollen bzw. müssen wir ansprechen?
- Was ist der größte Nutzen für unsere internen (ggf. auch externen) Kunden?
- Wozu sind wir da, was ist unser Auftrag?

Die Beantwortung dieser Fragen bestimmt aus Sicht der Kunden die zu erfüllende „Wertedisziplin" und ist Basis für den Aufbau eines Geschäftsmodells, welches die Werte, das Verhalten der Mitarbeiter und die Strategien in Bezug auf die vorzuhaltenden Kompetenzen, Technologien sowie Managementsysteme bestimmt. Die Ausrichtung und Abstimmung der Strategie, der Kultur und der Prozesse zueinander sind es, was eine Organisation befähigt, das zu liefern, was der Kunde (Markt) verlangt. Welche Parameter das Geschäftsmodell bestimmen, zeigt die folgende Abbildung.

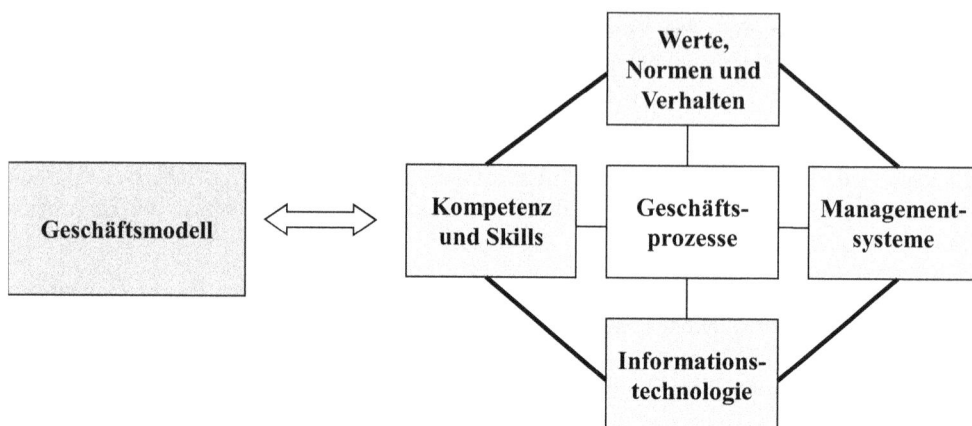

Abb. 3.5: Abhängigkeit der Wertedisziplin vom Geschäftsmodell, Parameter des Geschäftsmodells (Quelle: Eigene Darstellung)

3.6.2 Wer ist Kunde des Shared-Service-Centers?

Die Bestimmung der Kundengruppe bei Dienstleistungen ist insbesondere im HR-Geschäft, aber auch auf anderen Gebieten mehrdeutig. Die direkten Leistungsempfänger bzw. Nutzer oder Anwender sind die in unterschiedlichen Geschäftseinheiten zu betreuenden Mitarbeiter und Führungskräfte. Diese erwarten von ihrer HR-Organisation, unabhängig von der organisatorischen Zuordnung und unabhängig von Zuständigkeiten, optimale Serviceleistungen bei hoher Qualität. Entscheidend ist der Output. Servicequalität, Durchlaufzeiten bzw. Transparenz über den Auftragsverlauf sowie Produktqualität sind die entscheidenden Beurteilungskriterien. Die Leistungsempfänger beeinflussen in hohem Maße die Akzeptanz und das empfundene Image des SSC. In diesem Zusammenhang kommt den Führungskräften eine bedeutende Rolle zu. Ihre Meinung und ihre Aussagen zu dem Nutzen des Dienstleisters prägen häufig die Meinung der ihnen zugeordneten Mitarbeiter. Insbesondere diese Zielgruppe war es bisher gewohnt, persönlich und vordringlich behandelt zu werden.

Die zahlenden Kunden sind in der Regel die Kostenverantwortlichen in den einzelnen Geschäftsgebieten. Diese erwarten niedrige, marktorientierte Preise bei hoher Zufriedenheit ihrer zugeordneten Mitarbeiter und Führungskräfte sowie fundierte Informationen und Alternativvorschläge, um entsprechende Kauf- bzw. Auftragsentscheidungen schnell und sicher treffen zu können. Unseres Erachtens ist es müßig, im SSC darüber zu philosophieren, wer nun die ausschlaggebende Kundengruppe in Bezug auf das Geschäftsmodell darstellt. Sowohl Leistungsempfänger als auch die zahlenden Kostenverantwortlichen erwarten von einem internen Leistungserbringer optimale Serviceleistung bei vernünftigen Preis-Leistungs-Verhältnissen.

Folgende unterschiedliche Geschäftsmodelle lassen sich in Bezug auf den höchsten Kundennutzen unterscheiden:

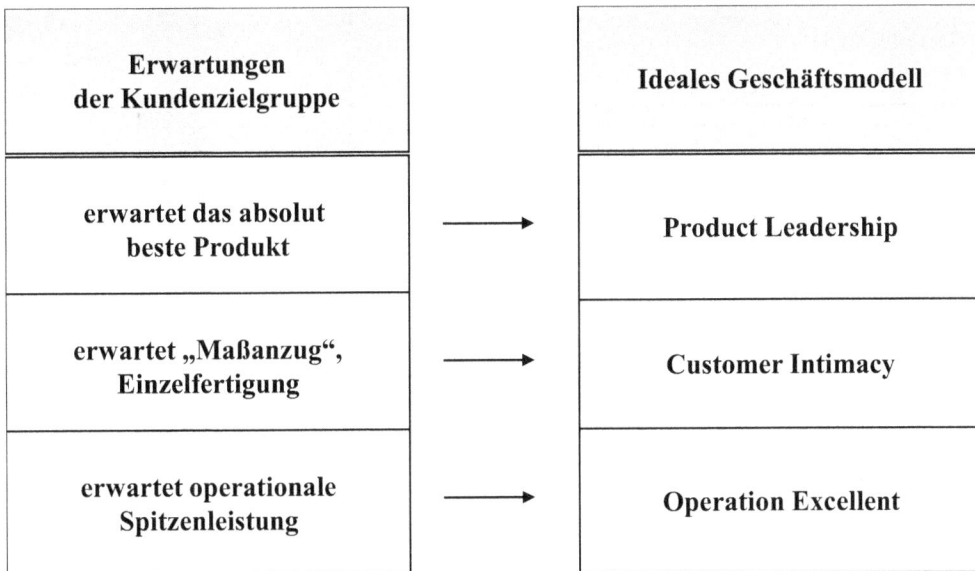

Erwartungen der Kundenzielgruppe	Ideales Geschäftsmodell
erwartet das absolut beste Produkt	Product Leadership
erwartet „Maßanzug", Einzelfertigung	Customer Intimacy
erwartet operationale Spitzenleistung	Operation Excellent

Abb. 3.6: Höchster Kundennutzen bestimmt das Geschäftsmodell (Quelle: Eigene Darstellung)

In einem HR-SSC liegt nach allgemeiner Auffassung der höchste Kundennutzen in der administrativen operationalen Spitzenleistung. Das Geschäftsmodell „Operational Excellence" bietet die Grundlage, diese operationale Spitzenleistung zu gewährleisten.

Als Beispiel für das Geschäftsmodell „Product Leadership" steht die Apple Inc und die zugehörigen Wettbewerber, für das Geschäftsmodell „Customer Intimacy" lassen sich Lösungsanbieter nennen, die das benötigte Produkt mit dem Kunden in Einzelfertigung entwickeln.

3.6.3 Das Geschäftsmodell „Operational Excellence"

Wie oben ausgeführt, prägt der höchste Nutzen des Kunden bzw. Leistungsempfängers die Strategien im Geschäftsmodell. Dabei kommt der Verzahnung und Stimmigkeit der in Tabelle 3.1 dargestellten Parameter zueinander besondere Bedeutung zu. Um die Merkmale des Geschäftsmodells „Operational Excellence" deutlich zu machen und die unterschiedlichen Corporate Identities aufzuzeigen, vergleichen wir die Parameter der Geschäftsmodelle „Operational Excellence" mit dem Modell „Customer Intimacy".

Tab. 3.1: Vergleich der Geschäftsmodelle Operational Excellence und Customer Intimacy (Quelle: Eigene Darstellung)

Geschäftsmodell/ Parameter	Operation Excellent	Customer Intimacy
Geschäftsprozesse	- durchgezogene Lieferketten - laufende Optimierung (KVP) - hohe Verfügbarkeit	- auftragsgetriebene Prozesse - hoher Beratungsanteil - hohe Flexibilität
Informationstechnologie	- integrierte, automatisierte Systeme, wie ESS, MSS, Prozessmessung - das System ist der Prozess	- vernetzte interne/externe Informationstools - Analysemethoden - detaillierte Kundendaten
Managementsysteme	- Coaching-Ansatz, Teams - starkes QM, Controlling - Prozessmanagement - Reklamationsmanagement	- Entscheidungsbefugnis - kundengetriebene Messgrößen, wie Nutzen über Livetime, Share-Management
Richtlinien, Normen	- Standardisierung - Service -Level-Agreements - Kennzahlen - Zielvereinbarungen	- Flexible Lösungswege - Termintreue - König Kunde - Ergebnisorientierung
Kompetenz, Skills	- Fachwissen in Bezug zum Rollenkonzept - Serviceorientierung - analytisches Denkvermögen	- Beratungs-/Produkt- kompetenz - Überzeugungskraft - Geschäftsverständnis
Werte für den Kunden	- Transparenz im Service - kurze Reaktionszeiten - niedriger Preis	- beste Gesamtlösung - vertrauensvolle Zusammenarbeit

Die operative Spitzenleistung sollte im Fokus eines jeden Shared-Service-Centers stehen. Das kann die Mission für Mitarbeiter und Führungskräfte sein, aus der sie ihre Motivation und ihr Selbstverständnis ziehen können. Im Rahmen eines transparenten und abgestimmten Konzeptes können so die gegebenen Zielsetzungen umgesetzt werden.

3.6.4 Divergierende Zielsetzungen ausbalancieren

Die Unternehmen verfolgen beim Einsatz eines SSC unterschiedliche Zielsetzungen. Untersucht man verschiedene Studien bezüglich der gesetzten Ziele, so sind diese meist, wie oben bereits erwähnt, finanzieller Art. Nach einer Studie von A. T. Kearney aus dem Jahr 2004 werden finanzielle Ziele zu 87 % genannt (vgl. Kearney 2004, S. 1). Eine Erhebung der KPMG von 2007 bestätigt diese Aussage (vgl. Fischer 2007, S. 15). Die finanziellen Ziele werden laut dieser Erhebung hauptsächlich durch Kostenreduktion erreicht. Konkrete Zahlen gehen hier aus einer Studie der Beratungsfirma „The Hackett Group" hervor (vgl. Financial Times Deutschland 2006, S. SA8). Die Bereichskosten wurden von befragten Unternehmen

– durch den Einsatz von SSCs – in den letzten Jahren von 2,5 % des Umsatzes auf 1,25 % gesenkt. Als Unterziel der Kostenreduktion werden hier Standardisierung, Skaleneffekte, Synergien und Stellenabbau genannt. Neben den finanziellen Zielen wollen die Unternehmen mit dem SSC weitere Ziele erreichen. Bei den prozessbezogenen Zielen stehen die Steigerung der Prozessqualität durch Standardisierung und Erhöhung des Automatisierungsgrades, die Reduzierung von Prozesskosten und Durchlaufzeiten an erster Stelle. Neben den genannten Zielen spielen ebenso die kundenbezogenen sowie mitarbeiter- und innovationsbezogenen Ziele eine wesentliche Rolle. Die hierzu erhobenen Subziele sind Etablierung eines Kunden-Lieferanten-Verhältnisses, Steigerung der Kundenzufriedenheit, Standardisierung von IT-Systemen sowie Anpassung der Mitarbeiterzahl.

Nun könnte man meinen, dass unterschiedliche Ziele – z. B. finanzielle und kundenbezogene Ziele wie Kostenreduktion und Qualitätserhöhung – sich gegenseitig behindern. Bei einer genaueren Analyse dieser Gegebenheit wird man feststellen, dass nicht jedes Ziel gesondert betrachtet werden kann. Vielmehr besteht eine gewisse Abhängigkeit unter diesen (Über-) Zielen, was eine ganzheitliche Betrachtungsweise unerlässlich macht. Es ist aufgrund der Abhängigkeiten unmöglich, in allen Ebenen eine maximale Ausprägung zu erreichen. Daher ist es zur Steuerung einer Organisationseinheit erforderlich, dass aus der Strategie klar formulierte, messbare und kontrollierbare Steuerungsgrößen abgeleitet werden und diese den Erfolg bestimmenden Perspektiven „ausbalanciert" werden (siehe Kapitel 8).

3.6.5 Bedeutung der Servicequalität

Im Dienstleistungsgeschäft kommt der Servicequalität neben der Produktqualität in der Wahrnehmung der Kunden, aber auch im Zusammenhang mit anderen Zielsetzungen eine besondere Bedeutung zu. Nach ausgedehnten Forschungen über die Gründe, die den großen Erfolg von Dienstleistungsunternehmen wie der Progressive Corporation (Versicherungen), Southwest Airlines, MCI und Taco Bell antreiben, wurde die „Service Profit Chain", die Servicegewinnkette, als ein Beispiel für Korrelationen zwischen unterschiedlichen Zielsetzungen entwickelt. Die folgende Abbildung (Abb. 3.7) zeigt die deutliche Verbindung zwischen mitarbeiterbezogenen Kennzahlen und der internen Servicequalität (Arbeitsplatzgestaltung, Aufgabenbeschreibungen, Auswahl und Entwicklung, Vergütung und Anerkennung, Arbeitsklima) sowie der externen Servicequalität (Servicekonzept bei Reklamationen, Schnelligkeit, korrekte Ergebnisse) auf. Die Ergebnisse der Mitarbeiterzufriedenheit haben unmittelbaren Einfluss auf die Servicequalität. Beide wirken sowohl auf die Ergebnisse der Kundenzufriedenheit als auch auf die Kundentreue (wiederholte Geschäfte, termingerechte Bezahlung). Zufriedene und treue Kunden wiederum sind die treibenden Kräfte einer verbesserten Finanzleistung (Ertragswachstum und Rentabilität). Durch die höhere Rentabilität sind wiederum Investitionen in Mitarbeiter und Servicesysteme möglich. Somit schließt sich der Kreis. Untersuchungen bei leistungsstarken Dienstleistungsunternehmen haben die wichtigen Korrelationen zwischen den Elementen der Servicegewinnkette bestätigt: Mitarbeiterzufriedenheit und -fähigkeiten wirken mittelbar auf interne Prozesse, zufriedene und loyale Kunden und bessere Finanzleistung (vgl. Kaplan/Norton 1997, S. 249).

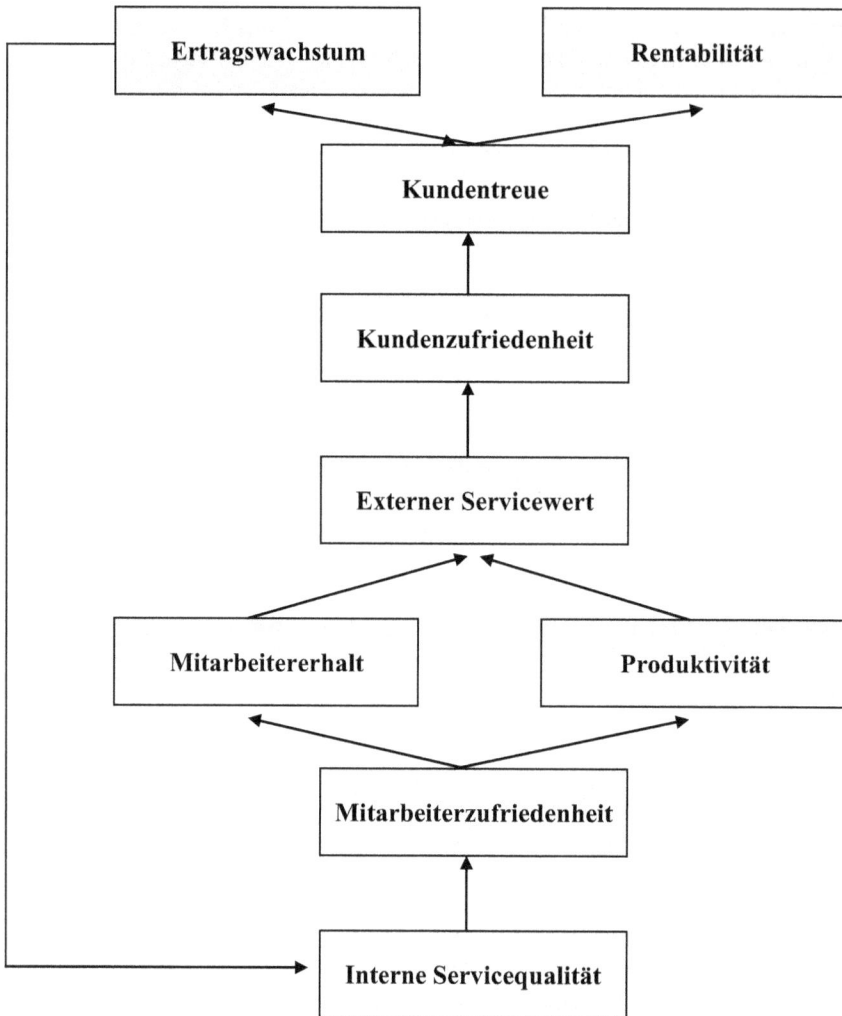

Abb. 3.7: Die Servicegewinnkette, Betriebsstrategie und Dienstleistungssystem (Quelle: Eigene Darstellung)

3.6.6 Unterschiede zwischen SSC und Outsourcing

Die am weitesten verbreitete Form des Outsourcings ist diejenige, nach der Leistungen, die bisher im Unternehmen selbst erbracht wurden, in Zukunft von einem externen Unternehmen erbracht werden (vgl. Frese 1996, S. 17).

Shared Services und Outsourcing werden trotz klar definierter Unterscheidungsmerkmale häufig verwechselt. Das liegt daran, dass aus Sicht der dezentralen Einheiten tatsächlich in beiden Fällen Prozesse ausgelagert werden, während die Planungs- und Kontrollfunktionen bezüglich der Serviceleistungen in den dezentralen Organisationen verbleiben (vgl. Wiß-kirchen/Kleinertz 2000, S. 190). Ein klar definiertes Unterscheidungsmerkmal ist in der Einflussnahme der Konzernspitze auf das ausgelagerte Unternehmen zu finden. Bei einer Beteiligung der Muttergesellschaft am Kapital einer wirtschaftlich und ggf. rechtlich unab-hängigen Tochtergesellschaft bleibt die Einflussnahme der Muttergesellschaft durch Mitwir-kung in den Kontroll- und Überwachungsgremien erhalten. Man spricht in diesen Fällen von einem SSC, obwohl es – wie beim Outsourcing auch – zu einer Konzentration auf das Kern-geschäft der dezentralen Einheiten kommt. Entscheidend ist die Sicht aus der Gesamtunter-nehmensperspektive (vgl. Schwarz/Schiele 2004, S. 40).

Im SSC-Konzept werden Kosteneinsparungen vor allem durch Größendegressionen und Verlagerung von Aufgaben in Niedriglohnländer erzielt. Im Outsourcing-Konzept handelt es sich vor allem um eine Flexibilisierung der Fixkosten (Gemeinkosten). Während im SSC das Know-how im eigenen Unternehmen verbleibt und die Einheit jederzeit organisatorisch verändert werden kann, kommt es beim Outsourcing zu einer langfristigen Abhängigkeit von dem externen Unternehmen. Bei einer Rückführung der Prozesse ins eigene Unternehmen bedarf es großer finanzieller und organisatorischer Anstrengungen (vgl. Becker/Kunz/Mayer 2009, S. 21). Beim Outsourcing handelt es sich um Marktpreise, während beim SSC interne Verrechnungspreise zum Einsatz kommen.

Praxisbeispiel 1: Entwicklung der HR-Services bei Unilever Deutschland

Hendrik Böhmer

Zwei Milliarden Mal am Tag greifen Menschen in 190 Ländern der Welt zu unseren Produkten. Unilever ist einer der weltweit größten Anbieter von Konsumgütern für den täglichen Bedarf. Unser Markenportfolio hat uns führende Positionen in den Kategorien Haushaltsreiniger, Körperpflegeprodukte und Lebensmittel auf zahlreichen Feldern verschafft.

Die Produktpalette reicht von in aller Welt beliebten Favoriten wie Lipton, Knorr, Dove und Omo bis zu lokalen Marken wie Pfanni und Mazola, die in Deutschland vielen vertraut sind. Mehr als 170.000 Mitarbeiter stehen hinter den Marken und Leistungen, die den Menschen helfen, sich gut zu fühlen, gut auszusehen und mehr vom Leben zu haben.

Unilever hat sich – wie viele andere Unternehmen auch – im Laufe der Jahre stark verändert: Die einst 1.600 Marken hat das Unternehmen zu nun rund 400 Marken gebündelt. Die damit verbundenen Ziele lauten: das Geschäftsvolumen verdoppeln, gleichzeitig den ökologischen Fußabdruck halbieren und den positiven sozialen Einfluss verstärken.

Auch der Bereich Human Resources hat sich bei Unilever maßgeblich entwickelt. Der eher klassischen HR-Organisation mit dem HR-Generalisten als zentraler Managementrolle folgte die Orientierung hin zum Service-Delivery-Modell von Dave Ulrich mit den drei Säulen HR-Business-Partner, HR-Services und Expertise Teams.

Bei Unilever Deutschland wurde zunächst ein Inhouse-SSC geschaffen, später folgte dann das Outsourcing des Bereichs HR-Services. Der folgende Beitrag beleuchtet einzelne Facetten dieser Entwicklung, um dann mit den positiven Wirkungen, aber auch den Herausforderungen des Outsourcings bei Unilever zu schließen.

Klassische HR-Organisation

Bis zum Jahr 2003 war Unilever Human Resources in Deutschland als klassische Personalfunktion aufgestellt: Dem lokalen Personalleiter als HR-Generalisten in den Werken und anderen dezentralen Einheiten wie auch in der Hauptverwaltung kam die zentrale Rolle zu. In seinen Verantwortungsbereich fielen praktisch alle Personaltätigkeiten wie Rekrutierung, Vertragserstellung oder Datenpflege.

Personalentwicklung und Organisationsentwicklung waren ebenfalls Bestandteil dieser Rolle, im Vergleich zu heute jedoch mit erheblich geringerer Ausprägung. Erste Merkmale eines Shared Service waren bereits vorhanden, so z. B. im Bereich der Organisation von Weiterbildungstätigkeiten wie Kursen oder Trainings. Diese wurden zwar zum Teil vom Personalleiter, zu einem anderen Teil aber bereits von einer zentralen Weiterbildungsabteilung gesteuert und organisatorisch begleitet. Auch das Rekrutieren von Führungsnachwuchs wie auch bestimmte arbeitsrechtliche Aufgaben fielen zentralen Abteilungen für ganz Deutschland zu.

Unilever Captive Shared Services

Der nächste Schritt in der Entwicklung der HR-Funktion bei Unilever Deutschland war dann im Jahr 2003 die Schaffung des Inhouse-HR-SSC, das begleitet wurde von der Wandlung der Personalleiterrolle hin zur HR-Business-Partner-Rolle.

Im HR-Shared-Center „Peopleservices" am Standort Hamburg wurden verschiedene, zumeist operative Aktivitäten zentral übernommen, die zuvor zumeist dezentral von den lokalen Personalabteilungen durchgeführt wurden. Zu nennen sind hier die Erstellung von Verträgen oder die Eingabe und Pflege von Daten des Personaldatensystems (z. B. bei Einstellungen, Versetzungen, Gehaltsveränderungen oder Austritten). Aber auch Rekrutierungen sowie Lohn- und Gehaltsabrechnung erfolgten nun über „Peopleservices", ferner wurde dort eine zentrale Stelle für Anfragen von Mitarbeitern und Führungskräften geschaffen.

Daneben entstanden Expertise Teams für Reward und HR-Performance-Management sowie für Learning-Aktivtäten. Anders als im Drei-Säulen-Modell von Dave Ulrich waren diese Expertise Teams aber (noch) nicht Bestandteil einer separaten Säule im Unilever-Human-Resources-Modell, sondern Teil des SSC. Dies sollte sich später noch ändern (siehe unten: Unilever Outsourced Shared Services).

Für die früheren Personalleiter bedeutete dies ebenfalls eine erhebliche Veränderung: So waren in der neuen Rolle „HR-Business-Partner" bestimmte Aktivitäten nicht mehr enthalten, wie z. B. Rekrutierung und Vertragserstellung. Im Gegenzug wurde mehr Gewicht auf Aspekte wie Personalentwicklung und Beratung der Führungskräfte bei der Durchführung von Personalmanagementmaßnahmen wie Mitarbeiterentwicklung oder Performance Management gelegt.

Auch für die Führungskräfte war dieses Modell mit spürbaren Veränderungen verbunden. Die Personalabteilung, die bisher umfassend in allen Bereichen des Mitarbeitermanagements unterstützend und häufig eigenverantwortlich eingegriffen hatte, bestand so nicht mehr. Im Gegenzug wurde die Verantwortung der Führungskräfte für Mitarbeiterthemen wie Personalentwicklung, Laufbahnplanung, Rekrutierung, aber auch z. B. für die Umsetzung von Mitarbeiteraustritten gestärkt. Die Führungskräfte wurden erste Ansprechpartner für die Mitarbeiter bei der Laufbahnplanung und ihnen kam z. B. auch die Hauptrolle bei Gesprächen über das Ausscheiden von Mitarbeitern zu, sei es aus betriebs- oder personenbedingten Gründen.

Die beschriebene Veränderung vom eher klassischen HR-Rollen-Modell hin zum Shared-Service-Modell wurde zum einen begleitet von der Entwicklung deutschlandweit einheitlicher Prozesse für die beschriebenen Bereiche (Rekrutierung, Vertragserstellung etc.). Zum anderen erfolgte eine umfassende Qualifizierung der Mitarbeiter und Führungskräften für die neuen Tätigkeitsinhalte. In diesem Zusammenhang wurde ein umfangreiches Change-Management-Programm aufgesetzt, um Mitarbeiter und Vorgesetzte auf die Veränderungen vorzubereiten. Wesentlich war es ferner, die relevanten Stakeholder und auch die Mitarbeitervertretungen umfassend zu informieren und einzubinden.

Das übergreifende Ziel dieser Veränderung war die zielorientierte und wirtschaftliche und damit zeitsparende Erbringung der HR-Arbeit bei mindestens gleichbleibender Qualität. Im Ergebnis wurde das Ziel, die HR-Services mit dem neuen Modell für das Business zu erbringen, im Wesentlichen erreicht, aber in der Praxis letztlich nicht vollständig vom ursprünglichen klassischen HR-Modell gelöst. Dieser Schritt wurde erst mit dem Outsourcing der HR-Services-Tätigkeiten getan, einem weiteren wesentlichen Abschnitt in der Entwicklung des Bereichs Human Resources bei Unilever.

Unilever Outsourced Shared Services und HR-Operating-Framework

Im Jahr 2007 wurde dann bei Unilever Deutschland der Schritt hin zum Outsourced HR-Shared-Service getan: Zuvor hatte Unilever entschieden, eine an das Dave-Ulrich-HR-Modell angelehnte Organisationsform, das sogenannte HR-Operating-Framework, für Unilever global einzuführen. Eckpunkte waren hier die drei Säulen Expertise Teams, HR-Business-Partner und HR-Services.

In diesem Unilever-Modell setzten die Expertise Teams den strategischen und konzeptionellen Rahmen für die Bereiche Reward, HR-Performance-Management/HR-Development und Workforce Administration. Darüber hinaus erhielten sie die Verantwortung für die jeweiligen operativen Prozesse, die mit diesen Expertise-Bereichen zusammenhingen. Diese Prozesse waren dann wiederum die Grundlage der operativen Arbeit von HR-Services. Anders als noch im Unilever-Inhouse-HR-Shared-Service-Modell war also nun der Bereich Expertise Teams nicht mehr Teil von HR-Services, sondern ein separater, eigenständiger Bestandteil des HR-Operating-Frameworks

Die HR-Business-Partner-Rolle wurde aufbauend auf den Inhalten, die im Inhouse-HR-Shared-Service bestanden hatten, weiterentwickelt: Kernelemente waren danach Personal- und Organisationsentwicklung, Change Management, Industrial Relations und die Entwicklung der Unternehmenskultur.

Unilever HR-Services im Einzelnen

Der Kern der folgenden Betrachtung soll beim Bereich HR-Services liegen. Unilever traf, wie oben erwähnt, im Jahr 2006 die Entscheidung, diesen Bereich global in weiten Teilen herauszulösen und von einem externen HR-Service-Provider durchführen zu lassen. Dort wurden – im weiterentwickelten Zustand – verschiedene Serviceelemente geschaffen: ein

HR-Self-Service-Bereich für das Business und den HR-Bereich, in dem von nun an Informationen eingesehen werden konnten und mithilfe dessen Prozesse wie Rekrutierungen oder Versetzungen durchgeführt wurden. Ferner ein Helpdesk, bei dem alle Anfragen per Telefon oder E-Mail eingingen, per Ticketsystem erfasst und auch die Bearbeitungszeiten gemessen wurden. Nachgelagert wurden weitere Bereiche eingerichtet, die andere operative Aktivitäten durchführten: Zu nennen sind hier z. B. Vertragserstellung, Rekrutierung, Verarbeitung von eingehenden Personaldatenänderungen im HR-Personaldatensystem oder auch die Erstellung von Personaldatenauswertungen/Reports.

Ferner gab es innerhalb des vom externen Provider verantworteten HR-Service-Bereichs weitere Teams, die sich um die operative Umsetzung der Vorgaben der Unilever Expertise Teams kümmerten. So übernahm von nun an ein Team des externen Providers die operative Durchführung der Gehaltsrunden für das Management und die Tarifmitarbeiter, deren Eckpunkte vorher das betreffende Unilever Expertise Team festgelegt hatte. Das Learning Team des externen SSC stellte sicher, dass die Weiterbildungsaktivitäten umgesetzt wurden, für die das Unilever Learning Expertise Team zuvor zusammen mit dem Unilever Business den Bedarf ermittelt hatte. So wurden z. B. Weiterbildungskurse organisiert, sei es virtuell oder Face-to-Face.

Die Einführung des beschriebenen Outsourced Shared-Service-Modells erfolgte mittels eines globalen Implementierungsplans, der für Gruppen von Ländern zeitlich gestaffelt war. Auf diese Weise konnten in den Ländern, die noch nicht live waren, die Erfahrungen aus den Ländern genutzt werden, die bereits mit dem Outsourcing-Ansatz begonnen hatten. Unterstützt und gesteuert wurde die Implementierung in den einzelnen Ländern durch ein globales Team und einen Masterplan, an dem sich die lokale Implementierung ausrichtete.

Zentrales Element des HR-Service-Modells war die Einführung global entwickelter Prozesse. Diese galten für alle Länder und wurden nur dann an lokale Gegebenheiten angepasst, wenn zwingende rechtliche oder gravierende Business-Anforderungen dies notwendig machten. So waren in dem globalen Prozessmodell z. B. die deutschen Mitwirkungsrechte der Betriebsräte nicht enthalten und wurden lokal noch ergänzt.

Insgesamt wurden die Ausnahmen von den globalen Prozessen sehr restriktiv gehandhabt, um die Vorteile eines globalen Ansatzes zu erhalten: vor allem länderübergreifende Prozessklarheit, Verlässlichkeit der Personaldaten und nicht zuletzt Erhöhung der Prozessklarheit und -geschwindigkeit, gerade auch bei länderübergreifenden Versetzungen.

Die Mitarbeiter des Service Providers, im Wesentlichen an einem Standort im Ausland und einem im Inland, wurden intensiv mit den Inhalten der Prozesse vertraut gemacht. Anschließend wurden die neuen Abläufe eingeübt und in einer Testphase erprobt. Zahlreiche Phasen und gemeinsame Abnahmen durch Unilever zusammen mit dem externen Provider im Projektablauf stellten sicher, dass die Kenntnisse und Fertigkeiten in dem erforderlichen Maße vorhanden waren. So war dann sichergestellt, dass am Ende der Projektphase bei der finalen Go-/No-go-Entscheidung die Ampeln für den Livebetrieb des externen HR-Servicecenters auf Grün gestellt werden konnten.

Auswirkungen auf das Unilever Business

Nicht nur aufseiten des Providers, auch auf Unilever-Seite war der Aufbau von Kenntnissen und Fertigkeiten erforderlich. Nur so war es dem Unilever Business möglich, kompetent mit dem neuen Ansatz umzugehen und die neuen Prozesse und Systeme gewinnbringend zu nutzen. Eine anspruchsvolle Aufgabe, waren doch mit dem Wechsel zum externen Service Provider zahlreiche Veränderungen in den Prozessen vor allem für die Vorgesetzten verbunden. So hatten die Vorgesetzten von nun an selbst die Aufgabe, in global einheitlichen HR-Service-Systemen Prozesse anzustoßen und maßgeblich selbst mit zu begleiten.

Beispielhaft sei hier der Prozess der Versetzung genannt, bei dem nach den neuen HR-Service-Prozessen der Vorgesetzte des betreffenden Mitarbeiters die Eingabe der betreffenden Daten in das HR-Datensystem vornimmt. Dies löst dann beim HR-Service-Provider die entsprechenden Aktivitäten wie etwa die Erstellung und den Versand des betreffenden Vertrages oder die Aktualisierung der Daten im HR-System aus. Ein weiteres Beispiel ist der Prozess der Rekrutierung, den der Vorgesetzte im HR-System durch Eingabe bestimmter Daten zu der Vakanz anstößt, woraufhin der Recruiter des externen Dienstleisters mit dem Vorgesetzten Kontakt aufnimmt. Dies geschieht aufgrund der häufig gegebenen räumlichen Trennung von Provider und Unilever zumeist telefonisch. Der Recruiter des Service Providers steuert anschließend den Prozess von der Schaltung der Anzeige über Telefoninterviews mit Kandidaten bis zur Erstellung der Shortlist und der Vereinbarung der Termine für die Interviews.

Nicht nur für die Vorgesetzten, auch für die Mitarbeiter ohne Führungsverantwortung bedeutete das Outsourcing der HR-Services Veränderungen: Zum einen waren nun alle Änderungen von Personaldaten (Adressen, Bankverbindungen, Namen, Familienstand etc.) über das HR-System durchzuführen, und zwar grundsätzlich per Onlineformular. Für Mitarbeiter ohne PC-Zugang, im Wesentlichen gewerbliche Mitarbeiter an den Produktionsstandorten, erfolgt seitdem die Änderung der Personaldaten per Zusendung eines Papierformulars an den Provider, der die Daten dann in das System eingibt.

Zum anderen waren nahezu alle HR-Anfragen, die nicht in den Bereich der Personalführung fielen und damit an den Vorgesetzten zu richten waren, mit dem zentralen HR-Services-Helpdesk des Providers telefonisch oder per E-Mail aufzunehmen. Dem HR-Business-Partner kam in diesem im Wesentlichen administrativen Feld praktisch keine Rolle mehr zu, was von beiden Seiten erst noch akzeptiert und gelebt werden wollte.

Schon diese kurze Darstellung lässt erkennen, dass die Veränderungen aufgrund des Unilever Operating Frameworks und des Outsourcings der HR-Services für Vorgesetzte und Mitarbeiter erheblich waren. Für die HR-Business-Partner, Expertise Teams und HR-Services-Mitarbeiter andererseits bedeutete es einen Paradigmenwechsel in der Art zu arbeiten sowie zumeist vollkommen neue und anspruchsvolle Rolleninhalte.

Herausforderungen und Erfolge

Qualität und Prozessgeschwindigkeit

Das Unilever HR-Operating-Framework und insbesondere der näher beschriebene Ansatz der Outsourced HR-Shared-Services brachte zahlreiche Herausforderungen mit sich, wie oben näher beschrieben. Insgesamt überwogen aber deutlich die Chancen und die erzielten Erfolge, die letztlich auch der Auslöser dafür waren, dass Unilever sich umfassend für diesen Ansatz entschieden und auch daran festgehalten hat: Es wurde der angestrebte Business Case in qualitativer und quantitativer Hinsicht realisiert. So wurde zum einen der Aufbau von fundierten Qualifikationen in den Kernbereichen der HR-Business-Partner-Rolle erreicht, zu nennen sind insbesondere: Personalentwicklung, Organisationsentwicklung, Change Management, Kulturmanagement, Industrial Relations. Im Gegenzug erfolgte die Entlastung der HR-Business-Partner von administrativen und operativen Aufgaben, die zu einem großen Teil von den externen HR-Services übernommen wurden.

Zum anderen sind die Vorteile der Etablierung von globalen Expertise Teams auf Unilever-Seite zu nennen. Von dort werden für Unilever weltweit HR-Werkzeuge entwickelt, wie z. B. Personalentwicklungsprozesse und -systeme, die anschließend grundsätzlich in allen Ländern ausgerollt werden. Der Kosten- und Zeitaufwand für lokale Entwicklungen entfällt auf diese Weise für viele Länder. Ferner wurde und wird so Best Practice für alle Länder genutzt und auch die Implementierungsgeschwindigkeit wurde erhöht. Der dafür zu zahlende Preis ist, dass nicht mehr die allerletzte lokale Anforderung erfüllt, sondern dem globalen Ansatz Priorität gegeben wird.

Die HR-Services erreichten im Zuge des Outsourcings durch die global im Wesentlichen einheitlichen Prozesse eine hohe Umsetzungsgeschwindigkeit, die fortlaufend mittels umfangreicher Zielgrößen (Key Performance Indicators) gemessen und weiter verbessert wurde. Gleichermaßen positiv entwickelte sich nach einem etwas holprigen Start – schließlich war die Arbeit in dem Outsourcing-Setup vollkommenes Neuland für Unilever und den Provider – die Qualität der Prozesse. Die Zufriedenheit der Mitarbeiter und Vorgesetzten, ebenfalls fortlaufend gemessen und ausgewertet, erreichte nach intensiven Aktivitäten, insbesondere nach Aufsetzen eines umfassenden Continuous-Improvement-Ansatzes, die angestrebten Ziele. Dies gilt ebenso für die Zufriedenheit der Vorgesetzten und Bewerber mit dem Recruitment Service. Und nicht zuletzt wurden auch die Ziele für objektive Messgrößen für nicht zu unterschätzende administrative Aufgaben wie zeitgerechte und korrekte Erstellung von Dokumenten erreicht.

Wesentliche Voraussetzungen für den Erfolg des Modells

Rückblickend sind einige Elemente als besonders wichtig für den Erfolg des Unilever-Human-Resources-Ansatzes in Deutschland zu bewerten: Von grundlegender Bedeutung ist es naturgemäß, einen realistischen Business Case als Grundlage für das gesamte Projekt zu entwickeln. Aspekte wie Anforderungen an Qualität und Kosten von Prozessen, Systeme und an den HR-Service insgesamt müssen dort im Einzelnen geregelt sein. Das Projekt zur Einführung wie auch die anschließende Livephase müssen ferner vom klaren Commitment der Key Stakeholder begleitet sein. Dies gilt zum einen für die HR-Seite, die Mitarbeitervertretungen und Sozialpartner. Und zum anderen in diesem Fall zumindest ebenso für das Commitment der Key Stakeholder im Business, da mit dem HR-Ansatz zahlreiche Veränderungen für Mitarbeiter und Vorgesetzte verbunden waren und sind.

Ferner sind einfache und selbsterklärende Prozesse und Systeme eine wesentliche Voraussetzung für die Akzeptanz im Business und dafür, dass ab Go-Live des HR-Modells diese Werkzeuge und Instrumente intensiv genutzt werden. Das erforderliche Change Management, um alle Beteiligten mit dem neuen Ansatz vertraut zu machen, ist ebenfalls essenziell. Und nicht zuletzt hat auch das Outsourcing der Säule HR-Services an den externen Provider dabei geholfen, Prozesstreue zu gewährleisten, da vom Provider nur ein Arbeiten des Business innerhalb des vorgegebenen Ansatzes akzeptiert wurde. Eine solche Prozesstreue im Rahmen eines in weiten Teilen neuen Prozessmodells mit einer Inhouse-HR-Services-Organisation zu erreichen, wäre sicherlich eine andere, vielleicht sogar in Teilen noch größere Herausforderung gewesen.

Abschließend möchte ich noch auf die besondere Bedeutung der Zusammenarbeit zwischen Unilever und dem externen Provider zu sprechen kommen: Zum einen war es unerlässlich, dass sich beide Seiten auf klare Zielgrößen für die zu erbringenden Leistungen, ein Governance-Modell, Steuerungsmechanismen und Messgrößen verständigt und diese vertraglich vereinbart haben.

Und kein Vertrag kann alle nur denkbaren Situationen der Zusammenarbeit in vollem Umfang antizipieren, und spätesten hier kommt dem Punkt „Vertrauen" besondere Bedeutung zu. Die Zusammenarbeit zwischen Unilever und dem Provider war und ist durch Vertrauen, Verständnis und Respektierung der gegenseitigen Interessen geprägt. Dies war eine wesentliche Grundlage für das Gelingen des anspruchsvollen HR-Services-Ansatzes und stellte sicher, dass auch kritische Situationen gemeistert werden konnten.

Idealerweise wird im Rahmen eines solchen Modells der Provider im Wesentlichen nicht als externe Organisation, sondern als Teil der eigenen Organisation betrachtet und behandelt. Dies gilt umgekehrt ebenso für die Sichtweise des Providers. Um es auf den Punkt zu bringen: Vertrauen, Respekt und gegenseitiges Verständnis sind nicht alles, aber ohne diese Elemente ist – nicht nur in diesem Umfeld – alles nichts.

4 Die Einführung von HR-Shared-Services als Projektaufgabe

Michael Schwarz

In den vergangenen Jahren hat sich in der betrieblichen Praxis das organisatorische Konzept der Shared Services etabliert. Hierbei werden Verwaltungsaufgaben in einer zentralen Dienstleistungseinheit innerhalb des Unternehmens gebündelt (vgl. Bergeron 2003, S. 3 f.). SSC ermöglichen dadurch eine kostengünstigere Erbringung dieser Prozesse und entlasten folglich die operativen Unternehmensbereiche (vgl. Becker/Kunz/Mayer 2009, S. 13). Unterstützt durch die von Dave Ulrich geforderte Rollenveränderung im Bereich Human Resources (vgl. Ulrich 1996 u. 1998) wurden SSC auch im Personalwesen zum Bestandteil des organisatorischen Leitbildes.

Die Einführung eines HR-SSC sollte nicht isoliert betrachtet werden, denn sie steht im Kontext einer Transformation der gesamten Personalorganisation: Von klassischen Rollenbildern wird abgerückt, die Personalarbeit entlang des Kerngeschäfts ausgerichtet und die Aufgaben in einen verwaltenden und einen gestaltenden Teil zerlegt (vgl. Storey/Wright/Ulrich 2009, S. 183–188). So entsteht das neue magische Dreieck des HR-Managements aus Business Partner, Center of Expertise und SSC.

Die *Business Partner* unterstützen die Geschäftsstrategie des operativen Managements durch die Auswahl und den Einsatz geeigneter HR-Instrumente und beteiligen sich an der Weiterentwicklung der Strategie. Sie stellen sicher, dass die Organisation jederzeit mit ausreichend qualifiziertem Personal versorgt ist und dass die Mitarbeiter optimal gefordert und gefördert werden.

Die *Center of Expertise* richten die HR-Produktpalette an Strategie und Zielsetzung des Unternehmens aus. Ihre Aufgabe besteht darin, frühzeitig Bedarfe für die HR-Arbeit zu erkennen und das Produktportfolio entsprechend weiterzuentwickeln.

Das *SSC* ist verantwortlich für eine kostengünstige, schnelle und qualitativ hochwertige Erbringung von HR-Dienstleistungen.

Die Interaktion zwischen den Beteiligten „im Dreieck" wird durch eine Konzern- oder Zentralfunktion, die sog. *HR-Governance*, gesteuert und unterstützt. Die *Governance* setzt Rahmenbedingungen und vertritt die HR-Organisation gegenüber der Unternehmensleitung.

Selbst wenn die Entscheidung für den Aufbau eines HR-SSC ausschließlich aus Effizienzgesichtspunkten getroffen wurde, wird eine SSC-Organisation die HR-Landschaft nachhaltig verändern. Denn durch die Verlagerung administrativer Aufgaben in das HR-SSC drängt sich mit der Zeit die Frage nach einer Rollenveränderung der übrigen Parteien geradezu auf.

Das Bewusstsein dafür zu schaffen, dass es letztlich nicht (nur) um Prozesskosten, -effizienz oder -qualität, sondern um den Wandel in der Personalfunktion geht, dürfte die essenziellste und wohl auch die schwierigste Aufgabe im Verlauf der Einführung eines HR-SSC sein.

4.1 Projektvorbereitungen

Setzen sich die Verantwortlichen das erste Mal mit der Einführung eines HR-SSC auseinander, können sie sich sehr leicht in vielen Detailfragen verlieren. Standort, Infrastruktur, IT, rechtliche Aspekte, Personalauswahl – vieles muss geplant und entschieden werden. Bevor zu schnell mit der Umsetzung begonnen wird, empfiehlt es sich, einigen grundsätzlichen Aspekten der Einführung eines HR-SSC Aufmerksamkeit zu schenken.

Zu Beginn ist es erforderlich, die oberste Managementebene im Unternehmen auf die anstehenden Veränderungen vorzubereiten.[1] Hier gilt es, grundsätzliche Akzeptanz für das Vorhaben zu schaffen und sich Rückendeckung für etwaige Widerstände und Schwierigkeiten im Einführungsprozess zu sichern. Umfassender Rückhalt durch die oberste Führungsebene im Unternehmen ist ein, vielleicht sogar der entscheidende Erfolgsfaktor bei der Implementierung jeglicher SSC-Strukturen (vgl. Hollich/Otter/Scheuermann 2008, S. 42 f.). Selbstverständlich sind zur Schaffung von Akzeptanz überzeugende inhaltliche Argumente notwendig wie beispielsweise Reduktion der Prozess- und IT-Kosten, kürzere Bearbeitungszeiten sowie höhere Bearbeitungsqualität.

Es muss allerdings damit gerechnet werden, dass sich Kosten, Qualität und Bearbeitungszeiten nicht unmittelbar mit Beginn des SSC-Betriebs in gewünschtem Maß und in der beabsichtigten Richtung verändern. Daher sollte die Projektleitung von Anfang an erfüllbare Erwartungen bei der Unternehmensführung wecken und Chancen und Risiken des Vorhabens direkt ansprechen. Wird zusätzlich offen über die mit der Einführung eines HR-SSC einhergehende Veränderung der Rollen innerhalb der Personalfunktion, aber auch über die Auswirkungen auf Führungskräfte und Mitarbeiter gesprochen, ist der Grundstein für eine erfolgreiche Projektdurchführung gelegt (vgl. Hodges/Cecil 2007, S. 5–8).

4.1.1 Projektfokus

Im nächsten Schritt empfiehlt sich die Auswahl der relevanten HR-Prozesse, die in das zukünftige HR-SSC überführt werden sollen. Diese Entscheidung hat einen großen Einfluss auf Gestaltung, Dauer und Kosten des Projektes. Selbstverständlich sind an dieser Stelle limitierende Faktoren, z. B. Zeit- oder Budgetvorgaben der Unternehmensleitung, zu berücksichti-

---

[1] Größe, Komplexität und Kultur des Unternehmens bestimmen, welche weiteren Stakeholder bereits in dieser Frühphase einzubinden sind. So könnten beispielsweise das mittlere Management, die HR-Mitarbeiter oder der Betriebsrat wichtige Parteien sein, die es frühzeitig auf die anstehenden Veränderungen vorzubereiten gilt.

gen. Ebenso existieren u. U. bereits mehr oder weniger konkrete Vorstellungen, welche Prozesse mit Vorrang ins SSC zu verlagern sind.

Grundsätzlich gilt, dass sich standardisierte HR-Massenprozesse (z. B. Gehaltsabrechnung) eher für eine Erbringung durch ein HR-SSC eignen als kundenindividuelle oder sehr seltene Prozesse (z. B. Schließen von Aufhebungsvereinbarungen). Für eine erste grobe Einschätzung, ob Prozesse SSC-fähig sind oder nicht, hilft oft bereits ihre Einordnung in eine Vier-Feld-Matrix, auf deren Achsen die strategische Bedeutung und der Spezialisierungsgrad dargestellt werden.

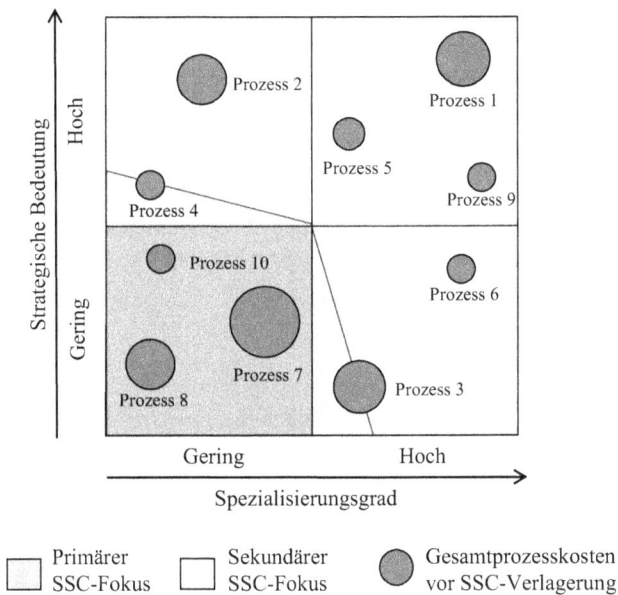

Abb. 4.1: Beurteilung der Shared-Service-Center-Fähigkeit von Prozessen (Quelle: Eigene Darstellung in Anlehnung an Hollich/Otter/Scheuermann 2008, S. 87)

Prozesse mit geringer strategischer Bedeutung und einem geringen Spezialisierungsgrad (Quadrant unten links) sind am wahrscheinlichsten für eine Verlagerung ins HR-SSC geeignet. Im Laufe der Zeit und mit der notwendigen Erfahrung können auch andere Prozesse, die einen höheren Grad der Spezialisierung oder eine größere strategische Wichtigkeit aufweisen (Quadrant unten rechts und oben links), für eine Durchführung im SSC in Betracht gezogen werden. Die Prozesse im Quadranten oben rechts dürften typischerweise nicht für eine Verlagerung ins SSC in Betracht kommen.

Daneben können aber auch Kriterien wie z. B. Kostenvolumen, Automatisierungsgrad, räumliche Flexibilität oder die verwendete IT-Technologie wichtige Entscheidungsparameter sein.

Die letztendliche Entscheidung sollte in jedem Fall auf mehreren Kriterien beruhen und nachvollziehbar dokumentiert werden. Es empfiehlt sich dabei, eine Bestandsaufnahme aller im Unternehmen durchgeführten HR-Prozesse zu erstellen und diese als Entscheidungsgrundlage zu verwenden.

Neben den Prozessen hat auch die Kundenstruktur des zukünftigen HR-SSC einen erheblichen Einfluss auf den Projektumfang. Ist das HR-SSC lediglich für eine Gesellschaft an einem Standort zuständig? Oder soll es national oder gar international über verschiedene Unternehmensstandorte hinweg agieren? Welche legale Struktur besteht an den verschiedenen Unternehmensstandorten? Welche Sprachen muss das SSC anbieten?

Diese und weitere Fragen gilt es, sich im Vorfeld eines Projektes zu stellen und zu beantworten, denn die Anzahl der zu betreuenden Unternehmen und Standorte hat einen großen Einfluss auf die Projektlaufzeit und -kosten sowie auf die Anforderungen in der operativen Leistungserbringung an das HR-SSC. Die Entgeltabrechnung für 2.000 Mitarbeiter an sechs Produktionsstandorten in fünf europäischen Ländern zu erbringen ist deutlich komplexer und aufwendiger, als die Abrechnung für einen Produktionsstandort mit 10.000 Beschäftigten in einem HR-SSC durchzuführen. Gesetze, Rechtsnormen, Tarifverträge, Betriebsvereinbarungen u. v. m. geben den Inhalt und die Komplexität der HR-Prozesse vor.

Der sinnvolle Zuschnitt des HR-SSC in puncto Kunden und Prozesse ist elementar wichtig, da der angestrebten Kostenersparnis durch die Bündelung von Serviceleistungen in einem HR-SSC die durch die Komplexität verursachten Kosten entgegenstehen.

4.1.2   Wirtschaftlichkeitsbetrachtung

Sind die Prozesse, deren Überführung ins SSC als zweckmäßig angesehen wird, und der Kundenkreis festgelegt, gilt es, das Gesamtvorhaben einer Wirtschaftlichkeitsbetrachtung zu unterziehen. Jedes Unternehmen hat eigene interne Vorgaben für die zu erreichende Mindestverzinsung des eingesetzten Kapitals oder die geforderte Amortisationszeit. Unabhängig davon, wie rentabel das Vorhaben konkret sein soll, sind im Rahmen der Einführung eines HR-SSC einige In- und Outputgrößen monetär zu bewerten und in einer Investitionsrechnung zu berücksichtigen (vgl. z. B. Olfert 2011 oder Kruschwitz 2007).

Bei der Zusammenstellung und Bewertung der diversen Ausgabepositionen ist zwischen der Aufbauphase und dem laufenden Betrieb zu unterscheiden. Tabelle 4.1 führt einige dieser Kosten[2] exemplarisch an. Je nach Projektumfang und Unternehmen können weitere Kosten hinzukommen.

---

[2]   Der Begriff „Kosten" wird an dieser Stelle aus Vereinfachungsgründen nicht im engeren betriebswirtschaftlichen Sinne der Kosten- und Leistungsrechnung verwendet, sondern soll als Synonym für Mittelabfluss verstanden werden.

Tab. 4.1: Exemplarische Kosten im Aufbau und Betrieb eines HR-SSC (Quelle: Eigene Darstellung)

Kostenart	Aufbauphase	Laufender Betrieb
Personal	• Abfindungszahlungen • Schulungsaufwände • Gehälter und Gehaltsnebenkosten für interne Projektmitarbeiter	• Gehälter • Gehaltsnebenkosten • Ausgaben für Personal-rekrutierung und -entwicklung
IT/Telekomm.	• Anschaffung IT-Hardware und • Call-Center-Technologie • Softwarelizenzen • initiales Customizing von Softwareprodukten	• Betrieb des Rechenzentrums • Pflege der IT-Software inkl. Customizing • Telekommunikationskosten
Fremdleistungen	• externe Beratungsleistungen • Ausgaben für Werbeagenturen	• Druck-, Kuvertier-, Scan-dienstleistungen • Reinigungs- und Sicherheits-leistungen
Sonstiges	• Mietkosten • Reisekosten	• Mietkosten • Reisekosten • Abschreibungen

Den genannten Mittelabflüssen müssen entsprechende Rückflüsse in Form von Einsparungen gegenüberstehen, um die Investition wirtschaftlich attraktiv zu machen („Business Case"). Einsparungen durch ein HR-SSC werden im Wesentlichen aus den folgenden drei Bereichen stammen.

Zunächst einmal soll durch die Einführung von SSC-Strukturen i. d. R. eine Verringerung des erforderlichen Personalgesamtbestandes im HR-Bereich und dadurch eine Senkung der Personalkosten erreicht werden. Die standortübergreifende Bündelung administrativer Tätig-keiten in einem HR-SSC, der erhöhte Automatisierungsgrad durch den Einsatz entsprechen-der IT-Technologien und die Standardisierung der Prozessabläufe bieten Ansatzpunkte, die Gesamtkapazitäten, die bislang für die Durchführung der HR-Prozesse eingesetzt wurden, kritisch auf den Prüfstand zu stellen. Auch wenn Personalabbau in den ursprünglichen Über-legungen zur Transformation der HR-Funktion keine Rolle spielte (vgl. Ulrich 1996), gibt es bis dato in der betrieblichen Praxis wenige SSC-Projekte, die nicht eine Verringerung des Personalbestandes als amortisierenden Effekt in die Wirtschaftlichkeitsbetrachtung mit ein-beziehen.

Neben der Reduktion von Headcount kann die Personalkostenreduktion auch durch die quali-tativ begründete Absenkung des Gehaltsniveaus geschehen. Davon sind vorrangig diejenigen Funktionen im SSC betroffen, deren Aufgaben häufig aufgrund der Standardisierung und des repetitiven Charakters als weniger „wertschöpfend" angesehen werden. Innerhalb des SSC bietet sich zudem die Möglichkeit, durch die funktionale Trennung zwischen einfacheren und anspruchsvolleren Sachbearbeitungstätigkeiten Entgeltstrukturen zu implementieren, die in klassischen HR-Organisationsformen in dieser Form nicht realisierbar sind.[3]

Beide Möglichkeiten zur Reduktion der Personalkosten der HR-Funktion werden häufig gemeinsam für die Wirtschaftlichkeitsbetrachtung als monetäre Effekte herangezogen. Die sog. Labour Arbitrage, d. h. die Reduktion von Personalkosten durch Verlagerung von Arbeitsplätzen in Niedriglohnländer, stellt einen Sonderfall dar.

Die zweite Möglichkeit, Einsparungen zu erzielen, liegt im Bereich der Betriebs- und Wartungskosten für HR-Software. Insbesondere Unternehmen, die eine sehr heterogene HR-IT-Landschaft besitzen und deren unterschiedliche Softwareprodukte ggf. noch über zahlreiche Schnittstellen miteinander verbunden sind, um die Gesamtprozesse zu unterstützen, können durch die Reduktion der Komplexität in ihrer IT-Landschaft (z. B. durch die Einführung eines einheitlichen HR-IT-Systems) deutliche Kostensenkungen erreichen.

Als Letztes ist noch die Verringerung von HR-Prozesskosten, z. B. durch Einsatz von Workflow- und Self-Service-Technologien, zu nennen. Genehmigungs- oder Informationsprozesse werden hierbei elektronisch abgebildet.[4] Die Abarbeitung erfolgt vollautomatisiert und reduziert dadurch Durchlauf- und Liegezeiten. Zusätzlich bieten diese Technologien einen nicht zu unterschätzenden qualitativen Nutzen hinsichtlich Prozesssicherheit, Daten- bzw. Informationsschutz und einer besseren Erfüllung von Compliance-Anforderungen.

Solche und andere qualitative Aspekte sind sicher im Rahmen einer Wirtschaftlichkeitsbetrachtung nicht vorrangig, aber für die Gesamtbewertung des Projektvorhabens elementar wichtig, da sie die Personalarbeit im Unternehmen insgesamt auf ein professionelleres Niveau heben. Nicht zuletzt spielt die strategische Neuausrichtung der HR-Funktion eine wichtige Rolle in der Entscheidung über das Gesamtprojekt HR-SSC.

4.1.3   Projektplanung, -controlling und -steuerung

Wurde von der Unternehmensleitung der Auftrag zur Einführung eines HR-SSC erteilt, startet die Detailprojektplanung. In dieser Phase muss festlegt werden, welche konkreten Aufgaben im Projektverlauf durchzuführen sind und wie viel Zeit und Ressourcen diese Aktivitäten in Anspruch nehmen (vgl. Steinbuch 2001, S. 87 f.). Dabei limitieren die Faktoren Qualität, Zeit und Kosten das SSC-Projekt. Hauptverantwortung der Projektleitung ist es, durch eine gewissenhafte Planung, zielgerichtetes Controlling und eine wirksame Projektsteuerung sicherzustellen, dass ein ausgewogenes Verhältnis zwischen Projektergebnissen, -dauer und -ressourcen erreicht wird (vgl. Bernecker/Eckrich 2003, S. 58).

---

[3]   Werden im Verlauf des SSC-Aufbaus Mitarbeiter aus bestehenden Einheiten des Konzerns im Zuge eines Betriebsübergangs nach § 613 a BGB in das SSC übernommen, kann zumindest für zwölf Monate keine Anpassung des Gehaltsniveaus erfolgen, da ein Bestandsschutz existiert.

[4]   Durch die rasante Verbreitung von Smartphones und Tablets in den letzten Jahren in den Unternehmen gewinnen mobile Applikationen gerade in den Self-Service-Szenarien mehr und mehr an Bedeutung. Deviceunabhängige Strategien der Softwarehersteller finden zusehends Beachtung am Markt, da der ESS-/MSS-User plattformunabhängig seine Prozesse abwickeln kann. Siehe hierzu den Abschnitt 9.4 zu Mobile HR.

Ausgangspunkt für die Detailplanung ist die bereits vorgenommene Festlegung der relevanten HR-Prozesse und der zu betreuenden Kundenstruktur. Im ersten Schritt werden nun sämtliche Aufgaben geplant, die durchzuführen sind, um die entsprechenden Prozesse ins HR-SSC zu überführen. Auch alle Aktivitäten, die nicht originär mit der Verlagerung der Prozesse, aber mit der erfolgreichen Implementierung des HR-SSC in Zusammenhang stehen, müssen berücksichtigt werden. Ziel dieser Strukturierung ist es, das komplexe Gesamtprojekt in weniger komplexe Teilaufgaben zu zerlegen und sich so einen Überblick über alle erforderlichen Aktivitäten zu verschaffen. Dabei werden Zusammenhänge und Abhängigkeiten erkennbar, sodass letztlich die Aktivitäten in eine sinnvolle zeitliche Abfolge gebracht werden können und jeder Aufgabe eine verantwortliche Person bzw. Funktion im Unternehmen zugeordnet werden kann.

Daran anschließend wird jede Aufgabe hinsichtlich ihrer Dauer bewertet. Auf Basis dieser Einschätzungen, die idealerweise durch diejenigen erfolgen, die für die spätere Durchführung der Aufgabe verantwortlich sind, wird nun vom geplanten Starttermin des Projektes eine Vorwärtsrechnung und dann, ausgehend vom Endtermin, eine Rückwärtsbetrachtung durchgeführt. Dadurch erhält man frühest- und spätestmögliche Start- und Endtermine, an deren Gegenüberstellung die Projektleitung sowohl Zeitpuffer als auch den sog. kritischen Pfad ablesen kann (vgl. Bohinc 2010, S. 76 f.). Die Abbildung der Terminkette wird in der Praxis häufig durch entsprechende Projektplanungssoftware unterstützt. Vielen gemein ist, dass diese nicht nur das häufig angewandte Verfahren der Critical-Path-Methode (vgl. Burghardt 2007, S. 120 f.) beherrschen, sondern noch andere, auch für weniger komplexe Projekte geeignete Terminplanungstechniken. Projektplanungssoftware spielt darüber hinaus auch im Zuge des Projektcontrollings eine wichtige Rolle, da zeitliche Verschiebungen im Projektverlauf mittels dieses Werkzeuges leicht transparent gemacht werden können.

Termin- und Ressourcenplanung lassen sich häufig nicht getrennt voneinander durchführen. Auf Basis der Terminplanung kann allerdings recht einfach festgestellt werden, wann welche Ressourcen zur Verfügung stehen müssen, um die erforderlichen Arbeiten termingerecht durchführen zu können. Kritisch wird es im Projektverlauf immer dann, wenn Mitarbeiter selbst bei großem zeitlichen Engagement die anstehenden Aufgaben nicht abarbeiten können, da zu viele Aktivitäten zeitgleich erledigt werden müssen. Eine vorausschauende Ressourcenplanung kann solche „Spitzen" frühzeitig erkennen und dadurch die Projektleitung in die Lage versetzen, geeignete Gegenmaßnahmen zu ergreifen. Dies können z. B. die Fremdvergabe von Tätigkeiten, die Einstellung neuer Mitarbeiter oder die Verschiebung nicht kritischer Aktivitäten im Projektverlauf sein.

Neben der Planung von Aufgaben, Terminen und Ressourcen ist die Kostenplanung das vierte Element der Detailprojektplanung. Bereits im Zuge der Wirtschaftlichkeitsrechnung wird, wie im vorherigen Abschnitt erläutert, eine erste, häufig allerdings recht grobe Projektkostenplanung durchgeführt. Neben möglichen Ungenauigkeiten in der groben Abschätzung der Projektkosten können auch Änderungswünsche im Projektverlauf dazu führen, dass das ursprüngliche Budget nicht ohne Weiteres eingehalten werden kann. Um die Projektkosten sinnvoll kontrollieren und steuern zu können, empfiehlt es sich, zusätzliche Anforderungen, die nicht im ursprünglichen Projektauftrag enthalten waren, separat zu planen und in der Projektberichterstattung gesondert auszuweisen.

Die gesamte Projektplanung ist Ausgangsbasis für die inhaltliche, zeitliche, kapazitive und monetäre Projektsteuerung. Plan-Ist-Vergleiche und Abweichungsanalysen durch das Projektcontrolling ermöglichen jederzeit einen realistischen Blick auf Status und Fortschritt des Projektes und versetzen so die Projektleitung in die Lage, das Projektvorhaben ganzheitlich zu steuern. Steuerung bedeutet dabei auch, kontinuierlich die ursprüngliche Projektplanung anzupassen, wenn neue Erkenntnisse vorliegen oder sich Rahmenbedingungen verändern.

Projektplanung, -controlling und -steuerung sind untrennbar miteinander verbunden und haben großen Einfluss auf den Projekterfolg. Im Unternehmensalltag laufen insbesondere komplexe Projekte selten idealtypisch ab, denn oft treten unvorhersehbare Ereignisse ein. Hier bilden HR-SSC-Projekte bedauerlicherweise keine Ausnahme. Mit vorausschauender Planung, zielgerichtetem Controlling und wirkungsvoller Steuerung lassen sich allerdings viele Risiken aus solchen Entwicklungen minimieren oder zumindest besser handhaben.

4.2 Aufbau und Ablauf eines typischen HR-Shared-Service-Center-Projektes

SSC versprechen die Optimierung dreier wichtiger Größen der Personalarbeit: Kosten, Qualität und Geschwindigkeit. Typischerweise sind HR-SSC-Projekte daher auch immer eine Mischung aus HR- und IT-Projekt, denn Technologien liefern den entscheidenden Schlüssel, um die drei genannten Faktoren positiv zu beeinflussen. So ist es nicht verwunderlich, dass zumindest eine Optimierung der IT-Landschaft mit der Einführung eines HR-SSC einhergeht. Zentrale Eingangskanäle für Mitarbeiteranfragen erfordern eine entsprechende Software zur Unterstützung der SSC-internen Abarbeitungsprozesse. War die nachhaltige Dokumentation von Vorgängen oder die elektronische Archivierung von Schriftstücken bisher fortschrittlich, wird sie mit Einführung von SSC-Strukturen auf einmal lebensnotwendig. Werden neue Mitarbeiter eingesetzt, trägt die IT dazu bei, die Prozesssicherheit zu erhöhen. Die Einführung neuer oder die Anpassung bestehender IT-Systeme ist also häufig ein zentraler Baustein der Projektarbeit.

Daneben befasst sich das HR-SSC-Projekt mit den Personalprozessen und -inhalten. Vieles davon ist über Jahrzehnte hinweg historisch im Unternehmen gewachsen. Insbesondere in anorganisch gewachsenen Konzernen mit unterschiedlichen Tarifstrukturen sowie einer Vielzahl an Standorten mit lokalen Betriebsvereinbarungen sind die Personalprozesse über die Jahre heterogen und komplex geworden. Abseits von Qualitätsmanagementnormen wie ISO 9001 (vgl. Zollondz 2006, S. 235 ff.) existieren weder Prozessdokumentationen noch klare Abarbeitungsprozeduren. Selten findet man in Unternehmen Verantwortliche, die die Hoheit über Personaldaten oder Prozessabläufe haben (sog. Process Owner) oder Funktionen, die unternehmensweit gültige Vorgaben festlegen.

Wie kann angesichts der Komplexität und Heterogenität eine erfolgreiche Verlagerung dieser Prozesse ins HR-SSC gelingen? Effizientes Arbeiten im HR-SSC ist nur möglich, wenn die Komplexität durch Standardisierung reduziert wird. In der Folge lassen sich die IT-Systeme einfach und fehlerresistent programmieren. Die Personalprozesse werden selbst für HR-Neulinge leicht erlern- und auf die neue Organisation SSC übertragbar.

Obwohl die Standardisierung eine wichtige Rolle spielt, sollte sie nicht zum Dogma werden. Einzel- und Sonderfälle wird es in der betrieblichen Praxis immer geben. Wenn man berücksichtigt, wie komplex die HR-Prozesse und -inhalte in Unternehmen heutzutage oftmals sind, dann ist leicht nachvollziehbar, dass es schon ein großer Erfolg sein kann, von zehn verschiedenen Prozessvarianten nach intensiven Diskussionen zukünftig im SSC nur noch drei abbilden zu müssen. Im Zuge des Projektes werden die Entscheidungen über die Standardisierung gefällt und die Projektorganisation bietet hierzu ein ideales Forum.

4.2.1   Projektorganisation

Die richtige Zusammensetzung des Projektes ist mindestens so wichtig wie eine gute Projektplanung. Der Aufbau eines SSC ist ein Change-Management-Projekt erster Güte und erfordert Fach- und IT-Kenntnisse. Daher ist der Projektaufbau sorgsam vorzunehmen und an den entsprechenden Stellen mit den notwendigen Beteiligten zu besetzen.

Die erforderliche Unterstützung durch das Management sollte sich auch im Projektaufbau wiederfinden. Je umfangreicher sich ein SSC-Projekt gestaltet, desto sinnvoller dürfte die Einrichtung eines Projektlenkungskreises sein. Alternativ kann auch die Benennung eines Projektsponsors auf Vorstandsebene angebracht sein. Die Projektleitung berichtet an den Sponsor oder Lenkungskreis und nutzt diese Instanz ggf. zur Eskalation,[5] falls im Zeitverlauf Projektrisiken einzutreten drohen. Der Lenkungskreis schafft die notwendigen Voraussetzungen auf Managementebene, um der Projektleitung bestmögliche Unterstützung zukommen zu lassen.

Die Projektleitung hat sicher die anspruchsvollste Aufgabe der gesamten Projektorganisation. Naturgemäß handelt es sich vorwiegend um koordinierende und organisatorische Aufgaben. Es geht aber auch darum, relevante Themen zur Entscheidung bzw. Umsetzung zu bringen, Risiken transparent zu machen und alle Projektbeteiligten auf Kurs zu halten.

Ein gutes Projektteam setzt sich wie angedeutet aus HR- und IT-Experten zusammen. SSC-Kenntnisse sind dabei selbstverständlich nicht von Nachteil. Hier kann die designierte Projektleitung im Zuge der Teamzusammenstellung an erste Grenzen stoßen. Denn in der bestehenden Organisation wird man selten Experten finden, die bereits Erfahrungen im SSC-Umfeld gesammelt haben. Fehlende SSC-Expertise kann allerdings durch intensiven Erfahrungsaustausch mit anderen Unternehmen, aber auch durch Gespräche mit anderen Serviceeinheiten im eigenen Unternehmen (z. B. IT-Service) kompensiert werden.

Generell ist die Rekrutierung des Projektteams aus der Linienorganisation heraus kritisch bzw. in manchen Fällen unmöglich. Es ist anzunehmen, dass die HR- und IT-Experten in der Linienorganisation bereits mit ihrem derzeitigen Aufgabenfeld ausgelastet sind. Zusätzliche

---

[5] „Eskalation" soll an dieser Stelle als kontrollierte Herbeiführung einer Entscheidung auf der nächsthöheren Hierarchieebene verstanden werden.

Projektaufgaben gehen zulasten der Linientätigkeit und sind nicht selten mit Interessenkonflikten bei der Person selbst, aber auch mit Interessenkonflikten zwischen der Linien- und Projektorganisation an sich verbunden. Wird das SSC an einem neuen Standort aufgebaut, gibt es gar keine Linienorganisation, aus der man die Experten rekrutieren könnte.

Bleibt nur die Besetzung mit Externen als Möglichkeit. Es kann selbstverständlich der klassische Rekrutierungsweg gegangen werden, d. h. die Suche nach SSC-erfahrenen HR-Experten am Arbeitsmarkt. Unter Umständen scheidet diese Möglichkeit aber aus Zeitgründen aus. Eine Alternative hierzu stellen zeitlich befristete Engagements von externen Beratern dar. Vorrangig große Unternehmensberatungen haben sich in den letzten Jahren im Human Capital Management darauf spezialisiert, SSC-Konzepte anzubieten und beim Kunden zu implementieren. So verwundert es nicht, dass die Unternehmensberatungen schnell in der Lage sind, ein Projektteam zu stellen, welches die Anforderungen an HR- bzw. IT-Expertise und Erfahrung aus SSC-Implementierungen erfüllt. Die Beratungshäuser bringen auch die entsprechende Projektmethodik mit, um ein SSC-Projekt umzusetzen. Es liegt auf der Hand, dass eine solche „externe" Lösung ihre Vor-, aber auch Nachteile hat. Die Projektleitung sollte sorgsam abwägen, inwieweit externe Unterstützung durch Unternehmensberatungen notwendig ist. Sie kann durchaus hilfreich sein, wenn es im Unternehmen nahezu keine Erfahrung mit SSC-Implementierungen gibt. Je stärker die HR- und IT-Abteilungen des Unternehmens sind und je mehr Erfahrung im Umgang mit komplexen Projekten existiert, desto größer ist die Wahrscheinlichkeit, dass dem Unternehmen auch ohne bzw. mit punktueller externer Unterstützung eine erfolgreiche SSC-Implementierung gelingt.

Unabhängig vom Grad externer Unterstützung ist für eine erfolgreiche Einführung von SSC-Strukturen die Einbindung der zukünftigen SSC-Linienorganisation in die Projektarbeit wichtig. Während der Laufzeit des Projektes wird enorm viel Wissen über die derzeitigen und zukünftigen HR-Prozesse und -inhalte sowie die damit einhergehende technische Umsetzung in den relevanten IT-Systemen verarbeitet. Dieses Wissen darf nicht nur in den Händen und Köpfen der Projektmannschaft bleiben, die sich nach Ende des Projektes auflöst. Es ist elementar wichtig, dass die Linienorganisation in die Lage versetzt wird, nach Abschluss des Projektes die ihr anvertrauten Personalprozesse reibungslos, zügig und in guter Qualität zu erbringen. Somit kommt dem Themenfeld Projektdokumentation und -ergebnissicherung eine zentrale Rolle in der Projektarbeit zu, weswegen sich der Abschnitt 4.2.3 ausführlich hiermit beschäftigen wird. Für die Zusammensetzung des Projektteams bedeutet dies, dass Schlüsselpositionen in der Projektmannschaft bereits mit Personen besetzt werden sollten, die nach Projektende eine Schlüsselrolle in der Linienorganisation übernehmen werden.

Hat das SSC den Auftrag, HR-Services für mehrere Standorte bzw. Unternehmen eines Konzerns zu erbringen, kommt der Einbindung der lokalen HR-Organisationen eine besondere Bedeutung zu. Die lokalen Experten sind wichtige Multiplikatoren für das Projektvorhaben. Die Akzeptanz am jeweiligen Standort für das Vorhaben SSC steht und fällt mit ihrer Unterstützung. Zudem kennen die HR-Experten in den Unternehmen vor Ort die lokalen Gegebenheiten und Spezifika der Personalarbeit selbstverständlich am besten. Projektorganisationen, die sich lediglich aus Mitarbeitern aus der Konzernzentrale oder aus Externen zusammensetzen, leiden häufig – insbesondere bei standortübergreifenden oder multinationalen SSC-Projekten – an Akzeptanzproblemen. Wann immer möglich, sollten solche lokalen HR-Experten mit einer Rolle im Projekt betraut werden.

Die Einbindung zentraler HR-Repräsentanten in die Projektorganisation ist dennoch unerlässlich. Nicht zuletzt steht hinter der SSC-Einführung ein Auftrag der Unternehmens- oder der Personalleitung. Davon abgesehen sollte eine zentrale HR-Funktion ein Eigeninteresse an der aktiven Projektmitarbeit haben. Denn die Einführung eines HR-SSC schafft in einem bislang unbekannten Ausmaß Transparenz über die HR-Arbeit im Unternehmen. Diese Transparenz sollten auch die neu etablierten Center of Expertise und die HR-Governance für ihre Aufgaben nutzen. Beide werden dadurch besser befähigt, die HR-Produktpalette auszugestalten und die HR-Organisation insgesamt weiterzuentwickeln.

Aus der Projektorganisation sollte auch die Wichtigkeit von Change Management und Kommunikation abgelesen werden können. Idealerweise dadurch, dass innerhalb der Projektorganisation eine eigene Funktion für diese Aufgaben eingerichtet wird, welche die Projektleitung vorrangig darin unterstützt, alle relevanten Stakeholder zu identifizieren sowie umfassend und rechtzeitig über die Projektaktivitäten und den Projektstatus zu informieren. Zu diesem Aufgabenbereich zählen auch die notwendigen Abstimmungsaufgaben mit Gremien der Arbeitnehmervertretungen. Eine umfassende Einbindung aller Betroffenen ist die Grundlage für die Akzeptanz des durch die Einführung eines HR-SSC hervorgerufenen Veränderungsprozesses und kann daher nicht hoch genug bewertet werden. Eine direkte Berichtslinie an die Projektleitung ist aus diesem Grund empfehlenswert.

Eine weitere Funktion, die idealerweise direkt an die Projektleitung berichtet, stellt das Projektcontrolling dar, dessen primäre Aufgabe darin besteht, die Termin- und Kosteneinhaltung des Projektes zu überwachen. In Zusammenarbeit mit der Projektleitung obliegt dem Projektcontrolling allerdings auch die Aufgabe, eine qualitative Steuerung des Projektes zu übernehmen.

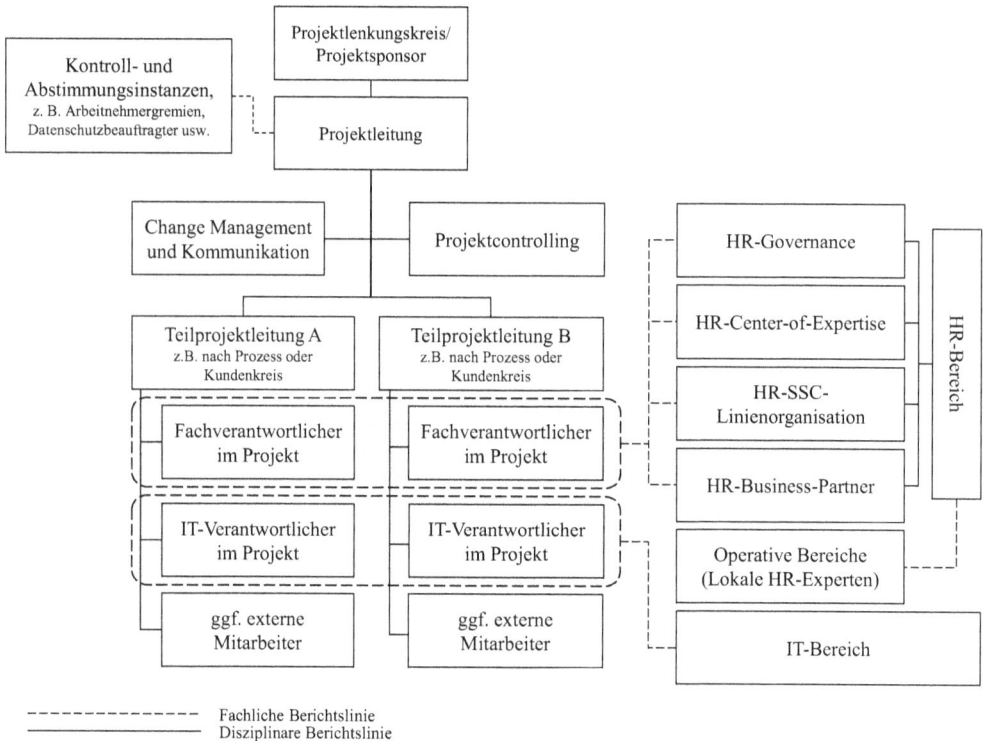

Abb. 4.2: Exemplarische SSC-Projektorganisation sowie deren Einordnung in die Gesamtorganisation des Unternehmens (Quelle: Eigene Darstellung)

Der konkrete Aufbau der Projektorganisation richtet sich sehr stark nach den betroffenen Prozessen, IT-Systemen und nach den zukünftigen Kundenstrukturen des SSC. So kann es sinnvoll sein, die Projektorganisation getrennt nach den zu überführenden Personalprozessen aufzubauen. Handelt es sich dagegen um ein multinationales SSC-Projekt, dürfte eine landesspezifische Organisation passender sein. Gegebenenfalls muss eine Kombination aus mehreren Aspekten in der Projektorganisation berücksichtigt werden.

Trotz aller Komplexität eines SSC-Projektes sollte die Projektorganisation in Summe überschaubar und damit schlagkräftig bleiben. Die Komplexität eines Projektes wird man nicht mindern, indem man ihr eine komplexe Projektorganisation gegenüberstellt. Im Gegenteil, die Abstimmungsaufwände nehmen exponentiell zu und die Steuerung des Projektes wird für die Projektleitung zur Mammutaufgabe. Projektrisiken gehen in den Tiefen der Organisation unter, anstatt transparent zu werden. Rollen und Verantwortlichkeiten sind unklar oder verschwimmen an den Schnittstellen. Nicht für jede Aufgabe im Projekt bedarf es einer separaten Funktion. So viele Projektteilnehmer wie nötig, aber so wenige wie möglich. Keep it small and simple!

4.2.2   Projektphasen

Die Aktivitäten im Verlauf eines HR-SSC-Projektes sind vielfältig, lassen sich jedoch zeitlich und inhaltlich grob den folgenden fünf Phasen zuordnen. Über dem gesamten Projektverlauf stehen selbstverständlich die Projektleitung und -steuerung, welche aufgrund ihres generellen Charakters nicht näher erläutert werden (vgl. z. B. Litke 2007, S. 161 ff.).

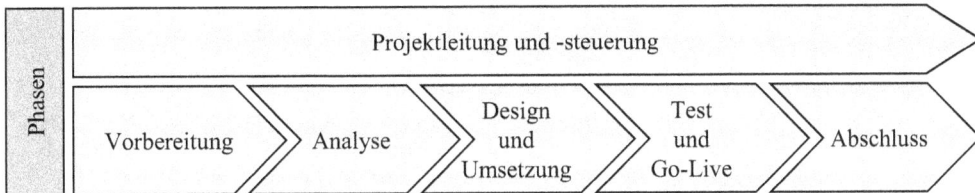

Abb. 4.3: Typische Phasen eines HR-SSC-Projektes (Quelle: Eigene Darstellung)

Begonnen wird allgemein damit, die Projektmethodik festzulegen, das Projektteam zusammenzustellen, den Terminplan abzustimmen, notwendige IT-Berechtigungen einzurichten usw. Im engeren Sinne gehört diese Phase nicht zur eigentlichen Projektarbeit, sondern stellt eine Phase vorbereitender Arbeiten dar (vgl. Corsten 2000, S. 12). Da diese Aufgaben in der Praxis jedoch häufig erst nach Erteilung des grundsätzlichen Projektauftrags erfolgen und somit das Projektbudget belasten, wird die Vorbereitung an dieser Stelle als erste Projektphase verstanden.

Daran schließt sich die Analyse der für die Überführung ins SSC vorgesehenen Personalprozesse an. In dieser Phase werden die derzeitigen Prozessabläufe, Verantwortlichkeiten, Informationsflüsse und Systeme dokumentiert. Dabei kommt der Anforderungsdokumentation eine besondere Bedeutung zu. Darunter versteht man die Aufnahme aller gesetzlichen, kollektivrechtlichen und einzelarbeitsvertraglichen Anforderungen an die Personalprozesse und -inhalte des Unternehmens. Sollen zukünftig im SSC mehr als ein Standort bzw. Unternehmen mit HR-Services bedient werden, muss diese Aufnahme für jede legale Einheit erfolgen, denn wie bereits erwähnt können Tarifverträge und Betriebsvereinbarungen mitunter deutlich voneinander abweichen. Die Projektarbeit muss sicherstellen, dass im operativen Betrieb des HR-SSC diese Unterschiede adäquat berücksichtigt und dass eventuell vorhandene Prozessvarianten effizient abgearbeitet werden können. Zumindest Tarifverträge und Betriebsvereinbarungen lassen sich i. d. R. während der Projektlaufzeit nicht zugunsten einer Standardisierung im Sinne des SSC verändern. Es kann aber an verschiedenen Standorten durchaus auch Prozessvarianten geben, die nicht auf rechtliche Gründe zurückgehen, deren Änderung bereits vorbereitet wurde oder zu deren Änderung das betroffene Unternehmen unter Einbeziehung der Arbeitnehmervertretung bereit ist. In diesen Fällen empfiehlt es sich, im Rahmen des Projektes mit Unterstützung der lokalen Verantwortlichen sowie des Projektsponsors bzw. des Projektlenkungskreises auf eine Vereinheitlichung innerhalb des Konzerns hinzuwirken. Spätestens in solchen Situationen zahlt sich eine frühzeitige und offene Kommunikation über anstehende Veränderungen im HR-Bereich – auch mit den betrieblichen Sozialpartnern – im Sinne des anfangs beschriebenen Change Managements aus.

Auf Basis der erhobenen Anforderungen, der existierenden HR-Prozesse und IT-Systeme, unter Berücksichtigung der Zielsetzungen des SSC sowie durch den Vergleich mit Best Practices werden im weiteren Projektverlauf die zukünftigen Standardprozesse des HR-SSC entworfen. Der Handlungsbedarf ergibt sich aus den Unterschieden zwischen den derzeit existierenden und den zukünftig geplanten Standardprozessen.

Nach der technischen Umsetzung in den entsprechenden IT-Systemen und dem Prozessdesign empfiehlt sich die Durchführung einer Testphase. Neben den Systemfunktionalitäten können in dieser Zeit die Prozessabläufe geprobt werden. Sind neue oder unerfahrene Kollegen in die Prozesse involviert, ist es oftmals erforderlich, unternehmensspezifische HR-Grundlagen zu vermitteln. Systemschulungen werden notwendig, wenn es größere Veränderungen an verwendeten IT-Systemen gibt. Nach erfolgreichen Tests wird letztendlich zu einem Go-Live-Stichtag der operative Betrieb des HR-SSC eingeläutet.

Das Projekt endet mit einer Abschlussphase, in der die Projektorganisation der Linienorganisation unterstützend zur Seite steht, um etwaige Prozess- oder Systemfehler zu beheben und den Wissenstransfer zu sichern. Es werden „Kinderkrankheiten" in den Prozessen und Systemen behoben, Rückmeldungen der Kunden zu Verbesserungspotenzial aufgenommen und verarbeitet, sodass sich das SSC kontinuierlich ab Tag eins verbessert. Spätestens zu diesem Zeitpunkt benötigt die SSC-Organisation auch ein funktionierendes Performance-Management-Instrumentarium, um die Leistungsfähigkeit der neuen SSC-Organisation zu messen und somit gegenüber der Unternehmens- bzw. Personalleitung in puncto Reaktions- und Bearbeitungszeiten, Servicequalität oder Kostenersparnis aussagefähig zu sein (vgl. Arcache/Beck-Peccoz/Bauer 2009, S. 42–44).

Je umfangreicher das SSC-Projekt in Bezug auf die zu überführenden Prozesse bzw. die zu betreuende Kundenstruktur ist, desto sinnvoller ist die Vereinbarung von Meilensteinen im Projektverlauf. Dabei werden an festgelegten Terminen gewisse Arbeitsstände im Projekt auf ihre Erledigung überprüft. Spätestens nach jeder der oben beschriebenen Phasen empfiehlt sich die Abnahme der definierten Aufgabenpakete durch die Projekt- und/oder Linienverantwortlichen. Zum offiziellen Projektende erfolgt letztlich die formale Übergabe des SSC an die SSC-Linienorganisation.

4.2.3   Projektdokumentation

Die Projektdokumentation spielt vorrangig für die Zielerreichung und Ergebnissicherung im Projektverlauf eine besondere Rolle. Da sie zusätzlich die Hauptquelle des Wissenstransfers zur SSC-Linienorganisation darstellt, ist ihre Qualität von enormer Bedeutung.

Abb. 4.4 gibt einen Überblick über die wesentlichen Dokumente, die typischerweise während eines SSC-Projektes benötigt werden, und setzt diese zeitlich in Beziehung zu dem bereits bekannten grundsätzlichen Ablauf. Je nach Zielsetzung, Projektumfang und den unternehmensinternen Rahmenbedingungen leiten sich ggf. weitere Anforderungen an die Projektdokumentation für das HR-SSC-Projekt ab. Nachfolgend werden die wichtigsten Dokumente dargestellt und erläutert.

	Projektleitung und -steuerung				

Projektzeit- und -ressourcenplanung, Projektstatusberichterstattung, Projektbudgetverbrauch, Projektorganisation, ...

Phasen	Vorbereitung	Analyse	Design und Umsetzung	Test und Go-Live	Abschluss
Dokumente	• Kostenübersichten HR-Bereich • Personalstatistiken • Benchmark-unterlagen • Übersicht HR-IT-Systeme • Übersicht HR-Prozesse • Ausschreibungs-unterlagen • Personal-suchanzeigen • ...	• Prozess-erfassungsvorlage • Entscheidungs-vorlagen • Tarifverträge, Betriebsverein-barungen, wichtige einzelvertragliche Regelungen • Dokumentation über System-schnittstellen • Aktuelle genutzte Formulare für HR-Prozesse • User-Dokumente, HR-IT-Systeme • ...	• Business Blueprint • Lastenheft • Pflichtenheft • Technische Dokumentation • HR-IT-Berechtigungs-konzept • ...	• Testplan und -dokumentation • Dokumente zur Datenmigration • Abnahme-protokolle • Prozessdoku-mentation • Wissensbasis (FAQ) • Schulungs-unterlagen • ...	• Systemfehler-dokumentation und Abarbeitungsliste • Auswertungen Kundenfeedback • Performance-Reporting SSC • ...

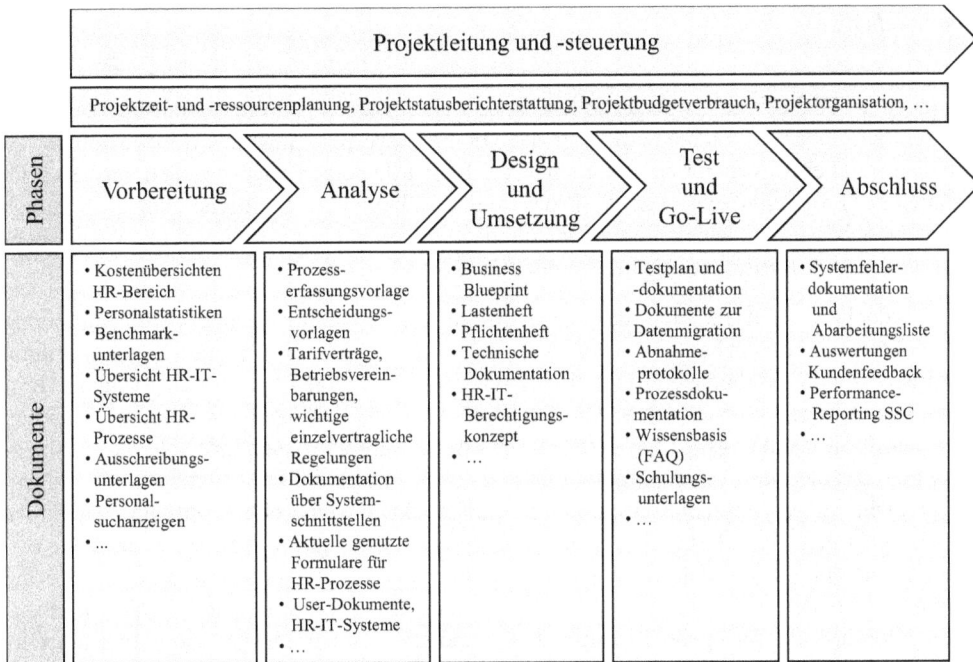

Abb. 4.4: Projektdokumentation während der Projektphasen (Quelle: Eigene Darstellung)

Dokumente der Projektleitung und -steuerung

Um Projekte erfolgreich zum Ziel zu führen, bedarf es einer wirkungsvollen Projektsteuerung. Die Projektleitung soll zu jedem Zeitpunkt im Projektverlauf ein realistisches Bild vom Stand des Projektes erhalten. Dokumente der Projektsteuerung sind u. a. der Projektstatusbericht, der Detailprojektzeitplan, Offene-Punkte-Listen, Templates zur regelmäßigen Projektberichterstattung u. v. m. An dieser Stelle sei aufgrund der weitgehenden Allgemeingültigkeit solcher Dokumente auf die umfangreiche Literatur zum Themenkomplex Projektmanagement verwiesen (vgl. z. B. Litke 2007 oder Kuster/Huber u. a. 2007).

Prozesserfassungsvorlage

Im Rahmen der Prozessanalyse müssen die durchgeführten Prozessschritte, die involvierten Parteien, die verwendeten IT-Systeme, Schnittstellen zu anderen Prozessen und die verarbeiteten Inhalte dokumentiert werden. Idealerweise sollte dies anhand einer Vorlage für alle Prozesse einheitlich erfolgen. Eventuell existiert im Unternehmen bereits eine eigene Methodik zur Erfassung von Geschäftsprozessen, die für das SSC-Projekt genutzt werden kann. Alternativ kann man sich an allgemein gängigen Verfahren zur Geschäftsprozessmodellierung wie bspw. dem Verfahren der ereignisgesteuerten Prozessketten orientieren (vgl. z. B. Staud 2006, S. 59 ff., und Richter-von Hagen/Stucky 2004, S. 84 ff.).

Entscheidungsvorlagen

Insbesondere für HR-SSC-Projekte, in denen HR-Services für mehrere Standorte bzw. legale Einheiten im SSC erbracht werden sollen, ist es wichtig, einen geordneten Entscheidungsfindungsprozess über die Standardisierung der HR-Prozesse und -inhalte im Projektablauf zu verankern und entsprechend zu dokumentieren. Es wurde bereits angesprochen, dass sich im Rahmen der Projektlaufzeit nicht alle Prozesse und -inhalte vereinheitlichen lassen. Dennoch sollte versucht werden, aus den unterschiedlichen Abläufen, die im Rahmen der Analysephase aufgenommen werden, weitgehend einheitliche Standards zu erarbeiten.

Bevor jedoch eine Entscheidung darüber getroffen werden kann, wie eine Vereinheitlichung der HR-Prozesse und -inhalte erfolgen kann, ist es erforderlich, die Veränderungen mit ihren entsprechenden Konsequenzen möglichst umfassend aufzuzeigen und in entsprechende Entscheidungsvorlagen einzuarbeiten. Die letztendliche Entscheidung kann der Projektleitung oder dem Projektlenkungskreis anvertraut werden. Es wäre aber auch möglich, die Entscheidung hierüber den SSC-Linienverantwortlichen oder den Centern of Expertise zu übertragen. Selbst mehrstufige Entscheidungsverfahren sind denkbar. Generelle Empfehlungen hierzu können nicht gegeben werden, hängt diese Festlegung doch stark davon ab, ob und wie solche Entscheidungen bis dato in der jetzigen HR-Organisation getroffen wurden, wie die Interaktion der Beteiligten im operativen Betrieb des SSC geplant ist und wie die Unternehmenskultur aussieht. Dringend zu empfehlen ist jedoch, sich bereits vor dem Start eines HR-SSC-Projektes mit der Frage auseinanderzusetzen, welche Funktion im Unternehmen mit den entsprechenden Kompetenzen und dem entsprechenden Verantwortungsbereich ausgestattet werden soll, um solche Entscheidungen im Projektverlauf und daran anschließend zu treffen.

Business Blueprint

In der Designphase des Projektes werden, wie im vorherigen Abschnitt erläutert, die zukünftigen Prozesse des HR-SSC entworfen. Der Prozess und der darin verarbeitete Inhalt definieren die Anforderungen an die entsprechende IT-Unterstützung. So existiert bspw. in vielen Unternehmen ein Prozess zur Zahlung einer nach Jahren der Betriebszugehörigkeit gestaffelten Jubiläumsprämie. Der Prozess der Auszahlung ist bei allen Jubilaren identisch. Werden im SSC mehrere Standorte oder Unternehmen als Kunden betreut, können diese Regelungen allerdings voneinander abweichen. Daher kann es erforderlich sein, nicht nur den Prozess systemisch zu unterstützen, sondern auch die Berechnungsregeln im IT-System zu hinterlegen, um eine effiziente und fehlerfreie Abarbeitung durch das SSC zu gewährleisten.[6]

Es bedarf in solchen Fällen also einer möglichst genauen inhaltlichen Beschreibung, wie die IT-Systeme zu konfigurieren sind. Eine solche Beschreibung der HR-Prozesse und -inhalte wird als Business Blueprint, oder einfach nur Blueprint, bezeichnet. Der Blueprint beschreibt die HR-Inhalte und HR-Prozesse und die entsprechenden Implikationen für die IT-Systemeinstellungen. Wird im Projekt mit externen IT-Dienstleistern zusammengearbei-

---

6   Die Hinterlegung von Berechnungsgrundlagen in IT-Systemen kann – trotz des damit verbundenen Aufwandes – nicht nur aus Effizienzgesichtspunkten oder aus Gründen der Komplexitätsreduktion, sondern auch als präventive Maßnahme der Qualitätssicherung, insbesondere vor dem Hintergrund einer üblicherweise recht hohen Fluktuation in SSCs, interessant sein.

tet, bildet der Blueprint die Basis für ein formales „Lastenheft", indem es die genauen fachlichen Anforderungen beschreibt. Der IT-Anbieter wird darauf aufbauend ein korrespondierendes „Pflichtenheft" erstellen, welches genau beschreibt, wie die IT-Systeme eingerichtet und konfiguriert werden, um den fachlichen Anforderungen aus dem „Lastenheft" Genüge zu tun.

Der Business Blueprint stellt also die notwendige Brücke in der Kommunikation zwischen HR- und IT-Seite dar. HR-SSC-Projekte werden oftmals dann langwierig und teuer, wenn mehrfach im Laufe des Projektes das IT-System geändert werden muss, weil Fachanforderungen nicht eindeutig und klar beschrieben wurden und/oder weil IT-Einstellungen vorgenommen wurden, deren fachliche Grundlage auf Annahmen oder HR-Halbwissen des Programmierers beruht.

Kurzum: Die Dokumentation der fachlichen Anforderungen in Form eines Business Blueprints ist elementar wichtig für eine erfolgreiche Implementierung der Prozesse sowie einen fehlerfreien und kostengünstigen Aufbau der unterstützenden IT-Systeme. Unabhängig davon, ob mit internen oder externen IT-Dienstleistern zusammengearbeitet wird, ist die Schnittstelle zwischen HR-Fachlichkeit und Informatik ein Risikofaktor, den man durch eine möglichst detaillierte Anforderungsdokumentation gut in den Griff bekommen kann.

Prozessdokumentation

Der Business Blueprint ist aufgrund seines Umfangs und seiner Detailtiefe in der Regel nicht dafür geeignet, einen schnellen Überblick über Prozessabläufe zu erhalten oder die Prozessbeteiligten in der täglichen Arbeit anzuleiten. Hierfür bedarf es einer separaten Prozessdokumentation, die idealerweise unterschiedlich je nach Adressat bzw. Verwendungszweck aufgebaut wird.

Prozessdokumentationen werden im Rahmen der Projektarbeit zum einen dafür benötigt, den beteiligten Mitarbeitern sowie dem Management einen groben Überblick über die eintretenden Neuerungen in den HR-Prozessen zu ermöglichen. Dies betrifft die SSC-Mitarbeiter genauso wie die Business Partner und die involvierten Beteiligten aus den Centern of Expertise und der HR-Governance. Hierfür empfiehlt es sich – möglichst knapp – die wesentlichen Prozessschritte in ihrer bisherigen und zukünftigen Form vergleichend darzustellen.

Zum anderen benötigt das SSC intern eine deutlich detailliertere Prozessdokumentation, die den genauen Ablauf der durchzuführenden Prozesse darstellt. Diese Darstellung sollte neben dem Ablauf der einzelnen Prozessschritte auch die Verantwortlichkeiten sowie die in den jeweiligen Prozessschritten genutzten IT-Systeme beinhalten. Idealerweise baut die Darstellung auf der bereits im Rahmen der Analysephase verwendeten Prozesserfassungsvorlage auf und wird wie oben beschrieben mittels einer Softwarelösung dokumentiert und verwaltet.

Diese Dokumentation kann, wenn notwendig, weiter heruntergebrochen werden, sodass regelrecht Arbeitsanweisungen i. S. eines Handbuchs entstehen. Dann können in die Dokumentation z. B. noch Bildschirmausdrucke der jeweils im entsprechenden Arbeitsschritt zu bedienenden Masken im IT-System aufgenommen und mit Erläuterungen versehen werden.

Wissensbasis

HR-SSCs stehen häufig in direktem Kontakt mit den Mitarbeitern des Unternehmens über Telefon, E-Mail oder Intranet. Für die Zufriedenheit mit der HR-Abteilung ist es von großer Bedeutung, dass den Mitarbeitern gegenüber verlässliche Aussagen getroffen und Zusagen eingehalten werden. Wie kann ein SSC aber sicherstellen, dass unabhängig von Krankheit, Urlaub oder Fluktuation korrekte Antworten gegeben und Prozesse konform abgearbeitet werden?

Die Standardisierung und die entsprechende Dokumentation schaffen die Voraussetzung für eine einheitliche Abarbeitung der Prozesse. Für die Beantwortung der Mitarbeiteranfragen wird darüber hinaus noch eine gemeinsam nutzbare Wissensbasis benötigt, derer sich die SSC-Mitarbeiter jederzeit bedienen können, um aktuelle und verlässliche Informationen zu erhalten.

4.3   Herausforderungen bei der Einführung eines HR-Shared-Service-Center

4.3.1   Wissensmanagement

Im vorangegangenen Abschnitt wurde über die Projektdokumentation als Mittel zur Zielerreichung und Ergebnissicherung im Projekt gesprochen. Die Projektdokumentation ist darüber hinaus ein wichtiges Instrument des Wissenstransfers, um die Linienorganisation, die sich erst während der Projektlaufzeit vollständig aufstellen wird, überhaupt in die Lage zu versetzen, die HR-Services nach dem Go-Live-Stichtag wie gefordert zu erbringen.

Sicher, idealerweise werden die Projektmitarbeiter nach Ende der Projektlaufzeit Linienverantwortung übernehmen und so den Wissenstransfer sicherstellen. Doch dies gestaltet sich in der Praxis durchaus schwierig, denn Projektmitarbeiter bringen i. d. R. ein anderes Profil mit als Mitarbeiter, die in einem SSC operatives Tagesgeschäft leisten. Nicht nur hinsichtlich der persönlichen Stärken und Neigungen der Mitarbeiter, auch hinsichtlich der beruflichen Entwicklungsperspektive sind Projekt- und Linientätigkeit nicht spannungsfrei. Kommt letztlich das Thema Personalkosten ins Spiel, wird es noch schwieriger, Mitarbeitern, die anspruchsvolle Projektarbeit zufriedenstellend erledigt haben, eine adäquate Aufgabe mit entsprechender Bezahlung in einer auf Kosteneffizienz ausgerichteten Linienorganisation anbieten zu können. Aus diesen Gründen kann man eben nicht davon ausgehen, dass ein Großteil der Projektmitarbeiter nach Ende der Projektlaufzeit in die Linienorganisation des SSC übergeht. Diese Umstände verdeutlichen, weshalb der Wissenstransfer zwischen Projekt- und Linienorganisation überaus wichtig für das Gelingen des Gesamtvorhabens ist und warum der Projektdokumentation dabei eine besondere Bedeutung zukommt.

Selbst wenn der Wissenstransfer von Projekt- auf Linienorganisation reibungslos funktioniert, steht die Linienorganisation danach vor einer großen Herausforderung. Es existiert eine Vielzahl an Informationen, deren Aktualität mit jedem Tag schwindet. Wie sollen also all die

Informationen, die müh- und sorgsam im Projekt zusammengetragen und an die Linie übergeben wurden, im laufenden Betrieb des SSC aktuell gehalten werden? Mancher mag behaupten, dies zu lösen sei kein Bestandteil des Projektauftrags, sondern Aufgabe des Linienmanagements. Dabei wird jedoch verkannt, dass bereits mit der Entscheidung über die Art der Projektdokumentation wesentliche Weichen hinsichtlich der Erfassung, Speicherung und damit der Aktualisierung der HR-Prozesse und -inhalte gestellt werden. Es ist daher sehr zu empfehlen, bereits zu Projektbeginn über diese Aspekte aus Sicht der SSC-Linienorganisation nachzudenken. Das ist nachhaltige Ergebnissicherung in doppelter Hinsicht.

Dringender als viele andere Bereiche eines Unternehmens ist ein SSC auf die Aktualität der Informationen und deren jederzeitige Verfügbarkeit angewiesen. Das Geschäftsmodell eines HR-SSC soll bewusst ohne den erfahrenen Personalsachbearbeiter auskommen, der das Unternehmen wie seine sprichwörtliche Westentasche kennt. Diese Mitarbeiter wird das Unternehmen eher als Business Partner positionieren. Das auf Effizienz ausgerichtete SSC dürfte niedrige Löhne bieten, was Berufseinsteiger als potenzielle Mitarbeiter attraktiv macht. Repetitive Tätigkeiten, direkter und nicht immer konfliktfreier Kundenkontakt und die geforderte Dienstleistungsmentalität sind für viele Berufseinsteiger akzeptabel, wenn Entwicklungsmöglichkeiten aufgezeigt werden. Aber nicht alle SSC-Mitarbeiter können sich gleichzeitig in einer SSC-Organisation weiterentwickeln. Folglich gehört Fluktuation zwangsläufig zum SSC-Geschäft. In den osteuropäischen SSC-Hochburgen wie z. B. in Bratislava oder Prag ist dies besonders spür- und sichtbar. Nicht selten sind dort die Fluktuationsraten größer 20–30 %. Aber selbst wenn die Fluktuation „lediglich" 10 % beträgt, ist Wissensmanagement für eine Serviceorganisation überlebensnotwendig (vgl. Amelingmeyer, 2004, S. 16). Verlassen Know-how-Träger das Unternehmen und nehmen ihr Wissen mit „von Bord", leidet häufig unmittelbar die Servicequalität.

Wissensmanagement in einem HR-SSC bedeutet mehr als die Auswahl einer geeigneten Softwarelösung. Es dürfte bislang sowieso nicht *eine* Lösung geben, die alle Anforderungen abdeckt. So muss man sich in der Praxis oft mit mehreren Softwarelösungen helfen und versuchen, diese bestmöglich miteinander zu verzahnen. Existiert im Unternehmen bereits eine Software zur Modellierung von Geschäftsprozessen, kann diese ggf. für die Zwecke des SSC-Projektes genutzt werden. Damit ist schon ein wichtiger Grundstein zum Wissensmanagement gelegt (vgl. Lehner 2009, S. 22). Die oben beschriebene Wissensdatenbasis, oft in Form einer FAQ-Datenbank, ist ein möglicher zweiter Bestandteil. Ein dritter Bestandteil kann z. B. eine intelligente Suchmaschine sein, die es ermöglicht, selbst in heterogenen IT-Umgebungen schnell und präzise Informationen in unterschiedlichen Datenquellen zu recherchieren. Einige Hersteller von Suchsoftware bieten auch Selbstlernmechanismen an, die Antwortzeiten senken und Trefferquoten verbessern sollen.

Sicher kann die Projektdokumentation auch über gängige Arbeitsplatzsoftwareprodukte erfolgen. Spätestens bei der Verwaltung und Aktualisierung der Prozesse stoßen diese Softwareprodukte jedoch in der Praxis schnell an ihre Grenzen. Im laufenden Betrieb des SSC zahlt sich die Investition in geeignete Software i. d. R. rasch aus, weil die SSC-Mitarbeiter die Gelegenheit haben, auf alle notwendigen Informationen zuzugreifen, ohne auf zeitraubende Suche in unternehmensinternen Netzlaufwerken zu gehen oder sich durch veraltetes Projektdatenmaterial zu kämpfen.

Jedes Unternehmen muss für sich entscheiden, welche Informationen zwingend aktuell gehalten werden müssen, um das HR-SSC im operativen Betrieb trotz Personalabgängen nachhaltig effizient und qualitativ hochwertig betreiben zu können. Die Frage der Datenhaltung spielt bei dieser Entscheidung eine ebenso wichtige Rolle wie das Zugriffskonzept und der Pflegeprozess zur Aktualisierung.

Die Projektdokumentation wird zu einem bestimmten Zeitpunkt im Projektverlauf erstellt und veraltet bereits ab dem Tag danach. Nur die fortlaufende Aktualisierung der Dokumente schafft aus einer Projektdokumentation die Basis für ein Wissensmanagement, das für die SSC-Organisation dringend notwendig ist.

4.3.2　　Organisatorische Konflikte

Bereits mehrfach wurde der Aspekt angesprochen, dass bei der Einführung eines HR-SSC mindestens zwei Organisationseinheiten mitwirken: eine Projektorganisation und eine Linienorganisation. Grundsätzlich betrachtet haben diese beiden Organisationen ein gemeinsames Ziel: die erfolgreiche Einführung eines HR-SSC im Unternehmen. Es wurde aber auch bereits an der einen oder anderen Stelle angedeutet, dass bei der Zusammenarbeit separater Organisationseinheiten an einem gemeinsamen Projekt Interessenkonflikte auftreten können (vgl. Appel 2009, S. 20 f.).

Die Projektorganisation dürfte vorrangig die Einhaltung des Projektbudgets und des Zeitplans im Blick haben. Die Qualität der Projektergebnisse wäre dann lediglich eine dritte Determinante, die aber deutlich mehr Interpretationsspielraum als die anderen beiden böte. Der Fokus der Linienorganisation liegt vorrangig auf der Ergebnisqualität. Oftmals mangelt es jedoch an der Bereitschaft, ausreichend Ressourcen für die Projektarbeit abzustellen.

Projekte finden in der Unternehmenspraxis nie unter idealen Bedingungen statt: Die zur Verfügung stehenden Mittel sind stark begrenzt oder werden gekürzt, der Zeitplan wird von Parallelprojekten beeinflusst oder wichtige Projektmitarbeiter fallen aus – Konfliktpotenzial, das sich spätestens an der Schnittstelle zwischen Projekt und Linie zu entladen droht. Um das SSC-Projekt trotz solcher oder anderer negativer Einflüsse zum Erfolg zu führen, gilt es, diese Konflikte den gemeinsamen Interessen hintanzustellen und nach guten Kompromissen zu suchen.

Einige Ansatzpunkte wurden bereits genannt, um dieses Ziel zu erreichen. Mitarbeitern, die Schlüsselpositionen innehaben, sollte möglichst frühzeitig, ggf. bereits bei der Besetzung der Projektrolle, signalisiert werden, dass ihnen bei guter Leistung eine adäquate Linienposition angeboten wird. Temporäre Projektverträge sind zwar oft gängige Praxis, aber nicht unbedingt erste Wahl, wenn es um nachhaltigen Erfolg geht.

Ein geordnetes und partnerschaftliches Verfahren zwischen Projekt- und Linienorganisation stellt sicher, dass die Projektergebnisse professionell übergeben werden. Bei wichtigen Entscheidungen, z. B. größeren Verschiebungen im Projektablauf, grundsätzlichen Änderungen in der Vorgehensweise usw., sollte ein Konsens zwischen beiden Parteien erzielt werden. Beide Parteien sollten darüber hinaus für zu definierende Sachverhalte ein Vetorecht erhalten. Solche Verfahren funktionieren selbstverständlich nur, wenn in Pattsituationen auch entsprechende Eskalationsmechanismen vereinbart werden.

Auch klare Zielvereinbarungen können dazu beitragen, die gemeinsamen Interessen stärker in den Vordergrund zu stellen. Wird die etwaige Erfolgsbeteiligung der Projekt- bzw. SSC-Leitung nicht nur von ihrem isolierten Erfolg abhängig gemacht, werden die Verantwortlichen vermutlich schon aus finanziellen Gründen versuchen, stärker zu kooperieren.

Es gibt keine Ideallösung für diese Problematik. Ein Projekt lebt letztendlich auch von der positiven Energie, die von unterschiedlichen Positionen ausgeht. Um erfolgreich zu sein, müssen Konflikte, die den Projekterfolg gefährden, weitgehend reduziert werden, anstatt sehenden Auges diesen aufs Spiel zu setzen. Wichtig ist folglich, dass sich alle Beteiligten im Projektteam und in der SSC-Linienorganisation darüber im Klaren sind, warum es zu Konflikten kommen kann. Sind zusätzlich das Management und der Projektlenkungskreis von Anfang an für solche Problematiken sensibilisiert, kommt man einer möglichst guten Lösung meistens recht nahe. Offener und fairer Umgang miteinander, der selbstverständlich sein sollte, lässt das noch bestehende Restrisiko möglichst klein werden.

4.3.3   Umgang mit Widerständen

In Kapitel 4.1 wurde dargestellt, wie wichtig es bereits in der Projektvorbereitung ist, realistische Erwartungen zu wecken, Chancen und Risiken anzusprechen und sich die Unterstützung des Topmanagements für das Projektvorhaben SSC zu sichern. Dabei wurde betont, dass es bei der Einführung eines HR-SSC nicht nur um Kosteneffizienz, Qualität und Geschwindigkeit von Personalprozessen geht, sondern um nichts weniger als den grundlegenden Umbau der HR-Funktion als Ganzes (vgl. Hosch 2015, S. 84 f.).

Auf diesem Weg sind Widerstände vorprogrammiert: Personaler fühlen sich ihrer Kernkompetenzen, über die sie sich jahrelang identifizierten, beraubt. Führungskräfte blockieren grundlegende prozessvereinfachende Regelungen in Prozessabläufen, da sie sich entmündigt fühlen. Das Management einzelner Konzernunternehmen ist nicht bereit, die eigene Personalabteilung zugunsten eines zentralen und anonymen SSC zu beschneiden. Die vereinbarte Aufteilung der Aktivitäten innerhalb des Prozesses wird von den einzelnen Beteiligten boykottiert. Unabhängig davon, welche Gründe hinter solchen Widerständen stecken, hat das SSC-Projekt den Auftrag, durch gelungenes Change Management diese Widerstände so gut es geht zu minimieren.

Allen Mitarbeitern und Führungskräften im Unternehmen sollte erläutert werden, warum sich durch die Einführung eines HR-SSC das Unternehmen verändern wird. Hierbei gibt es langfristig-strategische und eher kurzfristig-operative Überlegungen.

Aus strategischer Sicht ist der Umbau der HR-Funktion notwendig, weil eine in Anlehnung an das Modell Dave Ulrichs aufgestellte HR-Organisation besser in der Lage ist, den unternehmerischen Herausforderungen des 21. Jahrhunderts optimal zu begegnen: zunehmende Globalisierung, dauerhafte Wachstumserwartungen, demografischer Wandel und der daraus folgende Kampf um die besten Talente, kontinuierliche Kostensenkungs- und Effizienzerwartungen, stärkere regulatorische Vorgaben durch den Gesetzgeber usw. Das Organisationskonzept aus Business Partnern, Centern of Expertise und einem HR-SSC bildet eine ideale Ausgangsposition, aus der heraus die HR-Funktion gestalterisch, fachlich fundiert und gleichzeitig effizient agieren kann, um die genannten Herausforderungen zu meistern.

Rein operativ bietet die Einführung eines HR-SSC die Chance, die Qualität und Geschwindigkeit der HR-Services deutlich zu erhöhen und gleichzeitig die Effizienz der Personalarbeit zu steigern. Die Kostenbelastung durch die Personalabteilung ist insbesondere für operative Führungskräfte von großer Bedeutung, da auch diese Kosten am Markt erwirtschaftet werden müssen. Die Erwartungshaltung und der Druck auf die HR-Bereiche, ihre Kosten zu senken, sind in den letzten Jahren zunehmend gewachsen. Heute wird von HR-SSCs mehr denn je vorausgesetzt, einen Beitrag zu größerer Kosteneffizienz zu leisten.

Darüber hinaus kann die Personalfunktion durch ein HR-SSC im Idealfall auch eine Verbesserung der Wahrnehmung im Unternehmen erreichen. Eventuell vorher von den Mitarbeitern als eine bürokratische Verwaltungseinheit ohne Serviceorientierung gesehen, bietet ein HR-SSC nun über Call Center und Self-Service-Funktionalitäten rund um die Uhr Personaldienstleistungen an. Solche konkreten Vorteile helfen dabei, jedem Mitarbeiter und jeder Führungskraft einen direkten Nutzen aus der Einführung eines HR-SSC darstellen zu können und damit die notwendige Akzeptanz für das Vorhaben zu erlangen.

4.4   Zusammenfassende Bewertung der Projektaufgabe

Der Aufbau eines SSC ist für jedes Unternehmen ein anspruchsvolles Projekt. Wie erläutert, geht es dabei nicht nur um Prozessfragen und Effizienzthemen, sondern auch um eine Veränderung der HR-Landschaft. Je vielfältiger das Projekt hinsichtlich der betroffenen Prozesse und der Kundenstruktur ist, desto komplexer wird die eigentliche Projektarbeit. Daher bedarf es in jedem Fall einer gewissenhaften Vorbereitung, einer genauen Projektplanung, einer adäquaten Projektorganisation und einer standardisierten Vorgehensweise. Auf dem Weg zum Erfolg wird es Hindernisse geben, doch das Bewusstsein, dass dies so sein wird, erleichtert den Umgang damit. Die Verantwortlichen können frühzeitig Vorkehrungen treffen, um Risiken zu minimieren, und Maßnahmen einleiten, die flankierend wirken.

Die Mitarbeiter sind der Schlüssel zum Erfolg – während der Projektlaufzeit ebenso wie im operativen Betrieb. Die Anforderungen an Projekt- und Tagesgeschäft sind sehr unterschiedlich. Selten werden die Mitarbeiter die notwendigen Kompetenzen für beide Tätigkeitsprofile in sich vereinen. Daher sollte nicht der falsche Eindruck entstehen, man könne mit den gleichen Mitarbeitern ein SSC aufbauen und anschließend betreiben. Gute Projektmitarbeiter wissen, worauf es ankommt, und haben den langfristigen Erfolg des Projektes, also den reibungslosen operativen Betrieb des SSC, im Visier. Gute SSC-Mitarbeiter denken und handeln effizient und serviceorientiert. Der unterschiedlichen Anforderungen und der daraus entstehenden Folgen bezüglich Personalkosten, -beschaffung und -entwicklung sollte man sich im Vorfeld eines SSC-Projektes bereits bewusst sein.

Die Effizienz eines HR-SSC steht und fällt mit dem erreichbaren Grad der Standardisierung der HR-Prozesse und -inhalte. Ein SSC macht die Unterschiede transparent und kann auf Standardisierungspotenziale hinweisen. Typischerweise würde ein HR-SSC allerdings nicht über die Standardisierung befinden. Ein organisatorisches Konzept mit entsprechenden Rollen und Verantwortlichkeiten parallel zum HR-SSC in der HR-Funktion einzuführen, scheint für eine erfolgreiche Implementierung und einen gelungenen Betrieb unausweichlich.

Dies bedeutet auch, Klarheit zu schaffen, wie die übrigen Rollen – Business Partner, Center of Excellence und Governance – mit Leben gefüllt werden sollen. HR-Mitarbeiter, die u. U. jahrzehntelang Personalarbeit damit gleichgesetzt haben, Gehaltsabrechnungen oder Arbeitsverträge zu erstellen, werden verständlicherweise ihre Schwierigkeiten haben, von heute auf morgen als strategischer Partner zu agieren oder moderne HR-Konzepte zu entwickeln.

Die Einführung eines HR-SSC ist also kein isoliertes Einzelvorhaben, wie beispielsweise die Implementierung eines neuen Vergütungsmodells, sondern verzahnt sich mit anderen Konzepten und Initiativen. Um seine volle Wirksamkeit zu entfalten, braucht es bestimmte Voraussetzungen und wird, wenn diese nicht gegeben sind, neue und berechtigte Fragen in der HR-Organisation aufwerfen, die Antworten verlangen. In diesem Sinne treibt das HR-SSC von Beginn des Projektes fortlaufend die Veränderung der HR-Organisation als Ganzes an.

5 Prozesse

5.1 Front-Office-Prozesse

Wolfgang Appel

5.1.1 Anforderungen an das Front Office aus Kundensicht

Das Front Office ist mit seinen Kommunikationsaktivitäten das Gesicht der HR-Organisation zum Kunden bzw. die Visitenkarte der Personalabteilung. Die Anforderungen an Mitarbeiter und Organisation des Front Office sollten darum aus den Erwartungen der Kunden abgeleitet werden. Als Kunden werden hier verschiedene Gruppen gesehen: an erster Stelle natürlich die Mitarbeiter des Unternehmens, dann aber auch die Führungskräfte, Mitglieder anderer HR-Einheiten und nicht zuletzt Bewerber und ehemalige Mitarbeiter. Diese Kunden hatten in der klassischen HR-Organisation einen ihnen bekannten Ansprechpartner vor Ort. Sie waren es gewohnt, in direktem Kontakt mit ihrem persönlichen Bearbeiter zu kommunizieren. Aufgrund der gemachten Erfahrungen hatte sich ein Vertrauensverhältnis aufgebaut. Welche Erwartungen haben nun diese Kunden an ein anonymisiertes HR-Servicecenter?

Zunächst einmal verlangen die Kunden eine hohe **Erreichbarkeit** – telefonische Warteschleifen, die länger als 20 Sekunden dauern, werden vom Kunden als schlechte Qualität wahrgenommen. Sobald das Anliegen mit Entgegennahme eines Anrufs platziert ist, sind die Lösung und der eventuell notwendige Rückruf Aufgabe des Servicecenters. Der Kunde hat seinen Beitrag geleistet und wird die Erfüllung der Servicezusagen erwarten.

Sodann ist die **Kompetenz** des Agenten ein wichtiges Anforderungskriterium. Wobei Kompetenz ein schwer zu fassender Begriff ist, da eine absolute Messung der Erfüllung des Konstrukts schwierig ist. Hier soll darum von Kompetenz in der Wahrnehmung des Kunden gesprochen werden, abgebildet in der Frage: *Erscheint der Agent dem Kunden im Moment des telefonischen Kontakts als sachkundig?* Die Beantwortung dieser Frage wird wesentlich von der Sprache des Agenten abhängen: Verwendet er Weichmacher wie „vielleicht", „grundsätzlich" oder „in der Regel", so wird dies vom Kunden als mangelnde Kompetenz wahrgenommen. Die Kunden erwarten keine Beantwortung aller Fragen im Erstkontakt, aber sie erwarten, dass die Antworten, die der Agent gibt, belastbar und nachhaltig sind.

Daraus resultiert die nachfolgende Anforderung der **Zuverlässigkeit** der Aussagen der Serviceagenten. Die Kunden erwarten, dass Zusagen über den weiteren Bearbeitungsweg und über Rückmeldefristen eingehalten werden. Die Aussagen des Serviceagenten müssen einen nachfolgenden Kontakt mit einer Führungskraft oder einem Betriebsrat überdauern. Erfüllen die Antworten des Agenten diese Anforderung nicht, dann wird sich kein Vertrauen in das HR-Servicecenter aufbauen.

Zuletzt ist **Freundlichkeit** der Servicemitarbeiter als eine Anforderung der Kunden zu benennen. Trotz der Nennung am Ende der Aufzählung hat dieser Punkt keine nachrangige Priorität, sondern ganz im Gegenteil: Die Kunden setzen Freundlichkeit als essenzielles Merkmal voraus. Sie ist heute ein nicht mehr verhandelbares Merkmal einer Dienstleistung, wie sie von HR-Servicecenters erbracht wird.

5.1.2   Kundenbedarfe und Interaktionskanäle

Welche Produkte werden von den Kunden im HR-Servicecenter nachgefragt? An erster Stelle stehen die Fragen zu den Themenbereichen Zeit und Geld. Wenn unter Geld alle Kontakte von der Entgeltabrechnung über die Entgeltfindung bis zur betrieblichen Altersvorsorge subsumiert werden und das Thema Zeit von Arbeitszeitregelungen bis zur Pflege von Zeitdaten im IT-System oder im Self-Service reicht, dann werden 60–70 % aller Kontakte von internen Kunden mit dem HR-Servicecenter in diese Bereiche fallen. Das bedeutet aber auch, dass ein Service Center, das diese Themen nicht in seine Betreuung übernehmen kann, Schwierigkeiten haben wird, eine dominante Beziehung zu den Mitarbeitern aufzubauen. Im Sinne einer konsequenten Kundensegmentierung wird die Kundengruppe „Mitarbeiter" getrennt von der Kundengruppe „Führungskraft". Während Letztere von den Business Partnern betreut werden, darf es bei den Mitarbeitern nicht zu der Situation kommen, dass sich der Mitarbeiter seinen Ansprechpartner zwischen Betriebsrat, Business Partner, Zeit- und Weiterbildungsbeauftragten und dem Servicecenter aussuchen darf. Es wird sonst dazu kommen, dass die verschiedenen Akteure vom Mitarbeiter gegeneinander ausgespielt werden. Außerdem werden sich die erheblichen Investitionen in die Systeme, Mitarbeiter und Organisation eines Servicecenters nicht rechnen, wenn nicht alle Kundenanliegen im Front Office gebündelt werden.

Dem Kunden stehen verschiedene Interaktionskanäle zur Auswahl:

- Der persönliche Kontakt: Er ist für Servicecenter untypisch, aber die Wunschvorstellung vieler Personaler beim Aufbau eines Servicecenters. Aus Effizienzgründen ist jedoch von diesem Interaktionskanal abzuraten. Gleichwohl gibt es in der Praxis Gegenbeispiele: Das HR-Servicecenter von BMW ist 2007 mit zahlreichen Servicetheken vor allem in der Produktion gestartet. Zwischenzeitlich ist aber die Zahl der persönlichen Kontaktaufnahmen an diesen HR-Servicestellen so stark zurückgegangen, dass die Mehrzahl der Theken wieder abgebaut wurde. Jedoch eröffnet ein Elektronikunternehmen auf Wunsch eines Geschäftsbereichs gerade wieder Servicetheken in der Produktion. Dennoch bleibt festzustellen, dass der persönliche Kontakt zwischen Personalfunktion und Mitarbeiter ein Auslaufmodell ist.
- Der Faxkanal ist vernachlässigbar und macht nur wenige Prozentpunkte des Kontaktvolumens aus. Mit Etablierung rechtsgeschäftsfähiger Vorgänge per E-Mail wird die Bedeutung des Faxkanals noch weiter zurückgehen. Gleiches gilt für die Papierpost, die aber heute noch für Bescheinigungen und Belege aller Art, für dokumentationspflichtige

Rechtsgeschäfte sowie für den Kontakt insbesondere mit ehemaligen Mitarbeitern wichtig ist.

- E-Mails machen heute in den Servicecentern zwischen 15 und 25 % des Volumens aus. Die Bedeutung dieses Kanals wird aber deutlich zunehmen, da die „Generation Facebook" sehr schreibaffin ist. Bereits heute gibt es starke nationale Unterschiede zwischen der Nutzung der Kanäle Mail und Telefon. Bei Roche werden in Deutschland 60 % der Kontakte über das Telefon abgewickelt; in der Schweiz dagegen 70 % über Mail. Die Gründe für diesen Unterschied sind nicht ganz klar. In den USA dominiert ebenfalls der Mailkanal, was aber mit den unterschiedlichen Zeitzonen zum Teil erklärt werden kann. Ebenso ist es in China – dort werden ebenfalls mehr Mails geschrieben. Die weitere Verbreitung von Mobile Devices wie Smartphones und Tablets wird diese Entwicklung weiter verstärken.

  Der Mehrwert von Mails im Bearbeitungsprozess ist nicht unstrittig: Positiv ist, dass Mails eine asynchrone Kommunikation ermöglichen und von den Agenten in Phasen geringerer Auslastung oder von Leerzeiten bearbeitet werden können. Sie bilden somit einen Auftragsspeicher. Es wird jedoch gegen die Mailkommunikation eingewandt, dass ein Absender selten alle zur Bearbeitung einer Anfrage notwendigen Informationen mitliefert. Dies erfordert Rückfragen beim Kunden, die durch die asynchrone Kommunikationsform viel Zeit in Anspruch nehmen; außerdem muss ein Agent einen Vorgang mehrfach öffnen, was zu einer geringeren Effizienz führen kann. Dennoch betreiben einige HR-Servicecenter regelrechte Telefonvermeidungsstrategien, etwa indem die Erreichbarkeitswerte der Telefonhotline stark herabgesetzt werden. Der Kunde schickt dann lieber eine Mail, als in der Anruferschleife zu warten. Gerade in der Kommunikation mit externen Kunden wie Bewerbern werden von vielen Unternehmen Telefonnummern entweder nicht kommuniziert oder nur sehr versteckt im Internet gezeigt, sodass der Bewerber in die schriftlichen Kanäle der Onlinerekrutierungsportale gezwungen wird (vgl. Appel/Schimpf 2014, S. 26 f.). Eine interessante Variante bietet das HR-Servicecenter der Deutschen Telekom mit einem Chat-Button auf der Homepage des Servicecenters an. So wird insbesondere hörgeschädigten Mitarbeitern die Möglichkeit einer synchronen Kommunikation mit der HR-Funktion geboten.

- Ein daneben stark wachsender Kanal wird die Kommunikation in den sozialen Netzwerken wie Facebook und Twitter sein. Im Moment wird diese Aufgabe von den Unternehmen noch in den Rekrutierungsfacheinheiten oder den PR-Abteilungen angesiedelt. Mit zunehmender Profanisierung der sozialen Netzwerke werden aber auch die HR-Servicecenter aufgrund ihrer höheren Effizienz mit diesem Thema betraut werden.

- So bleibt, bis auf Weiteres, das Telefon der dominierende Kanal für den Kundenkontakt. In der Regel ist in HR-Servicecentern bei vollem Produktportfolio mit durchschnittlich 2–4 Kontakten pro Jahr und betreutem Mitarbeiter zu rechnen. Durch das Angebot einer kostenfreien 0800-Nummer kann der Zugang gerade bei standortübergreifenden Servicefunktionen erleichtert werden.

In der Nutzung des Telefonkanals werden die Grundprinzipien eines Servicecenters offensichtlich. Zum einen ist dies die Auflösung der Eins-zu-eins-Beziehung im Kundenkontakt: Es gibt keinen individuellen Ansprechpartner etwa nach Kundeneinheit oder Buchstabenkreis, sondern der Kunde erhält lediglich Kontaktdaten der Servicefunktion als organisatorische Einheit. Die Agenten im Front Office behalten zwar noch individuelle Telefonnummern, aber diese werden dem Kunden nicht mitgeteilt. Das zweite Grundprinzip ist die Bearbeitung der Kundenanliegen im Team. Die Zuweisung der Kundenanrufe erfolgt durch die Telefonanlage auf die freien Arbeitsplätze im Front Office. Anhand der Dokumentation des Kundenkontakts im CRM-System, der Daten im ERP-System und des spezifischen Fachwissens sollte jeder Agent zur Lösung eines Kundenanliegens in der Lage sein, selbst wenn es sich um einen laufenden Vorgang handelt, in den bereits ein anderer Agent integriert war.

5.1.3   Interne Organisation des Front Office

Strukturelle Organisation

Innerhalb des HR-Servicecenters ist die Aufgabenverteilung horizontal und vertikal abzugrenzen. Die vertikale Anordnung meint vor allem die Abgrenzung zwischen Front Office und Back Office, wenn es um Aufträge geht – etwa die Erstellung eines Zeugnisses –, bzw. Front Office und Spezialisten, wenn es um komplexe, schwierige Anfragen geht (siehe Abb. 5.1). Diese Organisationsstruktur geht von der Annahme aus, dass alle Agenten im Front Office in der Lage sind, 80–90 % der Kundenanliegen ohne Hinzuziehung eines Experten zu lösen. Gemäß der unter 5.1.1 dargestellten Prioritätenfolge der Kundenerwartungen muss aber zunächst die Sicherstellung der Erreichbarkeit das oberste Ziel des Front Office sein. Die Erreichbarkeit kann nicht nur durch äußere Einflüsse wie ein unerwartet hohes Telefonaufkommen gefährdet sein, sondern auch durch interne Fehlsteuerungen, etwa wenn die Agenten nach Abschluss eines Telefonats zu lange im sogenannten Nachbearbeitungsstatus bleiben, um den Kundenkontakt im CRM-System zu pflegen. Die Erreichbarkeitswerte sinken aber auch ab, wenn die Agenten zu viel Zeit mit der Recherche von Lösungen verbringen, etwa mit der Suche nach Betriebsvereinbarungen oder internen Regelungen, anstatt für den Kunden erreichbar zu sein. Die Agenten betreiben diese Recherche sehr gerne, denn sie ist einerseits eine gewisse Erholungszeit von den anstrengenden Kundenkontakten, andererseits möchten gerade die gut qualifizierten und motivierten Agenten mit der Lösung komplexer Fälle sowohl ihr eigenes Know-how verbessern als auch ihrem eigenen Anspruch an einen guten Service genügen. Während der Recherchezeit ist der Agent aber nicht telefonisch verfügbar. Deshalb muss es einen definierten Übergabepunkt von Kundenanliegen zwischen Agenten und Spezialisten geben, um eine hohe Verfügbarkeit des Agenten für den Kunden zu erreichen.

0 Level	1st Level	2nd Level
Self Services	**HR-Service Center**	**Center of Competence**

Fragen/
Aufträge
der Kunden

ESS

MSS

Mobile
Recruiting

Front
Office

Back
Office

Spezialisten

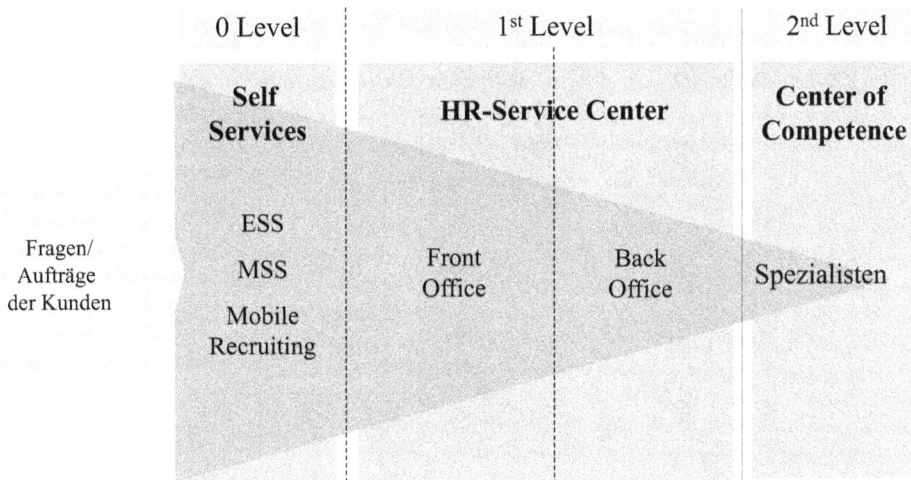

Abb. 5.1: Das Strukturmodell des HR-Servicecenters (Quelle: Eigene Darstellung)

Einige HR-Servicecenter lösen diesen Konflikt mit strikten Produktvorgaben, welche Ebene für welche Leistungen verantwortlich ist, andere machen Zeitvorgaben: Was nicht innerhalb von 15 Minuten im Front Office geklärt werden kann, ist an die Spezialisten zur weiteren Bearbeitung zu übergeben.[7] Wichtig ist aber bei dieser Struktur, dass der Kunde keinen direkten Kontakt mit einem Spezialisten des Center of Competence bekommt. Zum einen könnten die Kunden in die Versuchung kommen, bei allen Problemen immer direkt den Spezialisten zu kontaktieren mit den entsprechenden Effizienzverlusten an dieser Stelle. Zum anderen wäre der Agent von der Problemlösung abgeschnitten und könnte nicht mehr aus der Antwort des Spezialisten lernen.

Auch innerhalb des Front Office kann es eine Staffelung von Kompetenzen geben, in Abhängigkeit von der Frage, an welcher Stelle in der Organisation Spezialistenwissen vorgehalten wird. Eine Möglichkeit wäre die Verteilung zwischen einem als First Level bezeichneten Team von Generalisten, dessen Ziel es ist, einen möglichst hohen Anteil von eingehenden Standardanfragen abzufangen, um eine hohe Erreichbarkeit sicherzustellen. Einem als Second Level bezeichneten Team von Spezialisten kann zum einen Expertenwissen zugewiesen werden, also Entgeltabrechnung, Zeitwirtschaft, Personaladministration usw.; zum anderen kann diese Ebene als Eskalationsinstanz bei schwierigen Kunden oder Reklamationen genutzt werden (siehe Abb. 5.2). Ein weiterer Vorteil dieser Differenzierung ist, dass man einen Karrierepfad innerhalb des HR-Servicecenters anbieten kann. Die Position eines Generalisten im First Level kann als einfachere Einstiegsstufe mit Neuzugängen besetzt werden, während die anspruchsvolleren Stellen im Second Level mit erfahrenen und bewährten Mitarbeitern besetzt werden, die neben dem Kundenkontakt auch Expertenfunktionen für das

---

[7] Wobei die Zeitvorgabe eine große Bandbreite aufweist: In einem HR-Service der Elektroindustrie muss jede Anfrage weitergegeben werden, die nicht innerhalb von vier Minuten gelöst werden kann, bei einem Telekommunikationsunternehmen muss der Front-Office-Agent erst nach 15 Minuten abgeben.

Back Office in ihren Kompetenzfeldern übernehmen können. Für den Kunden hat diese Staffelung den Nachteil, dass er bei schwierigeren Problemen mindestens einmal weiterverbunden wird und eventuell sein Anliegen zweimal schildern muss. Außerdem kann die Verknüpfung zweier Anliegen in einem Kontakt, etwa die Frage nach Auszahlung eines Mehrarbeitszuschlags verbunden mit der Frage nach einer Elternzeitfrist, nicht mehr von einem Spezialisten beantwortet werden, was eine erneute Weiterverbindung notwendig macht.

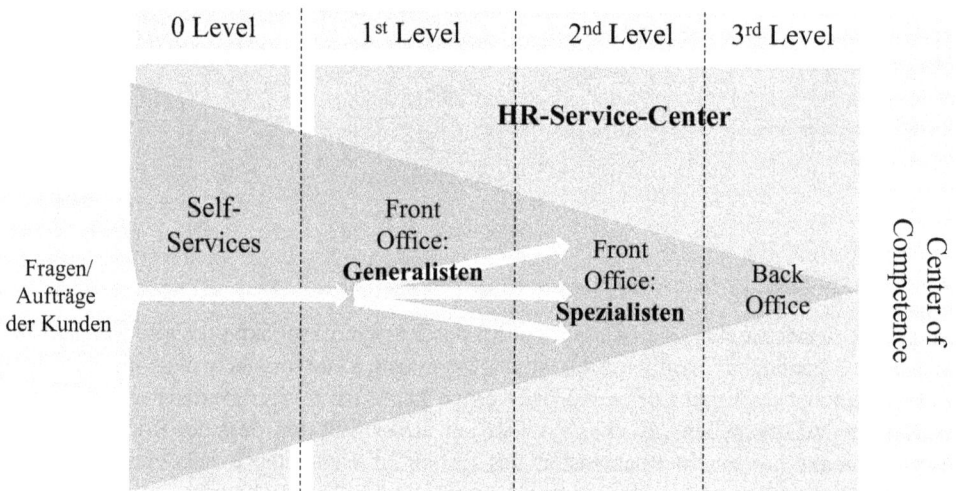

Abb. 5.2: Zweistufiges Front-Office-Modell (Quelle: Eigene Darstellung)

Eine weitere organisatorische Variante ist die Abbildung einer Spezialistenstruktur bereits auf dem First Level. Etwa können spezielle Zielgruppen wie Bewerber und Rentner gut von der Kundengruppe der Mitarbeiter separiert werden. Man kommuniziert diesen Zielgruppen spezielle Rufnummern, die organisatorisch im Front-Office-Team abgebildet werden. Aber auch für die internen Mitarbeiter können Spezialthemen angeboten werden. Die Kunden werden mit ihren Anliegen über eine IVR-Ansagetechnik auf die entsprechenden Plätze gelenkt (siehe Abb. 5.3).

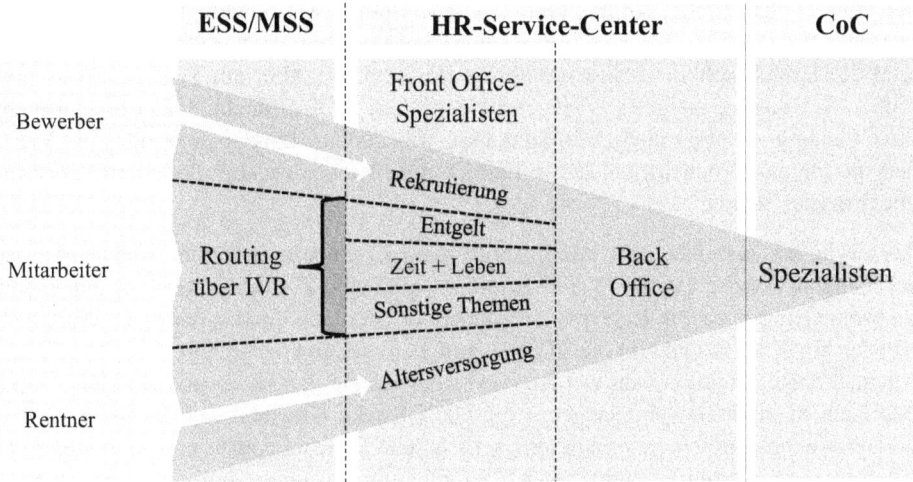

Abb. 5.3: Spezialisierung im First Level des Front Office (Quelle: Eigene Darstellung)

Die Gestaltung des Front Office wird vor allem von der Größe und der strategischen Aus-richtung des HR-Servicecenters abhängen. Ein kleines Servicecenter wird eher Generalisten einsetzen. Dagegen würde eine hohe Qualitätsorientierung im Front Office Spezialisten ver-langen, die jeweils eine geringe Anzahl von Themen in einer großen Tiefe beherrschen. Schwierig zu organisieren wären dann aber die wechselseitige Vertretungsfähigkeit der Agenten sowie das effiziente Routing der Kundenanliegen zum kompetenten Agenten. Es dominiert in den HR-SSCs der Generalist, von dem eine Kompetenz im Sinne einer 80:20-Regel erwartet wird.

Erreichbarkeit und Volumenplanung

Das Arbeitsaufkommen und damit der Personalbedarf ergeben sich im Servicecenter aus der Anzahl der Kundenkontakte sowie aus der angestrebten Erreichbarkeit. In den Kundenkon-takten werden Anfragen gestellt bzw. Aufträge erteilt. Die Arbeitsaufträge werden von den Front-Office-Agenten in die CRM eingestellt und gelangen in den Auftragsspeicher der Back-Office-Mitarbeiter. Über den Auftragsspeicher kann eine Glättung des Arbeitsanfalls erzielt werden, sodass die Planung der Mitarbeiterkapazitäten weniger komplex ist. Im Front Office bedeutet jedoch das Anrufaufkommen einen unmittelbaren, nicht aufschiebbaren Arbeitsanfall. Entsprechend ist es wichtig, das Anrufaufkommen möglichst exakt zu prog-nostizieren.

Dabei sind sowohl Tages- als auch Wochenverläufe des Anrufaufkommens zu ermitteln. In der Regel sind die Montage die anrufstärksten Wochentage. Im Tagesverlauf wird regelmä-ßig an Vormittagen wegen der Teilzeitbeschäftigten eine stärkere Nachfrage herrschen. Im Tagesverlauf werden sich Pausenzeiten – in Großunternehmen teilweise noch aus den ver-gangenen Zeiten starrer Arbeitszeitmodelle – als Nachfragerückgänge abbilden. An den Nachmittagen geht die Zahl der Anrufer mit Ende der regulären Arbeitszeit stark zurück.

Bei der Prognose des Kontaktvolumens sind weiterhin besondere Ereignisse zu berücksichtigen, die ein zusätzliches Kontaktvolumen generieren: etwa monatlich die Entgeltabrechnungen oder der jährliche Versand von Rentenanpassungsbescheiden für die Pensionäre. Während der Urlaubszeiten verringert sich das Aufkommen, aber am Tag nach dem Ende der großen Schulferien steigt es wieder schlagartig an. Professionelle Call Center beachten in ihrer Planung daneben noch Großereignisse wie Fußball-Länderspiele oder die Wettervorhersage für das Wochenende. Diese Betrachtungen schießen aber für interne Servicecenter über das Ziel hinaus.

Als zweite Stellschraube neben dem Anrufvolumen ist der angestrebte Erreichbarkeitswert in sogenannten Service Levels zu spezifizieren. Damit sind Zielwerte für die Kundenbedienung im Front Office gemeint. Relevant sind dabei vor allem die durchschnittliche Wartezeit eines Kunden am Telefon, bis sein Anruf angenommen wird, sowie der Anteil der Anrufe, die vom Agenten entgegengenommen werden, bevor der Kunde den Hörer auflegt. Diese Annahmerate kann in internen Servicecentern die 90-%-Marke überschreiten. In einem Call Center würden solche Annahmeraten allerdings als unwirtschaftlich angesehen, weil zum Erreichen eines solchen Wertes ein sehr hoher Personalaufwand zu betreiben ist. Erfahrungsgemäß dürften dagegen Annahmeraten von unter 75 % zu äußerst negativen Rückmeldungen der Kunden führen. Die Zielwerte für die Erreichbarkeit eines Servicecenters werden üblicherweise als Kombination von angenommenen Anrufen innerhalb einer Zeitspanne in der folgenden Schreibweise dargestellt: „90:20". Dieses Beispiel sagt aus, dass das Servicecenter plant, 90 % der Anrufe innerhalb von 20 Sekunden nach Beginn des Anrufs entgegenzunehmen.

Es gibt für die Personalplanung in Servicecentern ausgefeilte IT-Tools am Markt, die jedoch für den Einsatz in den vergleichsweise kleinen SSCs häufig überdimensioniert sind. Alternativ bietet sich die Arbeit mit Näherungs- und Erfahrungswerten an, die auf der analytischen Grundlage der vorstehenden Überlegungen zum Kundenaufkommen ebenfalls zu guten Ergebnissen führen.

Eine vernachlässigbare Größe ist dagegen die durchschnittliche Gesprächsdauer. Sicherlich werden die Agenten in Techniken trainiert, um weitschweifige Kundenkontakte höflich zu einem Ende zu bringen. Jedoch wird sich die durchschnittliche Gesprächsdauer, die zu Beginn eines HR-Servicecenters in der Regel zwischen 3 und 4 Minuten beträgt, mit zunehmender Erfahrung der Agenten bei einem Durchschnittswert von 2,5–3 Minuten einpendeln.

Aufgabenzuweisung

HR-Servicecenter, die auf der grünen Wiese entstehen, rekrutieren häufig Mitarbeiter, die zwar formal gut ausgebildet sind, aber erst geringe HR-Kenntnisse oder Unternehmenserfahrungen besitzen. Für diesen Mitarbeitertypus wurde das Rollenbild des Job Dispatchers entworfen. Dies ist ein Agent in einer fachlichen Generalistenrolle, der aber besonders leistungsfähig in der Diagnose eines Kundenanliegens und im Auffinden der Lösung in einem Datenbanksystem oder in der Zuweisung an einen zuständigen Spezialisten ist. In diesem Modell wird das Servicecenter statt in Schulungen sehr viel stärker in ein IT-gestütztes Wissensmanagement investieren. Änderungen im HR-Regelwerk werden nicht in Teambesprechungen kommuniziert, sondern in das Wissensmanagementsystem eingestellt. Der Job Dis-

patcher soll sich gerade nicht auf seine Erfahrungen verlassen, sondern bei jedem Kundenkontakt das Wissenstool befragen, um die jeweils aktuell gültigen Regelungen dort zu entnehmen.

Demgegenüber steht im Brownfield-Modell der erfahrene Personaler, der bereits verschiedene Stationen in der Personalarbeit durchlaufen hat. Sein Ziel ist es, jedes Kundenanliegen
aufgrund seiner Erfahrung, seines Fachwissens und seiner Vernetzung in der Organisation
schnell und zuverlässig zu lösen. Dieses Modell erfordert natürlich dauerhaft einen hohen
Schulungsaufwand und besitzt aufgrund des notwendigen Fachwissens eine hohe Einstiegs-
hürde für neue Mitarbeiter. Im Unterschied zum Modell des Job Dispatchers verspricht es
jedoch eine höhere Mitarbeiterzufriedenheit und damit eine geringere Fluktuation.

In vielen HR-Servicecentern ist es schwierig, Mitarbeiter für das Front Office zu gewinnen.
Obwohl die Tätigkeit qualitativ als höherwertig anzusehen ist und in der Regel auch besser
vergütet wird, scheuen Mitarbeiter den hohen Grad an Fremdbestimmtheit und den intensiven Kundenkontakt. Darum kann es zu Beginn gerade in kleineren Servicecentern eine Alternative sein, mit einem Rotationsmodell zu beginnen: Die Mitarbeiter wechseln nach einem
bestimmten Zeitabschnitt, etwa wochenweise, zwischen einem Front-Office- und einem
Back-Office-Arbeitsplatz. Der Nachteil einer solchen Lösung ist ein höherer Schulungsaufwand, weil etwa Kenntnisse in der Spezial-IT beider Arbeitsplätze vermittelt werden müssen.
Auch wird die Expertise für beide Tätigkeiten nicht in dem gleichen Maße herausgebildet
wie bei einer Separierung. Mit einem Rotationsmodell kann aber gestartet werden, denn es
werden sich mit der Zeit die Mitarbeiter herauskristallisieren, die interessiert sind, ständig im
Front Office zu arbeiten.

Zu diskutieren wäre weiter die Beimischung von Sachbearbeitungsaufgaben im Front Office.
Zu nennen wäre hier etwa die Erstellung von Bescheinigungen oder das Durchführen von
Datenänderungen (Adresse, Familienstand, Bankverbindung, evtl. aber auch Qualifikations-
daten), die im Front Office gemeldet wurden. Statt einen Arbeitsauftrag in die CRM einzu-
stellen, würden die Agenten die Änderungen selbst direkt im stammdatenführenden System
vornehmen. Diese Form der Arbeitsorganisation wird in der Regel eine Beschleunigung und
Prozessvereinfachung bedeuten. Sie verwässert allerdings die klare Aufgabentrennung zwischen dem Front Office als Stelle der Auftragsannahme und dem Back Office als Produk-
tionsplattform und gefährdet zudem die Güte der Erreichbarkeitswerte.

Zuletzt ist noch eine Bemerkung zur Bearbeitung von Reklamationen angebracht. Immer
mehr Servicecenter gehen dazu über, im Reklamationsfall die Teambetreuung aufzugeben
und dem beschwerdeführenden Kunden einen individuellen Agenten an die Seite zu stellen,
der zu diesem Zweck seine Kontaktdaten wie Durchwahl oder Mobilnummer an den Kunden
weitergibt.

5.2   Back-Office-Prozesse

Werner Felisiak

Im Back Office werden die durch das Front Office im Auftragsmanagementverfahren hinterlegten Aufträge und spezifischen Anfragen, die im First Level nicht bzw. nicht ausreichend
beantwortet werden konnten, abgewickelt und nach deren Erledigung abgeschlossen. Der
Begriff „Back Office" fasst alle Prozesse zusammen, die für den Kunden verborgen im Hintergrund des Kontakts ablaufen. Diese Tätigkeiten werden oft unterschätzt, aber dort finden
ganz wesentliche Veränderungen der Abläufe in der Personaladministration statt, die mit
dem Aufbau eines HR-Servicecenters verbunden sind. Im Back Office fällt grundsätzlich die
Kundenkommunikation weg bzw. findet diese aus Performancegründen nur in Ausnahmefäl-
len passiv im Rahmen von Klärungsgesprächen zu Aufträgen bzw. der Beantwortung von
Spezialfragen statt. Wie im Front Office gibt es auch im Back Office keine eindeutige Zuordnung zwischen den Auftraggebern bzw. Leistungsempfängern und den Sachbearbeitern,
sondern diese wird durch eine Teamstruktur ersetzt. Mit dem Wegfall der direkten Zuordnung von Sachbearbeitern zu Aufgaben bzw. Kundengruppen ergibt sich für die Reorganisation eine Vielzahl von Fragen, die es zu beantworten bzw. festzulegen gilt. Hierunter fallen
folgende Fragestellungen:

- Wie organisiert sich die Aufbau- und Ablauforganisation in einem Back Office bzw. die
  Zusammenarbeit in den einzelnen Service Units?
- Wie gestaltet sich die Schnittstelle zwischen dem Front und dem Back Office?
- Welche besonderen Hilfsmittel werden den Mitarbeitern an die Hand gegeben, damit die
  Standardisierung der Prozessabläufe und die Qualität der Arbeitsergebnisse gewährleistet
  bleiben?
- Wie wird der Wissenstransfer zwischen Front und Back Office sichergestellt?

5.2.1   Aufbauorganisation eines Back Office

Bei der Beantwortung der Frage der Aufbauorganisation eines Back Office ergeben sich in
der Regel zwei Alternativen: zum einen eine kundenorientierte Organisation und zum anderen eine fachspezifische Organisation. Daneben kommen sicherlich in der Praxis auch
Mischformen beider Möglichkeiten zum Tragen.

Die administrativen Prozessabläufe einer HR-Organisation werden sehr stark durch spezifische Regelungen in den unterschiedlichen Regionen (z. B. örtliche Betriebsvereinbarungen
oder Tarifregelungen), aber auch durch unterschiedliche Geschäftseinheiten (z. B. mitarbei-
ter- oder auch geschäftsbezogene Firmenregelungen) und international durch landesspezifische Gesetzgebungen beeinflusst. Daher ist es im Sinne der wirtschaftlichen Zielsetzung des
HR-SSC ausgesprochen wichtig, die abzuarbeitenden Prozessmengen sowie die inhaltlichen
Unterschiede je Prozessart zu kennen. Aus den abzuarbeitenden Prozessmengen je Monat
und den inhaltlichen Anforderungen je Prozessart ergeben sich Aussagen zu den notwendigen Rüstzeiten, den möglichen Fehlerquellen, dem notwendigen Fachwissen sowie den benötigten Mitarbeiterkapazitäten. Bei hohen Prozessmengen und inhaltlich gleichen Anforde-

rungen sinken Rüstzeiten und Fehlerquellen aufgrund der sich ständig wiederholenden Arbeitsvorgänge je Prozessart. Bei niedrigen Prozessmengen bzw. differenzierten Anforderungen von Kundengruppen bei gleichen Prozessarten können die Rüstzeiten bzw. Fehlerbehebungen zu nicht gewünschten hohen Abwicklungszeiten führen. Eine kundenorientierte Organisation (z. B. organisiert nach Geschäftseinheiten bzw. Regionen) wird bei stark differenzierten Inhalten je Kundengruppe und ausreichender Prozessmenge die vorteilhaftere Organisationsform gegenüber einer fachspezifischen Organisation (z. B. alle aufkommenden Pfändungen, Darlehensanträge, Prozesse spezieller Mitarbeitergruppen wie Praktikanten, Auszubildende etc.) sein. Bei niedrigen Prozessmengen bietet sich eine fachspezifische Organisationsform an. In größeren Unternehmen wird die o. g. Mischform häufig zum Einsatz kommen, da entsprechende Prozessmengen für eine wirtschaftliche kundenorientierte Organisation vorhanden sind, es aber auch Prozesse gibt, die expertiseabhängig sind und daher aus wirtschaftlichen und qualitativen Gründen eher fachspezifisch organisiert werden sollten.

Die Herauslösung von fachlichen Spezialthemen aus den kundenorientierten Serviceeinheiten führt dazu, dass das notwendige Know-how für die Serviceeinheiten eingegrenzt wird und die erforderlichen Rüstzeiten für Spezialthemen minimiert werden. Trotzdem ist das erforderliche Know-how für die administrativen Arbeiten in den kundenorientierten Serviceeinheiten aufgrund der Breite der abzuarbeitenden Prozesse und der zu berücksichtigenden Rahmenbedingungen sehr hoch. Dies erfordert eine entsprechende Entlohnung. Daher ist die Frage zu stellen, ob die Herauslösung von einfachen Prozessen zu weiteren wirtschaftlichen Vorteilen durch Reduzierung von höher entlohnten Mitarbeitergruppen zugunsten von niedriger entlohnten Mitarbeitergruppen führen kann. Im Wesentlichen dürfte es sich bei dieser Überlegung um Prozesse handeln, die kein tiefes personalfachliches Know-how erfordern und/oder die durch verfahrenstechnische Unterstützung sehr kurze Einarbeitungszeiten bedingen und daher durch Hilfskräfte ausgeführt werden können. Beispielsweise könnten dies einfache Bescheinigungen oder aber auch die Eingabe von Massendaten sein. Bei entsprechender Menge ließen sich durch den Einsatz von Hilfskräften oder die Vergabe an Externe Kosteneinsparungen realisieren.

Bei unterschiedlichen Anforderungen gleichartiger Prozesse ist in jedem Fall zu prüfen, inwieweit eine Harmonisierung der einzelnen Prozessabläufe durch Angleichung der Betriebsvereinbarungen oder Firmenregelungen sinnvoll bzw. politisch möglich ist. Diese Überprüfung trifft häufig bei der HR-Governance bzw. den betroffenen Leitungen der Geschäftseinheiten auf heftigen Widerstand. Eine Gegenüberstellung der wirtschaftlichen Vorteile einer Harmonisierung trägt in der Regel zur Versachlichung der Diskussion bei und vermittelt den auftraggebenden Einheiten den Zusammenhang zwischen notwendigem Aufwand, dem zu erzielenden Nutzen und den daraus resultierenden Kosten.

Bei zukünftig zu treffenden Regelungen, gleich welcher Art, die Auswirkungen auf die Prozessabläufe haben werden, muss die HR-Serviceorganisation eingebunden werden, um Auswirkungen auf die Kosten aufzuzeigen und den Prozessablauf sichernde Maßnahmen frühzeitig einleiten zu können. Diese Notwendigkeit sollte in den abzuschließenden Dienstleistungsverträgen zum Ausdruck kommen und verpflichtende Regelung zwischen Auftraggeber und Auftragnehmer sein.

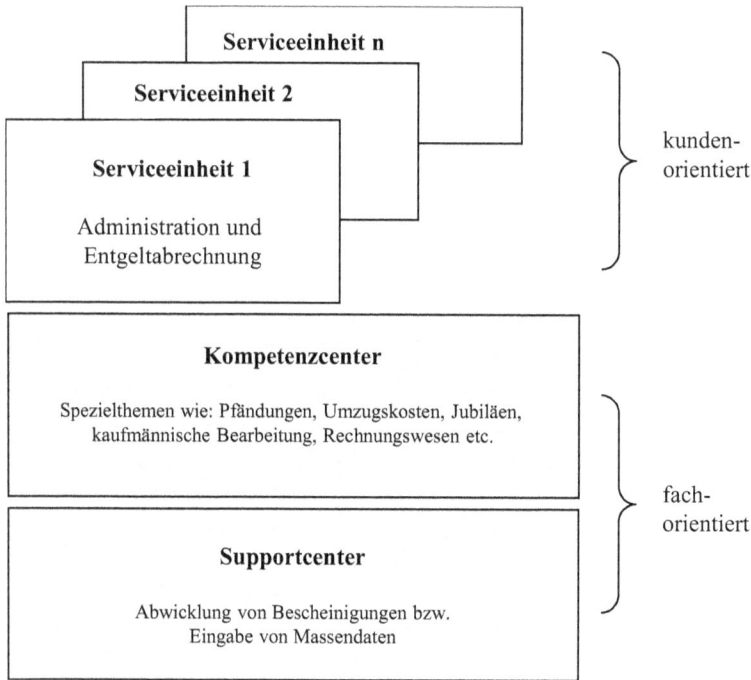

Abb. 5.4: Organisation Back Office, beispielhaft (Quelle: Eigene Darstellung)

Zur Beantwortung der Frage, wie hoch die Mitarbeiteranzahl in einer Serviceeinheit zu bemessen ist, lassen sich zwei Kriterien heranziehen, und zwar zum einen die Vertretungsmöglichkeit und zum anderen die vertretbare Führungsspanne einer Gruppe. Um Urlaubszeiten, Weiterbildungszeiten, Freistellungen und Krankheitszeiten problemlos bewerkstelligen zu können, sollte eine Serviceeinheit nicht weniger als vier Mitarbeiter haben. In Anlehnung an andere industrielle Produktionsgruppen sollte die Führungsspanne des Team-/Gruppenleiters (Vorarbeiters) nicht über zehn Mitarbeitern liegen.

5.2.2   Ablauforganisation

Ein gut funktionierendes Back Office arbeitet auf Basis etablierter und sorgfältig durchorganisierter Prozesse. Dies ist notwendig, weil den Mitarbeitern mitunter nur sehr kurze Zeitfenster zur Verfügung stehen, um bestimmte Aufgaben durchzuführen. Der Arbeitsprozess muss sicherstellen, dass der Eingang eines Auftrages rasch im Back Office bemerkt wird und die Ausführung zeitgerecht und unter Beachtung der Qualitätsstandards, wie z. B. des Vier-Augen-Prinzips, durchgeführt wird.

Eine wesentliche Voraussetzung für wirtschaftlich optimierte Abläufe in einem HR-Servicecenter, insbesondere in der Zusammenarbeit zwischen den einzelnen Organisationseinheiten, stellt der Einsatz von unterstützenden Verfahren da. Daher ist es notwendig, dass die Prozesse zwischen Auftraggeber und Back Office bzw. zwischen Front und Back Office weitgehend automatisiert und von CRM-Systemen, sprich von Auftragsabwicklungssystemen, unterstützt werden. Die Eingabe eines Auftrages im Front Office bzw. durch den Auftraggeber direkt führt dann systemseitig zu einer automatischen Benachrichtigung des Back Office. Man spricht bei den abzuarbeitenden Aufträgen von sogenannten Tickets. Diese Tickets sind im Allgemeinen in einer Arbeitsliste oder auch Worklist verfahrenstechnisch hinterlegt und werden automatisch in die Back-Office-Einheit geroutet, die aufgrund der Produktart laut Leistungskatalog bzw. der auftraggebenden Geschäftseinheit für die Erledigung intern zuständig ist.

Um feststellen zu können, welche Aufträge aufgrund der vertraglich festgelegten Leistungszeiten (Service-Level-Agreement = Performance Level, z. B.: vertragsrelevante Änderungen werden innerhalb von drei Tagen erledigt) als Erstes erledigt werden müssen, sollten zeitlich kritische Aufträge entsprechend kenntlich gemacht werden. Dies kann durch eine farbliche Kennzeichnung in der Worklist der CRM erfolgen. Eine gelbe Markierung besagt zum Beispiel, dass der Auftrag in den nächsten 24 Stunden fällig wird, oder eine rote Markierung besagt, dass die Lieferfrist bereits überschritten wurde, während Aufträge mit einer grünen Markierung zeitlich unkritisch sind. Um Missverständnissen vorzubeugen, weisen wir ausdrücklich darauf hin, dass diese maschinelle Kennzeichnung keine Leistungskontrolle der ausführenden Mitarbeiter, sondern eine Hilfestellung zur zeitlichen Abarbeitung der anstehenden Aufträge darstellt. Außerdem geben die Arbeitslisten den Teamleitern Auskunft über den Arbeitsvorrat sowie die Belastung einzelner Arbeitsgruppen. Somit ist automatisch sichergestellt, dass ggf. Kapazitäten aus unterbelasteten Teams zugunsten überbelasteter Teams abgezogen werden können.

Die anfallenden Aufträge in einer kundenorientierten Serviceeinheit sind sehr vielschichtig und vom Zeitaufwand sowie den Know-how-Anforderungen äußerst unterschiedlich. Um die Qualität in der anonymisierten Auftragsabwicklung sicherzustellen, ist eine gut funktionierende Teamarbeit in den einzelnen Serviceeinheiten erforderlich. Die Arbeit sollte möglichst innerhalb der Arbeitsgruppe eigenständig organisiert werden können. Vorhandenes Spezialwissen sollte genutzt, einzuarbeitende Mitarbeiter durch die Gruppe herangeführt und gefördert werden. Hierzu bedarf es einer entsprechenden Motivation durch übergeordnete Führungskräfte und ggf. gezielter Weiterbildungsmaßnahmen. Die Gruppenarbeitstheorien im produktiven Gewerbe können an dieser Stelle beispielhaft sein.

Eine standardisierte Prozessabwicklung kann nur sichergestellt werden, indem alle Prozesse in Form eines Produkt- und Leistungskatalogs nachvollziehbar dokumentiert und zwischen allen Partnern vereinbart worden sind. Mithilfe eines CRM-Systems lassen sich alle Prozesse entsprechend maschinell abbilden. Daher sollte der Zugriff auf das CRM-System durch alle Beteiligten gewährleistet sein. Über Zugriffsregelungen lassen sich Eingabemöglichkeiten regulieren. Entscheidend ist, dass allen Beteiligten klar ist, was das HR-SSC liefert und was nicht in der Lieferung enthalten ist bzw. was zur Erbringung einer standardisierten Leistung an Auftragsvorgaben notwendig ist. Sollten die notwendigen Unterlagen bzw. Angaben zur Abarbeitung eines Auftrages nicht vollständig oder fehlerhaft sein, kann der Auftrag im Back Office nicht abgewickelt werden. Die Überprüfung der Vollständigkeit aller Angaben/Unterlagen kann über das CRM-System ebenfalls automatisiert gesteuert werden. Ein Auftrag wird durch das Front Office bzw. den Auftraggeber erst dann wirksam weitergeleitet werden können, wenn alle Pflichtangaben bzw. Pflichtdokumente vollständig enthalten sind.

Diese verfahrenstechnische Unterstützung hilft dem letzten Glied in der Kette, nämlich dem Back Office, ungemein und führt zu einer reibungslosen Zusammenarbeit zwischen allen Beteiligten.

Das Back Office wickelt, wie beschrieben, Aufträge nach standardisierten und vereinbarten Prozessen ab. Eine Überprüfung der Aufträge mit gesetzlichen, tariflichen bzw. firmenrechtlichen Gegebenheiten obliegt dem Back Office grundsätzlich nicht. Eine derartige Überprüfung und Freigabe muss im Vorfeld entweder durch die auftraggebenden Führungskräfte oder die sog. Business Partner erfolgen. Hierzu sind unabhängig von den HR-SSC-Prozessen eigene Prozessbeschreibungen mit entsprechenden Genehmigungs- und Überprüfungsvermerken zu erstellen. Diese Regelung ist system- und organisationsbedingt. Um beispielsweise sozialversicherungsrechtliche oder aber steuerrechtliche Voraussetzungen sicherzustellen, ist es ratsam, entsprechende Hinweise im maschinellen Auftragsformular aufzunehmen oder aber maschinelle Überprüfungen mit den vorhandenen Daten des ERP-Systems vor Auftragsweitergabe an das Back Office vorzunehmen.

In diesem Zusammenhang wird immer wieder die Frage aufgeworfen, wer bei der Briefadministration durch das HR-SSC die zweite Unterschrift neben der Signatur durch die beteiligte Führungskraft leistet. Um den Prozessablauf zeitlich und damit kostenmäßig nicht belasten zu müssen, sollte nach unserer Auffassung diese Zweitunterschrift durch das Back Office erfolgen, falls das HR-SSC eine interne Organisationseinheit ist. Dies kann bei entsprechenden Anforderungen durch persönliche Unterschrift oder bei bestimmten Briefen mit der eingedruckten Standardformel „gez. Unterschrift" maschinell erfolgen. Voraussetzung ist, dass die Genehmigungs- und Überprüfungsprozesse im Vorfeld eindeutig und nachvollziehbar dokumentiert sind. Im Übrigen lassen sich solche Genehmigungs- und Überprüfungsprozesse auch maschinell über Workflowverfahren bzw. ESS-/MSS-Szenarien darstellen. Mit Einführung eines HR-SSC werden die mengenmäßigen Voraussetzungen in der Regel geschaffen.

Bei der Frage der verantwortlichen Signatur gehen die Meinungen der Personaler häufig weit auseinander. Von entscheidender Bedeutung dabei sind die Unternehmenskultur, der Veränderungswille des Unternehmens sowie der Kostendruck. Die Frage lautet: Welche Zielsetzung verfolgt das Unternehmen mit der Einrichtung eines HR-SSC?

Die Personalprozesse in einem Back Office sind von einem relativ hohen Papieraufkommen gekennzeichnet. Das gilt nicht nur für die ausgehenden Produkte, sondern auch und vor allem für die eingehenden Aufträge und Dokumente. Auch hier können automatisierte Prozesse hilfreich und wirtschaftlich sinnvoll sein. Eingehende Papiere können durch einen Dienstleister gescannt und indiziert werden. Eine elektronische Weiterleitung der digitalisierten Aufträge ermöglicht aufgrund der Indizierung eine auftragsbezogene Zuordnung und Abarbeitung der Dokumente. Eine elektronische Archivierung (+/--Liste) sowie, wo zulässig, eine elektronische Briefzustellung mindern entscheidend das hohe Papieraufkommen und senken spürbar entsprechende Kosten. Die Flexibilität bei der Ortswahl des Back Office kann durch die beschriebenen automatisierten Prozessunterstützungen entscheidend beeinflusst werden. Selbstverständlich lassen sich derartige Optimierungen nur bei entsprechendem wirtschaftlichen Nutzen realisieren und sind daher vom Volumen der abzuarbeitenden Mengen und ggf. der Postwege abhängig.

5.3 Optimierung von HR-Prozessen mittels moderner Produktionsphilosophien

Thomas Merkl

„Immer soll nach Verbesserung des bestehenden Zustands gestrebt werden, keiner soll mit dem Erreichten sich zufrieden geben, sondern stets danach trachten, seine Sache noch besser zu machen." (Robert Bosch)

Im Homburger Bosch-Werk haben Mitarbeiter und Führungskräfte das Bosch Production System (BPS) in den direkten Prozessen, d. h. in den Fertigungsprozessen mit dem Fokus auf den Materialfluss, erfolgreich eingeführt. Das BPS ist die in Prinzipien und Bausteinen formulierte Philosophie, wie verschwendungsarme Prozesse zu gestalten sind. Um auch in den administrativ unterstützenden, sprich indirekten Prozessen mit dem Fokus auf den Informationsfluss mehr Transparenz zu schaffen, Verschwendung zu vermeiden sowie die Abläufe zu vereinfachen, ist es naheliegend, das BPS auch hier konsequent anzuwenden. Denn auch in den indirekten Prozessen erwarten wir Optimierungspotenziale. Der folgende Beitrag beschreibt die Übertragung der BPS-Philosophie auf HR-Prozesse aus der Sicht einer internen Beratungseinheit.

Bei der Einführung des BPS in den indirekten Bereichen gelten folgende Rahmenbedingungen: Da Arbeitsabläufe in der Regel über Abteilungs- und Bereichsgrenzen hinausreichen, arbeiten wir abteilungsübergreifend und orientieren uns in den Verbesserungsaktivitäten immer am Kunden der Informationen. Den Weg der Information, Bestände, d. h. Stellen im Prozess, in denen Informationen nicht zeitnah verarbeitet werden können und sich anhäufen, und Fehler in der Informationsverarbeitung, inklusive der Verbesserungsmöglichkeiten, machen wir mithilfe der Informationswertstromanalyse sichtbar. Gemeinsam mit unseren internen und externen Kunden und allen Prozessbeteiligten definieren wir dann verschwendungsarme Prozesse.

Kennzeichen unserer schlanken und stabilen indirekten Prozesse sind u. a.:

- Orientierung am Kunden und an der Wertschöpfung,
- Parallelisierung von Schritten,
- Reduzierung von Schnittstellen und Informationsbeständen,
- Bestimmung des Informationsbedarfs,
- Beseitigung von Engpässen und Fehlern.

Wir zeigen, dass auch in indirekten Prozessen eine Kennzahlenverfolgung möglich und nötig ist. Damit ist der Erfolg der Prozessverbesserung nicht nur qualifizierbar, sondern auch quantifizierbar. An der Entwicklung der Kennzahlen erkennen wir den Handlungs- und Steuerungsbedarf bei der Ziel- und Maßnahmenverfolgung.

In einem ersten Schritt wird mit dem Kunden der Information und den Prozessbeteiligten der Prozess mit einfachen und bewährten Methoden zu Papier gebracht und als Informationswertstrom dargestellt, d. h. als prozessbezogene Darstellung sämtlicher Elemente, die auf eine Information einwirken bzw. auf die die Information wirkt. Schritt für Schritt visualisieren wir komplexe Informationswertströme und arbeiten in der Analyse gemeinsam Schwachpunkte heraus, um Maßnahmen zur Verbesserung zu definieren und umzusetzen. Dies schafft die Basis, gemeinsam einen BPS-gerechten zukünftigen Informationswertstrom zu erarbeiten. Prozessstandards werden im Team erarbeitet und deren Einhaltung gemeinsam und regelmäßig überprüft. Gründe für Abweichungen vom Standard werden analysiert und die Ursachen der Probleme zusammen gelöst. Wir verfolgen geplant und regelmäßig in den Vor-Ort-Terminen den Status der Prozessverbesserung mithilfe sogenannter Zielzustandstafeln. Die Zielzustandstafeln dienen uns allen, d. h. Mitarbeitern und Führungskräften, als Informationsquelle über den Fortschritt der Prozessoptimierung, da hier sämtliche Inhalte und Kennzahlen standardisiert dargestellt werden.

Schon in der Vergangenheit standen unsere Arbeitsabläufe in der Produktion, d. h. in den direkten Prozessen, ständig auf dem Prüfstand und wurden unter BPS-Gesichtspunkten verbessert und optimiert. Das Streben nach kontinuierlicher Verbesserung ist für uns darum nicht neu. Neu sind jedoch die konsequente Weiterentwicklung und die Anwendung der BPS-Philosophie in den indirekten Prozessen und die Systematik, die dem Verbesserungsprozess in administrativ unterstützenden Prozessen zugrunde liegt. Die detaillierte Beschreibung der auf Basis des BPS für direkte Prozesse weiterentwickelten Methoden und unsere Vorgehensweise bei Verbesserungsaktivitäten in indirekten Prozessen ist Zielsetzung dieses Beitrags. Die methodische Darstellung des BPS-Rads für indirekte Prozesse und einzelner Rahmenbedingungen wird um die konkrete Anwendung des ganzheitlichen Ansatzes innerhalb eines klassischen Prozesses des Personalwesens ergänzt. Am indirekten Prozess der Leistungsbeurteilung wird exemplarisch dargestellt, wie auch HR-Prozesse mittels unserer modernen Produktionsphilosophie optimiert werden können.

5.3.1   Methoden und Vorgehen im BPS

Basis: BPS in direkten Prozessen

Der Kern der Produktionssysteme ist die Vermeidung von Verschwendung und verfolgt das Ziel der Produktion im Kundentakt. Das bekannteste und Ur-Produktionssystem, das Toyota Production System, basiert auf der ständigen Verbesserung und bringt u. a. Methoden zur Synchronisierung von Prozessen, Fehlervermeidung und Standardisierung zum Einsatz. Das in den direkten Prozessen im Werk Homburg umgesetzte Bosch Production System (BPS) verfolgt ebenfalls die Philosophie, jede Art der Verschwendung zu vermeiden, und orientiert sich strikt am Kunden und seinen Anforderungen. Anspruch ist, das richtige Teil in der richtigen Menge zum richtigen Zeitpunkt zu den richtigen Kosten in der richtigen Qualität am richtigen Ort zur Verfügung zu stellen; das BPS zielt somit auf schlanke und optimierte Prozesse, die zu geringeren Erzeugniskosten, zu verbesserter Qualität und zu hoher Liefererfüllung führen.

Zur Konkretisierung der BPS-Philosophie wurden in Summe acht Prinzipien erarbeitet, die die Zielerreichung sicherstellen: u. a. das Ziehprinzip (d. h. wir produzieren und liefern nur das, was der Kunde beauftragt), die Standardisierung, die ständige Verbesserung, die Schaffung von Transparenz und die Eigenverantwortung. Zur operativen Umsetzung dieser BPS-Prinzipien dienen insgesamt 16 Bausteine, die inhaltlich als Werkzeuge verbindlich beschrieben sind. Prinzipien als Zielbeschreibung und Bausteine als hierzu notwendige Werkzeuge sind nicht separat zu betrachten, sondern stehen in unterschiedlichen Wechselwirkungen zueinander. So wirken z. B. der Baustein Wertstromdesign u. a. auf die Prinzipien Transparenz und ständige Verbesserung. Der Baustein Visual Management wirkt auch auf die Prinzipien Eigenverantwortung und Transparenz. Weitere Bausteine sind Kennzahlen und Zielentfaltung.

Das BPS erfordert in seinem ganzheitlichen Ansatz, neben den in Wechselwirkung stehenden Prinzipien und Bausteinen, ein verändertes Führungsverhalten und eine intensive Beteiligung der Mitarbeiter. In einer unserer EFQM-Selbstbewertungen (European Foundation for Quality Management) wurde deutlich, dass die Mitarbeiter die BPS-Philosophie verinnerlicht haben und ihre tägliche Arbeit daran ausrichten. Dies wurde uns mit der Vergabe des Ludwig-Erhard-Preises im Jahr 2009 auch von externen Assessoren bescheinigt. Im Rahmen des Wettbewerbs der Ludwig-Erhard-Stiftung wurden Interviews mit Führungskräften und Mitarbeitern geführt. Die Befragten zeigten ein sehr tiefes BPS-Verständnis und akzeptieren das BPS als die Methode der kontinuierlichen Verbesserung und als Chance zur Standortsicherung. Seit 2004 konnten durch die Einführung des BPS erhebliche Fortschritte in der Qualität unserer Erzeugnisse, der Liefererfüllung, der Produktivität und damit in der Kostenreduzierung erzielt werden.

Entwicklung: BPS in indirekten Prozessen

Das „BPS-Rad für indirekte Prozesse" als schematische Darstellung des Wirkzusammenhangs zeigt einen geschlossenen Regelkreis und beschreibt die Reihenfolge der anzuwendenden Methoden einer Prozessverbesserung innerhalb der administrativ unterstützenden Prozesse. Basis hierfür waren die in den direkten Prozessen angewendeten Prinzipien und Bausteine, die hinsichtlich Zielsetzung und Anwendbarkeit in indirekten Prozessen überprüft und ggf. angepasst wurden. Die standardisierte Vorgehensweise zur Prozessverbesserung wurde entwickelt, damit nicht vereinzelt und punktuell Methoden angewendet werden, sondern der gesamte Verbesserungsprozess einer geführten und nachhaltigen Systematik folgen kann: dem BPS-Rad für indirekte Prozesse.

Wirtschafts-
plan

Zielzustände   Kennzahlen
Prozessbestätigung   indirekter Prozesse
- monitoren   - ableiten

BPS
Punkt-CIP   **für indirekte**   Wertstromanalyse
- durchführen   **Prozesse**   - durchführen

Wertstromdesign, Roadmap
Schwerpunktthemen   und Prozesskennzahlen
- bearbeiten   - erarbeiten

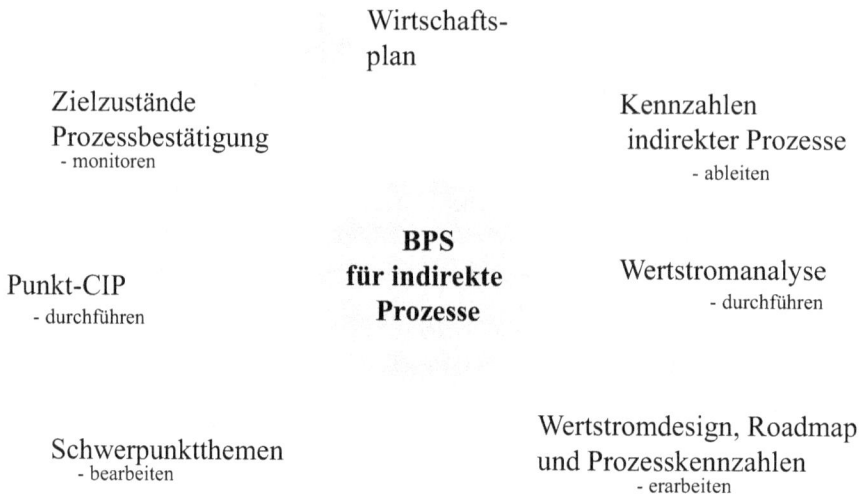

Abb. 5.5: BPS-Rad für indirekte Prozesse (Quelle: Eigene Darstellung)

Zielentfaltungsprozess

In der Phase der Zielentfaltung erstellen wir aus den strategischen Zielen des Werks, u. a. aus dem Wirtschaftsplan mit Qualitäts-, Kosten- und Lieferzielen, Zielzustände für die direkten Prozesse. Zielzustände beschreiben die Ergebnisse und Rahmenbedingungen, die erfüllt sein müssen, um die übergeordneten Ziele erreichen zu können. Im Top-down- und Bottom-up-Ansatz werden die Zielzustände erarbeitet und mit messbaren Zielwerten belegt. Die zur Zielerreichung der direkten Prozesse notwendigen Anforderungen an unterstützende indirekte Prozesse werden formuliert, einer Priorisierung unterzogen und ebenfalls in Zielzuständen formuliert. Hierbei erfolgt eine bereichsübergreifende und prozessorientierte Abstimmung über sämtliche prozessbeteiligte Einheiten. Zur Abstimmung gehören zum einen die gängigen, d. h. kontinuierlich zu erbringenden Leistungen der indirekten Prozesse, und zum anderen besondere, d. h. einmalig zu erbringende Leistungen mit Projektcharakter. Unsere Zielentfaltung der indirekten Prozesse orientiert sich strikt an den Empfängern unserer Dienstleistung, d. h. unseren direkten Prozessen, deren Zielentfaltung sich wiederum an unseren externen Kunden und deren Erfordernissen orientiert.

System Continuous Improvement Process (System CIP)

Nach Ableitung der Zielwerte, d. h. nach Kennzahlendefinition und Beschreibung der Zielgröße für einzelne indirekte Prozesse, visualisieren wir den derzeitigen Prozessablauf, um zielorientiert Potenziale aufdecken zu können. Streng unserem Zielentfaltungsprozess folgend, konzentrieren wir uns mit unseren Prozessverbesserungen auf die Maßnahmen, die uns unserem zuvor definierten Ziel am nächsten bringen. In der Phase des System CIP wird der komplette Prozess betrachtet und somit der gesamte Informationswertstrom dargestellt. In funktionsübergreifenden Teams von Prozessbeteiligten stellen wir in umfangreichen Analysen Transparenz über den Prozess, mögliche Potenziale und Maßnahmen her. Wir berechnen auch in indirekten Prozessen den Kundenbedarf und den Kundentakt (d. h. in welchem Rhythmus der Kunde mit Informationen versorgt werden möchte). Organisatorische und IT-technische Schnittstellen werden ersichtlich und der Weg der Information durch den Prozess wird transparent. Die Transparenz ermöglicht es, gezielt die Probleme im Prozess zu adressieren und gemeinsam mit den Beteiligten Maßnahmen zur Problemlösung zu erarbeiten. Nach Festlegung der Zielwerte und Darstellung des Istzustands des Prozesses wird der Zielzustand als Sollprozess beschrieben. Dabei wird ein Zeithorizont zur Zielerreichung von einem Jahr festgelegt. Nach diesem Zeitraum wird ggf. der Informationswertstrom erneut dargestellt und einer erneuten Verbesserung unterzogen. Der Vergleich der Kennzahlen des Istprozesses und des Sollprozesses zeigt uns, ob wir den Zielwerten gerecht werden oder ob wir ggf. weitere Potenziale erarbeiten müssen. Zur Zieldefinition verwenden wir absolute und relative Kenngrößen. Standardisierte Kennzahlen indirekter Prozesse sind neben der klassischen maximalen und durchschnittlichen Durchlaufzeit und Informationskosten auch Liegezeitanteil, Fehlerkosten, Produktivität und Wertschöpfungsgrad im Prozess. Diese Kennzahlen wenden wir innerhalb der Prozessverbesserung an, um mit Zahlen, Daten und Fakten eine zielgerichtete Diskussion führen zu können. Maßnahmen zur Prozessverbesserung und Zielerreichung werden in Arbeitspaketen zusammengefasst, über die Zeit dargestellt und mit Verantwortlichkeiten und Terminen versehen. Diese Roadmap stellt somit die Inhalte dar, die zur Bearbeitung anstehen, um vom derzeitigen Istprozess zum Sollprozess zu gelangen. Einzelne Schwerpunkte der Verbesserungsarbeit werden anhand einer kurzzyklischen Roadmap (sogenannte PDCAs: plan, do, check, act) verfolgt mit der Zielsetzung, den aktuellen Bearbeitungsstand der Maßnahmen im Detail darstellen zu können.

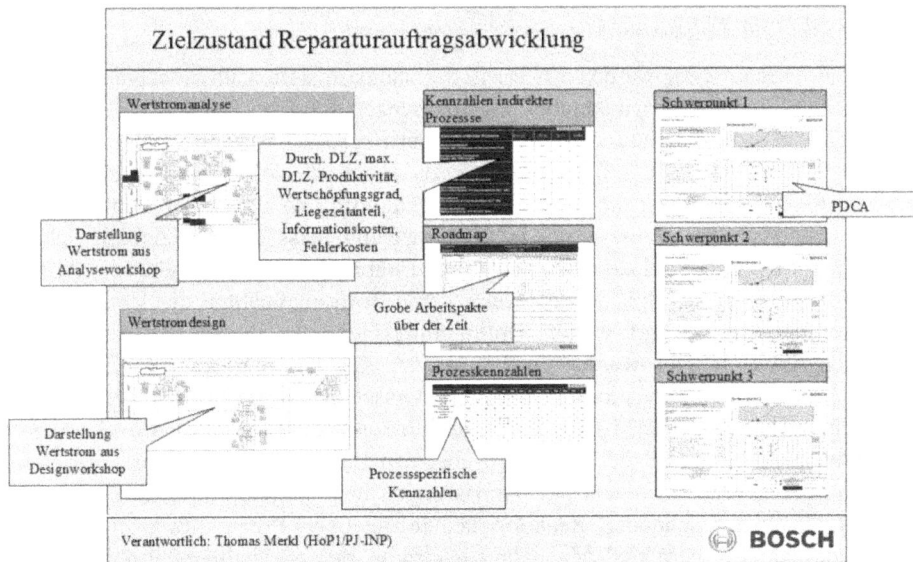

Abb. 5.6: Zielzustandstafel (Quelle: Eigene Darstellung)

Point Continuous Improvement Process (Punkt CIP)

Nach den Aktivitäten des System CIP, in denen sichergestellt wird, dass der Prozess einer ganzheitlichen Verbesserung unterzogen wird, wird in der Phase des Punkt CIP sicherge-stellt, dass der verbesserte und standardisierte Prozess stabilisiert und mittels eines definier-ten und punktuell durchgeführten Abweichungsmanagements geführt wird. Startpunkt für sämtliche Verbesserungsaktivitäten im Rahmen von Punkt CIP ist das Vorhandensein eines Standards. Im Standard wird ein verbesserter und messbarer Prozess dokumentiert. Diese verbindliche Dokumentation enthält u. a. Beschreibungen zum Prozess, zu Schnittstellen, zu IT-Applikationen und zu Prozesskennzahlen und deren Metrik. Im Unterschied zu den Kennzahlen indirekter Prozesse, die einheitlich über sämtliche administrativ unterstützenden Prozesse angewendet werden können, werden die Prozesskennzahlen abhängig vom jeweili-gen Prozess definiert und im kürzeren Zyklus verfolgt, wie zum Beispiel Anzahl offener Bestellungen im Beschaffungsprozess, Bearbeitungsdauer eines Prozessschrittes in der Per-sonalabteilung oder Prognosegenauigkeit als Ergebnis eines Controlling-Prozesses.

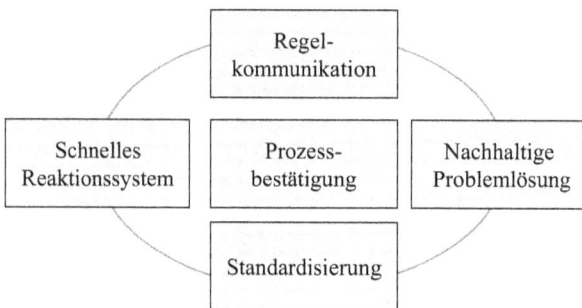

Abb. 5.7: Elemente der Punkt-CIP-Systematik (Quelle: Eigene Darstellung)

Im Abweichungsmanagement werden auf Basis des standardisierten Prozesses und der be-schriebenen Prozesskennzahlen punktuelle Eingriffsgrenzen definiert. Die Schwankungen im Prozess werden dokumentiert und innerhalb der Eingriffsgrenzen akzeptiert. Bei Erreichen der Eingriffsgrenzen wird ein geführter Regelkreis gestartet, der eine nachhaltige Pro-blemlösung zum Ziel hat, damit die Eingriffsgrenze zukünftig nicht mehr erreicht wird. Im Rahmen des schnellen Reaktionssystems ist es notwendig, dass die Abweichung schnell kommuniziert werden kann und die Prozessbeteiligten ihre Führungskräfte über die Abwei-chung vom Standard in Kenntnis setzen. Kann keine Sofortmaßnahme die Ursachen des Problems beseitigen, müssen ggf. weitere Optimierungsmethoden angewendet werden. Die dokumentierten Abweichungen werden im Rahmen der Regelkommunikation mit den Pro-zessbeteiligten und der Führungskraft thematisiert, Ursachen besprochen und ggf. weitere Lösungsmöglichkeiten diskutiert. Neben den neuen Prozessstörungen werden in den regel-mäßig stattfindenden Terminen die Beteiligten über den Bearbeitungsstand vorhergehender Störungen im Prozess informiert und ggf. Anpassungen im Standardprozess diskutiert und kommuniziert. Nach der schnellen Reaktion bei auftretenden Prozessstörungen und der Kommunikation von Problem und Maßnahmen wird in der nachhaltigen Problemlösung kontinuierlich überprüft, ob die Ursachen der Prozessstörung nachhaltig abgestellt wurden. Wird zum Beispiel erkannt, dass die eingeleitete Sofortmaßnahme zwar kurzfristigen Erfolg erzielte, aber langfristig nicht wirkt, da das Problem erneut auftrat, müssen weitere Lösungsmöglichkeiten diskutiert und es muss darüber entschieden werden. Resultat der nachhaltigen Problemlösung kann die Änderung des Standards sein, der wiederum in der Regelkommunikation thematisiert wird. In der Prozessbestätigung wird die Einhaltung des Standardprozesses überprüft und bei Abweichungen werden die Hinweise der Führungskräfte dokumentiert. Teilnehmer der Regelkommunikation sind, in unterschiedlichem und definiertem Rhythmus, sämtliche Führungsebenen im Werk, von der Werksleitung über Bereichsleitung und Abteilungsleitung hin zu Gruppenleitung und den Mitarbeitern.

Elemente der Führung

Die Weiterentwicklung einer Organisation durch die Anwendung einer angepassten Methode, d. h. vom BPS für direkte Prozesse hin zum BPS für indirekte Prozesse, erfordert eine hohe Bereitschaft zur Veränderung in Verhalten und Einstellung bei den Führungskräften auf allen Ebenen der Hierarchie. Als Elemente der Führung verstehen wir die Inhalte des Verbesserungsprozesses an sich, d. h. sämtliche Phasen des BPS-Rads für indirekte Prozesse. Hier wird die Vorgehensweise der Prozessverbesserung als Sachlogik beschrieben. Nur das Vorhandensein einer Vorgehensweise kann jedoch eine Organisation nicht verändern. Führungskräfte müssen im Rahmen einer Befähigung in der Anwendung der angepassten Methode trainiert werden, damit sie die Inhalte und das Zusammenspiel der Phasen im BPS-Rad für indirekte Prozesse verstehen und entsprechende Führungsmaßnahmen einleiten können. Mit erweitertem Kenntnisstand durch die Befähigung in der Sachlogik und der eigenen Bereitschaft zur Veränderung, d. h. Change, können unsere Führungskräfte in der Prozessverbesserung die richtigen Fragen stellen, die richtigen Hinweise geben und somit bei ihren Mitarbeitern die Bereitschaft sicherstellen, den Veränderungsprozess auch mitzugehen.

Abb. 5.8: Elemente der Führung (Quelle: Eigene Darstellung)

Als Element der Führung muss die Sachlogik dem Anspruch gerecht werden, inhaltlich schlüssig und logisch im Aufbau zu sein. Hierzu dient das BPS-Rad für indirekte Prozesse. Sämtliche Elemente, die in diesem Rahmen bearbeitet werden, werden auf standardisierten Vorlagen auf den Zielzustandstafeln dokumentiert. Die Tafeln zielen auf eine einfach zu führende und transparente Gestaltung des Verbesserungsprozesses ab, d. h. die beteiligten Mitarbeiter nutzen die Vorlagen als tägliches Arbeitsmittel, dokumentieren hier die Erkenntnisse und ihre Fortschrittsarbeit. Führungskräfte nutzen die Zielzustandstafeln als Führungsinstrument, um sich u. a. in den Vor-Ort-Terminen ein Bild über Ergebnisse der Verbesserungsaktivitäten machen zu können und um ggf. steuernd eingreifen zu können. Diese Vor-Ort-Termine werden am Ort des eigentlichen Prozessgeschehens durchgeführt und nicht hinter verschlossenen Türen in Besprechungszimmern. Führungskräfte, auch aus anderen Bereichen und aus sämtlichen hierarchischen Ebenen, können sich anhand der standardisierten Inhalte auf den Zielzustandstafeln schnell informieren, können sich auf die Inhalte konzentrieren und müssen sich nicht bei jedem Termin neu auf Dokumente von abweichendem Aufbau und unterschiedlicher Logik einstellen. Ziel dieser standardisierten Kommunikation ist ein schneller und verschwendungsfreier Informationsfluss vom Mitarbeiter zur Führungskraft und von der Führungskraft zum Mitarbeiter.

Zielsetzung ist die breite Anwendung des BPS-Rads für indirekte Prozesse und die geführte Verbesserung der Prozesse, die für das Werk Homburg entscheidenden Einfluss auf die Zielerreichung haben (siehe Zielentfaltungsprozess). Dazu ist es notwendig, unseren Führungskräften die Sachlogik und deren Anwendung näherzubringen. Wir befähigen unsere Führungskräfte über alle Hierarchien in sämtlichen Bereichen unseres Werkes. Dementsprechend werden Werksleitung, Bereichsleiter, Abteilungsleiter und Gruppenleiter in einem Prozessverbesserungsworkshop im Hinblick auf die Methode und Führungsaspekte trainiert. Unserem Anspruch „Kennen, Können, Führen" folgend, wenden die Führungskräfte die Methode direkt an einem zu verbessernden Prozess an, testen diese und erkennen, wie sie sich und ihre Mitarbeiter im Veränderungsprozess beteiligen müssen. Daher sprechen wir im Zusammenhang der Befähigung von Führungskräften nicht von einer „Schulung", sondern von einem „Führungskräfte-Workshop in indirekten Prozessen".

„Problems are welcome" ist eine zentrale Aufforderung unserer Werksleitung an unsere Führungskräfte und Mitarbeiter. Nur durch das konsequente Aufdecken von Problemen in unseren Prozessen können wir unsere Arbeit nachhaltig verbessern und unseren Zielen näher kommen. Voraussetzung sind hierfür transparent gemachte Prozesse, in denen wir die Probleme inhaltlich sauber beschreiben und adressieren können. „Adressieren" bezieht sich hierbei auf die genauen „Koordinaten" im Prozess, d. h. darauf, in welchem Prozessschritt die Fehler entstehen, und nicht auf eine personenbezogene Schuldzuweisung. Diese Erkenntnis und die Kommunikation von Prozessschwächen über Hierarchien hinweg mit dem Gefühl, auf gleicher Augenhöhe zu diskutieren und in der Sache ernst genommen zu werden, unterstützen unseren Change-Prozess. So werden beispielsweise die Vor-Ort-Termine mit Führungskräften und Mitarbeitern gemeinsam durchgeführt, wobei die Mitarbeiter die Zielzustandstafeln den Führungskräften vorstellen. Durch die Diskussion der erzielten bzw. nicht erzielten Prozessverbesserungen werden die Ergebnisse versachlicht und der gesamte Verbesserungsprozess praxisorientiert begleitet. Die beteiligten Mitarbeiter können in diesem Rahmen die ihnen wichtigen Themen ansprechen. Darüber hinaus finden wöchentlich

Sprechstunden mit der Werksleitung statt, um den Mitarbeitern Gelegenheit zu geben, in kleiner Runde Antworten auf ihre Fragen zu erhalten.

Methodische Kenntnis, Kommunikation und Wertschätzung sind die wesentlichen Aspekte in unserem Führungsverhalten und in unserer Führungseinstellung. Unsere Führungskräfte kennen unsere im Zielentfaltungsprozess beschriebenen Ziele, werden in der Handhabung der Methoden des BPS befähigt, lassen ihre Mitarbeiter die Notwendigkeit zur Prozessverbesserung erkennen und unterstützen diese im Verbesserungsprozess.

Strategische und organisatorische Verankerung

Unser Werk ist nach dem EFQM-Modell ausgerichtet und ständig bestrebt, sich weiterzuentwickeln und zu verbessern. Hierbei unterscheiden wir unsere Veränderungsaktivitäten hinsichtlich strategischer und operativer Ziele. Strategische Veränderungen werden in Assessments, Benchmarking und Strategieentwicklungen identifiziert und fließen in die Organisationsentwicklung ein. Drei unserer insgesamt zehn strategischen Ziele haben einen direkten Bezug zur Prozessoptimierung: „Ziel 1: Die Führungskräfte sind Treiber des Verbesserungsprozesses (Fokus: Führung)", „Ziel 2: Wir leben den Prozess der kontinuierlichen Verbesserung (Fokus: Mitarbeiter)" und „Ziel 9: Unsere Prozesse und Wertströme sind stabil und schlank (Fokus: Prozesse)". Neben diesen strategischen Veränderungsaktivitäten verfolgen wir Prozessverbesserungen auf operativer Ebene, indem u. a. die oben genannte Systematik, d. h. das BPS-Rad für indirekte Prozesse zum Einsatz kommt. Es wurde unter dieser Zielsetzung entwickelt und wird bei einer Vielzahl von Prozessverbesserungsaktivitäten angewendet.

Das Thema BPS in indirekten Prozessen ist eins von insgesamt vier Organisationsentwicklungsthemen mit Toppriorität im Werk Homburg, die aus o. g. strategischen Zielen abgeleitet wurden und im Verantwortungsbereich des Topmanagements liegen. In der strategischen Entwicklung des BPS-Rads für indirekte Prozesse und der operativen Umsetzung im Rahmen der Prozessverbesserungsarbeit sind derzeit vier Mitarbeiter in Vollzeit im Einsatz. In den indirekten Bereichen, u. a. Controlling, Personalwesen und Einkauf, unterstützt jeweils ein Koordinator die Mitarbeiter vor Ort in der Umsetzung der Maßnahmen, der Pflege der Zielzustandstafeln und der Durchführung von Workshops. Sämtliche Führungskräfte und Mitarbeiter sind im Prozess involviert, um u. a. den oben genannten drei strategischen Zielen gerecht werden zu können.

5.3.2   Abschließende Bewertung

Weiterentwicklung der BPS-Philosophie

Dem Prinzip folgend, eine lernende Organisation zu sein, verbessern wir ständig die Inhalte des BPS in indirekten Prozessen, indem wir das eigene Tun laufend überprüfen und die Erkenntnisse in die zukünftige Arbeit einfließen lassen. Methode, Vorgehen, Vorlagen und sämtliche Aspekte von BPS in indirekten Prozessen stehen dementsprechend ständig auf dem Prüfstand. Hinweise von Workshop-Teilnehmern und Prozessbeteiligten werden kontinuierlich aufgenommen und ggf. in der zukünftigen Methodenanwendung berücksichtigt.

Wir haben uns dem Thema BPS in indirekten Prozessen nicht in einer rein konzeptionellen Weise am grünen Tisch genähert, sondern konnten auf die Vorgehensweisen und praktischen Erfahrungen aus dem BPS in direkten Prozessen aufbauen. Diese Vorgehensweise war ein entscheidender Erfolgsfaktor. Begrifflichkeiten wie System CIP und Punkt CIP werden in gleicher Stringenz in den indirekten Prozessen wie in den direkten Prozessen angewendet und sind in unserem Werk über sämtliche Ebenen der Hierarchie bekannt. Werden Aspekte des BPS in direkten Prozessen verändert und verbessert, überprüfen wir, welche Anpassungen im BPS in indirekten Prozessen vorzunehmen sind.

Die weiterentwickelte Methode wird bis zum heutigen Zeitpunkt in einer Vielzahl von Prozessverbesserungen, u. a. im Einkauf, im Qualitätswesen, im Controlling und in der Personalabteilung, zum Einsatz gebracht und basiert in der erfolgreichen Anwendung wesentlich auf der einfachen Sachlogik und der nachhaltigen Führung. Eine klar strukturierte Vorgehensweise (BPS-Rad für indirekte Prozesse) in Verbindung mit einfach anzuwendenden und angepassten Methoden (z. B. Informationswertstromdarstellung) stellt die Akzeptanz der gesamten Systematik in unserer Organisation sicher.

Moderne Produktionsphilosophien in HR-Prozessen

Anfänglich konnte eine gewisse Zurückhaltung bezüglich der Anwendbarkeit der modernen Produktionsphilosophie innerhalb von Personalprozessen festgestellt werden. Dem ggf. erscheinenden Widerspruch der Nutzung dieser modernen Produktionsphilosophie zur Verbesserung von HR-Prozessen konnte entgegengehalten werden, dass die Zielsetzung der Verbesserungsarbeit – unabhängig davon, ob es sich um einen direkten oder indirekten Prozess handelt – stets die Vermeidung von Verschwendung ist. Auch in unseren HR-Prozessen verfolgen wir die Philosophie der verschwendungsarmen Prozesse, d. h. die richtige Information in der korrekten Menge zum richtigen Zeitpunkt zu geringen Kosten in anforderungsgerechter Qualität an den Leistungsempfänger zu bringen.

Mittlerweile wird uns zum einen durch die hohe Anzahl der Prozesse, die derzeit in unserer Personalabteilung optimiert werden, zum anderen aber auch durch die bereits erzielten Erfolge in der Verbesserungsarbeit an sich bestätigt, dass die Methode BPS in indirekten Prozessen sämtliche Beteiligte der Personalprozesse optimal unterstützen kann.

Praxisbeispiel 2: Einsatz von Six Sigma + LEAN Tools bei der Deutschen Post DHL

Snezana Kerp, Stefanie Link, Arthur Seidl

> *„The responsibility of leadership is not to come up with all the ideas but to create an environment in which great ideas can thrive." (Simon Sinek)*

Die ersten Ideen zum Thema Six Sigma + LEAN bei der Deutschen Post DHL sind im Jahr 2006 durch Führungskräfte mit entsprechenden Erfahrungen und Qualifikationen entstanden. Der Bereich Finance und HR-Services (FHS), der mit 1.800 Mitarbeitern weltweit eine breite Palette von Shared Services im Konzern Deutsche Post DHL erbringt, übernahm von Beginn an eine Vorreiterrolle und pilotierte die neuen Ansätze für den Konzern.

Nach der Unterstützung durch Porsche Consulting zum Know-how-Aufbau im Jahr 2006 lag der Fokus in den Jahren 2006 bis 2009 auf Prozessoptimierung mit dem klassischen DMAIC-Ansatz, Informationsveranstaltungen und Trainings. Über die Prozessoptimierung hinaus entwickelte FHS – in Anlehnung an das „Toyota Production System" – einen ganzheitlichen Ansatz unter Berücksichtigung der Anforderungen und Rahmenbedingungen eines Dienstleistungsunternehmens: das „FHS Produktionsmodell". Dieses basiert auf vier Dimensionen: Prozessmanagement, Performance Management, Einstellung und Verhalten sowie Organisation.

Im Jahre 2009 pilotierten wir mit Unterstützung des Beratungsunternehmens McKinsey & Company das „FHS Produktionsmodell". Der erfolgreiche Abschluss des Piloten mit einer Produktivitätssteigerung von 33 % führte zu der Entscheidung, das „FHS Produktionsmodell" im kompletten Bereich Finance und HR-Services auszurollen.

Einstellung und Verhalten

Die Art und Weise, wie wir denken und handeln, sowohl als Einzelner als auch im Team

Performance Management

Die Art und Weise, wie wir Zielgrößen bestimmen und für die Unternehmenssteuerung nutzen

Der FIRST CHOICE Weg

Organisation und Fähigkeiten

Die Art und Weise, wie wir unsere Organisation gestalten und unsere Mitarbeiter entwickeln

Prozessmanagement

Die Art und Weise, wie wir Prozesse und Standards definieren und kontinuierlich verbessern

Abb. P. 1: Die vier Dimensionen (Quelle: Eigene Darstellung)

Wie auch schon der Pilot fokussierte sich der Rollout (März 2009 bis Dezember 2012) im Rahmen von viermonatigen Projektlaufzeiten auf zwei Dimensionen – Prozessmanagement sowie Performance Management. Die Reduktion der Verschwendung war das Hauptziel der Dimension Prozessmanagement, wohingegen in der Dimension Performance Management die Entwicklung von Steuerungskennzahlen auf der operativen Ebene sowie die Einführung von täglichen Performance-Dialogen mit den Mitarbeitern vorangetrieben wurde. Beide Tools unterstützen die Identifikation von Verbesserungsideen als Basis für einen kontinuierlichen Verbesserungsprozess.

In den beiden verbleibenden Dimensionen – Organisation und Fähigkeiten sowie Einstellung und Verhalten – kam zwar ebenfalls eine Reihe von Methoden zur Anwendung. Es zeigte sich aber, dass diese eher standardisierten Ansätze anders als in der Prozesswelt nicht bei allen Standorten und Bereichen zielführend waren. Mitarbeiter und Führungskräfte müssen individuell – abgestimmt auf ihre Bedürfnisse – im Prozess des Kulturwandels begleitet werden. Diese Erfahrung war ein wesentlicher Teil der Lernkurve auf dem Weg zu einer Kultur der kontinuierlichen Verbesserung.

Die erfolgreiche Implementierung des „FHS Produktionsmodells" mit über 50 durchgeführten Projekten weltweit und durchgängig 20–30 % Einsparungen führte im Jahre 2010 zu einer konzernweiten Einführung unter der Bezeichnung „LEAN House". Mit steigendem Reifegrad der Organisation in der Anwendung von Six Sigma + LEAN rückte das Thema kontinuierliche Verbesserung als Kulturwandel in den Vordergrund. Diese Entwicklung spiegelt sich auch in der Unternehmensstrategie im Jahre 2012 im Rahmen eines ganzheitlichen Managementansatzes „First Choice" wider. Dieser integriert etablierte Führungsinstrumente mit der Anwendung und dem Vorleben von Six Sigma + LEAN als Basis der Unternehmenskultur, wodurch alle vier Dimensionen in einem ausgewogenen Verhältnis stehen. Die Einbindung in die Strategie ist die elementare Grundlage für die Nachhaltigkeit des Managementansatzes und damit auch für Six Sigma + LEAN bei der Deutschen Post DHL.

Klassisches FIRST CHOICE   **Der FIRST CHOICE Weg**

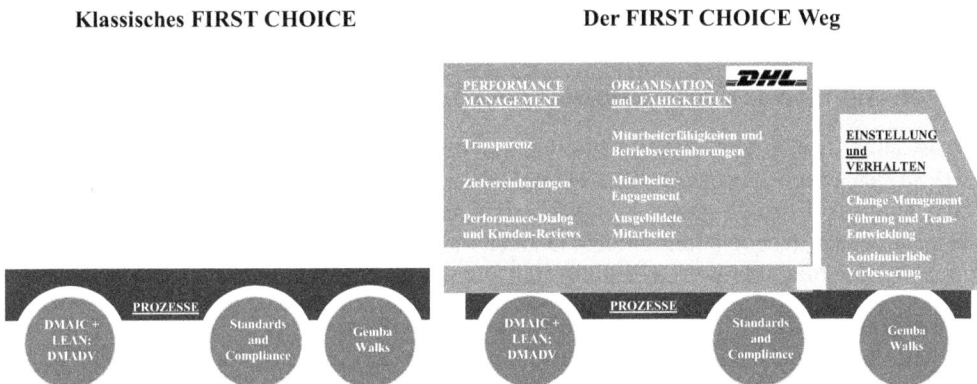

Abb. P. 2: Entwicklung des Managementansatzes   (Quelle: Eigene Darstellung)

Erfolgsfaktoren und Herausforderungen des Kulturwandels

Ein Kulturwandel ist ein umfassendes Vorhaben. Die Umsetzung hängt von vielen Erfolgsfaktoren ab, die zugleich die größten Herausforderungen darstellen. An dieser Stelle konzentrieren wir uns auf die wichtigsten Erfolgsfaktoren basierend auf der Erfahrung der Deutschen Post DHL.

- Stabiles Umfeld: kein prozessualer und organisatorischer Wandel
- Strategiebezug: Six Sigma + LEAN als ein Teil der Unternehmensstrategie
- Vorleben und Vorantreiben des Kulturwandels durch das Management: Wahrnehmung der Vorbildfunktion durch Coaching und Feedback
- Nachhaltiges und konsequentes Change Management: Einbindung aller Hierarchieebenen durch offene und eindeutige Kommunikation
- Ausgewogenes Verhältnis der vier Dimensionen: Prozessmanagement, Performance Management, Einstellung und Verhalten sowie Organisation und Fähigkeiten
- Mitarbeiterengagement: Leben der veränderten Unternehmenskultur im eigenen Arbeitsumfeld

> *„Profit isn't a purpose, it's a result. To have purpose means the things we do are of real value to others." (Simon Sinek)*

Vorstellung von ausgewählten Six Sigma + LEAN Tools mit Fokus auf deren Beitrag zum nachhaltigen Kulturwandel

DMAIC-Aktivitäten (Prozessverbesserungsaktivitäten)

Als Einstieg in den Kulturwandel und zum Know-how-Aufbau startete die Deutsche Post DHL in den ersten Jahren mit dem Thema DMAIC. Eine DMAIC-Aktivität ist ein klassisches Tool aus der Six Sigma + LEAN Toolbox, um gezielte Prozessverbesserungen aus der Perspektive des Kunden hinsichtlich Qualitätssteigerung, Kostenreduktion beispielsweise durch Minimierung von Verschwendung und Optimierung von Durchlaufzeiten zu erzielen.

Im Laufe der Jahre hat sich trotz Ausbaus der Toolbox der Deutschen Post DHL die DMAIC-Aktivität als ein wesentliches Tool etabliert. Durch die Erweiterung der Toolbox bei der Deutschen Post DHL hat der Konzern nun die Möglichkeit, in Abhängigkeit von der jeweiligen Problemstellung das passende Tool auszuwählen. Somit hat sich die DMAIC-Aktivität vom One-fits-all-Ansatz zu einem effizient verwendeten Tool gewandelt.

Konzernhistorisch betrachtet stellt die DMAIC-Aktivität den „Eisbrecher" für den Kulturwandel dar. Viele Mitarbeiter hatten ihre ersten Berührungspunkte mit Six Sigma + LEAN im Rahmen von DMAIC-Aktivitäten als DMAIC-Verantwortlicher, Teammitglied, Experte oder Prozessverantwortlicher. Diese Aktivitäten bieten jedem Mitarbeiter die Chance, sich aktiv an Prozessverbesserungen ihrer täglichen Arbeit zu beteiligen. Dies führte zu einer gesteigerten Mitarbeitermotivation und einem hohen Engagement auf Mitarbeiterebene durch die direkte Einbindung bei der Umsetzung der Verbesserung.

Führungskräfte begleiten eine DMAIC-Aktivität in ihrer Rolle als Prozessverantwortlicher. Von der Basis angestoßene Prozessoptimierungen erfordern ein verändertes Führungsverhalten. Diese Erkenntnis war ein wichtiger Bestandteil, der später zum ganzheitlichen Managementansatz führte. Heute wie damals werden DMAIC-Aktivitäten durch methodisches und rollenbasiertes Coaching begleitet.

Performance-Dialog

Der Performance-Dialog ist der zentrale Baustein für die komplette Organisation der Shared Services für Finance und Human Resources, um der kontinuierlichen Verbesserung einen geeigneten Rahmen zu geben. Es handelt sich um ein tägliches 15-minütiges Meeting, welches die Führungskraft gemeinsam mit ihren Mitarbeitern aktiv gestaltet. Hauptbestandteile eines jeden Performance-Dialogs sind:

- Diskussion von Problemstellungen inklusive gemeinsamer Generierung von Lösungsansätzen
- Visualisierung und Diskussion von Kennzahlen des operativen Tagesgeschäftes zur Steuerung der jeweiligen Organisationseinheit
- Besprechung des Arbeitsvorrates bzw. Rückstandes zum optimalen Einsatz der vorhandenen Ressourcen in Abhängigkeit von den Fähigkeiten der Mitarbeiter (Kapazitätsmanagement)
- Einfangen des Stimmungsbildes im Team (Teambarometer)
- Besprechung und Analyse von Kunden- und Kollegenfeedback

Alle Inhalte des Performance-Dialogs sind auf einem Whiteboard dargestellt und werden täglich aktualisiert. Wesentlich ist, dass die genannten Bestandteile eines Performance-Dialogs an der Unternehmensstrategie ausgerichtet sind. Für die Nachhaltigkeit ist es zwingend notwendig, über alle Ebenen der Organisationseinheit einen entsprechenden Performance-Dialog einzuführen, welcher den Informationsfluss über alle Hierarchien hinweg sicherstellt (Kaskade).

Die Implementierung des Tools Performance-Dialog stellt einen standardisierten Ansatz dar. Die Herausforderung liegt in der täglichen Anwendung des Tools bzw. der Vermittlung der Sinnhaftigkeit und des Nutzens durch die Führungskraft an die Mitarbeiter. Die persönliche Einstellung der Führungskraft zum Thema kontinuierliche Verbesserung als Unternehmenskultur spiegelt sich in jedem Dialog wider. In diesem Kontext ist die Authentizität der Führungskraft ausschlaggebend für die erfolgreiche Durchführung und somit der Schlüsselfaktor.

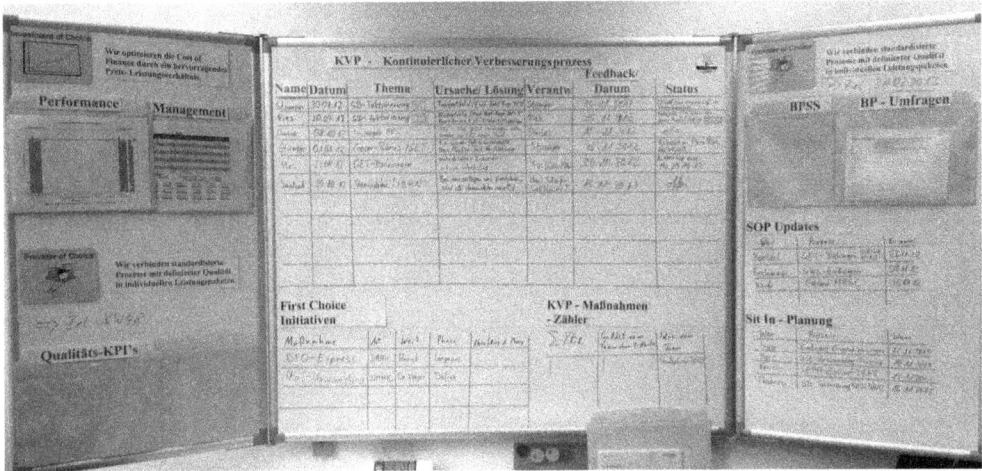

Abb. P. 3: Beispiel eines Performance Boards bei der Deutschen Post DHL (Quelle: Eigene Darstellung)

Coaching

Beim Thema Coaching werden folgende Aspekte abgedeckt:

- Methodisches Coaching: Befähigung des Mitarbeiters zur eigenständigen Anwendung des jeweiligen Tools
- Rollenbasiertes Coaching: Vorbildfunktion im Sinne der Unternehmenskultur basierend auf den jeweiligen Rollenprofilen

Im Rahmen des „FHS Produktionsmodells" und begleitend zur Anwendung von diversen Six Sigma + LEAN Tools (z. B. DMAIC-Aktivität, Gemba Walk – Erläuterung siehe nachfolgend) war das methodische Coaching seitens der Experten stets ein elementarer Bestandteil und Grundvoraussetzung für die erfolgreiche Durchführung.

Während eines Kulturwandels sind rollenbasiertes Coaching von Führungskräften sowie deren Unterstützung beim Vorleben im Alltag entscheidend für den Aufbau des Verständnisses der neuen Unternehmenskultur. Beides stellt die Nachhaltigkeit sicher.

Die Initialisierung des rollenbasierten Coaching fand erstmalig im „FHS Produktionsmodell" durch Experten statt und ist mit steigendem Reifegrad der Organisation sowie der Organisationsmitglieder in die Verantwortung der Führungskräfte übertragen worden. Bei erhöhtem Coaching-Bedarf kann stets zur Unterstützung auf das Expertenteam zurückgegriffen werden. Der Performance-Dialog ist ein Beispiel, bei dem sowohl methodisches als auch rollenbasiertes Coaching zum Einsatz kommt.

Im Rahmen eines Kulturwandels kann es trotz intensivem Coaching dazu kommen, dass sowohl einige Führungskräfte als auch Mitarbeiter sich in der neuen Unternehmenskultur nicht wiederfinden. Für den Erfolg ist es jedoch essenziell, Personalentwicklungen durchzuführen oder in letzter Konsequenz Personalentscheidungen umzusetzen.

Maturity Checks (Ermittlung des Reifegrades im kulturellen Wandel)

Regelmäßige Standortbestimmungen, die sich an den Zielen der Unternehmensstrategie ausrichten, unterstützen den Prozess des Kulturwandels, da sie Stärken und Entwicklungsfelder der jeweiligen Organisationseinheit aufzeigen. Ein Maturity Check bestimmt den Reifegrad der evaluierten Organisationseinheit basierend auf Beobachtungen und Interviews durch Expertenteams. Hierbei werden neben dem Tooleinsatz auch der Grad der Akzeptanz bei Mitarbeitern und Führungskräften, die für eine erfolgreiche Implementierung einer Unternehmenskultur maßgeblich sind, eingeschätzt.

Basierend auf den Beobachtungen und den durchgeführten Interviews werden gemeinsam mit dem Management Maßnahmen definiert und für alle auf dem Whiteboard ersichtlich visualisiert. In dem jährlichen Maturity Check ist es wichtig, dass die Ausgewogenheit der Dimensionen beachtet wird, da die Erfahrung zeigt, dass eine Fokussierung auf eine Dimension – z. B. Performance Management (Produktivitätssteigerung und zugleich Kostenreduktion) – gravierende Auswirkungen auf die Akzeptanz des Managementansatzes bei den Mitarbeitern und damit den Kulturwandel hat.

Gemba Walks

Zum Abschluss heben wir ein Tool aus der Six Sigma + LEAN Toolbox der Deutschen Post DHL hervor, welches mit steigendem Reifegrad der Organisation an Bedeutung gewinnt. Ein Gemba Walk ist eine Prozessbeobachtung durch Führungskräfte vor Ort, indem sie dem Produkt oder auch der Dienstleistung über den Gesamtprozess folgen. Im Rahmen eines Gemba Walks wird immer auf ein vorher ausgewähltes Thema fokussiert (z. B. Verschwendung, Ergonomie, Takt, Standardisierung, Fehlervermeidung, Arbeits- und Gesundheitsschutz u. v. m.). Bei der Deutschen Post DHL wird der Gemba Walk aktuell stark forciert.

Hervorzuheben ist, dass die Führungskraft im Zuge eines Gemba Walks mit ihrem Mitarbeiter über Herausforderungen spricht. Durch Coaching- und Feedbacktechniken motiviert die Führungskraft den Mitarbeiter im Rahmen des Gemba Walks zur selbstständigen Lösungsgenerierung. Dies bedient in vollem Umfang die Idee von kontinuierlicher Verbesserung als

Unternehmenskultur. Die Ergebnisse finden sich auf unserem zentralen Tool, dem White-board innerhalb des Performance-Dialogs, wieder.

Dieses Tool bietet die Möglichkeit, die Vorbildfunktion, die einer der Haupterfolgsfaktoren für die Unternehmenskultur ist, in den Alltag zu integrieren und zu leben.

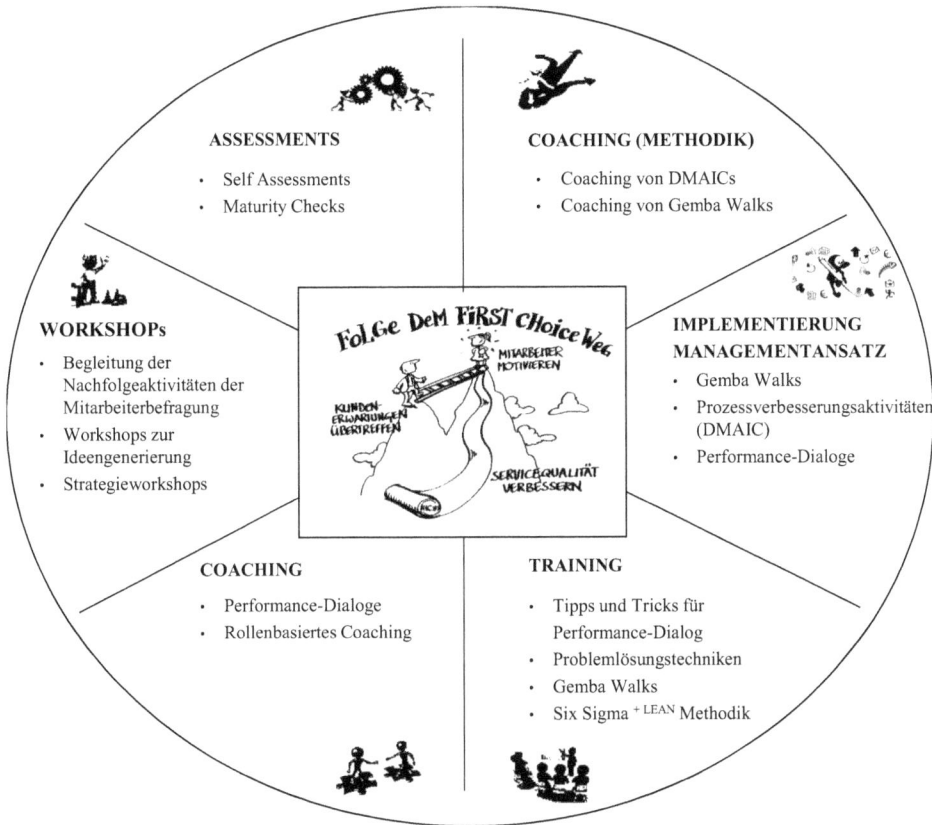

Abb. P. 4: Übersicht der Six Sigma + LEAN Toolbox bei DP DHL (Quelle: Eigene Darstellung)

„A culture is not invented. A culture evolves." (Simon Sinek)

5.4 Spezielle Prozesse im HR-Servicecenter

Michael Wahler

5.4.1 Möglichkeiten der Diversifizierung

HR-SSCs haben in Abhängigkeit von ihrem jeweiligen Stand im Lebenszyklus unterschiedliche Reifegrade. Bei der Einführung eines HR-SSC konzentrieren sich die meisten häufig auf die Aktivitäten der Stammdatenverwaltung, Entgeltabrechnung und Zeitwirtschaft. Im Laufe der Zeit werden diese Prozesse immer weiter optimiert, automatisiert und Effizienzpotenziale realisiert. Auch die Steuerung und das Controlling rücken nach dem Go-Live und der Stabilisierung zunehmend in den Mittelpunkt der Aktivitäten. Sind diese Themen nach der Optimierung etabliert, stellt sich die Frage, wie sich die Serviceorganisation weiterentwickeln kann. Hierzu stehen verschiedene strategische Optionen zur Verfügung:

- Die Internationalisierung – das SSC entwickelt sich vom lokalen zum globalen Anbieter
- Die laterale Diversifizierung – vom unifunktionalen SSC zur Multi-Tower-Service-Organisation
- Die horizontale Diversifizierung – die Übernahme weiterer Themen in das Produktportfolio

Die verschiedenen Arten der Weiterentwicklung eines HR-SSC sind unterschiedlich komplex und oftmals auch politisch schwierig umzusetzen. So ist etwa die laterale Diversifizierung davon geprägt, für die Implementierung viele Verbündete oder eine starke Steuerung durch das Topmanagement zu benötigen. Aber auch bei der Internationalisierung, sogar wenn sie innerhalb der HR-Funktion geschieht, benötigt diese die Unterstützung, mindestens aber die Tolerierung der Länderverantwortlichen. Oft scheitern daher Bemühungen der Weiterentwicklung schon im Ansatz.

Die horizontale Diversifizierung lässt sich oft am einfachsten durchsetzen, da diese innerhalb der HR-Funktion und häufig sogar nur in einem Land oder einer Region durchgeführt wird. Die folgenden Ausführungen beschränken sich daher auf diese Form bei der Beschreibung der Vorgehensweise und der Ausprägung.

Als Themen für eine horizontale Diversifizierung des Produktportfolios des HR-Servicecenters bieten sich besonders HR-Themen an, die in sich als geschlossenes Aufgabenfeld abgegrenzt werden können und einen hohen Anteil an administrativen Tätigkeiten aufweisen. Außerdem sollte für diese Themen spezielles Know-how erforderlich sein, das nicht alle Mitarbeiter des HR-SSC benötigen. Neben dem Recruiting eignet sich beispielsweise besonders die Administration der Personal- und Organisationsentwicklung für eine Integration in ein HR-SSC. Dabei ergeben sich verschiedene Gestaltungsmöglichkeiten, wie die Personal- und Organisationsentwicklung inhaltlich, prozessual und organisatorisch im Unternehmen im Allgemeinen und im HR-SSC im Speziellen verankert werden kann.

5.4.2 Das Development Center im HR-Shared-Service-Center

Häufig findet man in Unternehmen eine Aufteilung, in der auf Corporate-Ebene ein soge-nanntes Center of Expertise für die Personal- und Organisationentwicklung etabliert ist. In diesem erfolgt die Konzeption von Programmen, Trainingsformaten und Medien. Auch das übergreifende Personal- und Organisationsentwicklungsportfolio wird dort definiert. Die Beratung der Führungskräfte und Mitarbeiter findet in diesem Modell häufig durch eigene Personalentwickler statt. Diese sind den jeweiligen Business Units oder Bereichen zugeord-net. Die administrativen Aufgaben wie das Verwalten und Organisieren von Trainings und Veranstaltungen werden dann in der Regel im SSC erledigt. Bei diesem Ansatz ist es nach-teilig, dass es viele Schnittstellen gibt, die in der Regel zu Effizienzverlusten führen. Eine weitere Herausforderung ist es, die Balance zwischen Kundenbedürfnisse bei der individuel-len Ausgestaltung von Maßnahmen und einer kosteneffizienten Durchführung zu finden. Hier sind es oft die Personalentwickler, die konzentriert auf die Methodik und die besonde-ren Kundenwünsche Maßnahmen konzipieren und dabei die Kosten aus den Augen verlieren.

Als Alternative zur Trennung von Competence- und Servicetätigkeiten gibt es die Möglich-keit, die strategisch-konzeptionellen Aufgaben mit den administrativen zu bündeln und ge-meinsam ins SSC zu verlagern. Für die gesamte Personal- und Organisationsentwicklung (PE/OE) lässt sich dann eine durchgängige Wertschöpfungskette definieren.

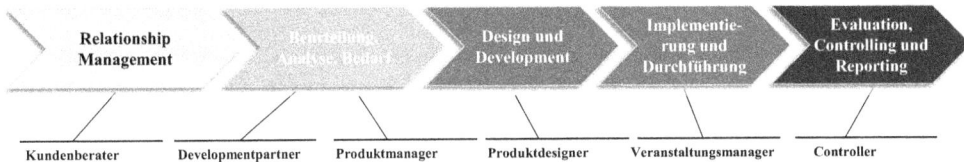

Abb. 5.9: Wertschöpfungsstufen der Personal- und Organisationsentwicklung (Quelle: Eigene Darstellung)

Die Stufen der Wertschöpfung bestimmen in der Folge die Rollen und Aufgaben innerhalb der Prozesse. Im Grunde führt die Bündelung der strategischen und beratenden mit den ad-ministrativen Tätigkeiten der PE/OE in einem Center zu einer Aufbauorganisation, die an die konventionellen Zentralabteilungen erinnert. Allerdings werden durch die Verankerung in einem HR-SSC die modernen Prinzipien von SSCs wie Arbeitsteilung, Gruppenarbeit, Monitoring oder Leistungsverrechnung angewandt.

Dabei wird das „Center für Personal- und Organisationsentwicklung" als ganzheitliche Or-ganisationseinheit mit Verantwortung für die gesamte Breite der PE/OE in allen Wertschöp-fungsstufen etabliert. Aus diesem Verständnis können sechs Basisrollen abgeleitet werden, die dann wiederum in einer Ablauforganisation verknüpft werden können.

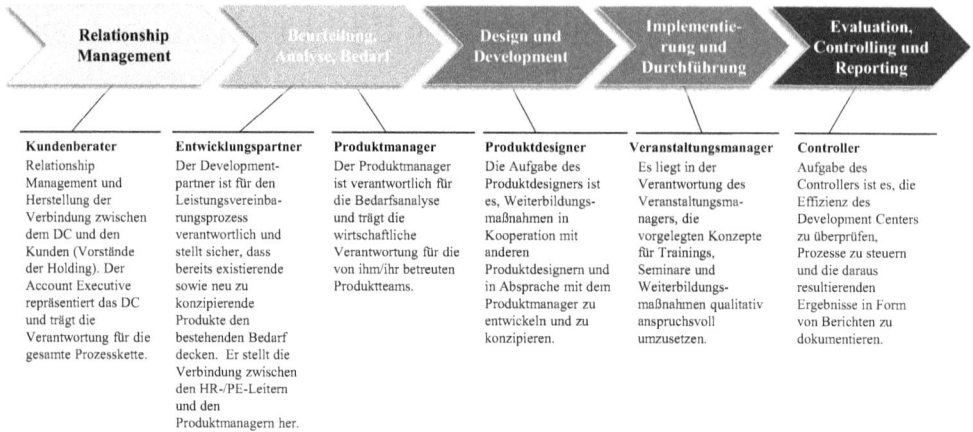

Kundenberater	Entwicklungspartner	Produktmanager	Produktdesigner	Veranstaltungsmanager	Controller
Relationship Management und Herstellung der Verbindung zwischen dem DC und den Kunden (Vorstände der Holding). Der Account Executive repräsentiert das DC und trägt die Verantwortung für die gesamte Prozesskette.	Der Development-partner ist für den Leistungsvereinba-rungsprozess verantwortlich und stellt sicher, dass bereits existierende sowie neu zu konzipierende Produkte den bestehenden Bedarf decken. Er stellt die Verbindung zwischen den HR-/PE-Leitern und den Produktmanagern her.	Der Produktmanager ist verantwortlich für die Bedarfsanalyse und trägt die wirtschaftliche Verantwortung für die von ihm/ihr betreuten Produktteams.	Die Aufgabe des Produktdesigners ist es, Weiterbildungs-maßnahmen in Kooperation mit anderen Produktdesignern und in Absprache mit dem Produktmanager zu entwickeln und zu konzipieren.	Es liegt in der Verantwortung des Veranstaltungsma-nagers, die vorgelegten Konzepte für Trainings, Seminare und Weiterbildungs-maßnahmen qualitativ anspruchsvoll umzusetzen.	Aufgabe des Controllers ist es, die Effizienz des Development Centers zu überprüfen, Prozesse zu steuern und die daraus resultierenden Ergebnisse in Form von Berichten zu dokumentieren.

Abb. 5.10: Rollenmodell entlang der Wertschöpfungskette (Quelle: Eigene Darstellung)

Die wesentlichen Aufgaben der einzelnen Rollen reichen entlang der Wertschöpfungskette von der Kontaktanbahnung zwischen Kunde und Lieferant bis zur Überprüfung der erbrachten Leistung:

Erste Phase der Wertschöpfungskette: Relationship Management

Rolle: Kundenberater

Aktivitäten: Beziehungsmanagement und Herstellung der Verbindung zwischen dem Development Center und den Kunden. Der Kundenbetreuer repräsentiert das Development Center und trägt die Verantwortung für die gesamte Prozesskette sowie die Produkte des Gesamtportfolios des Centers.

Zweite Phase der Wertschöpfungskette: Beurteilung, Analyse, Bedarf

Rolle: Entwicklungspartner

Aktivitäten: Der Entwicklungspartner ist für den Leistungsvereinbarungsprozess verantwortlich und stellt sicher, dass bereits existierende sowie neu zu konzipierende Produkte den bestehenden Bedarf decken. Er stellt die Verbindung zwischen den Kunden – in der Regel die HR-Leiter oder Business Partner der Bereiche – und den Produktmanagern her.

Dritte Phase der Wertschöpfungskette: Beurteilung, Analyse, Bedarf

Rolle: Produktmanager

Aktivitäten: Der Produktmanager ist verantwortlich für die Bedarfsanalyse und trägt die wirtschaftliche Verantwortung für die von ihm betreuten Produktteams.

Vierte Phase der Wertschöpfungskette: Design und Development

Rolle: Produktdesigner

Aktivitäten: Aufgabe des Produktdesigners ist es, Weiterbildungsmaßnahmen in Kooperation mit anderen Produktdesignern und in Absprache mit dem Produktmanager zu entwickeln und zu konzipieren.

Fünfte Phase der Wertschöpfungskette: Implementierung und Durchführung

Rolle: Veranstaltungsmanager

Aktivitäten: Es liegt in der Verantwortung des Veranstaltungsmanagers, die vorgelegten Konzepte für Trainings, Seminare und Weiterbildungsmaßnahmen qualitativ anspruchsvoll umzusetzen. Er arbeitet dazu mit internen wie externen Ressourcen zusammen.

Sechste Phase der Wertschöpfungskette: Evaluation, Controlling und Reporting

Rolle: Controller

Aktivitäten: Aufgabe des Controllers ist es, die Effizienz des Development Centers und der einzelnen Maßnahmen zu überprüfen, Prozesse zu steuern und die daraus resultierenden Ergebnisse in Form von Berichten zu dokumentieren.

Entlang der Wertschöpfungsstufen werden die Rollen und Aktivitäten sowie der Aktivitätensplit zwischen den Rollen definiert. Um die Rollen in Positionen zu überführen, macht es Sinn, Gestaltungsprinzipien zu formulieren, anhand derer sich die Plausibilität einer zukünftigen Organisation validieren lässt. Für das vorliegende Beispiel wurden vier Prinzipien definiert:

- Produktmanager, Produktdesigner und Veranstaltungsmanager bilden eine Arbeitsgruppe und sind für den Erfolg ihrer Produkte verantwortlich.
- Der Einkauf von Trainern und Produkten ist fachlich im Team vorzubereiten und über die Fachabteilung Einkauf abzuwickeln.
- Der Entwicklungspartner ist für eine oder mehrere Kundeneinheiten verantwortlich und ist der Ansprechpartner für die Business Partner der Kundeneinheit.
- Der Veranstaltungsmanager ist für eine konsistente und standardisierte Abwicklung des Veranstaltungsmanagements verantwortlich.

Mit diesen definierten Prinzipien kann nun ein Organisationsmodell entwickelt werden. Dabei müssen die speziellen Anforderungen an die Produkte und Trainings mit berücksichtigt werden. Auch die Unternehmensstruktur, die Kultur sowie das Geschäftsmodell sind beim Design zu integrieren.

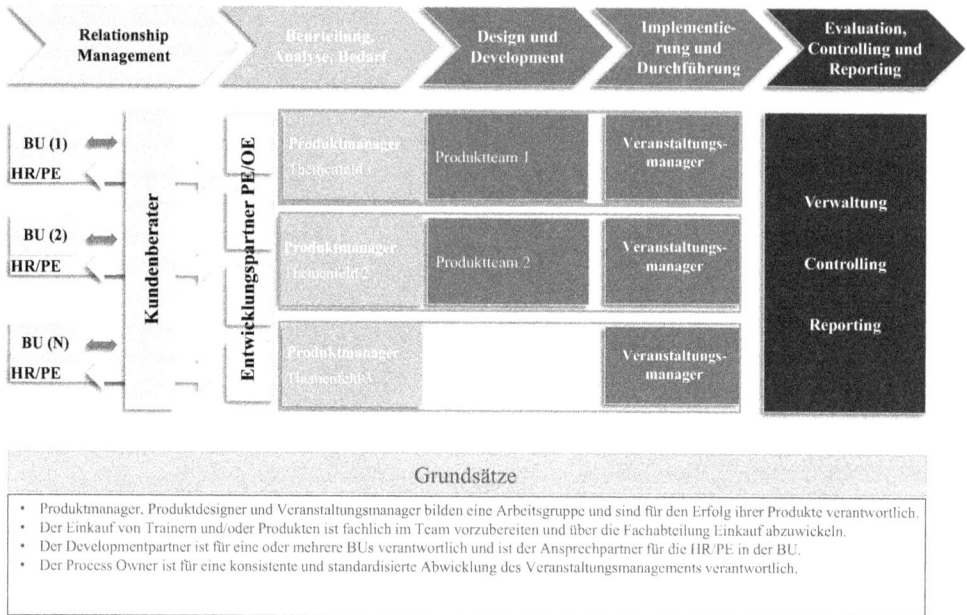

Abb. 5.11: Ablauforganisation PE/OE im HR-SSC (Quelle: Eigene Darstellung)

Nachdem diese Rollen sowie die Positionen grob definiert wurden, müssen nun die Prozesse sowie die Verteilung der Aktivitäten auf die Rollen sowie die Verantwortlichkeiten festgelegt werden. Je klarer und eindeutiger die Verteilung der Verantwortlichkeiten erfolgt, desto größer ist die Akzeptanz sowohl innerhalb der HR-Funktion als auch außerhalb bei den Kunden des HR-SSC.

Die Festlegung der Aktivitätenverteilung erfolgt in der Regel in Prozessworkshops, in denen die Sollprozesse auf Basis der definierten Rollen und der Ablauforganisation beschrieben werden. Dabei ist es wichtig, den Prozessablauf „End-to-End" zu beschreiben. Die Methode Business Process Modeling Notation (BPMN 2.0) mit einem sogenannten Swimlane-Diagramm eignet sich sehr gut dazu. Die Methode ist seit 2013 internationaler Standard (ISO/IEC 19510:2013). Mithilfe einer einfachen Notation und einer vorgegebenen Semantik mit festgelegten Symbolen sowie einer Definition der Bedeutung und Beziehungen zwischen den Symbolen können Geschäftsprozesse sowie ganze Prozesslandkarten grafisch dargestellt werden (siehe hierzu http://www.bpmnquickguide.com/ – Stand: 3.6.2015). Solche Tools zur Prozessmodellierung ermöglichen auch die Dokumentation der Verantwortlichkeiten und können die Aufgabenverteilung auswerten. Als Ergebnis erhält man neben aussagekräftigen Prozessdiagrammen eine Matrix mit der Zuordnung von Verantwortlichkeiten zu Rollen für alle Prozesse.

Tab. 5.1: Beispielhafter Aktivitätensplit im Development Center eines HR-SSC (Quelle: Eigene Darstellung)

	Kundenberater	Entwicklungs-partner	Produktmanager	Produktdesigner	Veranstaltungs-manager	Controller
Relationship Management	R					
Konzeption von Trainingsmaßnahmen		C	A	R	R	I
Evaluieren des Trainingsvolumens	A	R	I			C
Vertragsverhandlung	A	R	C		I	C
Preiskalkulation		A	R		C	C
Erfolgskontrolle	I	I	I			R
Planung der Trainings		I	A		R	C
Organisation der Trainings			A		R	
Durchführung der Trainings			A		R	I
Legende	**R = Responsible**	**A = Accountable**		**C = Consult**		**I = Inform**

Dabei wird klar definiert, welche Rollen in den Prozessen zu beteiligen sind und welcher inhaltliche Beitrag ihnen zufällt. Folgende Abgrenzungen zwischen den Rollen werden unterschieden:

R = Responsible (verantwortlich) – die Rolle, welche die Durchführungsverantwortung oder die Initiative für die Durchführung übernimmt

A = Accountable (rechenschaftspflichtig) – die Rolle, welche die Verantwortung im Sinne von Genehmigen, Billigen oder Unterschreiben übernimmt und damit die rechtliche oder kaufmännische Verantwortung trägt

C = Consult (beratend beteiligt) – eine Rolle, die nicht direkt an der Umsetzung beteiligt ist, aber relevante Informationen zur Umsetzung beisteuern kann und daher kontaktiert werden soll

I = Inform (informieren) – eine Rolle, die ein Informationsrecht besitzt oder über die Aktivitäten bzw. den Verlauf informiert werden soll

Neben der Integration strategischer und beratender Tätigkeiten sind insbesondere die administrativen Aktivitäten der PE/OE für das SSC unter Effizienzgesichtspunkten für ein Development Center geeignet. Dazu gehören natürlich alle Aktivitäten der Entwicklung und Durchführung von Veranstaltungen und Maßnahmen. Das heißt, das gesamte Veranstaltungsmanagement von der Planung bis zur Evaluation von Veranstaltungen mithilfe geeigneter Programme ist dem Grunde nach hochgradig für ein Servicecenter geeignet.

Durch die Erweiterung eines Servicecenters mit einem Development Center lässt sich die Wertschöpfungstiefe eines SSC deutlich erhöhen. Der Grundsatz, nur regelbasierte Entscheidungen im SSC zu treffen, wird dadurch zwar etwas entkräftet. Die Bündelung aller relevanten Tätigkeiten und Fähigkeiten in einer Organisationseinheit schafft allerdings Klarheit in den Verantwortlichkeiten und erhöht in aller Regel auch die Produktivität der Personal- und Organisationsentwicklung. Durch den geschaffenen Teamgeist können nicht nur die Entwicklungszeiten, sondern auch die Stückkosten der Maßnahmen signifikant gesenkt werden. Dies erhöht dann auch den Wertbeitrag, den ein SSC als Organisationseinheit in einem Unternehmen beisteuern kann. Wichtig ist bei allen Vorteilen, dass die SSC-Organisation einen entsprechenden Reifegrad der Phase Etablierung oder besser sogar Wachstum und die damit verbundene Akzeptanz im Unternehmen bereits erreicht hat (siehe Kapitel 11).

5.4.3   Das Recruiting-Servicecenter

Wolfgang Appel

Es gibt kaum noch eine Abschlussarbeit, die nicht mit dem Hinweis beginnt „In Zeiten des demografischen Wandels und enger werdender Arbeitsmärkte […]". Man kann dieses Mantra kaum noch hören, dennoch stimmt es: Die Personalgewinnung hat sich von einem Arbeitgeber- zu einem Arbeitnehmermarkt gewandelt. Die Personaler begegnen dem mit Employer-Branding-Entwürfen, sie suchen aktiv in sozialen Netzwerken nach Mitarbeitern und versuchen, ihre Rekrutierungsprozesse zu beschleunigen und generell zu verbessern. Ein wichtiges Werkzeug ist dabei das „Recruiting-Servicecenter" (= RecSC). Dem Wesen nach ein HR-Servicecenter mit spezieller Ausrichtung auf den Rekrutierungsprozess, ist es seit etwa dem Jahr 2012 eine wesentliche Weiterentwicklung der Organisationsform. Die Recruiting-Servicecenter bedienen sich der in den Unternehmen bereits vorhandenen Servicecenterstrukturen, -technologien und -systeme, ohne aber vollständig in diese integriert zu werden. Rekrutierung wird von den Personalern immer noch als individueller „Königsprozess" gesehen, den man ungern in einen Topf mit administrativen Massenprozessen wie Payroll oder Zeitdatenmanagement werfen möchte. Das Recruiting-Servicecenter greift aber sehr tief in die Zusammenarbeit der betrieblichen Akteure bei der Gewinnung und Auswahl von Talenten ein. Darum soll hier nicht nur der neue Rekrutierungsprozess, sondern auch die notwendige Rollenveränderung diskutiert werden.

Struktur eines Recruiting-Servicecenters

Ein RecSC nutzt die Ressourcen eines HR-Servicecenters, nämlich Funktionsdifferenzierung, Kommunikationskompetenz und Erreichbarkeit, Prozessstandardisierung, Automatisierung und Kennzahlenorientierung, konsequent für den Prozess der Rekrutierung. In der Regel sind RecSC an der HR-Servicefunktion aufgehängt, aufgrund der Bedeutung des Prozesses parallel zu Funktionen wie Payroll, HR-Admin und Direktberatung. Teilweise werden die RecSC sogar noch eine Ebene höher gezogen und stehen gleichberechtigt neben einem umfassenden HR-SSC. Das Recruiting Center der Deutschen Bahn, dort als „Personalgewinnungsorganisation" bezeichnet, geht noch weiter und umfasst nicht nur die Servicefunktionen des Bewerbermanagements, sondern auch die CoEs für strategisches und operatives Personalmarketing.

Ein RecSC als Teil eines HR-Servicecenters kann Ressourcen gemeinsam nutzen, wie etwa die Management-Support-Funktionen mit QM, Controlling und Reporting; es kann Standorte und Rechtsformen sowie Führungs- und Verrechnungssysteme teilen und gemeinsam ein

HR-Information-Management betreiben. Das RecSC nutzt die Direktberatung des HR-SSC für die Interaktion mit Jobinteressenten und Bewerbern, um so eine hohe Erreichbarkeit sicherzustellen. Die Auslastung der Direktberatung wird verbessert und es kann vor allem bei internationalen Servicefunktionen die Verfügbarkeit der wichtigsten Sprachen sichergestellt werden. Nicht nur funktional und organisatorisch, sondern auch von der Breite der Zielgruppenabdeckung kann ein RecSC variieren: Diese reichen vom Ausbildungsplatzbewerber über den Hochschulabsolventen bis zum Professional. Ebenso ist die räumliche Reichweite abzugrenzen.

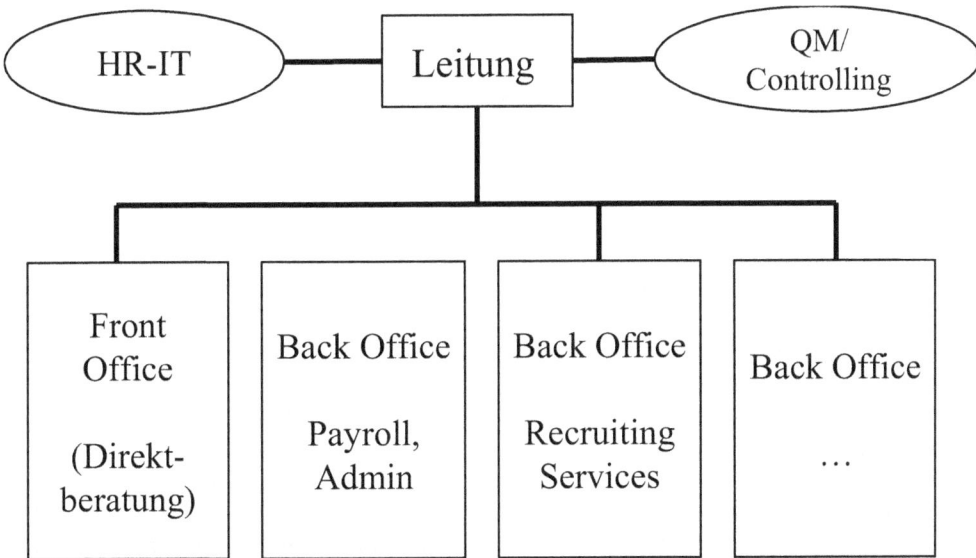

Abb. 5.12: Strukturmodell von Recruiting Services innerhalb einer HR-Service-Organisation (Quelle: Eigene Darstellung)

Die Vorteile eines zentralen RecSC sind: Ausnutzung von Skaleneffekten sowie die Anpassungsfähigkeit an schwankende Rekrutierungszahlen. Das RecSC tritt auf den verschiedenen Arbeitsmärkten einheitlich auf, insbesondere um ein konsistentes Employer Branding verschiedener Landesgesellschaften sicherzustellen. Hinzu kommen die Kostenvorteile eines HR-SSC durch Labor Cost Arbitrage und den standardisierten Einsatz von Prozessen und IT-Systemen. Eine ganz neue Chance bietet das RecSC mit der Möglichkeit eines standortübergreifenden Poolings und Matchings: Wenn z. B. das RecSC im Internet eine vakante Stelle in einem Werk ausschreibt, dann kann sich darauf ein Interessent aus einem beliebigen Land bewerben. Passt er nicht ganz auf die Anforderungen, besitzt aber ein interessantes Profil, dann können die Daten gespeichert und zu gegebener Zeit mit einer vakanten Position an einem ganz anderen Standort verknüpft werden.

Es gibt natürlich auch Nachteile des RecSC: Zu nennen sind mangelnde Transparenz über die geleisteten Aufgaben, eine Distanz zum Kunden und daraus resultierend eine Gefahr der Falscheinschätzung von Bedarfen. Da solche Organisationen eine Eigendynamik hinsichtlich der Selbstoptimierung entwickeln, sind auch Zusatzkosten gegenüber der Ausgangssituation nicht auszuschließen.

Prozess

Die Möglichkeiten eines Recruiting-Servicecenters offenbaren sich am deutlichsten mit einem Blick auf den Rekrutierungsprozess.

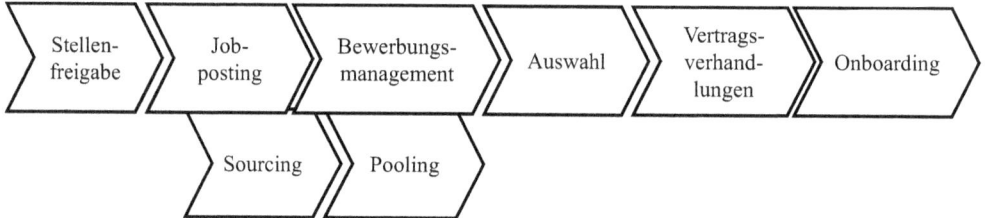

Abb. 5.13: Darstellung eines idealtypischen Rekrutierungsprozesses (Quelle: Eigene Darstellung)

Das RecSC kann insbesondere administrative Aufgaben des Recruiting-Prozesses übernehmen. Während noch die Stellenfreigabe in der Regel ein automatisierter Prozess ist, der wenig administrative Anteile enthält, nehmen diese beim Jobposting und insbesondere beim Bewerbungsmanagement sowie der Organisation von Auswahlinstrumenten stark zu. Das Sourcing dagegen – verstanden als aktive Suche nach Kandidaten in realen wie virtuellen Netzwerken – findet sich selten in RecSC. Es verbleibt entweder in den Facheinheiten, weil dafür ein spezielles Know-how vorausgesetzt wird, oder ist unter der Bezeichnung „Headhunting" bereits seit Jahren fremdvergeben. Der Aufbau von Bewerberpools, also die Idee, interne wie externe Bewerber auf Onlineplattformen für die Abgabe ihrer Daten zu gewinnen, die dann später mit vakanten Stellen verknüpft werden können, ist dagegen ein sehr stark automatisierter Prozess.

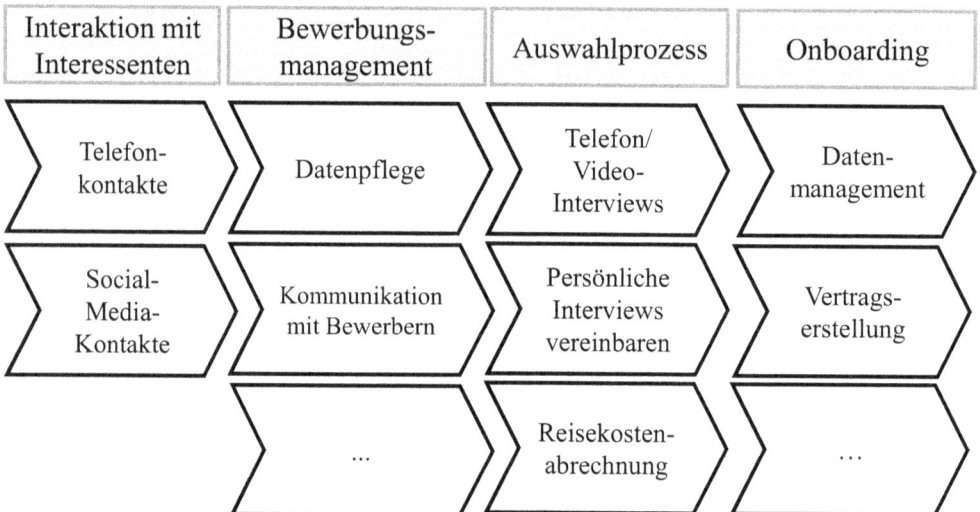

Abb. 5.14: Administrative Anteile des Rekrutierungsprozesses (Quelle: Eigene Darstellung)

Eine im Vorfeld einer Bewerbung häufig unterschätzte Aufgabe ist die Interaktion mit Interessenten. Immer noch empfehlen viele bekannte Bewerbungsratgeber, dass man vor dem Versand einer Bewerbung zunächst einmal einen telefonischen Kontakt mit einem Unternehmen suchen sollte (vgl. Hesse/Schrader 2010, S. 140 f.). Jedoch sind auf vielen Homepages großer deutscher Arbeitgeber keine Kontaktnummern der Rekrutierungsfacheinheiten mehr aufgeführt. Versucht ein Interessent trotzdem über die Telefonzentrale zu den Rekrutierungsexperten vorzudringen, dann kann dies zu teilweise grotesken Ergebnissen führen. In einer Studie von Appel und Schimpf wurde gezeigt, dass Unternehmen, die für diese Erstkontakte ein Recruiting-Servicecenter vorschalten, sowohl sehr effizient als auch effektiv die Bewerberkommunikation steuern können (vgl. Appel/Schimpf 2014, S. 26–28). Oft wird überschätzt, welches Know-how in dieser frühen Bewerbungsphase zur Beantwortung der Fragen eines Interessenten notwendig ist. Nach der 90/10-Regel, dass der größte Teil der Kundenkontakte im Front Office zu erledigen ist und nur ein kleiner Teil an Spezialisten weitergeleitet wird, genügen für diese Anliegen übersichtliche FAQ-Listen zum Rekrutierungsprozess, die auch von Aushilfskräften binnen weniger Tage erlernt werden können.

Anders als beim Telefonkanal ist die Interaktion mit Interessenten über Social Media zumeist noch in den Rekrutierungsfacheinheiten angesiedelt. Es stellt sich jedoch die Frage, warum Unternehmen nicht die geschulten Kommunikationsexperten des HR-Servicecenters für die Interaktion in Facebook und anderen Medien nutzen, sondern dafür die teuren und knappen Ressourcen der Rekrutierungsfacheinheit einsetzen.

Die Stärken des Servicecenters in der Interaktion mit den Kunden und der Datenpflege können sich in den weiteren Schritten des Bewerbungsprozesses entfalten: Eingangsbestätigungen, Zwischennachrichten oder Statusänderungen werden zwar weitgehend automatisiert vom IT-System erzeugt, sind jedoch bei Bedarf manuell nachjustierbar. Ebenso kann das Erfassen von Daten unterstützt werden. Wenn ein Unternehmen noch Papierbewerbungen zulässt, dann ist zu klären, auf welchem Wege diese Dokumente vom ursprünglichen Adressaten, etwa einer lokalen Gruppengesellschaft, zum RecSC gelangen. Vorstellbar ist sowohl ein dezentrales Scannen nach Eingang oder eine Weiterleitung des Papierdokuments an das RecSC und ein zentrales Einscannen dort.

Das RecSC kann auch im Auswahlprozess tätig werden: zunächst bei der Erstellung einer sogenannten Shortlist. Diese Aufstellung umfasst in der Regel drei bis fünf Kandidaten, die nach „Papierlage" fachlich geeignet sind und in einer nächsten Auswahlstufe zu einem persönlichen Interview eingeladen werden. Die Vorauswahl muss anhand der in einer Stellenbeschreibung dokumentierten Anforderungen wie Qualifikation oder Berufserfahrung sowie vom Linienmanager vorgegebener Kompetenzen erfolgen. Der Sachbearbeiter im RecSC ist oft räumlich und organisatorisch weit vom Anforderer entfernt und hat ggf. keine Branchen- oder Funktionskenntnisse. Der häufig geäußerte Verdacht und Vorwurf vonseiten der Auftraggeber in der Linie wie auch in der Personalfunktion lautet, dass die Vorauswahl durch das Servicecenter nicht zu sachgerechten Ergebnissen führt.

Die Praxis zeigt jedoch, dass die Zusammenstellung der Shortlist selten von der Auswahl abweicht, die ein Linienmanager vorgenommen hätte. Dazu ist es notwendig, dass für Anforderer in der Linie und Sachbearbeiter im RecSC ein unternehmensspezifischer und hinreichend konkretisierter, sprich: mit operationalen Definitionen und Beispielen versehener

Kompetenzkatalog vorliegt. Zusätzlich sollte ein Agent bestimmte Kundengesellschaften und -gruppen wiederholt bearbeiten, sodass ein Experten-Know-how entstehen kann. Nicht zuletzt muss der mit der Vorauswahl betraute Agent sich mit dem Linienmanager austauschen, um dessen Bedürfnisse und Person besser einschätzen zu können. Sicherlich weicht der Prozess damit vom Effizienzoptimum zugunsten einer höheren Qualität ab. Bei höherwertigen Suchaufträgen kann die Trefferqualität der Vorauswahl durch Telefon- und Videointerviews verbessert werden (vgl. Enders 2014, S. 36 f.).

Die Vereinbarung von Interviewterminen mit Führungskräften ist in vielen Unternehmen ein äußerst ungeliebter Prozess. Häufig genießt das Interview bei einem Linienmanager, der nicht für seine eigene Einheit sucht, eine geringe Priorität und wird gerne bei Kollisionen mit anderen Terminen verschoben, was dann wiederum ganze Interviewfolgen ins Wanken bringt. Ein Servicecenteragent, der etwa rhetorisch im Entgegnen auf Einwände geschult ist, eine hohe Beharrlichkeit und eine disziplinarische Unabhängigkeit von der einzuplanenden Führungskraft besitzt, kann sehr erfolgreich in der Durchsetzung dieses Prozessschrittes sein.

Nicht zuletzt sind administrative Aufgaben wie die Abrechnung von Reisekosten des Bewerbers, die Erstellung von Arbeitsverträgen, das Einholen von Unterschriften, Zustellung beim Bewerber und Überwachung des Rücklaufs neben der gesamten Pflege von Daten im Vorfeld des Eintritts zentrale Kompetenzfelder eines Shared-Service-Centers.

Rollen

Im neuen Recruiting-Prozess sind Rollen innerhalb und außerhalb des RecSC zu betrachten. Innerhalb sind dies die bereits erwähnten Front- und Back-Office-Mitarbeiter. Zusätzlich entsteht im Servicecenter eine Spezialistenfunktion, die bildlich gesprochen einen Fisch, der angebissen hat, an Land ziehen soll. Diese Rollen sehen sich einer Vielzahl von Anforderern außerhalb der Recruiting-Service-Organisation gegenüber – vor allem den lokalen und regionalen Business Partnern, die die Bedürfnisse des Linienmanagements bündeln und transportieren sollen, aber auch dem Center of Excellence für Recruiting. Damit diese nicht individuell auf die Mitarbeiter des RecSC einwirken, ist es ratsam, eine Schnittstellenfunktion als Eingangskanal zu schaffen. Man könnte diese Funktion auch als Key Accounter bezeichnen, der entweder nach Kundeneinheiten oder nach gesuchten Funktionen (Techniker und Kaufleute etwa) aufgestellt ist.

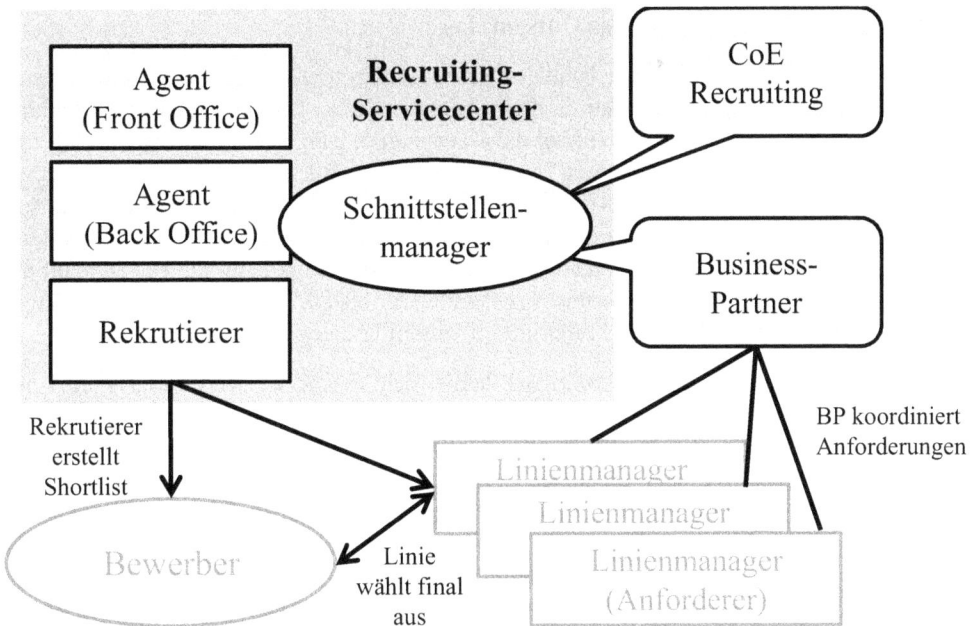

Abb. 5.15: Rollengefüge einer Rekrutierungsorganisation mit RSC (Quelle: Eigene Darstellung)

Das CoE Recruiting ist verantwortlich für das Employer Branding und teilweise auch für das Personalmarketing, soweit es nicht lokal von den Business Partnern übernommen wird. Weitere Aufgaben eines CoE Recruiting sind das Aufstellen von Regeln (von Umzugsrichtlinien bis VIP-Bewerbungen) oder Initiativen zur Attraktivitätssteigerung und Talentbindung – etwa über Praktikantenprogramme. Dazu gehören auch das Festlegen des Recruiting-Prozesses und das Steuern der Recruiting-IT; jeweils in Abstimmung mit den Stakeholders innerhalb und außerhalb der HR-Organisation. Das Active Sourcing kann im CoE stattfinden, muss es aber nicht. Nicht zuletzt steuert das CoE die Qualität des Gesamtprozesses und überwacht die Leistung der Prozessbeteiligten.

Offen ist die Frage, ob in diesem Prozess noch ein Business Partner notwendig ist. In letzter Konsequenz wäre er für die Bearbeitung des Prozesses verzichtbar. Jedoch stellt sich die Frage, wer die Anforderungen der unterschiedlichen Anforderer innerhalb einer Organisation bündeln soll. Außerdem muss es eine Instanz geben, die bei Vertragsverhandlungen mit Bewerbern die zentralen Unternehmensinteressen u. a. hinsichtlich der Einhaltung von Vergütungsgrundsätzen durchsetzt. Nicht zuletzt kann der Business Partner das Linienmanagement bei der Definition der Anforderungen zum Start des Besetzungsprozesses und bei den Auswahlinterviews unterstützen. Die Beteiligung des Business Partners wird also davon abhängen, wie viel Mehrwert ein Business Partner im Rekrutierungsprozess noch schaffen kann.

Bewertung und Recruiting-Prozess-Outsourcing

Bereits in der Vergangenheit waren Teile des Rekrutierungsprozesses in vielen Unternehmen an Dritte ausgelagert, man denke nur an die bereits erwähnten Personalberater. Die Etablierung von Recruiting-Servicecentern bietet die Gelegenheit, ganz neu auf diesen Prozess und seine Möglichkeiten der Verlagerung nach extern, das Recruiting-Process-Outsourcing (= RPO), zu schauen. Bei Großunternehmen können etwa mit RPO Auftragsspitzen abgefangen werden. Für kleinere Unternehmen ist Recruiting dagegen kein Kerngeschäft. Ein Outsourcing an Dienstleister mit mehr Know-how auf diesem Gebiet kann die Bekanntheit auf den Arbeitsmärkten steigern. Allerdings ist es erst ab 60 bis 80 Stellenbesetzungsvorgängen p. a. wirtschaftlich sinnvoll, den Rekrutierungsprozess fremdzuvergeben.

Der Markt für RPO hat in Deutschland noch lange nicht den Stellenwert und das Volumen erreicht wie etwa in angloamerikanischen Ländern. Die etablierten Anbieter auf dem deutschen Markt kommen aus den verschiedensten Branchen: Auf der einen Seite gibt es originäre, oft angloamerikanische RPO-Anbieter, daneben Ableger von Headhuntern und Zeitarbeitsfirmen sowie HR-Outsourcer aus dem Bereich HR-Administration und Payroll. Alle kommen mit einem unterschiedlichen Geschäftsmodell auf den Markt. Dies macht es den Unternehmen, die eine potenzielle Verlagerung untersuchen, sehr schwierig, einen geeigneten Partner für die oft sehr individuellen Anforderungen der Firmen zu suchen. Die Auseinandersetzung mit der Fremdvergabe des Recruiting-Prozesses wird im Zuge der Globalisierung zunehmen. Es gibt allerdings auch einzelne Gegenbewegungen: Unilever etwa hat 2012 einen Teil der Recruiting-Aktivitäten von einem Outsourcer zurückgeholt. Das Unternehmen hatte die globale strategische Entscheidung getroffen, die Rekrutierung von berufserfahrenen Hochqualifizierten wieder selbst zu übernehmen. Das Ziel war der Aufbau eines eigenen Talentpools und von Fähigkeiten im Active Sourcing. Die administrativen Aufgaben für diese Zielgruppen blieben jedoch beim externen Dienstleister.

Praxisbeispiel 3: Innovatives Vertragsmanagement bei der Deutschen Post DHL

Christine Glörfeld, Joachim Krahl, Arthur Seidl

Der Bereich Finance und HR-Services bei der Deutschen Post DHL

Der Konzern Deutsche Post DHL ist mit fast 500.000 Mitarbeitern, davon 200.000 in Deutschland, einer der größten Arbeitgeber weltweit. Mit den Unternehmensbereichen Brief, Express, Global Forwarding, Freight und Supply Chain verfügt die Gruppe über ein breit gefächertes Angebot im Logistiksektor.

Ein Großteil der operativen Personalarbeit sowie der Buchhaltungsaufgaben wird seit 2006 vom Bereich Finance und HR-Services mit insgesamt ca. 4.500 Mitarbeitern erbracht. Dazu wurde in Deutschland ein virtuelles SSC mit den Standorten Fulda, Dortmund, Rostock, Freiburg, Bamberg und Dresden für Deutschland eingerichtet, das unter der Marke PERSONAL DIREKT operiert.

PERSONAL DIREKT unterstützt die Deutsche Post AG sowie den überwiegenden Teil der deutschen Tochtergesellschaften der anderen Unternehmensbereiche beim Bewerbermanagement, Vertragsmanagement, bei der Personalstammdatenverwaltung, Zeitverwaltung, Lohn- und Gehaltsabrechnung, Reisekostenabrechnung, Personalentwicklung sowie der IT-Administration. Daneben wurden für die internationalen Aktivitäten des Konzerns weitere SSCs in Marseille (Frankreich), Kuala Lumpur (Malaysia) und Westerville (USA) eingerichtet bzw. vom Business Partner übernommen.

Vertragsmanagement bei Finance und HR-Operations Deutschland

Der Prozess Vertragsmanagement beschreibt die Erstellung eines Arbeitsvertrages für einen Beschäftigten sowie die damit verbundenen sozialversicherungsrechtlichen Prüfungen, die Eingaben im SAP HR-System und die Sicherstellung der Bezahlung. Dabei wird unter anderem zwischen Neueinstellung, Wiedereinstellung nach einem Unterbrechungszeitraum, Vertragsverlängerung/Entfristung sowie Vertragsänderungen unterschieden.

Am Prozess beteiligt sind die dezentralen Personalabteilungen in den Niederlassungen (PeNL), die betrieblichen Einsatzstellen (BESt) und PERSONAL DIREKT als zentraler Dienstleister. Die Aufgaben der PeNL und der BESt liegen im Wesentlichen in der Personalbeschaffung und -auswahl, der Festlegung der Eingruppierung, der Aushändigung und des Vollzuges des Arbeitsvertrages. Des Weiteren ist die PeNL verantwortlich für die Einhaltung der Mitbestimmungsrechte des örtlichen Betriebsrates und der Regelung für die Beschäftigungen ausländischer Arbeitnehmer. PERSONAL DIREKT führt die transaktionalen Tätigkeiten mit der Datenerfassung in den SAP HR-Systemen, der Erstellung des Arbeitsvertrages und der Anforderungen eventuell fehlender Unterlagen durch.

Der Prozess startet in den dezentralen Einheiten (PeNL und BESt) mit der Auswahl der Bewerber und der Durchführung der erforderlichen Genehmigungsverfahren innerhalb der Niederlassung sowie der Durchführung der Beteiligungsverfahren nach dem Betriebsverfassungsgesetz. Nach Abschluss der Verfahren verschickt die BESt die Anforderung des Arbeitsvertrages an PERSONAL DIREKT.

Dazu wurde 2007 in Microsoft Outlook ein E-Mail-Formular implementiert. Dieses E-Mail-Formular bietet die Möglichkeit, für jeden Auftrag an PERSONAL DIREKT die für den jeweiligen Prozess benötigten Informationen beim Auftraggeber strukturiert abzufragen. Beim Prozess Vertragsmanagement sind das z. B. die Vertragsart, eine evtl. bereits vorhandene Personalnummer sowie der gewünschte Fertigstellungstermin. Bei allen Aufträgen im Vertragsmanagement wird zusätzlich noch eine Einsatzanzeige mit Detailinformationen (z. B. Wochenarbeitszeit, Eingruppierung, Tätigkeit, Planstelle usw.) beigefügt.

Durch diese strukturierte Erfassung der Auftragsart kann der E-Mail-Auftrag automatisch in das Outlook-Postfach des für die Bearbeitung des Vorgangs zuständigen Teams geleitet werden. Dabei wird außerdem über ein Makro automatisch die Betreffzeile generiert, mit dem gewünschten Fertigstellungstermin am Anfang.

Durch das führende Datum kann das Postfach bei PERSONAL DIREKT nach Dringlichkeit sortiert und abgearbeitet werden. PERSONAL DIREKT garantiert dem Business Partner die Bearbeitung am Folgetag nach Eingang. Dieses Zeitfenster kann für Eilaufträge sogar noch unterschritten werden. Hier erfolgt die Erstellung der Arbeitsverträge innerhalb von vier Stunden. Dies bedeutet, dass Eilaufträge, die bis 13 Uhr eingehen, noch am gleichen Tag bearbeitet werden. Diese Schnelligkeit stellt in einem von Mengenschwankungen und Fluktuation geprägten Geschäft einen Wettbewerbsvorteil für die Deutsche Post DHL dar.

Der erste Schritt der weiteren Bearbeitung im SSC beinhaltet die Produktionsreifeprüfung. Ist der Vorgang nicht vollständig oder fehlerhaft (Eingruppierung vs. Tätigkeit, fehlende Planstelle etc.), so wird er an den Auftraggeber zur Korrektur zurückgesandt. Ist die Vertragsanforderung vollständig, so wird der Vorgang in die Bearbeitung übernommen. Die Einsatzanzeige mit den erforderlichen Daten für die Erstellung des Arbeitsvertrages wird ausgedruckt. Die Erfassung der Stammdaten und Vertragsdaten erfolgt maßnahmengesteuert im SAP HR-System. Durch die Maßnahmensteuerung werden die für die Vertragserstellung und Bezahlung erforderlichen Infotypen in einer fest vorgegebenen Reihenfolge angeboten. Durch dieses Verfahren ist sichergestellt, dass alle notwendigen Datenfelder automatisch zur Pflege angeboten werden. Da nicht alle Infotypen einzeln aufgerufen werden müssen, ermöglicht dieses Verfahren auch eine schnellere Erfassung der Daten.

Die Bearbeitung umfasst u. a. die folgenden Tätigkeiten:

- Erfassung der Eingruppierung
- Berechnung des Urlaubsanspruchs
- Prüfung der Sozialversicherungspflicht
- Berechnung der Beschäftigungszeiten bzw. Vorbeschäftigungszeiten
- Einstellung von Terminen für Studienbescheinigungen bzw. sonstige noch vorzulegende Unterlagen

Nach Abschluss der erforderlichen Eingaben bietet das SAP HR-System dem Bearbeiter im entsprechenden Infotypen den Arbeitsvertrag und die ggf. erforderlichen ergänzenden Einstellungsunterlagen zur Auswahl an. Im Folgenden sind Beispiele für die hinterlegten Unterlagen aufgeführt:

- Niederschrift nach dem Nachweisgesetz, Niederschrift gesetzliche und innerbetriebliche Regelungen
- Datenschutzverpflichtungserklärung
- Gelöbnis
- Belehrung zum SchwarzArbG (Gesetz zur Bekämpfung der Schwarzarbeit und illegalen Beschäftigung)
- Fragerecht der Deutschen Post AG zu einer Vorbeschäftigung bei der Deutschen Post AG
- Geltendmachung von Postdienstzeiten und Dienstzeiten
- Unfallverhütungsvorschriften
- Fragebogen zur Sozialversicherungspflicht
- Checkliste für den einzustellenden Mitarbeiter bei fehlenden Unterlagen

Nach entsprechender Kennzeichnung der erforderlichen Unterlagen werden diese und der Arbeitsvertrag automatisch im PDF-Format erstellt, gespeichert und als Anlage in eine E-Mail an die BESt eingefügt. Die zu archivierenden Unterlagen werden an die archivierende Stelle versandt und der E-Mail-Auftrag wird als bearbeitet abgelegt.

In der BESt werden die zugeleiteten Unterlagen (Arbeitsvertrag, ggf. weitere beigefügte Unterlagen) ausgedruckt, unterschrieben und im Rahmen der Einstellung dem Mitarbeiter nachweislich ausgehändigt. Die Archivierung des Arbeitsvertrages erfolgt in der elektronischen Personalakte.

Sollte bei der Vertragserstellung ein Fehler aufgetreten sein, so erfolgt eine direkte Rückmeldung der BESt an den Bearbeiter bei PERSONAL DIREKT zur Auftragskorrektur. Fehlerhafte Daten werden im System korrigiert, ein neuer Vertrag generiert und wiederum per E-Mail an den Auftraggeber gesandt. Auch der Auftraggeber in der BESt hat die Möglichkeit, den ursprünglichen Auftrag bei Bedarf abzuändern oder zu stornieren. Dies erfolgt ebenfalls per E-Mail-Formular an PERSONAL DIREKT mit dem Hinweis Korrektur oder Stornierung.

Die Leistungsverrechnung erfolgt mengenbasiert über Service-Level-Agreements an die Business Partner.

Bei PERSONAL DIREKT werden jährlich ca. 230.000 Verträge erstellt, verlängert oder geändert. Durch die Bündelung der transaktionalen Prozesse bei PERSONAL DIREKT hat die dezentrale Organisationseinheit die Möglichkeit, sich auf ihre Kernaufgaben zu konzentrieren. Durch die Strukturierung und Automatisierung der Vertragserstellung konnte die Qualität, Schnelligkeit und Effizienz dieses Prozesses für die Business Partner im Konzern Deutsche Post DHL erheblich gesteigert werden. Bei Eilaufträgen kann innerhalb von vier Stunden ein Vertrag ausgefertigt werden. Weiterhin ist die Umsetzung von Veränderungen in gesetzlichen, tariflichen oder auch ablauftechnischen Bereichen durch die zentrale Bearbeitung wesentlich einfacher möglich, da sich die Anzahl der im Prozess arbeitenden Mitarbeiter erheblich reduziert und die Erreichbarkeit verbessert hat. Eine Prozesssteuerung hinsichtlich Qualität und Durchlaufzeit ist leichter umsetzbar.

6 Personalarbeit im Shared-Service-Center

Wolfgang Appel, Gabriele Jahn

SSC besitzen in vielen Unternehmen als Arbeitsplatz nicht das allerbeste Image. Der Wegfall einer individuellen Eins-zu-eins-Beziehung zwischen dem Kunden (Mitarbeiter) und dem Personaler im Servicecenter, die starke Steuerung des Arbeitsablaufs durch Technik und die hohe Transparenz schrecken viele Mitarbeiter der Personalfunktion ab. Ebenso wird die Art der Leistungserbringung als belastend erlebt. Die Aufforderung, dass der Mitarbeiter im Front Office ein Lächeln in der Stimme hörbar machen soll, kann zu einer Dissonanz zwischen innerer Befindlichkeit und äußerem Bild führen. Daneben wird vom Servicemitarbeiter ein hohes Maß an Sensitivität für die Gefühle des Kunden erwartet. Demgegenüber wird dem Dienstleister nur ein geringer Spielraum an zulässigen Gefühlen eingeräumt, wenn er etwa auf aggressive Vorwürfe eines Kunden nur beherrscht, ruhig und sachlich reagieren darf. Diese Konflikte werden auch als emotionaler Stress bezeichnet (vgl. Zapf/Machowski/Trumpold 2009, S. 20 f.). Dieser ist eine wesentliche Ursache für erhöhte Krankenstände in Servicecentern, etwa infolge emotionaler Erschöpfung und psychosomatischer Beschwerden. Emotionaler Stress hat aber auch messbare physiologische Folgen: Studien haben einen Zusammenhang zwischen unterdrückten Emotionen und Bluthochdruck festgestellt (vgl. Schweer 2009, S. 30–32).

Viele Leiter von HR-Servicecenter-Projekten berichten, dass die Bezeichnung der Organisation als Call Center massive Widerstände bei potenziellen Mitarbeitern ausgelöst hätte. Rainer Spieß resümiert von einer öffentlichen Podiumsdiskussion mit Personalleitern: „Faktisch sind SSC heute meist Endstation der Karriereentwicklung – danach droht nur noch das Outsourcing. Auch finanziell gesehen sind die Tätigkeiten in einem HR-Servicecenter, für die mancherorts neue Entgelttarife vereinbart wurden, nicht gerade ein persönlicher Aufstieg." (Spies 2007, S. 40) Darum benötigen gerade HR-SSC eine besonders engagierte und spezifische Personalarbeit, um erfolgreich zu sein und als „Fachexperten" für ihr Aufgabengebiet im Unternehmen anerkannt zu werden. Für die nachfolgende Betrachtung des Personalgewinnungsprozesses wird auf einen Standardablauf zurückgegriffen, der firmenspezifisch variieren kann, allerdings in der Regel die meisten der nachfolgenden Schritte umfassen wird.

6.1   Personalbeschaffung

6.1.1   Jobprofile

Die Tätigkeiten im Front und Back Office unterliegen unterschiedlichen Bedingungen, die die Ausgestaltung und die Attraktivität des Arbeitsplatzes bestimmen. Im Front Office liegt zumindest im Stammhausmodell die qualifiziertere Tätigkeit vor, jedoch sind die Arbeitsbedingungen dort aufgrund der hohen Fremdbestimmung durch Technik und Arbeitszeitpläne tendenziell belastender als im Back Office.

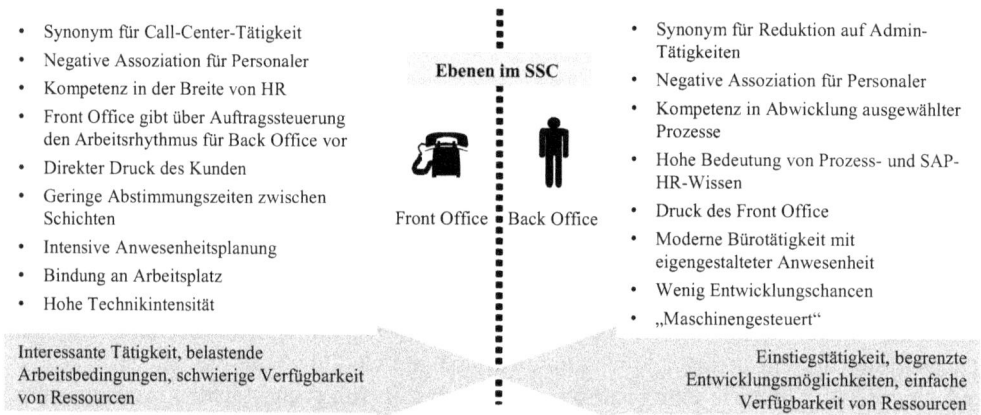

- Synonym für Call-Center-Tätigkeit
- Negative Assoziation für Personaler
- Kompetenz in der Breite von HR
- Front Office gibt über Auftragssteuerung den Arbeitsrhythmus für Back Office vor
- Direkter Druck des Kunden
- Geringe Abstimmungszeiten zwischen Schichten
- Intensive Anwesenheitsplanung
- Bindung an Arbeitsplatz
- Hohe Technikintensität

Ebenen im SSC

Front Office   Back Office

- Synonym für Reduktion auf Admin-Tätigkeiten
- Negative Assoziation für Personaler
- Kompetenz in Abwicklung ausgewählter Prozesse
- Hohe Bedeutung von Prozess- und SAP-HR-Wissen
- Druck des Front Office
- Moderne Bürotätigkeit mit eigengestalteter Anwesenheit
- Wenig Entwicklungschancen
- „Maschinengesteuert"

Interessante Tätigkeit, belastende Arbeitsbedingungen, schwierige Verfügbarkeit von Ressourcen

Einstiegstätigkeit, begrenzte Entwicklungsmöglichkeiten, einfache Verfügbarkeit von Ressourcen

Abb. 6.1: Anforderungen an Mitarbeiter im SSC (Quelle: Eigene Darstellung)

Grundlage von Stellenausschreibungen sind Tätigkeitsbeschreibungen oder Jobprofile. Diese Instrumente führen Linienvorgesetzte und Personaler zu einer präzisen Definition der auszuführenden Tätigkeiten sowie der Anforderungen, die der Stelleninhaber zu erfüllen hat. Im Abschnitt 5.1 wurde erläutert, dass Erreichbarkeit, Zuverlässigkeit und Freundlichkeit die Topanforderungen der Kunden an ein Servicecenter sind.

Wie kann die Erfüllung dieser Anforderungen gewährleistet werden? Es gibt dafür jeweils organisatorische und personalwirtschaftliche Maßnahmen:

- Die Erreichbarkeit wird stark abhängen von der personellen Ausstattung des Servicecenters. Daneben wird sie von der Qualität der Vorhersage eines voraussichtlichen Kontaktaufkommens je Tag, Woche und Saison bestimmt und von einem optimierten Personaleinsatz über die Zeitintervalle hinweg, wie etwa der Verteilung der Arbeitskapazitäten auf Spitzen- und Nebenzeiten der Auslastung. Aus personalwirtschaftlicher Sicht kann mit der Auswahl von Mitarbeitern, die zu der speziellen Arbeitsweise im Servicecenter passen, die Erreichbarkeit verbessert werden. Dies betrifft Fähigkeiten der Informationsverarbeitung, aber auch psychomotorische Kompetenzen in der Umsetzung von Sprache in Text. Mit anderen Worten: Ein Agent, der Kundenanfragen schnell beantworten und dokumentieren kann, wird die Erreichbarkeit des Servicecenters verbessern.

- Die Zuverlässigkeit von Aussagen ist organisatorisch durch ein ausgefeiltes Prozessmanagement zu unterstützen, das zugleich Prozesssicherheit und Auskunftsfähigkeit herstellt. Der Agent muss bei Standardprozessen, die mindestens 75 % aller Vorgänge umfassen sollen, sowohl den weiteren Bearbeitungsweg als auch evtl. Bearbeitungshindernisse (etwa Arbeitsstau im Back Office wegen Überlastsituation) kennen, um verlässliche Aussagen an den Kunden geben zu können. Dies kann zum einen durch geeignete Wissensmanagementsysteme am Arbeitsplatz des Agenten geleistet werden. Die Zuverlässigkeit der Auskünfte ist daneben natürlich eine Frage der Intensität von Schulungsmaßnahmen.

  Aus personalwirtschaftlicher Perspektive wird die Zuverlässigkeit verbessert, indem bei den Bewerbern sowohl auf Fachkompetenzen geachtet wird als auch im gleichen Maße auf die Leistungsmotivation. Diese Motivation zeigt sich im Setzen von Zielen, in Befriedigung durch Zielerreichung, in Begeisterung an der Arbeit selbst sowie an der Bedeutung von Effizienz und Effektivitätskriterien (vgl. Scholz 2000, S. 886–890). Man muss sich klarmachen, dass der Front-Office-Berater in den kritischen Situationen seiner Leistungserbringung immer allein mit dem Kunden ist. Es gibt noch nicht einmal eine „Augenscheinkontrolle" durch Kollegen wie etwa im Schalterbetrieb einer Bank. Die erfolgreiche Lösung des Kundenproblems hängt sehr stark vom persönlichen Engagement des Agenten für ein Kundenanliegen und von der Identifikation mit seinem Servicecenter ab.

- Die Freundlichkeit der Serviceerbringung kann beeinträchtigt werden durch unattraktive Arbeitsbedingungen, schlechtes Betriebsklima und ungünstige Führungsbeziehungen. Sie bleibt aber ganz wesentlich ein Merkmal des persönlichen Kompetenzfeldes eines Mitarbeiters. „Das Lächeln hörbar zu machen" ist die Aufgabe des Agenten. In kritischen Situationen, etwa in Phasen hohen Kontaktaufkommens oder während Reklamationsgesprächen mit enttäuschten Kunden, muss der Berater immer sachlich bleiben, er darf sich nicht zu Kritik an Kollegen, dem Unternehmen oder den Prozessen hinreißen lassen. Der Agent muss also ein hohes Maß an Professionalität, Frustrationstoleranz und Stressresistenz mitbringen.

Wie könnte nun das Jobprofil eines Front-Office-Mitarbeiters aussehen?

Hauptaufgaben eines Front-Office-Mitarbeiters:

1. Ansprechperson für alle definierten Kunden zu allen Fragen des definierten Betreuungsbereichs
2. Telefonische und schriftliche Information und Beratung unter Berücksichtigung der geltenden Regelungen
3. Abschließende Erledigung von Standardanfragen und Weiterleiten von administrativen Aufgaben zur Bearbeitung an das Back Office
4. Eigenständige Identifizierung von Non-Standard-Anfragen sowie deren Weiterleitung an die Spezialisten im Center of Expertise
5. Eigenverantwortliche Überwachung der Einhaltung von Servicezusagen gegenüber dem Kunden; ggf. Einleitung von Maßnahmen bei drohender Serviceverletzung – auch gegenüber Back Office und Spezialisten

6. Aktiver Beitrag zum Austausch von Informationen und Erfahrung im Front-Office-Team[8]
7. Aktive Weitergabe und Kommunikation von ausgewählten Informationen an die Business Partner und sonstige Verantwortlichen und Schnittstellen im Unternehmen

An harten, formalen Qualifikationsnachweisen ist in der Regel eine kaufmännische Berufsausbildung Grundbedingung für die Tätigkeit im Front Office. Eine fachbezogene Zusatzausbildung etwa zum Personalfachkaufmann kann hilfreich sein, sollte aber nicht zwingende Voraussetzung sein. Ein Hochschulabschluss erleichtert aufgrund der im Studium gewonnenen Abstraktionsfähigkeiten und Lerntechniken die Einarbeitung in die Servicecentertätigkeit. Allerdings wird sich bei dieser Zielgruppe einige Zeit nach dem Start eine hohe Fluktuationsneigung zeigen, wie insbesondere Offshore-Standorte, etwa in Spanien oder in Osteuropa, zeigen, die ausschließlich auf die Zielgruppe der Hochqualifizierten setzen.

Berufserfahrung ist dagegen sehr viel wichtiger als formale Qualifikationen. Zunächst hilft Berufserfahrung, die Prozessabläufe in einer Organisationsform wie dem SSC schneller zu verstehen. Vor allem aber ist über sie eine schnellere Akzeptanz bei den Kunden zu gewinnen. Etwa in Fragen der Altersversorgung wird ein Kunde am „gespürten Alter" seines Telefonpartners ein Stück weit die Kompetenzvermutung festmachen. Die Berufserfahrung kann fachbezogen sein, muss es aber nicht. Die über die engeren HR-Kenntnisse hinaus notwendigen fachlichen Kompetenzen wie Sprach- und IT-Know-how sind in Abhängigkeit vom Geschäftsmodell des Servicecenters zu benennen. Gute Kenntnisse in der Nutzung eines CRM-Systems, etwa dem von SAP, sind wichtig. Da sie am Markt aber schwer zu bekommen sind, wird eine entsprechende Qualifizierung in der Einarbeitungsphase notwendig sein.

An Methodenkenntnissen sind Verhandlungsgeschick und Techniken der Gesprächsführung erforderlich. An persönlichen Kompetenzen sind Arbeitsorganisation, Kommunikationsstärke, Teamfähigkeit, Kundenorientierung, Konfliktfähigkeit und die bereits erwähnte Leistungsmotivation zu nennen. Die praktische Erfahrung hat gezeigt, dass gerade diese persönlichen Kompetenzen für den Erfolg eines Mitarbeiters im Servicecenter entscheidend sind. Merkmale wie Kommunikationsstärke oder Konfliktfähigkeit sind in sehr viel geringerem Maße trainierbar und erlernbar als die fachlichen Fähigkeiten. Darum empfiehlt sich bei der Rekrutierung, sei es nun vom internen oder vom externen Arbeitsmarkt, die persönlichen Kompetenzen bei der Auswahl von Bewerbern in den Vordergrund zu rücken (vgl. Scherm/Kleiner 2008, S. 299).

Beim Blick auf ein Servicecenter prägen zuallererst die Arbeitsplätze der Front-Office-Mitarbeiter die Wahrnehmung vom Servicecenter. Jedoch steht die Anzahl der Front-Office-Mitarbeiter zu denen im Back Office in einem Verhältnis von 1:2 oder sogar 1:4. Die Back-Office-Tätigkeiten sollten darum nicht vernachlässigt werden. Es lohnt sich deshalb, hier noch einen Blick auf die Position des Sachbearbeiters zu werfen.

---

[8] Eine alternative Beschreibung eines Anforderungsprofils für Call-Center-Agenten findet sich bei Jahn 2007, S. 49. Jahn nennt folgende Anforderungen: akzentfreies Deutsch, EDV-Grundkenntnisse und/oder Affinität zum Arbeiten am Computer, Dienstleistungsorientierung, Qualitätsbewusstsein, Teamfähigkeit, Lernbereitschaft, Zielorientierung, Kommunikationsstärke, Konfliktfähigkeit, Flexibilität, Belastbarkeit und Überzeugungskraft. Siehe auch Büttner o. J., S. 78.

Hauptaufgaben eines Back-Office-Mitarbeiters:

1. Bearbeitung administrativer Prozesse gemäß geltender Regelungen
2. Übernahme und Bearbeitung von weitergeleiteten Aufträgen
3. Dokumentation und Weiterentwicklung von Prozessen und Wissensbasis

Die formale Anforderung an diese Positionen ist in der Regel eine abgeschlossene Berufsausbildung. Berufserfahrung ist auf der Mehrzahl der Positionen im Back Office nicht zwingend notwendig. Aufgrund des hohen Standardisierungsgrades der Prozesse können diese Aufgaben durchaus als geeignete Einstiegspositionen für Ausgebildete angesehen werden. Fach-, Sprach- und IT-Kenntnisse sind in Abhängigkeit vom Geschäftsmodell zu definieren. Die persönlichen Kompetenzen sind stärker nach innen, in das Team gerichtet; der Ausprägungsgrad dieser Anforderungen kann niedriger ausfallen als im Front Office.

In einigen Unternehmen wurde zusätzlich zum Front Office ein Front Desk eingerichtet, das für die Kunden während bestimmter Servicezeiten geöffnet ist. Dem Kunden wird hierdurch weiterhin die Möglichkeit einer persönlichen Kontaktaufnahme eingeräumt. Das Anforderungsprofil der Servicemitarbeiter entspricht demjenigen der Mitarbeiter im Front Office, wobei hier aufgrund des persönlichen Kundenkontakts die Bedienung der Telefonie entfällt. Einige Unternehmen haben zudem zur Steigerung der Attraktivität der Tätigkeiten im SSC eine Jobrotation zwischen Front-Desk-, Front-Office- und Back-Office-Tätigkeiten eingeführt. Dies hat den wesentlichen Vorteil, dass die Tätigkeit als weniger monoton empfunden wird und ein breites Wissensspektrum der Mitarbeiter erhalten bleibt bzw. sogar gefördert wird (Erhöhung der Beschäftigungssicherheit). Der Wechselturnus ist unternehmensspezifisch und kann zum Beispiel wochenweise erfolgen. Vorteilhaft für die Personaleinsatzplanung ist, dass immer qualifiziertes Personal zur Verfügung steht, dagegen kann die Wechselfrequenz vom Kunden als nachteilig empfunden werden. Auch dauert die Erarbeitung der spezifischen Prozesse und Technologien des Front Office entsprechend länger. Die Entgeltstruktur ist entsprechend der höherwertigen Tätigkeit im Front Office anzupassen.

Hauptaufgaben eines Managers/Leiters HR-SSC:

1. Führen und Coachen der Serviceteams
2. Verantwortung für Budget, Produktivität und Qualität der Serviceleistungen
3. Betreuung der internen Kunden des Managements sowie der externen Kunden
4. Weiterentwicklung der erbrachten Services entsprechend neuer Anforderungen und zur Effizienzsteigerung
5. Aufbau und Fortentwicklung von automatischen Workflows und der HR-IT-Infrastruktur, ggf. in Zusammenarbeit mit dem HR-Information-Management

Recherchen aktueller Stellenanzeigen in Printmedien und Onlinejobbörsen ergeben, dass zur Begleitung dieser Position häufig ein Studium der Betriebswirtschaft mit Schwerpunkt Personalmanagement bzw. mehrjährige Erfahrung im operativen Personalwesen und der Entgeltabrechnung sowie Kenntnisse der personalwirtschaftlichen Prozesse vorausgesetzt werden. Zudem ist aufgrund des hohen Anspruchs an die Führungskompetenz (motivierend, steuernd, fordernd, fördernd) eine langjährige Führungserfahrung erforderlich. Der hohe Technisierungsgrad erfordert zudem gute HR-IT-Kenntnisse (z. B. Web-Technologie, Portale) und ggf. – je nach Standort und Globalisierung – Fremdsprachenkenntnisse.

Unter den persönlichen Kompetenzen werden insbesondere unternehmerisches Denken und Handeln, eine starke Service- und Kundenorientierung, leistungsorientiertes Arbeiten, Teamfähigkeit wie auch ein hohes Qualitätsbewusstsein und eine ausgeprägte Kommunikationsfähigkeit und Change-Management-Expertise genannt.[9]

6.1.2   Zugangskanäle und Auswahlverfahren

Abgrenzung der Arbeitsmärkte

Mit der Ausschreibung einer Stelle ist eine Entscheidung über den relevanten Bewerbermarkt zu treffen. Unabhängig von mitbestimmungsrechtlichen Vorgaben sollen nachfolgend interner und externer Arbeitsmarkt bewertet werden.

Den internen Arbeitsmarkt bilden die Mitarbeiter im Unternehmen oder der Unternehmensgruppe, in der das SSC entstehen soll. Typischerweise sind dies zunächst die Mitarbeiter der entsprechenden Fachfunktionen. Diese bringen relevante Fachkenntnisse mit, sie sind mit Inhalten und Prozessen vertraut, kennen die IT-Systeme ebenso wie die Kunden und wichtige Ansprechpartner im Unternehmen. Allerdings sind in der Regel Mitarbeiter dieser Zielgruppe oft nicht bereit, ins Servicecenter zu wechseln, weil die Arbeitsplätze dort als unattraktiv erlebt werden. Außerdem besteht regelmäßig die Sorge vor einem Outsourcing des Servicecenters und einem Verlust der vermeintlichen Sicherheit des Mutterkonzerns. Weiterhin ist es für die internen Mitarbeiter oft schwierig, sich auf die neue Arbeitsorganisation einzulassen. Wechselbereitschaft ist bei den Mitarbeitern der Fachfunktionen oft nur mit erheblichem Druck zu erreichen, also etwa der Drohung mit dem Verlust des Arbeitsplatzes infolge der Rationalisierung durch das Servicecenter. Die Motivation wird natürlich unter solchen Voraussetzungen leiden.

Es ist typisch für das SSC, dass Fachkenntnisse hinter die Aspekte Kommunikationsfähigkeiten, IT-Affinität und Servicementalität zurücktreten. Darum ist es im Brownfield-Ansatz, also dem Aufbau des Servicecenters innerhalb bestehender organisatorischer Strukturen, möglich, aus Mitarbeitern der verschiedenen internen Servicefunktionen, sei es nun Fleet- oder Facility-Management oder Kundenservicecentern, gute HR-Agenten zu entwickeln, wenn sie in ein leistungsbereites und kultursensibles Team eingebunden werden. Oftmals können in diesen Servicefunktionen wechselwillige Mitarbeiter besser erreicht werden als in den durch die Reorganisation „traumatisierten" Fachfunktionen. Die Einbindung interner Servicefunktionen ebenso wie die Übernahme kaufmännischer Auszubildender kann, eine

---

[9]   Die Deutsche Gesellschaft für Personalführung e. V. bietet eine Ausbildung „HR-SSC" an, die sich speziell an verantwortliche Manager (Projektleiter, Führungskräfte, Gruppenleiter etc.) richtet. Die modular aufgebaute Ausbildung befasst sich insbesondere mit den Grundlagen, der strategischen Planung und der Steuerung von SSCs.

umfassende fachliche Qualifizierung vorausgesetzt, die Attraktivität des Servicecenters als „Nachfolgepool" für weitere Funktionen im Personalbereich steigern.

Neben dem internen Arbeitsmarkt kann auch der externe Arbeitsmarkt angesprochen werden. Für die Greenfield-SSC ist dies der relevante Arbeitsmarkt. Rekrutiert wird für Front-Office-Tätigkeiten üblicherweise im Segment junger (Fach-)Hochschulabsolventen, die sich aufgrund einer guten Ausbildung und eines ausgeprägten Abstraktionsvermögens sehr schnell in neue Umgebungen und Inhalte einfinden können. Diese Zielgruppe wird die Tätigkeit im SSC regelmäßig aber nur als Berufseinstieg wählen und sich nach ein bis zwei Jahren bereits wieder intern oder extern weiterbewerben.

Eine andere Personalquelle stellen Zeitarbeitsfirmen dar, die schnell und effizient vorgefilterte Profile zu günstigen Stundensätzen anbieten können. Einige Zeitarbeitsfirmen sind auf Servicecenter spezialisiert und führen Mitarbeiter, die bereits über Kenntnisse in der CRM-Technologie und der Arbeits- und Kommunikationsweise von Servicecentern verfügen.

Personalauswahlverfahren

Am Beginn des Personalauswahlverfahrens steht üblicherweise die Aufforderung zur Abgabe einer Bewerbung. Dies ist insbesondere bei internen Stellenausschreibungen keine Selbstverständlichkeit für die Bewerber. Aber gerade der interne Bewerber soll aufgefordert werden, seine Motivation für einen Wechsel in das Servicecenter darzulegen. Vielen Mitarbeitern, auch erfahrenen Personalern, wird es sehr schwerfallen, sich selbst Jahre nach dem Berufseinstieg zu vermarkten und die eigenen Stärken zu beschreiben. Man erreicht mit dieser Anforderung jedoch beim Bewerber eine Selbstprüfung der Beweggründe und eine Auseinandersetzung mit dem angestrebten Tätigkeitsprofil.

Es empfiehlt sich bei der Auswahl ein dreistufiges Verfahren (vgl. Butz 2012, S. 30–32): zunächst eine Vorauswahl, in der die Merkmale des Bewerbers mit dem Anforderungsprofil der Stellenausschreibung abglichen werden. Neben formalen Anforderungen wie zeitliche Verfügbarkeit, Flexibilität hinsichtlich des Arbeitsortes und der Arbeitszeit werden auch der erreichte Schul- und Berufsabschluss betrachtet. Wichtig dürfte daneben sein, ob im Lebenslauf des Bewerbers Servicetätigkeiten und fachliche Bezüge zur Zielfunktion zu erkennen sind. Wie bereits ausgeführt, sind die nicht fachspezifischen Kompetenzen noch wichtiger als die fachlichen. Insbesondere persönliche Kompetenzen lassen sich jedoch erst in weiteren Auswahlverfahren identifizieren. Darum sollte in der Stufe der Vorauswahl nicht zu streng selektiert werden.

Die zweite Auswahlstufe umfasst Prüfverfahren, die „Arbeitsproben" des Bewerbers abverlangen. Der Bewerber wird dabei in möglichst realistische Situationen seines zukünftigen Arbeitsplatzes versetzt, um die Interaktionsfähigkeiten, die Informationsverarbeitungskapazitäten sowie die IT-Affinität zu prüfen. Der Bewerber ist im Einladungsschreiben für die persönliche Vorstellung über die Durchführung von Tests zu informieren. Für die Durchführung der Tests werden zwei Räume benötigt: ein Raum, in dem sich der Bewerber aufhält und sich ungestört vorbereiten kann bzw. in dem die Testverfahren stattfinden, und ein zweiter Raum, in dem sich die Beobachter aufhalten.

Folgendes Prüfszenario wird für Front-Office-Mitarbeiter vorgeschlagen: In einem ersten Test wird dem Bewerber eine große Fülle von Informationen in gedruckter Form übergeben. Es kann sich für F&A-Funktionen etwa um Anweisungen der Innenrevision handeln oder für HR-Funktionen um eine neue Betriebsvereinbarung samt Umsetzungs- und Prozess-Informationen. Der Bewerber wird aufgefordert, diese Informationen in einer sehr knapp bemessenen Zeit durchzuarbeiten. 30 Minuten Vorbereitungszeit reichen zur Erreichung des Testziels aus. Sodann wird mit dem Bewerber ein telefonisches Beratungsgespräch simuliert, welches den Inhalt der präparierten Unterlagen zum Gegenstand hat. Überprüft wird, wie gut der Bewerber in der Lage ist, eine Fülle von neuen Informationen aufzunehmen, zu verarbeiten und so wiederzugeben, dass ein Kunde die Informationen richtig verstehen und umsetzen kann. Dies ist für einen Servicecentermitarbeiter im Berufsalltag das tägliche Brot und also eine sehr realistische Übung. Der Bewerber wird regelmäßig von der Fülle der Informationen überfordert sein, sodass leicht Frustrationsgefühle oder Versagensängste aufkommen können. Darum ist das Anforderungsniveau des Tests unbedingt in einem Abschlussgespräch oder spätestens im Bewerberinterview anzusprechen und einzuordnen.

Ein zweiter Test überprüft einen speziellen Aspekt der IT-Affinität, und zwar die Fähigkeit, gesprochene Informationen in geschriebenen Text umzuwandeln, sprich über den Kopfhörer aufgenommene Fragen und Wünsche des Kunden zu verarbeiten und über die Tastatur in den Rechner einzugeben. Diese Fähigkeit bestimmt ganz wesentlich die Effizienz eines Service-centeragenten: Ein Kontakt, der vom Agenten bereits während des Telefonats im CRM-System dokumentiert wird, kann umgehend nach Beendigung des Gesprächs abgeschlossen werden. Der Agent ist dann wieder frei für die Entgegennahme von Anrufen anderer Kunden. Die Überprüfung dieser Fähigkeit erfolgt über folgendes Setting: Der Bewerber wird vor einer Arbeitsstation mit geöffnetem Word-Programm platziert. Über Kopfhörer werden abstrakte Informationen eingespielt, das können etwa Bankverbindungsdaten oder einfach nur Zahlenkolonnen sein. Anhand des vom Bewerber erstellten Dokuments werden die Geschwindigkeit und die Qualität der Datenerfassung überprüft.

In einem dritten Test wird die Interaktionsfähigkeit des Bewerbers überprüft. Dies betrifft etwa die Fähigkeit, ein Gespräch zu steuern, z. B. einen langatmigen, schwierigen Kunden höflich zum Ende des Telefonats zu bringen, oder die Fähigkeit, mit schwierigen beschwerdeführenden Kunden umzugehen. Auch die kommunikative Empathie kann getestet werden, etwa die Fähigkeit, versteckte Botschaften identifizieren zu können oder den Wunsch des Kunden, den dieser häufig nicht in der Terminologie der Fachleute vorträgt, zu erkennen. Es werden ein oder mehrere Telefonate mit dem Bewerber geführt, die verschiedene Stresssituationen simulieren. Zur Beurteilung sollen mindestens zwei Beobachter das Telefonat mithören. Die Beobachter sollten sich nicht im selben Raum wie der Bewerber befinden, um die Situation nicht noch zusätzlich zu verfremden; der Bewerber sollte natürlich über die Beobachtung unterrichtet werden. Es empfiehlt sich insbesondere bei dieser Übung, einen geschulten Psychologen oder Eignungsdiagnostiker hinzuzuziehen, der die Übungen vorab konstruiert, aber ebenso zu einer objektiven und fachkundigen Beurteilung der Beobachtungen beitragen kann.

Im Rahmen der Erläuterung des Jobprofils wurde die besondere Bedeutung der Leistungsmotivation der Bewerber betont. Es gibt anerkannte und bewährte eignungsdiagnostische Testverfahren, die die Messung des Merkmals Leistungsmotivation erlauben. Eingesetzt werden dazu papier- oder IT-gestützte Fragebögen, die Dimensionen wie Beharrlichkeit, Engagement, Furchtlosigkeit, Leistungsstolz oder Lernbereitschaft in Aussagesätzen operationalisieren. Der Bewerber wird aufgefordert, eine Aussage wie z. B. „Es ärgert mich, wenn andere Besseres leisten als ich" (Item für Wettbewerbsorientierung) auf einer mehrstufigen Skala zu bewerten. Im Ergebnis kann anhand eines solchen Tests mit hoher Zuverlässigkeit ein sogenanntes weiches Merkmal eines Bewerbers gemessen werden (vgl. Schuler/Prochaska 2007, S. 23–43).

Die dritte Auswahlstufe besteht in einem Auswahlgespräch. Hier sollten insbesondere die Motivation des Bewerbers sowie die Einpassungsfähigkeit in das Team überprüft werden. Weiter können in einem internationalen Servicecenter Sprachkenntnisse getestet werden. Es besteht die Gelegenheit zur Erläuterung des Auswahlverfahrens und es sollte dem Bewerber an dieser Stelle eine Rückmeldung über die Testleistungen gegeben werden. Unabhängig vom Ausgang des Rekrutierungsverfahrens sind dies wichtige Rückmeldungen für den Bewerber, die ihm bei zukünftigen Auswahlprozessen sehr nützlich sein können. Teilnehmen sollten an dem Auswahlgespräch der Vorgesetzte der zu besetzenden Stelle sowie ein Vertreter der Personalfunktion.

Abschließend wird eine Auswahlentscheidung getroffen und das Ergebnis dem Bewerber zeitnah mitgeteilt. Es folgt entweder die Erstellung eines Arbeitsvertrags für einen externen Bewerber oder, wenn es sich um einen internen Wechsel handelt, die Klärung der Übertrittsmodalitäten.

In der Tab. 6.1 wird die Bedeutung der einzelnen Anforderungen für die Front- bzw. Back-Office-Tätigkeiten aufgeführt und mit dem geeigneten Auswahlverfahren verknüpft.

Tab. 6.1: Kompetenzprofile im Front- und Back-Office-Bereich im Vergleich (Quelle: Eigene Darstellung)

	Gewichtung für Berater	Gewichtung für Sachbearbeiter	Auswahlverfahren
HR-Fachwissen/-Erfahrung	10 %	25 %	Analyse Lebenslauf
Kommunikationsstärke	25 %	10 %	Simulation Kundenkontakt
IT-Affinität	15 %	20 %	Hör-/Schreibtest
Informationsverarbeitungskapazität	15 %	10 %	Test
Servicementalität	20 %	20 %	Auswahlgespräch
Leistungsmotivation	15 %	15 %	Fragebogen

6.2   Personaleinsatz

Der Organisation der Arbeitszeit kommt im Servicecenter eine ganz besondere Bedeutung zu. Nach Seiwert gibt es dabei drei Möglichkeiten zur flexiblen Abdeckung des Kapazitätsbedarfs:

- „Dynamisierung der Arbeitszeit, d. h. Verlängerung oder Verkürzung der individuellen Arbeitszeit
- Gleiten der Arbeitszeit, d. h. Flexibilisierung der Start- und Endzeitpunkte der individuellen Arbeitszeit
- Variation der Arbeitszeit, d. h. die Flexibilisierung sowohl hinsichtlich der Dauer als auch der Start- und Endzeitpunkte der individuellen Arbeitszeit." (Seiwert 2000, S. 112)

Die unter den beiden letzten Punkten genannten Möglichkeiten sind in vielen Unternehmen im administrativen Bereich bereits durch Gleitzeitregelungen umgesetzt. Die Dynamisierung der Arbeitszeit, unter anderem durch die Nutzung verschiedener Teilzeitmodelle oder von Langzeitkonten, kann zusätzlich zu einer deutlichen Entlastung von Arbeitsspitzen beitragen. Teilzeitkräfte können gezielt in aufkommensstarken Zeiträumen eingesetzt werden. Voraussetzung für diese Modelle ist jedoch eine verbindliche Anwesenheitsplanung, die den Mitarbeitern im Front Office eine evtl. früher gewohnte Selbstständigkeit der Arbeitszeitplanung weitestgehend nimmt. Auf der anderen Seite kann durch die Möglichkeit einer flexiblen Personaleinsatzplanung im Sinne einer „Wunschdienstplanung" den Mitarbeitern die Vereinbarkeit von Beruf und Familie deutlich erleichtert und die Umsetzung unterschiedlicher Lebensmodelle ermöglicht werden.

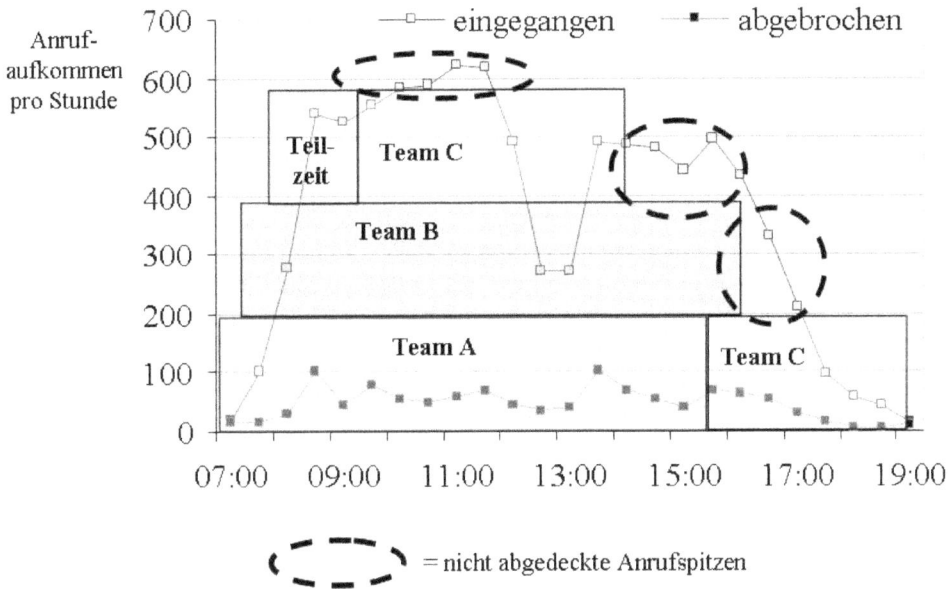

Abb. 6.2: Abdeckung eines Tagesverlaufs durch Anwesenheitsplanung (Quelle: Eigene Darstellung)

In Abb. 6.2 wird die Abdeckung des Kapazitätsbedarfs im Front Office mittels einer flexiblen Anwesenheitsplanung dargestellt. Vorausgesetzt wird ein Arbeitszeitmodell, welches ein Sammeln und Abbauen von Zeitguthaben ebenso ermöglicht wie frei wählbare Start- und Endzeitpunkte der täglichen Arbeitszeit in Abhängigkeit von den betrieblichen Erfordernissen. Die Anwesenheitszeiten werden je Team geplant, ein Tausch der geplanten Anwesenheitszeit zwischen Teammitgliedern aus persönlichen Gründen sollte möglich sein. Kapazitätslücken in den Randzeiten können durch flexibel einsetzbare Teilzeitkräfte abgefangen werden. Der Überhang in der Mittagszeit ist für die Pausen der Agenten notwendig. Dennoch wird in Tagesspitzen ein Verlust von Anrufen aus wirtschaftlichen Gründen akzeptabel sein. Der Kapazitätsüberhang in den Abendstunden kann zur Abarbeitung von schriftlichen Anfragen genutzt werden.

Welche Möglichkeiten gibt es, um unterjährigen Auslastungsschwankungen zu begegnen? Zunächst können Mitarbeiter aus dem Back Office im Front Office als Springer aushelfen. Da diese in der Regel nicht über die breite Fachexpertise der Front-Office-Mitarbeiter verfügen, wird sich ihre Unterstützung auf die Dokumentation des Kundenanliegens in der CRM und die Initiierung weiterer Bearbeitungsschritte beschränken. Eine weitere Möglichkeit besteht in der Schaltung einer sog. Überlauffunktion in der Telefonzentrale des Unternehmens. Die Mitarbeiter dieser Funktion werden keinen Zugriff auf das CRM-System haben und darum lediglich Namen und Grund des Anrufs in einer Tabelle festhalten und zu vorgegebenen Zeitpunkten an das Front Office weitergeben. Zuletzt können bei hohem Aufkommen mehr Plätze in der Warteschlange geschaltet werden. Das ist aber natürlich für die Kunden die unbefriedigendste Lösung. Innerhalb des Personalbestands des Front Office können kurzfristig auch freie Tage, Urlaube oder Schulungsmaßnahmen verschoben werden. Wegen der negativen Wirkung auf die Motivation der Mitarbeiter sollte dieses Instrument aber nur begrenzt genutzt werden.

Zur langfristigen Flexibilisierung der Personalkapazitäten können drei Maßnahmen ergriffen werden. Zunächst können Mitarbeiter über befristete Verträge beschäftigt werden. Damit können qualifizierte Bewerber über eine gewisse Zeit an das Unternehmen gebunden werden, die währenddessen eine Identifikation mit dem Servicecenter aufbauen können. Da die befristeten Mitarbeiter in vielen Unternehmen außerhalb des gedeckelten Bestands an Stammpersonal geführt werden, kann auf diesem Weg eine restriktive Personalpolitik umgangen werden. Gleiches gilt für den Einsatz von Leasingpersonal. Bei beiden Zielgruppen ist jedoch auf ein angemessenes Verhältnis von Schulungsaufwand und Einsatzzeit zu achten. Als letztes Instrument zur Flexibilisierung besteht die Möglichkeit des Outsourcings. Es gibt eine ganze Reihe von qualifizierten Dienstleistern für Front- und Back-Office-Aktivitäten. Auch einzelne Aufgaben, wie etwa die Betreuung von Firmenrentnern, die interne Abstimmung von Terminen für Bewerberinterviews oder die Vorauswahl von Bewerbungen kann an externe Dritte gegeben werden. Eine spezielle Form ist das sogenannte Inhouse Outsourcing, bei dem ein Externer die Dienstleistung mit eigenen Mitarbeitern in den Räumen und in den Systemen des Auftraggebers erbringt (vgl. Buchelt 2007, S. 60). Eine solche Beauftragung ist sinnvoll für gut abgrenzbare, steuerbare Aufgaben des Servicecenters, bietet sich aber auch zur Überbrückung zeitlich begrenzter Ressourcenengpässe an. Dies stellt eine bedenkenswerte Alternative zur Fremdvergabe kompletter Funktionen dar, die wegen des damit verbundenen Know-how-Verlusts immer kritisch gesehen werden. In der nachfolgenden Tabelle werden die wesentlichen Merkmale der drei genannten Flexibilisierungsformen gegenübergestellt. Nicht zu vergessen ist als weitere Flexibilisierungsform die Telearbeit.

Tab. 6.2: Möglichkeiten der Flexibilisierung von Personalressourcen (Quelle: Eigene Darstellung)

	Befristet Beschäftigte	Leiharbeitnehmer	Outsourcing
Organisation	Einbindung in SSC	Einbindung in SSC	Im Rahmen der Vereinbarung eigenverantwortliche Leistungserbringung
Risiko (für nicht abgerufene Leistung)	Beim SSC	Beim SSC	Beim Outsourcing-Partner
Kosten/Vergütung	Entgelt nach Tarif + betriebliche Zuschläge	Auf Stundenbasis (Entgelt + Gewinnaufschlag)	In der Regel Bezahlung der Menge (z. B. Anzahl Kontakte)
Steuerung Leistungserbringung	Direkt durch SSC-Leitung	Direkt durch SSC-Leitung	Indirekt über Service-Level-Agreements
Know-how-Bindung	Max. zwei Jahre	Mehrjähriger Einsatz möglich, aber hohe Fluktuation	Vertraglich zu steuern
Integration in Technik (CRM)	Vollständig	Vollständig	Ist zu prüfen – u. U. aufwendig
Qualifizierung	Vor Ort beim SSC	Vor Ort beim SSC	Beim Outsourcing-Partner

6.3   Anreizsysteme und Performance Management

Schwierigkeiten der Leistungsbemessung im Servicecenter

Die Tätigkeiten im Back Office eines Servicecenters sind sehr einfach und treffend mit den klassischen Parametern der Leistungsmenge und -qualität zu bewerten. Der Vorgesetzte im Back Office dürfte gut in der Lage sein, die Leistungen seiner Mitarbeiter zu bewerten, da er die Ergebnisse der Vorgänge in der Regel im Detail nachprüfen kann, indem er sich etwa Kontenberichte ansieht oder Verträge und Zeugnisse vor Freigabe überprüft – vorausgesetzt, eine solche Art der Kontrolle im Detail ist als Führungsprinzip gewünscht.

Die Schwierigkeiten der Leistungsbemessung liegen wiederum im Front Office. Der Faktor Quantität könnte anhand von Kontakten in der CRM überprüft werden. Zunächst müsste man die mitbestimmungsrechtliche Hürde des § 86 Abs. 1 Betriebsverfassungsgesetz überwinden. Nach dieser Vorschrift hat der Betriebsrat ein qualifiziertes Mitbestimmungsrecht bei allen technischen Systemen zur Kontrolle von Leistung und Verhalten von Mitarbeitern. Die Nutzung der CRM zur Leistungsbemessung würde voll und ganz unter diese Bestimmung fallen. Viele Betriebsräte tun sich schwer mit einer „maschinengesteuerten" Form der Bewertung von Mitarbeitern. Tatsächlich stellt sich die Frage, ob die Anzahl der Kontakte in der CRM überhaupt ein aussagekräftiger Indikator für die Leistung eines Agenten ist. Es müsste sicherlich die Komplexität der Anfragen zusätzlich betrachtet werden: Ein Mitarbeiter, der Adressänderungen aufnimmt, müsste anders bewertet werden als ein Mitarbeiter, der einen komplexen Störfall in der betrieblichen Altersvorsorge zu bearbeiten hat.

Kann die Wertigkeit der Anfragen zufriedenstellend erfasst werden, stellt sich die Frage, welche evtl. negativen Verhaltensweisen man beim Agenten durch die Betonung der Kontakthäufigkeit auslösen würde. Die Folge könnte eine Beratung der Kunden nach dem Motto „schnell und schlampig" sein. Wenn man den Agenten mit Kennzahlen bewerten möchte, dann spricht vieles dafür, ein ganzes Set von Kennzahlen zu benutzen, welches die Vielschichtigkeit der Erfolgsfaktoren eines Servicecenters abbildet. Neben der Menge der bearbeiteten Kontakte müssten dies auch qualitative Faktoren sein: etwa die Anzahl der Reklamationsfälle je Agent. Da sich aber in den meisten HR-Servicecentern mit ausgefeilten Feedback-Systemen ein Reklamationsgrad deutlich kleiner als 2 % einstellt, dürfte sich über dieses Merkmal kaum ein signifikanter Unterschied zwischen leistungsstarken und durchschnittlichen Agenten ergeben. Sinnvoller wäre es, einen Reklamationswert auf Teamebene zu messen. Eventuell ergeben sich dann auch verwertbare Unterschiede zwischen den Front-Office-Teams. Ein weiterer Teamwert könnte die allgemeine Kundenzufriedenheit sein. Sie ist mittels jährlicher Kundenbefragungen zu ermitteln.

Eine weitere Quelle von Bewertungskriterien könnten Mitarbeiter-Coachings oder Coaching-Termine der Führungskraft mit den Agenten sein. Allerdings dürfte durch die Verknüpfung mit einem Beurteilungssystem nicht die wichtige Vertrauenssituation des Coachings gefährdet werden. Weiter liefert auch das CRM-System Anhaltspunkte für eine qualitative Bewertung. So kann die Qualität und Konformität der Dokumentationen der Kundenkontakte beurteilt werden.

Schließlich sollte neben diesen kundenorientierten Faktoren auch das nach innen, in die Organisation gerichtete Verhalten bewertet werden. Dies kann das Engagement für Teamprojekte ebenso betreffen wie den Aufwand, den ein Agent zur Pflege einer Wissensdatenbank betreibt oder wenn er Beiträge zur Prozessverbesserung liefert. Letztlich sollte auch die Bereitschaft zur Unterstützung von Kollegen bei schwierigen Kundenanfragen oder bei der Einarbeitung neuer Mitarbeiter berücksichtigt werden.

Alle diese Faktoren erfordern eine große Nähe der Führungskraft zu den Mitarbeitern, um die Bewertung mit zahlreichen Beobachtungen unterlegen zu können. Wichtig ist ebenso ein institutionalisierter Prozess der Rückmeldung, idealerweise in einem formulargestützten Mitarbeitergespräch (zum Thema Führung und Steuerung vgl. auch Kapitel 8). Neben der Dokumentation der Zielvereinbarung und Zielerreichung bietet das Mitarbeitergespräch aber auch einen geeigneten Rahmen, um Themen der Personalentwicklung zu besprechen. Aus den Zielen und Aufgaben ergibt sich häufig ein Entwicklungsbedarf mit konkreten Entwicklungsmaßnahmen (z. B. Weiterbildungsmaßnahmen), die im Rahmen des Mitarbeitergesprächs vereinbart werden sollten.

Die Vereinbarung von Teamzielen sollte im Team erfolgen. Wie auch bei den persönlichen Zielen sind mit dem Team Messkriterien der Zielerreichung, der Zielerreichungszeitpunkt sowie ggf. ein Zielerreichungskorridor festzulegen und die Ergebnisse gemeinsam zu besprechen.

Entgeltstrukturen und -flexibilisierung

Servicecenter arbeiten in der Regel mit einer Mischung aus einem festen, zumeist tarifvertraglich gebundenen Basisentgelt und flexiblen, leistungsabhängigen Entgeltbestandteilen. Die fixen Entgelte sind an die Eingruppierung der Tätigkeit eines Servicecentermitarbeiters gebunden. In den meisten Servicecentern sind die Front-Office-Tätigkeiten höher bewertet als die Back-Office-Funktionen. Ausreißer nach unten bilden vor allem die speziellen HR-Servicegesellschaften, die als Ausgründungen von tarifgebundenen Großunternehmen Tarif-öffnungsklauseln vereinbart haben.

Die flexiblen Entgeltelemente werden in Abhängigkeit von dem in der Leistungsbemessung festgestellten persönlichen Erfolg verteilt. Sie werden aber bei den im Tarifbereich oder vergleichbar zum Tarif angesiedelten Servicecentermitarbeitern selten einen Anteil von 10 bis 15 % des Jahreseinkommens übersteigen (ein Beispiel für ein Entgeltsystem im Servicecenterbereich ist zu finden bei Hermes 2004, S. 70–73).

6.4   Personalentwicklung

6.4.1   Grundlagen der Personalentwicklung im Shared-Service-Center

Mit der Einführung eines HR-SSC erfolgt ein umfassender Eingriff in die Arbeits- und Ablauforganisation des Unternehmens und des Personalbereichs. So werden die Strukturen, Aufgaben, Prozesse und Personalinstrumente neu eingeführt oder an die veränderten Bedingungen angepasst. Nicht selten ist auch ein Aufbau oder Umbau im Personalstamm des HR-Bereichs mit der Einführung verbunden und die klassischen 1:1-Kundenbeziehungen werden zugunsten einer teambezogenen effizienten Arbeitsweise in Serviceebenen erneuert. Somit stellt der Übergang von der klassischen Personalabteilung hin zu einem modernen SSC eine große Herausforderung an alle am Wandel Beteiligten dar und hier insbesondere an die direkt betroffenen Mitarbeiter im Personalbereich.

Die erfolgreiche Einführung eines HR-SSC wird also wesentlich davon abhängen, wie gut es gelingt, die Betroffenen für die Veränderung zu gewinnen (Wollen), an diesem Veränderungsprozess zu beteiligen (Dürfen) und sie für die neuen Aufgaben und Beziehungen zu befähigen (Können). Damit kommt dem Einsatz bedarfs- und zielgruppenspezifisch orientierter Maßnahmen der Personalentwicklung eine herausragende Bedeutung zu. In unserem Verständnis umfasst die Personalentwicklung alle Maßnahmen der Bildung, der Förderung und der Organisationsentwicklung, die systematisch und methodisch geplant, realisiert und evaluiert werden können (vgl. Becker 2013, S. 5).

In der Gründungs- und Aufbauphase eines SSC stehen daher zunächst Qualifizierungs- und Change-Themen bei der Personalentwicklung im Vordergrund. Mitarbeiter aus unterschiedlichen Funktionen mit unterschiedlichen Erfahrungen und Ausbildungen, die von intern oder extern zum Servicecenter gestoßen sind, müssen auf die gemeinsame Arbeitsweise und das gemeinsame Ziel ausgerichtet werden. In der Startphase eines Servicecenters ist üblicherweise der Erwartungsdruck der Kunden sehr groß. Diese „Out-Group" fördert das Entstehen eines Teamgefühls der „In-Group" und einer eigenständigen Organisationswahrnehmung. In späteren Phasen eines Servicecenters, etwa nach zwei Jahren, wendet sich der Blick der Servicecentermitarbeiter stärker nach innen, in die eigene Organisation hinein. Es werden Karrierewünsche geäußert, spezifische Fortbildungen gefordert und es müssen Performance-Schwachstellen beseitigt werden.

Personalentwicklung ist demnach nicht nur ein Thema für den Start eines SSC, sondern ist als ein andauernder Prozess zu verstehen, der mit gleichbleibender Intensität im Servicecenter umgesetzt werden sollte. Entsprechend gliedert sich die Personalentwicklung in den HR-Shared-Services in die drei Abschnitte der Erstqualifizierung, der Aufbauqualifizierung und der Karrieremodelle.

6.4.2   Die Erstqualifizierung

Die Servicecentermitarbeiter stehen in der Gründungsphase im Fokus der Personalentwicklung. Sie sind als Nahtstelle zwischen Kunde und Produkt entscheidend für den Erfolg einer solchen Reorganisationsmaßnahme. Eine besondere Herausforderung für die Personalentwickler stellt dabei die Heterogenität der Servicecentermitarbeiter – begründet in deren unterschiedlichem Ausbildungsstand – dar.

Da von der Einführung eines HR-Servicecenters so gut wie jeder Mitarbeiter des Unternehmens in irgendeiner Form betroffen ist, sollten auch die betroffenen Kunden in Maßnahmen der Kommunikation und das Change Management ggf. einbezogen werden und auch eigene Angebote erhalten (vgl. Witasek 2009, S. 37).

Ebenso ergeben sich aus den Rahmenbedingungen im Servicecenter, wie beispielsweise einer großen Produktvielfalt von Payroll über Zeitwirtschaft bis betriebliche Altersvorsorge und HR-IT und deren laufender gesetzlicher oder betrieblicher Fortentwicklung, besondere Anforderungen an die Personalentwickler, die das PE-Budget, den Zeitrahmen oder die Räumlichkeiten der Maßnahmen betreffen. Diese Erfordernisse müssen als Rahmenbedingungen vor der Maßnahmenplanung analysiert und entsprechend berücksichtigt werden.

Für die Personalentwickler gilt es daher umso mehr, ihre Zielgruppen genau zu kennen und ihre Bedarfe zu analysieren, um so die Einführung eines HR-SSC erfolgreich begleiten zu können. Die Ziele und Inhalte der einzelnen Maßnahmen sowie die Methoden (z. B. Coaching, Trainings, Kommunikationsmaßnahmen) sollten konsequent und laufend mit dem Auftraggeber (i. d. R. der Führungskraft oder dem Projektleiter) abgestimmt werden. Darüber hinaus sollte die Zielerreichung laufend evaluiert werden, um ggf. das Design der Maßnahme zu verändern.

Im Ergebnis empfiehlt es sich, alle im Rahmen einer HR-SSC-Einführung geplanten Personalentwicklungsmaßnahmen in einem Template (siehe Tab. 6.3) zu erfassen und laufend zu evaluieren.

Tab. 6.3: Template PE-Maßnahmenplanung in der Gründungsphase eines HR-SSC (Quelle: Eigene Darstellung)

Zielgruppe	Bedarfs-erhebung PE-Maßnahmen	Art der Maßnahme und Ziel	Anbieter, Kosten	Zeitplanung	Status	Erfolgskon-trolle
Front-Office-Mitarbeiter	Telefonie	Workshop/ Training, Kunden-freundlich-keit, Kon-fliktgespräche	Inhouse durch Institut A, X Euro	von bis Datum	offen	Kundenbefra-gung
Back-Office-Mitarbeiter	Fachliche Qualifikation z. B. zur betrieblichen Altersvorsor-ge	Seminar, Fachkompe-tenz erlangen	Institut A, X Euro	von bis Datum	offen	Mitarbeiter-gespräch
Führungskraft im HR-SSC	Unternehme-risches Den-ken und Handeln	Coaching, Kennzahlen-steuerung, Prozesskosten	Institut B, X Euro	von bis Datum	offen	Vorgesetzten-feedback
Business Partner	Qualifikation Prozessablauf Arbeitszeug-nisse	Informations-veranstaltung, Prozess-kenntnisse Nahtstellen	Inhouse durch Teamleiter HR-SSC, X Euro	am Datum	offen	Kundenbefra-gung
Management Kunde im Unternehmen	Qualifikation neue Arbeits-prozesse	Information, Testimonials gewinnen	Inhouse, Einzelge-spräch, Leitung HR-SSC, X Euro	von bis Datum	erledigt	Interview
Rahmenbe-dingungen	Budget einhalten	Projektteam-sitzung, Dokumenta-tion/Con-trolling, Kostenstel-lenbericht	Inhouse, Fürungsteam, Kostencon-trolling	wöchentlich	laufend	Berichtswe-sen

Die Bedarfserhebung für Personalentwicklungsmaßnahmen umfasst:

1. Analyse und Beschreibung des zukünftigen Tätigkeitsfeldes (Soll) im HR-SSC und die sich daraus ergebenden Anforderungen an den Mitarbeiter (vgl. Abschnitt Jobprofile – dieses Kapitel), das Team und Schnittstellenbereiche wie z. B. HR-Business-Partner, in-terne Kunden (Facheinheiten, Mitarbeiter, Führungskräfte etc.) = Sollkenntnisse der Ziel-gruppe

2. Beschreibung der individuellen Befähigung und Kompetenzen des Mitarbeiters (Ist) für die Erfüllung der neuen Aufgabe. Geeignete Instrumente sind das Mitarbeitergespräch, das 360-Grad-Feedback, Assessmentcenter, Beurteilungen sowie eine Erhebung des Kenntnisstandes der sonstigen Zielgruppen über die zukünftige Aufgabenverteilung.

Aus dem Soll-Ist-Abgleich ergeben sich mögliche Qualifikations- und Change-Management-Bedarfe, die durch entsprechende Maßnahmen der Personalentwicklung geschlossen werden können. Der Soll-Ist-Abgleich kann aber auch für eine Zielgruppe ergeben, dass keine detaillierten Kenntnisse benötigt werden, sondern lediglich Informationen bereitgestellt werden müssen. Ein externer Kunde beispielsweise benötigt keine internen Prozesskenntnisse, wohl aber neue, geänderte Kontaktdaten und Ansprechpartner im SSC. Die Art und Weise der Wissensvermittlung ist dann wiederum in der PE-Maßnahmenplanung zu dokumentieren.

Maßnahmen der Personalentwicklung

Abgeleitet aus den zielgruppenspezifischen Bedarfen sollte vor Inkrafttreten der Neuorganisation eines SSC eine mehrwöchige Phase der Erstqualifizierung liegen. Die Qualifizierungsmaßnahmen können intern oder extern umgesetzt und auf individueller Ebene oder für ganze Gruppen angeboten werden.

Idealerweise werden neue Servicemitarbeiter in Vollzeit an der Maßnahme teilnehmen, die aus Präsentationen von Spezialisten und erfahrenen Servicecentermitarbeitern, vor allem aber aus vielen Gruppenarbeitselementen bestehen sollten. Unterbrochen werden die Qualifizierungsphasen durch kurze, ausgewählte Praxiseinsätze an den zukünftigen Arbeitsplätzen, um erlerntes Wissen durch praktische Anwendung einzuüben (vgl. Büttner o. J., S. 77–83).

Eine solche intensive Einarbeitungsphase scheint auf den ersten Blick zu kostenaufwendig zu sein. Allerdings ist sie das entscheidende Instrument zur Sicherstellung einer angemessenen Qualität und damit einer hohen Kundenzufriedenheit. Außerdem kann ein solches Angebot in der Rekrutierungsphase zur Anlockung guter Nachwuchskräfte genutzt werden, ist sie doch ein gewaltiger Anschub für die weitere fachliche wie persönliche Entwicklung. Zuletzt muss festgehalten werden, dass es bei alternativen Anlernverfahren „on the Job" sehr viel länger dauert, bis ein Front-Office-Mitarbeiter seine volle Leistungsfähigkeit erlangt hat. Die Investition von Ressourcen in die Erstqualifizierung wird also zum Teil durch eine steilere Lernkurve und damit ein früher erreichtes Leistungsoptimum des Beraters wieder aufgewogen. Voraussetzung für eine wirtschaftliche Durchführung eines solchen Trainings ist eine ausreichende Zahl von zu qualifizierenden Neueinsteigern in das SSC. Um diese Zahl zu erreichen, muss ein Pooling der Eintritte zu einem bestimmten Zeitpunkt im Jahr vorgenommen werden. Dies erfordert eine vorausschauende Personalplanung, die proaktiv zukünftig entstehende Bedarfe aufgreift.

In der Präsenzschulung werden in mehreren Blöcken die organisatorischen Rahmenbedingungen erläutert sowie Fachthemen vermittelt und methodische und persönliche Kompetenzen ausgebaut. Bei den organisatorischen Rahmenbedingungen geht es primär um die Rollenklärung und -findung sowie um die Teambildung. Wie lautet also der genaue Auftrag des Servicecenters, wo liegen die Verantwortlichkeiten, wie sehen die Schnittstellen zu anderen Einheiten aus? Für diese Phase sollten im Minimum drei Tage eingeplant werden.

Daran sollte sich der Aufbau des Fachwissens anschließen. Dazu muss zunächst der Wissensstand der Gruppenmitglieder geklärt werden, da durchaus bereits aus früheren beruflichen Stationen oder Ausbildungen ein partielles Basiswissen vorhanden sein kann. Den Wissenstand kann die Gruppe ohne Anleitung eigenständig ermitteln. Dazu ist es sinnvoll, kleine Lerngruppen von drei bis maximal vier Mitgliedern zu bestimmen, die vorhandene Unterlagen etwa im Unternehmensintranet, in Organisationshandbüchern o. a. durcharbeiten. Die Gruppenmitglieder werden aufgefordert, sich in die Rolle ihrer zukünftigen Kunden hineinzuversetzen und zu ermitteln, welche Fragen denn zu einem bestimmten Themengebiet, sei es Arbeitszeit oder Personalentwicklung, gestellt werden könnten. Nach dieser Vorbereitung können die Themenexperten aus den Facheinheiten zielgerichtet die Wissenslücken schließen.

Zum Festigen des erlangten Wissens sollen praktische Trainingseinheiten eingeschoben werden. Hier wären Telefonrollenspiele oder Feedbackgespräche mit erfahrenen Agenten zu den bereits vorgestellten Themen exemplarisch zu nennen. Neben den Fachthemen gehört in diesen Block die Schulung in den relevanten IT-Systemen, vor allem in der CRM-Anwendung. Zum Abschluss des Blocks ist es besonders wichtig, das erlangte Wissen in ein Wissensmanagementsystem aufzunehmen. Damit stehen jedem Mitarbeiter während der Arbeit einheitliche Informationen zu den jeweiligen Themen zur Verfügung. Der Fachthemenblock umfasst einen Zeitraum von vier bis sechs Wochen in Abhängigkeit vom Umfang des zu beherrschenden Wissens.

In den Bereich der Soft Skills gehören abschließende Trainings der Kommunikationsfähigkeiten. Man kann dabei etwa das Sprechverhalten trainieren, man kann lernen, wie man durch die Stimmführung oder bestimmte Redewendungen ein langwieriges Telefonat zu einem für den Kunden höflichen und gewinnenden Ende bringt (etwa indem man den Kunden fragt: „Kann ich sonst noch etwas für Sie tun?"). In diesen Bereich gehört aber auch das Training von Konfliktsituationen, etwa das Gespräch mit schwierigen oder enttäuschten Kunden. Neben der Schulung der Kommunikationsfähigkeiten steht gleichwertig die Verbesserung der Kunden- und Serviceorientierung. Auch hierzu sind praktische Übungen möglich. Etwa indem die Neueinsteigergruppe aufgefordert wird, unter einem Vorwand verschiedene Servicenummern, sei es bei der Stadtverwaltung oder beim Telekommunikationsanbieter, anzurufen und dort das Kunden- und Serviceverhalten strukturiert zu beobachten. Durch diese Spiegelung wird den zukünftigen Agenten bewusst gemacht, was Qualität und Freundlichkeit einer Beratung ausmacht. Dieser abschließende Block der Erstqualifizierung ist in einer Woche zu bewältigen. Wir empfehlen, das Kommunikationstraining in einer Blockschulung anzubieten. In einem ersten Block werden die Grundlagen der Kommunikation und Gesprächsführung geschult, die dann in einem zweiten Block – nachdem die Mitarbeiter bereits erste Erfahrungen im Servicecenter gesammelt haben – anhand selbst erfahrener Beispiele vertieft werden. Die Erfahrungen der Mitarbeiter werden diskutiert, Beispielantworten auf wiederkehrende Fragen und Lösungsmöglichkeiten können in einem Argumentarium (FAQs) dokumentiert werden und stehen so Neueinsteigern zur Verfügung.

In Summe werden die Teilnehmer zwischen 6 und 8 Wochen auf diese Art von Einsteigerschulung verwenden. Sie werden anschließend nochmals 10 bis 12 Wochen benötigen, um auf einem guten Leistungsniveau angelangt zu sein.

Eine Alternative zu diesem Modell der Erstqualifizierung bereits berufserfahrener Bewerber wäre die Nutzung der neuen Ausbildungsgänge „Servicefachkraft für Dialogmarketing" oder „Kaufmann/Kauffrau für Dialogmarketing". Die Ausbildungsgänge wurden erst 2006 eingeführt. Sie sollen die Tätigkeiten in Call Centern aufwerten und ein boomendes Wirtschaftsgebiet mit qualifizierten Mitarbeitern versorgen. Diese Ausbildungsgänge erscheinen in einer nachhaltigen Personalpolitik sinnvoll, um langfristig Nachwuchs für das Servicecenter aufzubauen. Es wäre zu überlegen, ob Ausgebildete mit dieser Qualifikation nicht eine Erfolg versprechende Variante zur Integration ausgebildeter Personaler wären.

Für die Wissensvermittlung an die Zielgruppen der zahlreichen Schnittstellen im Unternehmen zu geänderten Prozessabläufen, -verantwortlichkeiten und Aufgabenverteilungen steht ein breites Spektrum an Instrumenten zur Verfügung. Grundsätzlich sollte gelten: Je mehr die Zielgruppe im Unternehmen von den Veränderungen im Servicecenter betroffen ist, umso intensiver sollte die Teilhabe an der Veränderung sein. Es ist empfehlenswert, die Business Partner beispielsweise bereits in die Projektarbeit mit einzubinden. Ihre Expertise ist im Projektverlauf von Bedeutung und sie sind in ihrer Funktion später wichtige Multiplikatoren der Neuorganisation in das Unternehmen hinein. Ebenso können die Führungskräfte in einer internen Kundenbefragung zu ihren Erwartungen und Wünschen hinsichtlich Angebot und der Qualität der zu liefernden Leistung befragt werden. In Informationsveranstaltung oder in persönlichen Gesprächen können auch diese für die Neuorganisation gewonnen werden.

Tab. 6.4 zeigt exemplarisch einen Ausschnitt eines Personalentwicklungskatalogs im Rahmen einer Servicecentereinführung.

Tab. 6.4: Personalentwicklungskatalog Zielgruppe Kunden (Quelle: Eigene Darstellung)

Maßnahmen	Zielgruppen
Teilhabe am Projekt: z. B. Mitarbeit in den Arbeitspaketen, neue Prozesse oder neue HR-IT	Business Partner, Betriebsräte, Facheinheiten: Datenschutz, Datensicherheit
Einzelgespräche und Demonstrationen zu neuer Arbeits-, Ablauforganisation mit dem Ziel der Gewinnung von Testimonials	Business Partner, Betriebsräte, Management im Unternehmen
Kollegiale Unterstützung durch Power User im SSC in der Einführung neuer Personalinformationssysteme	Business Partner
Exkursionen zu Referenzkunden z. B. vor Auswahl neuer Personalinformationssysteme oder neuer Prozesse	Business Partner, Betriebsräte, Facheinheiten: Datenschutz, Datensicherheit
Argumentarium (Printmedium mit FAQs zu Neuorganisation, neuen Produkten etc.) für	Business Partner, Betriebsräte, Management im Unternehmen

Maßnahmen	Zielgruppen
Multiplikatoren	
Tag der offenen Tür zur Präsentation der neuen Produkte und Abläufe im SSC	alle Zielgruppen im Unternehmen
Wissensvermittlung über interne Printmedien (z. B. Mitarbeiterzeitung, Flyer) und medial (z. B. Mitarbeiterportal oder Intranet) zu Neuerungen in der Organisation und Prozessabläufen	alle Zielgruppen im Unternehmen

6.4.3 Die laufende Erweiterung von Wissen und Fähigkeiten

Qualifizierung ist nicht nur ein Thema für den Start eines SSC, sondern ist ein andauernder Prozess. Einige Themen haben Kampagnencharakter (z. B. das Gewinnen von Auszubildenden) oder werden nur zu bestimmten Stichtagen aktuell (etwa Riester-Rente). Hier sind Auffrischungen vor den Terminen sinnvoll, um das Wissen wieder präsent werden zu lassen. Ein typisches Beispiel für wiederkehrende Schulungen sind Jahreswechselschulungen, die von externen Institutionen wie zum Beispiel Krankenkassen zum Jahresende angeboten werden und auch intern durchgeführt werden können. Es empfiehlt sich, für die Schulungen eigene bereits geschulte Mitarbeiter als Multiplikatoren einzusetzen. Sie können die Themen passgenau vermitteln und bereits Umsetzungshilfen anbieten. In diese Schulungen können bereits diejenigen internen Kunden eingebunden werden, die später von den Änderungen betroffen sind. Darüber hinaus kann auch an die Kunden des Servicecenters proaktiv aktuelles Wissen vermittelt werden, beispielweise durch Vor-Ort-Veranstaltungen zu aktuellen Änderungen in der Personalwirtschaft bei den dezentralen Facheinheiten. Solche Veranstaltungen bewahren nicht nur den persönlichen Kontakt zu den Mitarbeitern, sondern helfen auch, spätere Nachfragen im Servicecenter zu minimieren.

Ein SSC wird daneben stetig bemüht sein, sein Dienstleistungsportfolio auszuweiten. Dies bedeutet, dass die von den Agenten zu beherrschende Themenvielfalt ebenfalls kontinuierlich wächst. Zu neuen Themen müssen Einstiegsschulungen durch die zuständigen Referenten der CoEs angeboten werden. Zudem können mitarbeiterspezifische Schulungen offeriert werden, etwa im Sprachbereich. Der Schulungsbedarf sollte nicht nur von der Leitung definiert werden; auch die Mitarbeiter sind aufgefordert, beispielsweise in einem eigens eingerichteten Qualitätszirkel Wissenslücken aufzuzeigen, diese zu konkretisieren und Maßnahmen einschließlich möglicher Anbieter und Kosten abzuleiten. Die Maßnahmen – einschließlich deren Evaluation – werden mit den Managern des SSC turnusmäßig abgestimmt.

Beispiel Sprachqualifizierung:

In einem als Brownfield-Modell entstandenen HR-SSC wurden etwa 70 % der Mitarbeiter aus verschiedenen HR-Funktionen übernommen, in denen bislang englische Sprachkenntnisse keine Rolle spielten. Um sich fit für die Zukunft in einem internationalen Unternehmen zu machen, wurde ein sogenannter English Day eingeführt. An einem Tag im Monat sprachen alle Mitarbeiter des Servicecenters miteinander Englisch, ob in der Pausenecke oder im Besprechungsraum. Die externen Front-Office-Aktivitäten wurden weiter in Deutsch erbracht. Zwei Englischlehrer gingen über die Fläche des Großraumbüros und sprachen die Mitarbeiter an, um kleine Übungen oder Dialoge anzubieten. Damit konnten auf eine spielerische Weise die Hemmungen vor der Nutzung der Fremdsprache abgebaut werden.

Bedingt durch das Geschäftsmodell eines Servicecenters wird der Schulungsaufwand stark erhöht. Um ständig die Erreichbarkeit für Kunden zu gewährleisten, muss immer ein Teil der Front-Office-Mitarbeiter am Arbeitsplatz bleiben. Dies bedeutet, dass es für jedes Thema immer mindestens zwei Schulungstermine geben muss. Der Aufwand für Schulungen kann durch Teilzeitarbeitsmodelle und damit verbundene unterschiedliche Anwesenheitszeiten beliebig erhöht werden.

Zur Effizienzsteigerung der Dokumentation im CRM-System können Übungen zur Verbesserung der simultanen Umsetzung von gehörter Sprache in geschriebenen Text angeboten werden. Diese Übungen können sehr einfach in Zweierteams durch die Mitarbeiter ohne weitere Anleitung umgesetzt werden.

Weiter sollten gesundheitsfördernde Angebote geschaffen werden. Wichtig sind hier insbesondere Programme, um Erkrankungen des Muskel- und Skelettapparates durch Fehlhaltungen und mangelnde Bewegung entgegenzutreten. Aber auch den häufig in Servicecentern auftretenden Stimmbandentzündungen und Erkrankungen im Hals-/Rachenraum kann durch Sprechschulungen und das Vermitteln von Atemtechniken begegnet werden. Ebenso sind Maßnahmen zum Abbau von emotionalem Stress durch Entspannungs- oder Gesprächsmethoden sinnvoll und nützlich (vgl. Schweer 2009, S. 32 f.).

Im organisatorischen Bereich ist wenige Monate nach dem Start des HR-Servicecenters bereits eine Distanzierung zwischen den Mitarbeitern der Servicefunktion und den Mitarbeitern der restlichen HR-Abteilungen festzustellen. Verstärkt wird diese Distanz durch die häufig zwischen Servicecentern, Centern of Competence und insbesondere den Business Partnern auftretenden Konflikte. Viele Mitarbeiter in Front und Back Office sind dann in Gefahr, sich in ihrer Organisation einzuigeln und nach außen in einer Unterwürfigkeitshaltung aufzutreten. Dem kann durch Austausch- oder Hospitationsprogramme begegnet werden: Referenten und Sachbearbeiter aus Business-Partner- und Servicecenterfunktion besuchen sich wechselseitig am Arbeitsplatz und stellen ihre Aufgaben vor. Man begegnet sich auf menschlicher Ebene und entwickelt Verständnis füreinander. Diese Erweiterung des Horizonts kann auch unternehmensübergreifend erfolgen: So tauschen vier HR-Servicecenter in Südwestdeutschland mit großem Erfolg jedes Jahr zwei Mitarbeiter für drei Tage aus. Für die Teilnehmer ist es ein Benefit, für die Unternehmen eine fachliche Bereicherung, weil nach den Besuchen neue Ideen auf Arbeitsebene eingebracht werden, und zuletzt verbessert sich die Stimmung in den Teams, weil die Serviceleute sich nicht mehr einzigartig mit ihren spezifischen Problemen erleben.

6.4.4   Karrierepfade als Weiterentwicklungsmöglichkeit

Die HR-Servicecenter der zweiten Generation diskutieren vergleichbare Probleme: Wie optimiere ich mein Controlling- und Reporting-System? Wie messe ich die Zufriedenheit meiner Kunden? Wie verrechne ich meine Leistungen? Und wie entwickle ich meine Servicenteragenten der ersten Stunde, die jetzt zwei bis drei Jahre an Bord sind und Fragen nach ihrer persönlichen Entwicklung stellen?

Auf der einen Seite stellt sich dabei die Frage nach einer Ausdifferenzierung der Strukturen sowohl im Front als auch im Back Office. Servicecenter sind in der Regel, falls sie nicht aus vorhandenen Payroll-Einheiten erwachsen sind, künstliche Gebilde, die in einem revolutionären Akt innerhalb weniger Monate entstehen. Mit Abschluss des (Personalstands-) Wachstums erweisen sich die flachen Hierarchien aus der Startphase als überlastet. Es werden Substrukturen eingeführt, die in der Regel weniger die persönliche Führung von Mitarbeitern übernehmen, dafür aber in der fachlichen Führung von Teams tätig werden. Erfahrenen Agenten und Sachbearbeitern mit Führungspotenzial kann so eine Entwicklungschance gegeben werden, die ein Abwandern verhindert oder zumindest hinauszögert.

Bei den Servicecentern der zweiten Generation zeigen sich bei den Mitarbeitern in dieser Phase erste Abnutzungserscheinungen. Die begeisternde Atmosphäre eines Aufbruchs, unter großem Druck und mit hoher Arbeitsintensität erfolgreich zu sein, der „Zauber des Anfangs" weicht dem Alltag. Es rücken die Schattenseiten der Aufgabe in den Vordergrund: das Gebundensein an den Arbeitsplatz durch die Telefonie, das Fehlen von „anfassbaren" Resultaten (weil man immer nur Vermittler ist und selten der Leistungserbringer) und die Abhängigkeit von Dritten bei der Erfüllung der eigenen Aufgabe. Die Aufmerksamkeit der Teammitglieder verlagert sich in dieser Phase wieder ein Stück weit vom Kunden weg nach innen. Das Abwanderungsinteresse wird auf einmal sehr hoch. Bei Brownfield-Modellen bieten sich am Standort für die Agenten Alternativen in der Fachorganisation. Die erfahrenen Mitarbeiter des Front Office verfügen über gute Qualifikationen für die Tätigkeit in einer modernen Personalorganisation: Sie sind kundenorientiert sowie kommunikativ, sie besitzen gute, vernetzte Kenntnisse in der Breite der HR-Arbeit und viel IT-Know-how. An wichtigen Greenfield-Standorten in Osteuropa, wie Bratislava oder Krakau, bietet sich dagegen lediglich ein Wechsel von Servicecenter zu Servicecenter an.

Eine Fluktuation zwischen 5 und 10 % pro Jahr ist durchaus akzeptabel, weil sie Platz schafft für Neueinsteiger mit neuen Erfahrungen und Ideen. Eine sehr niedrige Fluktuationsquote unter 3 % könnte ein Hinweis auf deutlich über dem Marktniveau befindliche Arbeitsbedingungen und Vergütungen sein, die auch tendenziell unzufriedene Mitarbeiter von einem Wechsel abhalten. Jedoch darf die Fluktuation nicht überhandnehmen. Eine Rate über 15 % p. a. muss als Risiko für die Qualität angesehen werden. Hier kann neben der Eröffnung von Entwicklungspositionen in der fachlichen und/oder persönlichen Führung auch das Instrument der Entwicklungspfade genutzt werden. Ein Entwicklungspfad beschreibt, welche Positionen ein Mitarbeiter in einer Einheit einnehmen könnte und welche Funktionen in welcher Weise aufeinander aufbauen. Dafür müssen je Position die Anforderungen in einem Jobprofil beschrieben sein. Insbesondere müssen die notwendigen fachlichen, methodischen und persönlichen Qualifikationen geklärt sein; ebenso müssen die Stellen bewertet sein, damit ein Mitarbeiter auch die finanziellen Möglichkeiten einer Fortentwicklung abschätzen kann. Ein Entwicklungspfad kann etwa vom Sachbearbeiter im Back Office über die Stelle eines Agenten im Front Office zum Teamleiter in Front oder Back Office verlaufen.

Die Entwicklungspfade werden idealerweise im jährlichen Mitarbeitergespräch erörtert. In der Vorbereitung für das Gespräch ist es hilfreich, wenn in einer Qualifikationsmatrix die vorhandenen Kompetenzen der Mitarbeiter erfasst wurden. So können im Gespräch gezielt die Entwicklungslücken zwischen aktueller und angestrebter zukünftiger Funktion identifiziert werden. Wenn Mitarbeiter und Unternehmen Interesse an einer Entwicklung haben, dann können entsprechende Qualifizierungsmaßnahmen vereinbart werden. Wichtig ist der Grundsatz, dass die Entwicklungspfade ein Angebot des Unternehmens an den Mitarbeiter sind. Sie sind aber keine Zusage von Positionen und Veränderungen.

Damit die Entwicklungspfade eine entsprechende Antriebswirkung entfalten, müssen attraktive Zielpositionen im Falle einer Vakanz transparent gemacht werden. Die offene Ausschreibung aller Positionen ist in vielen Unternehmen ein heißes Eisen. Die verdeckte Vergabe nach undurchschaubaren Regeln des Managements hemmt jedoch die Leistungsbereitschaft entwicklungswilliger und -fähiger Mitarbeiter.

6.5   Coaching als PE- und Führungsansatz

Das Coaching ist eine seit Jahren in Unternehmen akzeptierte und vielfach eingesetzte Form der Personalentwicklung. „Coaching ist ein interaktiver, personenzentrierter Beratungs- und Begleitungsprozess, der berufliche und private Inhalte umfassen kann. [...] Coaching ist individuelle Beratung auf der Prozessebene [...] [und] findet auf der Basis einer tragfähigen und durch gegenseitige Akzeptanz und Vertrauen gekennzeichneten, freiwillig gewünschten Beratungsbeziehung statt" (Rauen 2008, S. 3). Vergleichbar dem Trainer im Fußball, der nie selbst während des Spiels den Ball tritt, sondern seinen Spielern einen möglichst erfolgversprechenden Weg zur Zielerreichung vorschlägt, soll auch der Coach eines Mitarbeiters die Arbeit nicht selbst erledigen, sondern mit dem Coachee Lösungen für herausfordernde berufliche Situationen erarbeiten.

In Servicecentern ist das Coaching eine weit verbreitete Führungsform mit einer eigenständigen Ausprägung. Warum ist das Coaching in dieser Organisationsform so wichtig? Da die Qualität einer Dienstleistung – zumindest hier der telefonischen Kontakte mit den Kunden – im Unterschied zu einem Produkt im Moment der Leistungserbringung entsteht und vom Kunden wahrgenommen wird, ist eine Qualitätskontrolle der Leistung vor Auslieferung an den Kunden nicht möglich. Der Agent ist im Moment der Lieferung allein mit dem Kunden; er benötigt darum Nachbereitung, Ermunterung, Fehleranalyse und Anleitung zur Verbesserung begleitend zu seiner Tätigkeit. So wie der Trainer am Spielfeldrand stehend seine Spieler beobachtet, so wird auch der Coach seine Agenten begleiten. Natürlich besitzt ein Vorgesetzter die technischen Möglichkeiten, um die Leistungserbringung zu überwachen; es gibt auch ausgereifte technische Möglichkeiten zur nachträglichen Analyse von Telefonaten. Es werden im Moment sogar Systeme getestet, die in der Lage sind, aus Stimmlage, Sprechverhalten und dem Verwenden bestimmter Schlüsselwörter einen Index für die Qualität eines Kundengesprächs zu ermitteln. Allerdings sollten Aufzeichnungen dieser Art immer nur mit dem Einverständnis eines Agenten durchgeführt werden. Er sollte sogar selbst entscheiden können, welche Gespräche in das Coaching aufgenommen werden. Nur so kann zusätzlicher Druck vom Agenten genommen werden und ein Bild vom souveränen Mitarbeiter gewahrt bleiben.

Die Literatur unterscheidet im Servicecenter zwei Coaching-Ansätze: das Qualitäts-Coaching und das Persönlichkeits-Coaching (vgl. Schuler/Wecker/Lütze 2000, S. 186–191).

Beim Qualitäts-Coaching steht die Analyse von Telefonaten mit dem Kunden im Vordergrund. Gewöhnlich wird diese Aufgabe von einem Teamleiter übernommen, es kann aber auch ein interner oder externer Trainer sowie ein Kollege mit dieser Aufgabe betraut werden. Der Coach hört entweder für eine Dauer von 15–30 Minuten am Arbeitsplatz des Coachees Gespräche mit oder er analysiert aufgezeichnete Telefonate. Danach folgt eine Beratungssequenz mit dem Ziel, das Verständnis der Kundenanliegen zu erhöhen und eigene fachliche oder persönliche Defizite zu erkennen. Abgeschlossen wird das Coaching mit einer Rückmeldung und Vereinbarung von Maßnahmen zur Verbesserung der Leistung. Das Persönlichkeits-Coaching ist näher an dem o. a. allgemeinen Verständnis von Coaching angesiedelt, da in dieser Methode ein Coachee über eine längere Zeit begleitet wird, mit dem Ziel, die persönlichen Kompetenzen des Mitarbeiters wie Selbstbewusstsein, Zielorientierung oder Ausdauer zu erhöhen.

Das Coaching kann in HR-Servicecentern eine sehr erfolgreiche Führungsform sein, weil das Instrument grundsätzlich den Personalern in den Servicecentern von ihrer Profession her vertraut und positiv besetzt ist. Es muss allerdings klar von den Beurteilungswerkzeugen des Performance Management getrennt sein. Gerade das Coaching durch Kollegen bietet da viele Chancen, da es zum einen die Führungskräfte des HR-Servicecenters entlastet und daneben erfahrenen Mitarbeitern des Front Office eine Abwechslung und Entwicklungschance bietet.

Während das Coaching der Mitarbeiter im Servicecenter erfahrungsgemäß heute eher noch Qualitätsaspekte umfasst, wird das Coaching der Führungskräfte in der Entwicklung persönlicher Kompetenzen und der Bearbeitung konkreter Problemstellungen in der Führung eingesetzt. Gerade in der Einführungsphase eines SSC bietet es sich an, die Führungskräfte in der Bewältigung dieses Umbruchs entsprechend zu unterstützen. Später wird es bedeutsam sein, die Führungskräfte selbst zu Coaches zu qualifizieren, um wiederum ihren Mitarbeitern die notwendige Unterstützung zu geben.

Praxisbeispiel 4: Produktionssteuerung der HR-Business-Services bei der Deutschen Telekom AG

Claus Peter Schründer

Kurzvorstellung HR-Business-Services (HBS) der Deutschen Telekom AG

Die HBS erbringen als HR-SSC umfassende personalbezogene Dienstleistungen für alle Gesellschaften und Betriebe der Deutschen Telekom in Deutschland. Als zuverlässiger Partner des Konzerns, der Gesellschaften und der Endkunden (Beschäftigte der Deutschen Telekom in Deutschland) gewährleisten die HBS hochwertige Qualität und professionellen Service bei der Gestaltung, Erbringung und Darbietung der Produkte, Beratungen, Self-Services und der alltäglichen „Selbstverständlichkeiten". Als Shared Service werden dabei sowohl rein transaktionale Services (bspw. Abwicklung der Gehaltszahlung) erbracht als auch alle dazugehörigen Fragen beantwortet und Beratungen etc. der Endkunden durchgeführt. Das Portfolio der HBS besteht aus zahlreichen HR-Produkten z. B. aus den Bereichen Stellenbesetzung, Zeitwirtschaft, Bezahlung oder Reisekosten. Die HBS betreuen mehr als 240.000 Endkunden, davon rund 125.000 Rentner und Versorgungsempfänger. Sie bearbeiten rund 3 Mio. Aufträge, erstellen 4,5 Mio. Gehalts- und Versorgungsabrechnungen und erhalten 486.000 Anrufe sowie 278.000 E-Mails im Jahr. Außerdem kommen die HBS auf ca. 500.000 Bewerberkorrespondenzen und 1 Mio. Reisebuchungen und -abrechnungen pro Jahr. Die HBS betreuen dabei rund 83 Tarifverträge, 160.000 Arbeitszeitplanregeln und 20.000 Lohnarten.

Übergreifende Steuerungsgrundlagen der HBS

Als konzerninternes, produktionsnahes Serviceunternehmen verfolgen die HBS zwei übergeordnete Zielsetzungen:

*   hohe Kundenzufriedenheit (Qualität und Service) in Verbindung mit
*   effizienter Leistungserbringung (Wirtschaftlichkeit).

Beide Ziele bilden eine wesentliche Grundlage für die kurz-, mittel- und langfristige Steuerung der laufenden Leistungserstellung. Für die HBS als Shared Service gibt es dabei zwei wichtige Partner. Dies sind zum einen die internen Auftraggeber im Sinne von Gesellschaften und Betrieben des Konzerns Deutsche Telekom (Abnehmer der Produkte), vertreten durch die Business Partner, und zum anderen die Competence Center (Architekten der Produkte), vertreten durch die Produktmanager.

Die Grundlage für eine erfolgreiche Produktionssteuerung liegt im Kern in der Transparenz über die erbrachten Leistungen. Diese wird bei den HBS über mehrere gleichzeitig genutzte Instrumente sichergestellt:

- zufallsbasierte, automatisierte Befragungen der Auftraggeber und Endkunden u. a. bezüglich der Qualität/Zufriedenheit
- Analyse von Feedbackkanälen (z. B. Reklamationen)
- Analyse von Produktions- und Finanzkennzahlen

Auf diesem Weg wird ein End-to-End-Qualitätsmanagement inkl. zugehöriger KPIs aufgebaut, welches die beim Kunden wahrgenommene Qualität ermittelt. Dadurch ergibt sich eine kundenfokussierte Betrachtung unabhängig davon, welche Prozesse im Shared Service, beim Business Partner oder bei der zuständigen Führungskraft erbracht werden. Diese Transparenz ist eine wichtige Grundvoraussetzung für die End-to-End-Steuerung und die Verbesserung der Interaktion zwischen den zuvor genannten Bereichen. Als Beispiel sei der Prozess zur Zeugniserstellung aufgeführt. Dieser beginnt für den Mitarbeiter bei seinem Zeugniswunsch, den er an seinen direkten Vorgesetzten richtet. Dieser entwirft sodann das Zeugnis, während der Shared Service es anschließend ausstellt und erneut zur Führungskraft sendet, damit diese das Zeugnis unterschreiben und aushändigen kann. Nur wenn Transparenz über den gesamten Prozess herrscht, kann dieser in der Kundenwahrnehmung optimiert gesteuert werden.

Im Kontext der Produktionssteuerung lassen sich dabei drei Bereiche abhängig von ihrer zeitlichen Wirkung unterscheiden:

- Kurzfristig: Kapazitätssteuerung
- Mittelfristig: Prozessverbesserung
- Langfristig: Organisations- und Personalentwicklung

Kurzfristig: Kapazitätssteuerung

Die oben beschriebenen Informationen erlauben es, aktive Impulse im Rahmen der kurzfristigen Produktionssteuerung zu setzen, um die kapazitiven Ressourcen der Mitarbeiter im Rahmen der Leistungserbringung bestmöglich zu steuern.

Um die Kunden schnell und zielgerichtet beraten oder Aufträge entgegennehmen zu können, muss z. B. am Eingangstor des Kundenkontaktmanagements (u. a. First-Level-Telefonie, Chat, Post) der richtige Skill zum richtigen Zeitpunkt verfügbar sein, damit die Kundenanliegen unmittelbar beantwortet werden können. Für eingehende Calls wird mit den Steuerungsgrößen Erreichbarkeit (innerhalb 20 Sekunden) und Erstlösungsquote (First Done Rate) gearbeitet. Für alle Fragen und Aufträge, die aus Kundensicht nicht abschließend während des Telefonats bearbeitet werden können, soll dem Kunden ein Termin genannt werden, an dem er die verbindliche Auskunft zu seiner Anfrage bzw. die Auslieferung seines Produktes erhält. Dies stellt hohe Anforderungen an eine zuverlässige Bedarfs- und Kapazitätsplanung.

Der Bedarf wird dabei aus den Kundenaufträgen abgeleitet, indem für jedes Produkt ein Sollproduktionsaufwand hinterlegt ist, der – multipliziert mit der Menge – den Kapazitätsbedarf ergibt, der notwendig ist, um diese Aufträge zu bearbeiten. Bei der Zeugniserstellung wird bspw. eine Bearbeitungszeit von 45 Min. pro Zeugniserstellung veranschlagt; werden in einer Woche also 200 Zeugnisse erstellt, entspricht dies einem notwendigen Bedarf von 9.000 Minuten oder rund 150 Stunden Nettoarbeitszeit. Auf diese Weise lässt sich für alle Produkte die benötigte Gesamtverfügbarkeit von Arbeitskapazitäten berechnen.

Aus Kundenbefragungen ist bekannt, wie lange ein Endkunde bereit ist, auf die Bearbeitung seines Auftrags zu warten, bevor seine Zufriedenheit sinkt. Dafür werden die Kundenzufriedenheitswerte in Abhängigkeit von der benötigen Bearbeitungsdauer in Tagen ausgewertet. Unterstellt man keine weiteren Einflussfaktoren auf die Kundenzufriedenheit, ist hieraus die Erwartung der Kunden an die Bearbeitungszeit ablesbar. Innerhalb dieses Zeitraums soll die Bearbeitung abgeschlossen werden. Somit kann ermittelt werden, wie viel Kapazität notwendig ist, um dies sicherzustellen. Anders betrachtet kann ebenso ermittelt werden, wie viel Arbeitsvorrat vorhanden sein darf, um mit einer bestimmten, vorhandenen Bearbeitungskapazität die Aufträge in der festgelegten Zeit erledigen zu können. Der Arbeitsvorrat entspricht dabei den vorhandenen, aber noch nicht in die Bearbeitung übernommenen Aufträgen multipliziert mit der Sollbearbeitungszeit. Ergibt sich ein – gemessen an der prognostizierten Kapazität – zu hoher Arbeitsvorrat, müssen die nachfolgend aufgeführten Gegenmaßnahmen in Erwägung gezogen werden:

1. Ausnutzung oder Aussetzung von Gleitzeitregeln in einer Abteilung
2. Unterstützungsleistung aus anderen Abteilungen innerhalb der HBS (Abteilung A unterstützt Abteilung B)
3. Hinzunahme von Leih- und Zeitarbeitskräften
4. Vergabe von Aufträgen an betriebsexterne Dienstleister

Um im Rahmen der Kapazitätssteuerung die Möglichkeit zu haben, die Maßnahmen 3. und 4. realisieren zu können, müssen die Prognosen auf einen Zeitraum von rund acht Wochen eine hinreichende Genauigkeit aufweisen, sofern noch die Einbindung von Arbeitnehmervertretern zur Hinzunahme von Leih- und Zeitarbeitskräften oder Abstimmungen mit Dienstleistern erforderlich sind. Zur Ausnutzung der unter 2. genannten Unterstützung durch andere Abteilungen müssen entsprechende Informationen zum Know-how der Mitarbeiter vorliegen. Diese Informationen lassen sich bspw. in einer Skill-Datenbank hinterlegen. Für diese Mitarbeiter müssen ggf. andere Abteilungen Berechtigungen in Systemen vorhalten oder sehr kurzfristig eingerichtet werden können, damit diese Unterstützung auch vollwertig ermöglicht werden kann. Daher bedarf es vorab klar definierter „Überlaufkonzepte", welche Mitarbeitergruppen oder individuellen Mitarbeiter bei den jeweiligen Produkten unterstützen können, sowie entsprechender Absprachen mit dem Sozialpartner zu den Rahmenbedingungen, die eine flexible Steuerung ermöglichen. Hierbei kann es besonders hilfreich sein, die unterschiedlichen zeitlichen Schwerpunkte in den Abteilungen zu berücksichtigen. So hat bspw. die Abteilung Bezahlung (Payroll) wegen neuer Steuertabellen, Gehaltsüberprüfungs- oder Zielauszahlungsprozesse eher im ersten Halbjahr Arbeitsspitzen zu erwarten, während klassische HR-Admin-Tätigkeiten aufgrund unterjähriger Umbau-/Reorganisationsziele tendenziell im zweiten Halbjahr eine steigende Nachfrage zu verzeichnen haben.

Zur Ermittlung der genannten Werte und für den Abgleich zwischen Bestand und Bedarf werden verschiedene Tools herangezogen. Die Menge der Kundenaufträge und Sollzeiten sowie der daraus ermittelte Auftragseingang und Arbeitsvorrat lassen sich aus dem Auftragsmanagementsystem ablesen. Kundenaufträge werden hierin entweder durch Kunden, HR-Business-Partner oder das Kundenkontaktmanagement der HBS eingegeben, automatisch aus den Self-Services im Personalportal generiert oder über eine Schnittstelle eingespielt, weil sie eine zeitliche Wiedervorlage passiert haben, wie z. B. die Erreichung der maximalen Elternzeit.

Demgegenüber wird der Ressourcenbestand in einem Dispositionstool dargestellt, in das die Personalbestände der jeweiligen Abteilung/Gruppe eingespielt werden inkl. bereits bekannter Abwesenheiten wie z. B. Erholungsurlaub. Daneben ergänzen sog. Kapazitätsplaner weitere Abwesenheiten wie Trainings, bereits geplante Unterstützungsleistungen für anderer Abteilungen, Leih- und Zeitarbeit, Vergabe etc. Durch die automatische Gegenüberstellung dieser beiden Werte hat das Management einen ständigen Überblick über den Bestand und Bedarf an Bearbeitungskapazität und kann daraus zeitnah entsprechende Handlungsbedarfe ableiten, Priorisierungen vornehmen oder aktiv Gespräche mit den Auftraggebern (Gesellschaften/Betriebe) aufnehmen, um gemeinsam notwendige Maßnahmen zu ergreifen oder Erwartungsmanagement bei den Endkunden zu betreiben.

Daher kommt im Rahmen dieser Prognosen den Forecast-Gesprächen mit den Auftraggebern eine besondere Bedeutung zu. In monatlichen Abstimmungstreffen/Key-Account-Gesprächen wird neben der Besprechung der aktuellen oder zurückliegenden Performance immer auch über den Forecast der nächsten zwei Monate inkl. Besonderheiten im Projekt- und Liniengeschäft gesprochen. So kann sich das Servicecenter kapazitiv besser auf die nächsten Monate einstellen und es entsteht zwischen Servicecenter und Auftraggebern eine deutlich höhere Verbindlichkeit bzgl. der zu erwartenden Auftragsmengen. Sollte sich sodann eine deutlich höhere Auftragsmenge einstellen, wodurch die Bearbeitungsdauer erfahrungsgemäß negativ beeinflusst wird, gibt es zwischen den Auftraggebern eine deutlich verbesserte Gesprächsgrundlage zu den Ursachen dieser Verschlechterungen des Services gegenüber den Endkunden. Sinn und Zweck der Kapazitätssteuerung sind also nicht nur eine effektivere interne Ressourcenplanung und -steuerung, sondern ebenso die (kurzfristige) Steuerung der Kundenerwartungen und -zufriedenheit.

Mittelfristig: Prozessverbesserung

Ergänzend zur dargestellten Kapazitätssteuerung, also dem flexiblen und zielgerichteten Einsatz von Ressourcen für Prozesse, sollte auch die kontinuierliche Verbesserung der Produktionsprozesse fokussiert werden. Die Veränderungen der Prozesse nehmen dabei häufig Einfluss auf die vom Kunden wahrgenommenen Produkteigenschaften wie Qualität oder Durchlaufzeit. Daher muss in die Abstimmung zwischen SSC und Auftraggeber auch der jeweilige Produktmanager aus dem Competence Center mit einbezogen werden, um etwaige Anpassungen freizugeben.

Um diese Abstimmungen im klassischen „Drei-Rollen-Modell" (nach Dave Ulrich) zwischen Competence Center, Business Partner und SSC deutlich zu vereinfachen, wurden den HBS im Rahmen der organisatorischen Weiterentwicklung die Produktverantwortung für transaktionale HR-Themen übergeben. Dies betrifft z. B. die Verantwortung für Produkte aus den Bereichen Stellenbesetzung, Arbeitszeit oder Arbeitsverhältnis. Entscheidungsparameter für die Verlagerung des Produktmanagements in den Shared Service sind dabei:

- Rein transaktionale Tätigkeiten (keine strategischen HR-Themen wie Total Workforce Management)
- Auftragskanal (z. B. Telefon, Self-Services etc.) liegt in der Verantwortung der HBS
- Umsetzung des Produktes liegt in den Produktionsbereichen der HBS

Auf diese Weise konnte die Verantwortung für ca. 100 HR-Produkte (von ca. 250) in die HBS transferiert werden. Aus einem Drei-Rollen-Modell wurde so aus Steuerungssicht ein Zwei-Rollen-Modell. Da Schnittstellen über Organisationsbereiche hinweg entfallen, konnte so für transaktionale Produkte eine deutliche Beschleunigung im Rahmen von Prozessverän-derungen erreicht werden. Diese Veränderung ist besonders erfolgsrelevant, da die Verbesse-rung von operativen Prozessen im fortschreitenden Reifegrad eines SSC zunehmend in den Fokus rückt. So werden alleine in den HBS der Deutschen Telekom über 1.000 Prozessver-änderungen pro Jahr vorgenommen.

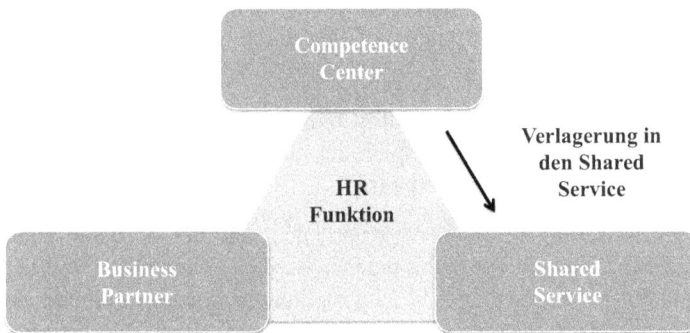

Abb. P. 5: Integration Competence-Center-Verantwortung in den Shared Service für transaktionale Produkte (Quelle: Eigene Darstellung)

Die Übertragung dieser Produktverantwortung hat für die HBS eine Grundlage geschaffen, um in einem klar definierten Rahmen die kontinuierliche Verbesserung der Prozesse effizient umzusetzen.

Damit diese Grundlage effektiv genutzt werden kann, wurde die Initiative „Operational Ex-cellence" eingeführt und weiterentwickelt. Hierbei handelt es sich um eine auf der Manage-mentmethode basierende Initiative, die in den HBS drei wesentliche Ziele verfolgt:

- Starker Kundenfokus im Rahmen von Prozessverbesserungen, um das Serviceerlebnis und die Kundenzufriedenheit weiter zu steigern
- Verankerung eines kontinuierlichen Verbesserungsprozesses (KVP) in der DNA der HBS und ihrer Beschäftigten (Mitarbeiter und Führungskräfte)
- Steigerung des Erfolges in Bezug auf die Umsetzung von Verbesserungsprojekten durch erfahrene und sehr gut ausgebildete Mitarbeiter

Damit diese Ziele erreicht werden, wurden zahlreiche Mitarbeiter der HBS in der Anwendung von Six Sigma + LEAN geschult. Die Detaillierungstiefe der Schulungen richtete sich dabei nach der jeweiligen Rolle:

- Grundwissen zur Methodik Six Sigma + LEAN im Rahmen von Informationsveranstaltungen für alle Mitarbeiter
- Prozessmanagement-Green-Belt-Schulung aller Teamleiter als Multiplikatoren der Methodik und als Prozessverantwortliche
- Green-Belt-Ausbildung von in der Methodik noch unerfahrenen Kollegen, die nach der Zertifizierung eigenständig Prozessverbesserungsprojekte durchführen und leiten können
- Vertiefungsausbildung zum Black Belt für erfahrene Mitarbeiter, die bereits die Green-Belt-Zertifizierung abgeschlossen und erfolgreich Verbesserungsprojekte umgesetzt haben. Somit soll sichergestellt werden, dass auch sehr komplexe Verbesserungsprojekte erfolgreich durchgeführt werden.

Wesentliche Ansatzpunkte für Verbesserungsprojekte sind dabei verstärkt Automatisierungen von Prozessen, klare Abläufe mit einer End-to-End-Bearbeitung in einer Abteilung, Konzentration von Tätigkeiten in bestimmten Gruppen, um die Spezialisierung zu intensivieren, und eine hohe Wiederverwendbarkeit von Prozessmodulen durch hohe Standardisierung in der Arbeit.

Umgesetzte und nachhaltige Verbesserungen werden sofort in den Steuerungsparametern der Kapazitätssteuerung berücksichtigt, indem zum Beispiel der Sollproduktionsaufwand pro Auftrag entsprechend der erreichten Effizienz gesenkt wird.

Neben effizienzgetriebenen Verbesserungen nimmt der Kunde den zentralen Ausgangspunkt für Verbesserungen ein. Zu diesem Zweck wurde ein eigener Bereich „Customer Experience" geschaffen, der die Produktionsprozesse und bereitgestellten Informationsquellen der Kunden (z. B. das Personalportal) daraufhin untersucht, ob sie eine positive Kundenerfahrung gewährleisten bzw. unterstützen. Identifizierter Veränderungsbedarf wird dabei direkt an die Standardkanäle für Prozessverbesserungen adressiert oder ggf. durch Projekte eigenständig umgesetzt.

Die Umsetzung von Prozessverbesserungen in den IT-Systemen kann dabei in vielen Fällen vollständig losgelöst von der IT erfolgen. Prozessveränderungen werden im Prozesssystem durchgeführt (ARIS) und automatisiert in das Auftragsmanagementsystem überführt. Auch notwendige Anpassungen an Dokumentenvorlagen können in der Regel vollständig ohne IT-Eingriff umgesetzt werden. Dies schafft eine wichtige Grundlage, die Akzeptanz in der Breite zu steigern.

Langfristig: Organisations- und Personalentwicklung

Um die Produktionssteuerung auch langfristig weiterzuentwickeln, bedarf es einer abgestimmten Organisations- und Personalentwicklung, die dafür sorgt, dass Organisationsstruktur und Ressourcen optimal auf das Aufgabenportfolio abgestimmt sind. Diese kontinuierliche Entwicklung ist aus mehreren Gründen erforderlich:

- Kontinuierliche Prozessverbesserungen führen zu einer Verschiebung der Aufbau- und Ablauforganisation. Werden z. B. Prozesse an einer Stelle automatisiert und Personalressourcen frei, können diese an andere Stelle effektiv eingesetzt werden.
- Gesetzliche oder betriebliche Änderungen führen zu einer Veränderung der HR-Produkte und der Kundenstruktur. Diese versuchen die HBS möglichst exakt vorauszusehen und die entsprechenden Produktionsressourcen darauf auszurichten.
- Veränderungen in der Organisation schaffen die Basis für weitere Prozessverbesserungen.

Beispiele für Maßnahmen im Rahmen der Organisations- und Personalentwicklung:

In Bezug auf die kontinuierliche Professionalisierung der HBS wird über weitere Evolutionsstufen des Shared Service nachgedacht. Weiter oben wurde beschrieben, wie die HBS das Drei- in ein Zwei-Rollen-Modell adaptiert und dadurch die Produktverantwortung für transaktionale Produkte übernommen haben. Dieses Modell könnte konsequent erweitert werden, indem zusätzliche HR-Produkte in die Verantwortung des Shared Service übergeben werden und die Verantwortung in den HBS noch effizienter organisiert wird. Auf diesem Weg kann weitere Flexibilität insbesondere für mögliche Prozessverbesserungen erreicht werden.

Auch auf Prozessebene könnten weitere Entwicklungen entsprechende Veränderungen auf organisatorischer Ebene anstoßen. Demzufolge wäre es denkbar, die Produktionsprozesse kontinuierlich so anzupassen, dass eine große Anzahl von Aufgaben in einem First Level oder gar komplett automatisiert erledigt werden können. Dies setzt jedoch häufig voraus, dass die Regelungslandschaft (insbesondere Tarif- und Betriebsvereinbarungen) vereinheitlicht wird, um Prozesse so standardisieren zu können, dass sie mühelos umsetzbar sind.

Im Rahmen der Personalentwicklung muss sichergestellt werden, dass die Mitarbeiter der HBS in diversen Themen ausgebildet sind, sodass auch flexible Vertretungen über Organisations-, sprich: Abteilungsgrenzen hinaus ermöglicht werden. Kontextbezogene Wissensmanagementsysteme, die das benötigte Wissen zur richtigen Zeit am richtigen Ort zur Verfügung stellen, werden insbesondere in komplexen Prozessen entsprechend an Bedeutung gewinnen. Unter anderem in diesem Punkt planen die HBS, sich noch weiterzuentwickeln, indem in Erwägung gezogen wird, Wissen im Rahmen des End-to-End-Prozesses exakt für den Punkt zu produzieren, an dem es am effektivsten eingesetzt werden kann: ergo direkt beim Kunden z. B. in einem transaktionalen Personalportal, beim Business Partner in Form von standardisierten „HR-Vertriebsinformationen" für das Enabling der Führungskräfte oder als transaktionale Wissensbasis in der Produktion im Shared Service.

Sowohl Elemente der kurz-, mittel- als auch langfristigen Steuerung einer Shared-Service-Organisation wie den HBS der Deutschen Telekom AG spielen in der kontinuierlichen Weiterentwicklung und konsequenten Ausrichtung auf die Anforderungen der einzelnen Geschäftsfelder des Konzerns eine entscheidende Rolle. Wichtig ist dabei vor allem, ein Gleichgewicht in der Priorisierung der Zeitperspektiven zu erzielen. Eine zu kurzfristig ausgerichtete Fokussierung der Elemente einer Produktionssteuerung führt zu Fehlsteuerungen in der Zukunft. Eine zu langfristig ausgelegte Fokussierung kann wiederum zu Problemen in der Abwicklung aktueller Themen führen. Daher verbinden die HBS die Kernelemente der

Steuerung in einem Berichtswesen: Ausgesuchte Kennzahlen der kurz- und mittelfristigen Steuerung werden hier zusammengeführt. Einmal jährlich erfolgt dann der Abgleich mit einer langfristigen Organisations- und Personalentwicklung, um eine integrierte Produktionssteuerung und die konsequente Weiterentwicklung des SSC sicherzustellen. Kernelement der Jahressteuerung bildet hier die Balanced Scorecard, in der sämtliche wichtigen Kennzahlen in den Dimensionen Finanzen, Kunde, Mitarbeiter sowie Produkte/Prozesse dargestellt und monatlich aktualisiert werden.

Die HBS agieren somit als Unternehmen im Unternehmen, das die dargestellten Elemente der Produktionssteuerung kontinuierlich den situativen Veränderungen im Umfeld anpassen kann. Dies bildet eine wichtige Grundlage für eine hohe Kundenzufriedenheit bei gleichzeitig hoher Prozesseffizienz.

7 Rechtliche Aspekte bei der Gründung eines HR-Shared-Service-Centers

Michaela Felisiak

Bei vielen unternehmerischen Entscheidungen spielen rechtliche Aspekte eine große Rolle. So auch, wenn es um die Gründung eines HR-SSC geht.

Hintergrund hierfür ist zum einen, dass bereits bei der Bündelung bestimmter Funktionen unterschiedliche rechtliche Themen berührt werden. So sind beispielsweise bei der Zentralisierung einer Personalabteilung gesellschaftsrechtliche, arbeitsrechtliche oder datenschutzrechtliche Themen zu berücksichtigen. Zum anderen wächst die Bedeutung grenzüberschreitender Umstrukturierungen (vgl. Meyer 2006, S. 5) und damit der Frage, unter welchen Voraussetzungen ein HR-SSC im grenznahen Ausland gegründet werden kann bzw. welches die anzuwendende Rechtsordnung hierfür ist. Die Gründe hierfür sind vielseitig: Neben der stetigen Verflechtung der Wirtschaftsmärkte (vgl. Feunder 1999, S. 1184; Cohnen 2006, S. 595; Willemsen 2008a, S. 673 Rn. 122; Reichhold 2008, S. 687) sind hierfür beispielsweise niedrigere Steuerbelastungen in den sogenannten Niedrig- oder Billiglohnländern (Franzen 1994, S. 1; Schaaf 2004, S. 3; Cohnen 2006, S. 595), die fortschreitende technische Entwicklung (vgl. Feudner 2004, S. 982) oder verbesserte Sprachkenntnisse in den mittel- und osteuropäischen Ländern der Europäischen Union (nachfolgend EU) (vgl. Meyer 2006, S. 6) zu nennen. Zudem ist es ein erklärtes Ziel der EU, „das Potential des Binnenmarktes voll aus[zu]schöpfen" (Europäischer Wirtschafts- und Sozialausschuss 2013b, Ziff. 3.1) und der Industrie „Perspektiven und günstige Bedingungen" (Europäischer Wirtschafts- und Sozialausschuss 2013a, Ziff. 1.6 ff.) zu bieten. Daher schaffen der europäische Binnenmarkt, die Niederlassungsfreiheit und die Europapolitik Anreize für grenzüberschreitende Umstrukturierungen.

Die nachfolgenden Ausführungen decken nicht sämtliche rechtlichen Aspekte eines HR-SSC ab. Vielmehr beschränkt sich die Darstellung auf ausgewählte Themen. Dabei werden zunächst gesellschaftsrechtliche Aspekte vor bzw. bei der Implementierung eines HR-SSC dargestellt. Dem schließt sich die Aufarbeitung einiger arbeitsrechtlicher Themen an. Im Anschluss werden abrissartig datenschutzrechtliche Punkte angesprochen. Die Besonderheiten eines HR-SSC im Ausland werden an den jeweils relevanten Stellen dargestellt.

7.1   Gesellschaftsrechtliche Aspekte

Die Gründung eines HR-SSC hängt untrennbar mit dem Gesellschaftsrecht zusammen. Dies folgt daraus, dass die Gründung eines HR-SSC eine unternehmerische Entscheidung ist, die durch gesellschaftsrechtliche Konstruktionen umgesetzt wird. Aber nicht nur die Umsetzung eines HR-SSC, sondern auch schon die Entscheidungsfindung hängt mit gesellschaftsrechtlichen Aspekten zusammen. Dazu im Einzelnen:

7.1.1   Gesellschaftsrechtliche Grundlagen

Mit Blick auf die weiteren Ausführungen werden die im Folgenden relevanten gesellschaftsrechtlichen Grundlagen vorab erläutert:

Konzernbegriff

Die rechtliche Definition eines Konzerns findet sich in § 18 AktG: Werden ein herrschendes und ein oder mehrere abhängige Unternehmen unter der einheitlichen Leitung des herrschenden Unternehmens zusammengefasst, so bilden diese einen Konzern (vgl. § 18 Abs. 1 S. 1 AktG). Genauer gesagt handelt es sich hierbei um einen sog. Unterordnungskonzern (vgl. Saenger 2010, S. 506 Rn. 943). Die Rechtsform einer Aktiengesellschaft ist für das Vorliegen eines Konzerns keine zwingende Voraussetzung (vgl. Saenger 2010, S. 506 Rn. 943). Vielmehr gelten die Regelungen der §§ 15 ff. AktG sowohl für Aktiengesellschaften als auch für Gesellschaften mit beschränkter Haftung (= GmbH) (vgl. Saenger 2010, S. 502 Rn. 930).

Due Diligence

Der Begriff „Due Diligence" stammt aus dem Englischen und bedeutet wörtlich „gebotene Sorgfalt" (vgl. Heidel/Willamowski 2011, S. 3133 Rn. 14). Unter dem Begriff wird „die Überprüfung der rechtlichen und wirtschaftlichen Verhältnisse einer Gesellschaft auf mögliche Risiken" (Heidel/Willamowski 2011, S. 3133 Rn. 14) verstanden.

Es gibt unterschiedliche Arten von Due-Diligence-Prüfungen. Zum einen gibt es die Legal Due Diligence; zum anderen gibt es die Business/Financial Due Diligence (vgl. Heidel/Willamowski 2011, S. 3133 Rn. 14). Inhaltlich werden im Rahmen einer Legal Due Diligence insbesondere die gesellschaftsrechtlichen Verhältnisse eines Unternehmens/Konzerns untersucht (vgl. Heidel/Willamowski 2011, S. 3133 Rn. 15).

Im Wirtschaftsalltag erlangen Due-Diligence-Prüfungen insbesondere im Zusammenhang mit Unternehmenskäufen Bedeutung. Aber auch im Rahmen der Entscheidungsfindung zur Gründung eines HR-SSC können HR-Due-Diligence-Prüfungen eine Rolle spielen, um klar abzugrenzen, welche Funktionen zu dem zu bündelnden Betriebsteil gehören bzw. welche Arbeitnehmer von der Gründung eines HR-SSC betroffen sind.

Outsourcing

Der Begriff „Outsourcing" wird in unterschiedlichsten Zusammenhängen verwendet. Zudem variieren – zumindest zum Teil – die sprachlichen Bedeutungen. Nach dem weitesten Verständnis wird unter dem Begriff „Outsourcing" ganz allgemein die organisatorische Auslagerung einzelner Arbeitsprozesse oder Funktionen auf **externe oder interne** Dienstleister verstanden (vgl. Becker 2010, S. 5 ff.). Im Gegensatz dazu beschränkt sich der klassische und wohl am weitesten verbreitete Outsourcing-Begriff auf die Auslagerung einzelner Prozesse auf **externe** Unternehmen (vgl. Becker 2008, S. 8).

Mit Blick auf die unterschiedlichen Bedeutungen wird klar, dass mit der Implementierung eines HR-SSC ein Outsourcing im allgemeinen Sinne einhergeht – ein HR-SSC jedoch nichts mit dem klassischen Outsourcing-Begriff zu tun hat. Charakteristisches Unterscheidungsmerkmal ist die Übertragung auf ein konzernzugehöriges oder externes Unternehmen. Bei der Übertragung der HR-Prozesse auf ein **externes** Unternehmen – also im Sinne des klassischen Outsourcings – würde die Konzernspitze die direkte Einflussmöglichkeit auf das HR-SSC verlieren. Zudem würde der Konzern sich in die Abhängigkeit von Dritten begeben und die bereits gesammelten Erfahrungswerte nach außen tragen (vgl. Becker 2008, S. 9). Diese Erwägungen verdeutlichen, dass die Einführung eines HR-SSC nicht deckungsgleich mit dem Begriff „Outsourcing" ist und insofern auf die sprachlichen Nuancen geachtet werden muss. Für die gesellschaftsrechtliche Umsetzung bedeutet dies wiederum, dass ein **konzernzugehöriges** HR-SSC durch eine bereits bestehende oder eine noch zu gründende Konzerngesellschaft umgesetzt werden kann.

Gesellschaftsrechtliche Umsetzung

Anknüpfend an die vorhergehende Feststellung, dass ein HR-SSC am Ende der Umsetzungsphase in einem konzernzugehörigen Unternehmen angesiedelt ist, stellt sich die Frage nach der konkreten gesellschaftsrechtlichen Umsetzung. Insoweit sind unterschiedliche Konstellationen denkbar, hinsichtlich derer die Konzernspitze die freie Wahl hat (vgl. Willemsen 2008a, S. 34 Rn. 56; Bachner/Gerhardt 2012, S. 47 Rn. 65).

Die gesellschaftsrechtliche Umsetzung hängt naturgemäß mit dem Ziel der Organisationsstruktur zusammen. Hierbei kann sich der Konzern zwischen einer rechtlichen und/oder bloßen wirtschaftlichen Selbstständigkeit entscheiden (vgl. Becker 2008, S. 37).

Selbst wenn die rechtliche Selbstständigkeit (beispielsweise in Form einer GmbH) keine zwingende Voraussetzung für die Gründung eines HR-SSC ist (vgl. Becker 2008, S. 38), sprechen hierfür überzeugende Gründe: Zu nennen ist hier beispielsweise die interne Verrechnung. Ist das HR-SSC keine eigenständige rechtliche Gesellschaft, sondern Teil einer Gesellschaft, kann das HR-SSC die erbrachten Dienstleistungen nicht in Rechnung stellen. Zudem hat ein HR-SSC als eigenständige Kapitalgesellschaft die Möglichkeit, die Dienstleistungen auch am externen Markt anzubieten (vgl. Becker 2008, S. 37). Überdies könnten sich Vorteile hinsichtlich der Tarifbindung ergeben (vgl. Becker 2008, S. 37), falls das HR-SSC einem anderen Tarifvertrag als der produzierende Teil des Konzerns unterliegt bzw. unterliegen soll.

Ausgehend von dem Verständnis, dass ein HR-SSC eine wirtschaftlich und rechtlich selbstständige Organisationseinheit eines Konzerns ist, kann sich die gesellschaftsrechtliche Umsetzung sowohl innerhalb als auch außerhalb des Umwandlungsgesetzes (nachfolgend UmwG) vollziehen.

Das UmwG sieht fest vorgeschriebene Umwandlungsmöglichkeiten vor. Danach ist eine Umstrukturierung in Form der Verschmelzung, Spaltung, Vermögensübertragung und des Formwechsels möglich. Hierbei handelt es sich um eine abschließende Aufzählung (vgl. Willemsen 2008a, S. 39 Rn. 69). Im Rahmen der Gründung eines HR-SSC könnte man beispielsweise an eine Spaltung denken. Dies wäre der Fall, wenn die unterschiedlichen konzernzugehörigen Gesellschaften ihre bestehenden dezentralen HR-Abteilungen abspalten und auf eine neu zu gründende oder bestehende Konzerngesellschaft übertragen würden.

Unabhängig von den genannten Umwandlungsmöglichkeiten des UmwG können sich Umstrukturierungen außerhalb des UmwG entweder durch einen sog. Asset Deal oder durch einen sog. Share Deal vollziehen. Unter einem Asset Deal versteht man die rechtsgeschäftliche Einzelübertragung der betreffenden Wirtschaftsgüter (= Assets) (vgl. Saenger 2010, S. 580 Rn. 1075). Unter einem Share Deal versteht man hingegen den Erwerb gesellschaftsrechtlicher Beteiligungen (vgl. Saenger 2010, S. 580 Rn. 1075). Der Unterschied zwischen einem Asset Deal und einem Share Deal liegt darin, dass bei einem Asset Deal ein Inhaberwechsel der Assets und infolgedessen des Betriebs/Unternehmens vorliegt, während bei einem Share Deal nur die Inhaberschaft an den Geschäftsanteilen oder Aktien wechselt (vgl. Alsbaek 2001, S. 29).

Das Ergebnis einer Umstrukturierung mittels der Umwandlungsmöglichkeiten des UmwG kann dem eines Asset Deals entsprechen – dennoch liegt der Unterschied zwischen den einzelnen Umstrukturierungsmöglichkeiten in der Durchführung. Umstrukturierungen nach dem UmwG gehen im Wege der Gesamtrechtsnachfolge über (vgl. Willemsen 2008a, S. 39 Rn. 69). Ein Asset Deal vollzieht sich hingegen im Wege der Einzelrechtsnachfolge (vgl. Willemsen 2008a, S. 33 Rn. 54a).

7.1.2   Durchführung einer Due-Diligence-Prüfung vor Einführung eines HR-Shared-Service-Centers

In der Praxis entstehen Konzerne durch interne Umstrukturierungen, Gründungen von Tochtergesellschaften oder den Erwerb von Mehrheitsbeteiligungen (vgl. Willemsen 2008a, S. 20 Rn. 31). Je komplexer ein Konzern ist, umso wichtiger ist die Vorbereitungsphase vor der Einführung eines HR-SSC.

Um das Projekt Implementierung eines HR-SSC zielführend aufzusetzen, empfiehlt es sich, im Vorfeld die betroffenen Bereiche genauer unter die Lupe zu nehmen und insofern eine HR-Due-Diligence-Prüfung durchzuführen. Die Intensität einer Due-Diligence-Prüfung variiert dabei je nach Einzelfall. Eine wichtige Rolle spielen – neben der Komplexität des Konzerns – die Anzahl der betroffenen HR-Abteilungen, die Anzahl der betroffenen HR-Funktionen sowie das beabsichtigte geografische Ausmaß des Projektes.

Anknüpfend an die wörtliche Bedeutung einer Due-Diligence-Prüfung sollte im Sinne einer gebotenen Sorgfalt der betroffene Bereich des HR-SSC festgelegt werden. Dabei spielen sowohl der sachliche Bereich (Welche HR-Abteilungen sind im Konzern von dem Projekt erfasst? Welche Arbeitsschritte/Aufgaben der HR-Abteilungen sollen zentralisiert werden?), der geografische Bereich (In welchen Ländern soll das HR-SSC eingeführt werden?) als auch der personelle Bereich des geplanten Projektes (Welche Arbeitnehmer sind von der Umstrukturierung erfasst?) eine wichtige Rolle.

Sind die einzelnen Arbeitsschritte der unterschiedlichen HR-Abteilungen bereits weitgehend vereinheitlicht und optimiert, könnten sich Schwierigkeiten insbesondere hinsichtlich der Zuordnung der Arbeitnehmer ergeben. Mit Blick auf die arbeitsrechtlichen Konsequenzen einer solchen Umstrukturierung (bspw. automatischer Übergang der Arbeitsverhältnisse gem. § 613 a Abs. 1 S. 1 BGB) erscheint die klare Festlegung, welche Arbeitnehmer von dem HR-SSC betroffen sind, zwingend.

Die HR-Due-Diligence-Prüfung ist damit eine wichtige Entscheidungsgrundlage im Vorfeld der Implementierung eines HR-SSC.

7.1.3 Gesellschaftsrechtliche Konstruktionen

Die gesellschaftsrechtliche Umsetzung kann unterschiedlicher Natur sein. Ausgehend von dem Ziel der wirtschaftlichen und rechtlichen Selbstständigkeit eines HR-SSC bietet sich insbesondere die Bündelung der betroffenen Arbeitsprozesse in einer eigenständigen Kapitalgesellschaft an (vgl. Becker 2008, S. 37). Dies führt dazu, dass der Konzern an der Kapitalgesellschaft über das Halten von Geschäftsanteilen/Aktien beteiligt und zudem in den jeweiligen Kontrollgremien vertreten ist (vgl. Becker 2008, S. 9). Damit hat der Konzern Einfluss bzw. Kontrolle auf bzw. über das HR-SSC. Anders wäre dies wiederum, wenn die HR-Aufgaben im Sinne des klassischen Outsourcings von einem externen Dritten durchgeführt würden.

Als mögliche Rechtsform kommt insbesondere die Gründung einer GmbH in Betracht. Insofern hat die Konzernspitze die Möglichkeit, eine Tochter-GmbH zu gründen, um in dem Rechtskleid der Tochter-GmbH das HR-SSC zu gründen. Sollten die HR-Abteilungen eines multinationalen Konzerns bereits in eigenständigen Kapitalgesellschaften organisiert sein, könnte auch eine bereits bestehende konzernzugehörige Gesellschaft als HR-SSC fungieren.

Anknüpfend an die Frage, wie das HR-SSC zu einer eigenen wirtschaftlichen und rechtlichen Selbstständigkeit kommt, ist zu klären, wie die einzelnen HR-Funktionen/Arbeitsprozesse (sowie die dazugehörigen Arbeitnehmer) auf das HR-SSC übertragen werden. Hierfür kommt die Übertragung mittels eines Asset Deal oder eine Umstrukturierung nach dem UmwG in Betracht. Zu denken wäre beispielsweise an eine Ausgliederung zur Neugründung im Sinne des § 123 Abs. 3 Nr. 2 UmwG (vgl. Willemsen, 2008a, S. 34 Rn. 57). Neben den gesellschaftsrechtlichen Fragestellungen sind steuerliche Aspekte im Rahmen der Umstrukturierung zu berücksichtigen.

7.1.4 Aspekte der Vertragsgestaltung

Neben dem gesellschaftsrechtlichen Vertrag, der der Übertragung der bestehenden HR-Abteilungen dient, ist aus Sicht der dezentralen Organisationen ein weiterer Vertrag von großer Bedeutung – der „Servicevertrag". Hierbei handelt es sich um den Vertrag, den das HR-SSC mit den einzelnen dezentralen Organisationen über die zu erbringenden Dienstleistungen schließt. Zu den wesentlichen Aspekten der Vertragsgestaltung hinsichtlich der unterschiedlichen Verträge im Einzelnen:

Vertrag zur gesellschaftsrechtlichen Umstrukturierung

Vor dem Hintergrund der unterschiedlichen gesellschaftsrechtlichen Umsetzungen ist klar, dass der Vertrag, der zur gesellschaftsrechtlichen Umstrukturierung führt, wesentlich von der gewählten gesellschaftsrechtlichen Variante abhängt. Zudem erscheinen mit Blick auf die Übertragung der bestehenden HR-Abteilungen insbesondere folgende Punkte von Bedeutung:

- Gewährleistung und Garantien
- Haftungsklauseln
- Steuerrechtliche Klauseln
- Datenschutzrechtliche Aspekte
- Rechtswahl und Gerichtsstandsklauseln

Gewährleistungen und Garantien sowie die Frage, welche Rechtsfolgen bei einem Verstoß eintreten, sind ein zentraler Punkt der Vertragsgestaltung. Hierbei können individuelle Garantieversprechen im Sinne des § 311 BGB abgegeben werden. Diese könnten beispielsweise die übertragenen HR-Prozesse betreffen. Insoweit könnten die dezentralen Organisationen garantieren, dass diese im Sinne der Unternehmensstrategie aufgesetzt und entsprechend den konzerninternen Vorgaben standardisiert sind.

Auch **Haftungsklauseln** können Vertragsbestandteil sein. Dabei sind sowohl Konstellationen denkbar, in denen das HR-SSC als Rechtsnachfolger der übertragenen HR-Abteilungen haftet, als auch der umgekehrte Fall. Mit der Haftung hängt wiederum u. a. das Steuerrecht zusammen.

Das **Steuerrecht** spielt im gesamten Prozess der Implementierung eines HR-SSC eine wesentliche Rolle. Mit Blick auf wesentliche Vertragspunkte kann beispielsweise die Frage der Steuerschuldnerschaft und damit zusammenhängender Freistellungsansprüche ein weiterer Aspekt der Vertragsgestaltung sein (vgl. Wollweber 2012, S. 789).

Überdies scheinen – mit Blick auf die stetig wachsende Bedeutung des Datenschutzes – **datenschutzrechtliche** Regelungen ein zwingender Vertragsbestandteil zu sein.

Nicht zuletzt besteht Regelungsbedarf hinsichtlich der Ausübung einer **Rechtswahl** sowie einer **Gerichtsstandsvereinbarung**. Die Rechtswahlklausel spielt insbesondere bei multinationalen Konzernen mit einer ausländischen Mutter sowie bei grenzüberschreitenden Sachverhalten eine wichtige Rolle. Statt einer Gerichtsstandvereinbarung könnte auch eine Schiedsklausel (= Schiedsgerichtsvereinbarung) vereinbart werden.

Servicevertrag

Aus Sicht der dezentralen Organisationen stellt sich zudem die Frage, wie das Verhältnis zu dem HR-SSC nach der Implementierung ausgestaltet wird. In der Regel wird das HR-SSC einen Vertrag mit den dezentralen Organisationen schließen, in dem festgelegt wird, zu welchen Bedingungen das HR-SSC den dezentralen Organisationen welche Dienstleistungen anbietet. Insoweit könnten folgende Rechtsfragen relevant werden:

- Rechtscharakter des Vertrags: Dienstleistungsvertrag oder Vertrag sui generis?
- Vereinbarung von Service-Level-Agreements (SLAs) und Key Performance Indicators (KPIs) zur Qualitätskontrolle
- Vereinbarung von Vertragsstrafen bei Nichterreichen der vereinbarten KPIs
- Vereinbarung von Kündigungsrechten: Soll die dezentrale Organisation das Recht haben, den Servicevertrag zu kündigen und die ausgelagerten Dienstleistungen von einem externen Anbieter einzuholen?

Die vorgenannten Punkte sind allgemeine Punkte, die bei der Ausgestaltung des Servicevertrags Berücksichtigung finden können, und verdeutlichen einmal mehr, welche rechtlichen Aspekte bei der Implementierung eines HR-SSC zu beachten sind. Maßgeblich sind jeweils die Umstände des genauen Einzelfalls.

7.1.5 Grenzüberschreitende Sachverhalte

Die Bedeutung grenzüberschreitender Sachverhalte wurde bereits einleitend erläutert. Auch im Rahmen der Standortwahl eines HR-Shared-Services kann das Ausland interessant sein.

Mit Blick auf die allgemeine Frage „Gründung eines inländischen HR-SSC vs. Gründung eines im Ausland gelegenen HR-SSC" erlangen folgende Punkte Bedeutung: Die vergleichsweise niedrigen Kosten (Lohnkosten, Steuern etc.) sprechen neben einem (zum Teil) niedrigeren Arbeitnehmerschutz und einer damit einhergehenden höheren Flexibilität aus Unternehmenssicht für einen ausländischen Standort. Die fortschreitende Vernetzung der Wirtschaftsräume, die Verbesserung der Sprachkenntnisse und der anhaltende technische Fortschritt können ebenfalls für einen ausländischen Standort ins Feld geführt werden.

Nicht zu vergessen sind jedoch Faktoren wie Mentalität, gewisse Vorstellungen von einer ordnungsgemäßen Arbeitsweise und vom vorausgesetzten Verständnis für die deutschen Rechte und Gesetze. Fehler in der Lohnabrechnung – beispielsweise in Fällen, die von dem gewöhnlichen Standardfall abweichen – können für das Unternehmen gravierende Folgen haben.

Am Ende ist die Standortfrage eine Abwägungsfrage, die entscheidend davon geprägt wird, was bzw. welche Funktionen in dem HR-SSC gebündelt werden sollen. Zudem erscheint relevant, ob das HR-SSC im grenznahen Ausland oder in einem weiter entfernten Land etabliert werden soll. Diese Frage erscheint gerade aus Arbeitnehmersicht maßgeblich. Schließlich macht es aus Arbeitnehmersicht einen Unterschied, ob das HR-SSC und damit verbunden ggf. auch der neue Arbeitsplatz in einer für den Arbeitnehmer zumutbaren Entfernung liegt oder nicht. Selbstverständlich spielen aus Arbeitnehmersicht weitere Faktoren wie persönliche Umstände, Arbeitsbedingungen, etwaige anderweitige Stellenangebote etc. eine wichtige Rolle.

Sollte die Unternehmensentscheidung für einen Standort im Ausland ausfallen, ist im Rahmen der Vorbereitungsphase zu klären, ob die rechtlichen Regelungen des betreffenden Landes die geplante Umsetzung zulassen (vgl. Becker 2008, S. 16). Hiervon sind sowohl die gesellschaftsrechtliche Umsetzung als auch steuerliche und datenschutzrechtliche Aspekte betroffen.

Insofern stellt sich beispielsweise die Frage, ob es sinnvoll ist, eine ausländische Gesellschaft zu gründen, oder ob es zulässig wäre, eine deutsche GmbH (unter Beachtung der Rechtsprechung zu Sitz- und Gründungstheorie) ins Ausland zu verlagern.

7.1.6   Zwischenergebnis

Die Umsetzung eines HR-SSC hängt eng mit der gesellschaftsrechtlichen Umsetzung zusammen. Die vorstehenden Ausführungen haben diese nur angeschnitten. Dennoch verdeutlichen sie, welche Vielzahl von gesellschaftsrechtlichen Rechtsfragen vor bzw. bei der Einführung eines HR-SSC zu klären ist.

7.2   Arbeitsrechtliche Aspekte

Im Rahmen der Vorbereitungsphase sind neben den gesellschaftsrechtlichen Aspekten selbstverständlich auch arbeitsrechtliche Punkte zu beachten.

Abhängig von der gesellschaftsrechtlichen Ausgestaltung kann die Frage auftauchen, ob die Umstrukturierung ein Betriebsübergang im Sinne des § 613 a BGB ist. In der Regel wird das Unternehmen kein Interesse daran haben, durch die Umstrukturierung einen Betriebsübergang gemäß § 613 a BGB zu begründen. Das Vorliegen eines Betriebsübergangs hätte nämlich zur Folge, dass die bisherigen Arbeitnehmer (zumindest vorerst) zu den gleichen Konditionen in dem HR-SSC weiter beschäftigt werden müssen (§ 613 a Abs. 1 S. 1 BGB). Zudem hätte das Unternehmen den Sonderkündigungsschutz der Arbeitnehmer gemäß § 613 a Abs. 4 BGB zu beachten.

Parallel zu dem Vorliegen eines möglichen Betriebsübergangs tangiert die Gründung eines HR-SSC weitere arbeitsrechtliche Fragestellungen. Zu nennen sind hier beispielsweise die Fragen, inwieweit der Betriebsrat bei der Gründung eines HR-SSC zu beteiligen ist, oder ob die Gründung eines HR-SSC eine Betriebsänderung im Sinne des § 111 BetrVG ist. Aber auch Fragen nach dem Kündigungsschutz oder der sog. Corporate Social Responsibilty können auftreten. Nachfolgend werden die Besonderheiten der arbeitsrechtlichen Aspekte des Betriebsübergangs und der Betriebsänderung bei einem HR-SSC dargestellt.

7.2.1   Arbeitsrechtliche Grundlagen

Mit Blick auf die weiteren Ausführungen werden zunächst die wesentlichen Grundlagen erläutert:

Betriebsübergang

Nach dem Wortlaut des § 613 a Abs. 1 S. 1 BGB liegt ein Betriebsübergang vor, wenn ein Betrieb oder Betriebsteil durch Rechtsgeschäft auf einen anderen Inhaber übergeht. Voraussetzung ist (a) das Vorliegen eines Betriebs oder Betriebsteils, (b) ein Inhaberwechsel und (c) ein Übergang des Betriebs oder Betriebsteils.

Mit Blick auf die Auslegung der Rechtsnorm sei angemerkt, dass die heutige Fassung des § 613 a BGB stark durch die Umsetzung der Betriebsübergangsrichtlinie und der sich daran anschließenden Änderungen geprägt ist. Daher ist die Regelung des § 613 a BGB europarechtskonform auszulegen (vgl. Bayreuther 2014, § 613 a BGB Rn. 2; Thüsing 2011, § 5 Rn. 6).

Sollte mit der Einführung eines HR-SSC ein Betriebsübergang im Sinne des § 613 a BGB einhergehen, würde dies zu einem automatischen Schuldnerwechsel führen. Für die Arbeitnehmer würde das wiederum bedeuten, dass der neue Inhaber kraft Gesetzes in die bestehenden Arbeitsverhältnisse eintritt (vgl. Feudner 1999, S. 1184). Zudem führt der Betriebsübergang zu einer Weitergeltung der tarifrechtlichen Normen und in bestimmten Fällen zu einem Verschlechterungsverbot (vgl. § 613 a Abs. 1 S. 1 BGB). Überdies sind eine Haftungserweiterung (vgl. § 613 a Abs. 2 BGB), das Kündigungsverbot wegen des Betriebsübergangs (vgl. § 613 a Abs. 4 BGB), der Anspruch auf das Unterrichtungsschreiben (vgl. § 613 a Abs. 5 BGB) sowie das Widerspruchsrecht der Arbeitnehmer (vgl. § 613 a Abs. 6 BGB) als Rechtsfolgen eines Betriebsübergangs zu beachten.

Betriebsänderung

Im Zusammenhang mit der Einführung eines HR-SSC kann es zudem zu Betriebsänderungen kommen. Sollte eine Betriebsänderung vorliegen, wäre dies für die Mitwirkung des Betriebsrats relevant. Hintergrund ist, dass in Unternehmen mit in der Regel mehr als 20 wahlberechtigten Arbeitnehmern der Betriebsrat über geplante Betriebsänderungen, die wesentliche Nachteile für die Belegschaft/erhebliche Teile der Belegschaft zur Folge haben können, rechtzeitig und umfassend zu unterrichten ist (vgl. § 111 S. 1 BetrVG). Maßgeblich ist daher die Klärung der Frage, wann eine Betriebsänderung vorliegt. Nach § 111 S. 3 BetrVG gilt als Betriebsänderung

1. eine Einschränkung und Stilllegung des ganzen Betriebs oder von wesentlichen Betriebsteilen,
2. eine Verlegung des ganzen Betriebs oder von wesentlichen Betriebsteilen,
3. ein Zusammenschluss mit anderen Betrieben oder die Spaltung von Betrieben,
4. grundlegende Änderungen der Betriebsorganisation, des Betriebszwecks oder der Betriebsanlagen,
5. eine Einführung grundlegend neuer Arbeitsmethoden und Fertigungsverfahren.

Das heißt, in den vorgenannten Fällen kann der Betriebsrat das Eintreten einer Betriebsänderung an sich zwar nicht verhindern, der Betriebsrat kann jedoch versuchen, im Rahmen der Unterrichtung und der daran anschließenden Beratung die mit der Betriebsänderung einhergehenden Nachteile für die Arbeitnehmer so gering wie möglich zu halten (vgl.

Burgmer/Richter 2008, S. 67). Die Beratungen münden schließlich in dem Versuch, einen Interessenausgleich und einen Sozialplan (vgl. § 112 Abs. 1 S. 2 BetrVG) abzuschließen.

Bereits an dieser Stelle sei erwähnt, dass nach der überwiegenden Ansicht in der Literatur und der Rechtsprechung ein Betriebsübergang im Sinne des § 613 a BGB keine Betriebsänderung im Sinne des § 111 BetrVG ist (vgl. Neef 1994, S. 97; Richardi/Annuß 2014, § 111 BetrVG Rn. 124; BAG, Urteil vom 4.12.1979, Az.: 1 AZR 843/76, Rn. 20 [juris]). Hintergrund hierfür ist, dass die Arbeitnehmer durch die Regelung des § 613 a BGB abschließend vor etwaigen Nachteilen des Betriebsübergangs geschützt sind, sodass eine Beteiligung des Betriebsrats nicht notwendig erscheint (vgl. Neef 1994, S. 97; Richardi/Annuß 2014, § 111 BetrVG Rn. 124).

7.2.2   Betriebsübergang und HR-Shared-Service-Center

Anknüpfend an die eingangs erwähnten Rechtsfolgen bzw. Rechtsunsicherheiten eines Betriebsübergangs stellt sich die Frage, ob die Bündelung verschiedener Personalabteilungen eines Konzerns zu einem HR-SSC als Betriebsübergang im Sinne des § 613 a BGB zu qualifizieren ist. Voraussetzung hierfür wäre, dass es sich (a) bei der Personalabteilung um einen Betrieb bzw. einen Betriebsteil handelt, der (b) unter Wahrung der Betriebsidentität auf (c) einen neuen Betriebsinhaber (= Inhaberwechsel) übergeht.

Mit Blick auf die vorgenannten Voraussetzungen liegt ein Betriebsübergang vor, wenn unterschiedliche (dezentrale) Personalabteilungen in einem rechtlich selbstständigen HR-SSC – unter Wahrung ihrer bisherigen Identität – gebündelt werden.

Personalabteilung als Betrieb bzw. Betriebsteil i. S. d. § 613 a BGB

Zunächst ist zu klären, ob die Personalabteilungen der dezentralen Organisationen den rechtlichen Betriebsbegriff bzw. den Betriebsteilbegriff im Sinne des § 613 a BGB erfüllen.

Nach der in Rechtsprechung und Literatur vertretenen Ansicht versteht man unter einem Betrieb im Sinne des § 613 a BGB „eine organisierte Gesamtheit von Personen und Sachen zur auf Dauer angelegten Ausübung einer wirtschaftlichen Tätigkeit mit eigener Zielsetzung" (BAG, Urteil vom 25.2.1981, Az.: 5 AZR 991/78, Rn. 10 [juris]). Nach dieser Definition werden die Arbeitnehmer als Teil des Betriebs verstanden. Unter einem Betriebsteil verstehen die Rechtsprechung und die Literatur eine „selbständig abtretbare Einheit" (BAG, Urteil vom 25.4.2013; Az.: 6 AZR 49/12, Rn. 169 [juris]), die eine Untergliederung des Gesamtbetriebs ist, mit der ein Teilzweck verfolgt wird, auch wenn es sich dabei um eine Hilfsfunktion handelt (vgl. Bayreuther 2014, § 613 a BGB Rn. 4; Commandeur/Kleinebrink 2004, S. 449).

Ob die dezentralen Personalabteilungen organisatorisch selbstständige oder abtrennbare Einheiten sind, hängt maßgeblich von der jeweiligen Organisationsstruktur ab – in der Regel erfüllen Personalabteilung jedoch die Anforderungen an den Betriebs- bzw. Betriebsteilbegriff.

Wahrung der Betriebsidentität

Für das Vorliegen eines Betriebsübergangs ist ferner die Betriebsidentität erforderlich. Dies ist in der Praxis häufig der Ansatzpunkt, um das Vorliegen eines Betriebsübergangs zu verneinen. Wie bereits eingangs erwähnt, widerspricht der automatische Übergang der Arbeitsverhältnisse im Sinne des § 613 a Abs. 1 S. 1 BGB der erhofften Reduzierung der Personalkosten. Diese Problematik wird umso gravierender, wenn mit Blick auf die vergleichsweise niedrigen Lohnnebenkosten ein Standort im Ausland gewählt wurde. Daher erscheint es aus Unternehmenssicht naheliegend, das Eintreten eines Betriebsübergangs vermeiden zu wollen.

Zur Erleichterung der Frage, wann die Betriebsidentität im Falle eines Betriebsübergangs gewahrt bleibt, entwickelten der EuGH (vgl. EuGH, Urteil vom 18.03.1986, Rs.: C 24/85, Rn. 13 [juris]) und dem folgend das BAG (vgl. BAG, Urteil vom 16.5.2002, Az.: 8 AZR 319/01, Rn. 75 [juris]) einen sog. Sieben-Punkte-Katalog. Hiernach sind folgende Kriterien in einer Gesamtschau zu berücksichtigen: (1) die Art des Betriebs, (2) der Übergang materieller Betriebsmittel, (3) der Wert der immateriellen Aktiva beim Übergang, (4) die Übernahme der Hauptbelegschaft durch den neuen Inhaber, (5) die Übernahme der Kundschaft, (6) der Grad der Ähnlichkeit der vor und nach dem Übergang verrichteten Tätigkeit sowie (7) die Dauer einer eventuellen Unterbrechung dieser Tätigkeit (vgl. Alsbaek 2001, S. 27; Willemsen 2008a, S. 793 Rn. 98; Bachner/Gerhardt 2012, S. 29 f. Rn. 19; Nicolai 2007, Kapitel 1 Rn. 10 ff.). Wichtig ist dabei insbesondere das Kriterium „Ähnlichkeit vor und nach der Übertragung". Dieses konkretisierte die Rechtsprechung (vgl. EuGH, Urteil vom 12.2.2009, Rs.: C-466/07; BAG, Urteil vom 17.12.2009, Az.: 8 AZR 1019/08) dahin gehend, dass eine „funktionale Verknüpfung" zwischen den übertragenen Wirtschaftsgütern und dem mit ihnen bislang verfolgten Betriebszweck für die Wahrung der Betriebsidentität ausreicht (vgl. Bachner/Gerhardt 2012, S. 28 f. Rn. 18; Beseler 2011, S. 28 f.). Das heißt, durch die Eingliederung eines übertragenen Betriebs in einen bereits bestehenden Betrieb geht die Betriebsidentität nicht verloren, wenn die funktionelle Verknüpfung zwischen den Wirtschaftsgütern nach wie vor besteht (vgl. Bachner/Gerhardt 2012, S. 29 Rn. 18).

Inwieweit die einzelnen Kriterien des Sieben-Punkte-Katalogs gewichtet werden, hängt maßgeblich von dem übertragenen Betrieb ab. An einer Wahrung der Betriebsidentität fehlt es beispielsweise, wenn lediglich die betreffende Tätigkeit durch einen anderen fortgeführt wird (BAG, Urteil vom 24.1.2013, Az.: 8 AZR 706/11, Rn. 24 [juris]). In diesem Fall liegt eine bloße Funktionsnachfolge – und nicht ein Betriebsübergang – vor, da es an der Fortführung des betriebsprägenden „Substrats" fehlt (vgl. Alsbaek 2001, S. 31). Denkt man an die klassischen Outsourcing-Fälle, in denen ein Unternehmer dauerhaft Dienstleistungen eines anderen Unternehmens in Anspruch nimmt, statt diese Aufgaben selbst zu erledigen (vgl. Becker 2010, S. 5; Picot/Schnitker 2001, S. 15, Rn. 32, 36 ff.), fehlt es auch hier an der Fortführung der Betriebsidentität und damit an einer Voraussetzung für den Betriebsübergang.

Für die Wahrung der Betriebsidentität kann es beispielsweise – vor dem Hintergrund des Sieben-Punkte-Katalogs – auf die Übernahme der Arbeitsorganisation und der Betriebsmethode ankommen (vgl. Willemsen 2008a, S. 794 Rn. 101). Die Abgrenzung „Fortführung der Betriebsidentität vs. bloße Funktionsnachfolge" kann im Einzelfall schwierig sein.

Inhaberwechsel

Ferner ist nach dem Wortlaut des § 613 a BGB für das Vorliegen eines Betriebsübergangs Voraussetzung, dass der betreffende Betrieb oder Betriebsteil durch Rechtsgeschäft auf einen anderen Inhaber übergeht. Der Inhaberwechsel ist gegeben, wenn es sich bei dem HR-SSC um eine andere Rechtspersönlichkeit als bisher handelt. Hier spielt wiederum die gesellschaftsrechtliche Umsetzung eine Rolle. In den Fällen, in denen eine neue Gesellschaft gegründet wird und die HR-Abteilungen der dezentralen Organisationen auf die neue Gesellschaft übertragen werden, ist der Inhaberwechsel gegeben.

Zusammenfassend bleibt festzuhalten, dass es stets eine Frage des Einzelfalls ist, ob die Umstrukturierung zu einem Betriebsübergang führt; dennoch ist dies ein wichtiger Punkt, der in der Vorbereitungsphase – insbesondere mit Blick auf die Rechtsfolgen des § 613 a BGB – bedacht werden sollte.

7.2.3   Grenzüberschreitender Betriebsübergang und HR-Shared-Service-Center

Die Standortwahl spielt auch bei der Implementierung eines HR-SSC eine wichtige Rolle. Vor dem Hintergrund der Wahl eines ausländischen Sitzes stellt sich die Frage, welche Folgen die Grenzüberschreitung für das Vorliegen eines Betriebsübergangs hat. Insoweit sollten im Vorfeld folgende Fragen geklärt werden:

Vor dem Hintergrund der Ausführungen zu dem möglichen Vorliegen eines Betriebsübergangs stellen sich im Falle der Grenzüberschreitung mit Blick auf die arbeitsrechtlichen Folgen u. a. folgende Fragen:

- Welches Recht ist auf die Beurteilung der Frage, ob ein Betriebsübergang vorliegt, anzuwenden? Beurteilt sich die Rechtslage nach deutschem oder nach ausländischem Recht?
- Orientiert sich die anzuwendende Rechtsordnung an Rechtswahlklauseln, die im Rahmen der Umstrukturierung getroffen wurden? Kann man die anzuwendende Rechtsordnung durch die Vereinbarung einer Rechtswahl steuern?
- Können die deutschen Rechtsfolgen des § 613 a BGB auch auf ein HR-SSC im Ausland Anwendung finden oder richten sich die Rechtsfolgen nur auf Inlandssachverhalte?
- Kann man durch die Wahl eines Sitzes im Ausland die Rechtsfolgen des § 613 a BGB umgehen?
- Führt die Verlegung der HR-Abteilungen auf ein im Ausland sitzendes HR-SSC automatisch zu einem Verlust der Betriebsidentität? Das heißt, findet die arbeitnehmerschützende Vorschrift des § 613 a BGB – mangels Vorliegen der notwendigen Voraussetzungen – keine Anwendung?

Die aufgeworfenen Fragen verdeutlichen, dass das Zusammenspiel von einem möglichen Betriebsübergang insbesondere bei Sachverhalten mit Auslandsbezug zu einer Vielzahl von Rechtsfragen führt, die im Vorfeld geklärt werden müssen.

An dieser Stelle sei darauf hingewiesen, dass einige der vorgenannten Rechtsfragen bislang nicht geklärt sind. Zwar ist nach Ansicht der wohl überwiegenden deutschen Rechtsprechung die Anwendbarkeit des § 613 a BGB auf Sachverhalte mit Auslandsbezug zu bejahen (vgl. BAG, Urteil vom 26.5.2011, Az.: 8 AZR 793/09, Rn. 46 [juris]), dennoch ist unklar, ob dies auch für die Rechtsfolgen gilt.

7.2.4 Betriebsänderung und HR-Shared-Service-Center

Mit der Bündelung der HR-Abteilungen verschiedener dezentraler Organisationen in einem HR-SSC können Betriebsänderungen einhergehen. Vor dem Hintergrund einer etwaigen Betriebsratsmitwirkung ist daher im Vorfeld der Einführung eines HR-SSC zu prüfen, ob bzw. welche Betriebsänderungen vorliegen.

Mögliche Betriebsänderungen bei der Einführung eines HR-SSC

Betriebsänderungen können dabei sowohl bei den dezentralen Organisationen als auch bei dem HR-SSC eintreten.

Der erste Fall liegt vor, wenn die dezentralen Organisationen mit Blick auf die bevorstehende Umstrukturierung Betriebsänderungen durchführen. Hierbei kann sich die Betriebsänderung wiederum sowohl auf die dezentrale Personalabteilung als auch auf den übrigen Betrieb beziehen.

Der zweite Fall liegt beispielsweise vor, wenn für das HR-SSC keine neue Gesellschaft gegründet wird, sondern eine bestehende Gesellschaft so umstrukturiert wird, dass diese sich als „aufnehmende" Gesellschaft der bislang dezentralen HR-Abteilungen eignet. Wichtig ist dabei Folgendes: Das Vorliegen eines Betriebsübergangs ist keine Betriebsänderung.

Betriebsänderungen und ein im Ausland gelegenes HR-SSC

Auch mit Blick auf das Vorliegen einer/mehrerer Betriebsänderung/-en (und in dessen Konsequenz der Mitwirkung des Betriebsrats) würden sich bei einem ausländischen Standort des HR-SSC beispielsweise folgende Fragen stellen:

- Sind die deutschen Regelungen des BetrVG auf Auslandssachverhalte anwendbar?
- Kann man durch die Wahl eines ausländischen Standorts die Beteiligung des Betriebsrats ausschließen?
- Führt das Vorliegen eines grenzüberschreitenden Betriebsübergangs zu einer Betriebsänderung oder sind auch insoweit die Regelungen eines innerdeutschen Betriebsübergangs anwendbar?

Auch hinsichtlich dieser Rechtsfragen bestehen Rechtsunsicherheiten. Diese basieren auf folgendem Hintergrund: Im Gegensatz zu § 613 a BGB ist der räumliche Anwendungsbereich des § 111 BetrVG aufgrund des (für das BetrVG geltende) Territorialitätsprinzips auf die Bundesrepublik Deutschland begrenzt (vgl. Richardi/Annuß 2014, § 111 BetrVG Rn. 95). Eine Begrenzung des Anwendungsbereichs auf Betriebsänderungen im Inland lässt sich dem Wortlaut des § 111 BetrVG jedoch nicht entnehmen, sodass sich namhafte Vertreter einer Gegenansicht in der Literatur finden (vgl. Fitting 2012, § 111 BetrVG Rn. 82).

Die Frage der Betriebsratsbeteiligungen ist also u. a. vor dem Hintergrund möglicher Betriebsänderungen im Vorfeld zu klären.

7.2.5   Zwischenergebnis

Das Arbeitsrecht spielt bei der Einführung eines HR-SSC eine wichtige Rolle. Die damit zusammenhängenden Rechtsunsicherheiten wurden an den Beispielen des Betriebsübergangs und der Betriebsänderung im Überblick dargestellt. Andere relevante Themen wie beispielsweise der Kündigungsschutz im Zusammenhang mit der Umstrukturierung wurden hingegen nicht erörtert.

7.3   Datenschutzrechtliche Aspekte

Abschließend sei auf die datenschutzrechtlichen Aspekte bei der Gründung eines HR-SSC hingewiesen.

7.3.1   Abriss datenschutzrechtlicher Aspekte bei einem deutschen HR-Shared-Service-Center

Die Einführung eines HR-SSC hängt zwingend mit datenschutzrechtlichen Aspekten zusammen. Schließlich werden im Rahmen der Bündelung der einzelnen Personalabteilungen personenbezogene Daten im HR-SSC zusammengefasst.

In Deutschland regelt das Bundesdatenschutzgesetz (BDSG) den Schutz personengezogener Daten. Hintergrund des Datenschutzes ist das Recht auf informationelle Selbstbestimmung jedes Einzelnen.

§ 3 Abs. 4 S. 1 BDSG definiert die – bei der Implementierung eines HR-SSC relevant werdende – Datenübermittlung als Unterfall der Datenverarbeitung (vgl. Vogt 2014, S. 245). Nach § 4 Abs. 1 BDSG wiederum bedarf die Datenverarbeitung einer Rechtfertigung. Die Rechtfertigung kann dabei entweder auf einem Gesetz, einer Rechtsvorschrift oder auf der Einwilligung der Arbeitnehmer beruhen (vgl. Vogt 2014, S. 245).

Festzuhalten ist, dass es kein Konzernprivileg gibt (vgl. Vogt 2014, S. 246). Vielmehr muss jedes konzernzugehörige Unternehmen die Vorschriften des BDSG selbstständig beachten. Mit Blick auf die Einführung eines HR-SSC heißt dies, dass es für jede Datenübermittlung von personenbezogenen Daten stets einer ausdrücklichen Einwilligung oder einer gesetzlichen Erlaubnis bedarf.

Bemerkenswert ist zudem, dass – unabhängig von der Frage, ob alle Arbeitnehmer im Rahmen eines HR-SSC ihre Einwilligung zu der Datenübermittlung erteilen müssen – jeder

Arbeitnehmer von der Datenübermittlung zu unterrichten ist (vgl. § 4 Abs. 3 BDSG; ggf. § 33 Abs. 1 BDSG; Vogt 2014, S. 245).

7.3.2 Abriss datenschutzrechtlicher Aspekte bei einem grenzüberschreitenden HR-Shared-Service-Center

Bereits die angerissenen Aspekte des Datenschutzes verdeutlichen, welche nicht zu vernachlässigende Rolle der Datenschutz bei einem HR-SSC spielt. Die Bedeutung wächst zudem, wenn in Bezug auf den künftigen Standort des HR-SSC auch das Ausland eine Option darstellt. Zum einen kommen hinsichtlich der Datenübermittlung ins Ausland Sonderregelungen zum Tragen (vgl. Vogt 2014, S. 245); zum anderen stellt sich die Frage nach dem Datenschutzstandard im Zielland. Wichtig ist insoweit, dass sich im Ausland teilweise strengere Datenschutzregelungen als in Deutschland finden (vgl. Becker 2008b, S. 16).

Im Unterschied zu den gesellschaftsrechtlichen und arbeitsrechtlichen Fragestellungen sehen die Regelungen des BDSG Vorschriften für den grenzüberschreitenden Datentransfer vor. Zu nennen sind hier die Regelungen des § 4 b und § 4 c BDSG.

Anknüpfend an die Regelung des § 4 b Abs. 3 BDSG kommt es für die Zulässigkeit des grenzüberschreitenden Datentransfers insbesondere auf die Angemessenheit des Datenschutzniveaus im Zielland an.

Sollte das angemessene Datenschutzniveau nicht vorliegen, kommt ein Datentransfer nur unter den Voraussetzungen der Ausnahmevorschrift des § 4 c BDSG in Betracht. Nach dieser Vorschrift bedarf es u. a. der Einwilligung der Betroffenen – d. h. bei Bündelung des Personalwesens in einem HR-SSC könnte u. U. für den damit zusammenhängenden Datentransfer die Einwilligung eines jeden Betroffenen notwendig sein. Wäre dies tatsächlich für die Umsetzung des HR-SSC nötig, wäre dies mit einem enormen Aufwand verbunden, der zwingend im Vorfeld kalkuliert werden müsste.

Bereits dieser Aspekt verdeutlicht, dass für die Standortwahl auch das im Zielland bestehende Datenschutzniveau berücksichtigt werden sollte.

7.4   Resümee

Zusammenfassend wird klar, dass bei der Einführung eines HR-SSC eine Vielzahl von Rechtsfragen berücksichtigt werden muss. Neben den aufgezeigten gesellschaftsrechtlichen, arbeitsrechtlichen und datenschutzrechtlichen Zusammenhängen gibt es zahlreiche weitere rechtliche Aspekte, die hier nicht angesprochen wurden. (Zu denken ist beispielsweise an die Bedeutung des Steuerrechts – insbesondere bei einem ausländischen Sitz des HR-SSC.) Dennoch verdeutlichen die vorangegangenen Ausführungen die maßgebende Relevanz rechtlicher Aspekte im Rahmen der Einführung eines HR-SSC.

8 Führung und Steuerung

Werner Felisiak

Die Einführung einer klassischen Shared-Service-Organisation im HR-Bereich bringt starke Veränderungen sowohl für die Kunden der Organisation als auch für die in ihr tätigen Mitarbeiter und Führungskräfte mit sich. Diese Veränderungen finden besonders ihren Ausschlag in neuen und im Personalwesen nicht erprobten Rollenmodellen, Kommunikationswegen sowie Organisationsabläufen. Fehlende Identifikation der handelnden Mitarbeiter mit ihrer neuen Rolle führen zu Zweifeln an ihrem Selbstverständnis. Letzteres gilt vor allem für Mitarbeiter, die bereits eine gewisse Zeit in einer althergebrachten Organisationsstruktur erfolgreich und mit entsprechender Motivation gearbeitet haben.

Dieser Umstand muss bei der Planung der Führung und Steuerung des HR-SSC berücksichtigt werden.

Die Abläufe in einer Shared-Service-Organisation sind geprägt durch Standardisierung und Harmonisierung von Geschäfts- bzw. Serviceprozessen. Die Arbeitsergebnisse und Leistungen eines SSC sind von hoher Transparenz geprägt. Unter der Standardisierung/Harmonisierung von Geschäfts-/Serviceprozessen wird die Schaffung einer möglichst einheitlichen und durchgängigen Prozesslandschaft über alle Geschäftseinheiten eines Unternehmens hinweg verstanden. Ziel dieser Prozessstandardisierung ist es, den Leistungsaustausch zwischen den Geschäftseinheiten sowie internen und externen Kunden bzw. Lieferanten/Partnern transparenter und effizienter steuern zu können. Basis der Standardisierung bildet ein spezifisches Prozessmodell. In diesem sind neben den Geschäfts-/Serviceprozessen auch deren Teilprozesse und Prozessschritte sowie interne und externe Schnittstellen zu definieren und zu beschreiben. Mit der Harmonisierung ist deren Umsetzung, also die gelebte Standardisierung in den internen SSC-Arbeitsgruppen bzw. Serviceeinheiten, gemeint.

8.1 Taylorismus oder ganzheitliches Managementsystem

Bei oberflächlicher Betrachtung und Analyse der o. g. Arbeitsgrundlage eines SSC könnte man zu dem Schluss kommen, dass es sich bei dieser Organisationsform um eine Wiederauferstehung des Taylorismus handelt. In dieser Auslegung stecken große Risiken und leider häufig der Ausgangspunkt für das Scheitern einzelner SSCs.

Der Taylorismus basiert auf der Auffassung, dass es eine einzelne „beste Methode" gäbe, um eine bestimmte Aufgabe zu erfüllen, und dass es dann darum gehe, die richtigen Leute für die Aufgabe zu finden und diese schließlich zu überwachen, je nach ihrer Leistung zu belohnen oder zu bestrafen. Aufgabe des Managements ist es hierbei, die Arbeit zu planen und zu kontrollieren. „Man findet kaum einen kompetenten Arbeiter, der nicht einiges an Zeit investiert, um auszuprobieren, wie langsam er arbeiten und gleichzeitig seinem Arbeitgeber das Gefühl vermitteln kann, dass die Arbeit munter vorangeht. In unserem System wird dem Arbeiter nur gesagt, was er tun soll und wie. Jede Verbesserung, die er an der ihm übertragenen Vorgehensweise vornimmt, ist für seinen Erfolg fatal", bemerkte Taylor (vgl. Hebeisen 1999, S. 93 f.).

Tatsächlich versuchte Taylor die Arbeit zu dehumanisieren. Als hochintelligenter Mann stand er den Menschen mit großer Skepsis gegenüber. Mit seiner Arbeit legte er das Fundament für die Massenfertigungstechniken, die sich nach seinem Tode rasch verbreiteten. Seine unverzeihliche Sünde bestand in der Annahme, dass es so etwas wie Fähigkeit oder Begabung bei der Herstellung von Produkten nicht gäbe. Solche Arbeiten wären allesamt identisch, so Taylors Überzeugung. Und sie könnten alle Schritt für Schritt analysiert werden – als eine Serie unqualifizierter Tätigkeiten, die dann zu einem beliebigen Werk kombiniert werden könnten. Jeder, der willens wäre, diese Tätigkeit zu erlernen, könnte ein „erstklassiger" Arbeiter werden, der eine „erstklassige Bezahlung" verdiene. Er könnte die schwierigsten Arbeiten verrichten, und zwar perfekt.

Eine indirekte, aber ebenso zutreffende Kritik findet sich in Kurt Vonneguts Roman „Das höllische System" (entstanden aufgrund von Vonneguts Erfahrungen mit der Arbeit für General Electric): „‚Wenn nicht die Leute da wären, die gottverdammten Leute', sagte Finnerty, ‚die sich andauernd in den Maschinen verheddern. Wenn es sie nicht gäbe, dann wäre die Welt für die Techniker ein Paradies.'" Taylor wollte versuchen, ein solches Paradies zu schaffen.

Der Versuch, dieses System zur Lösung der Fragen bezüglich Führung und Steuerung eines SSC umzusetzen, muss scheitern. Im Taylorismus ging es um Effizienz, darum, physische Tätigkeiten auf die bestmögliche Weise durchzuführen. Dafür können wir ihm durchaus dankbar sein. Taylor wollte in der Betriebswirtschaft auf allen Gebieten, auch auf dem Gebiet des Managements, absolute Sicherheit schaffen. Die Führungskräfte erledigen die Denkarbeit, während die Mitarbeiter eifrig nach Vorgaben, ohne zu denken, vor sich hin werkeln. Wir wissen, dass das Wirtschaftsleben heute so komplex und so schwierig und das Überleben einer Organisation in einer immer ungewisser, wettbewerbsintensiver und gefährlicher werdenden Umgebung so unsicher ist, dass ihre Existenz davon abhängt, ob es ihr von Tag zu Tag gelingt, auch noch das kleinste Quäntchen an Intelligenz zu mobilisieren.

Die handelnden Mitarbeiter (Leistungsträger) und die zu bedienenden Kunden (Leistungsempfänger) sollen und müssen vor allem in ein anforderungsgerechtes Managementsystem mit einbezogen werden. Darunter versteht man ein integriertes Konzept von Führung, Organisation und Controlling, das eine zielgerichtete Steuerung der Prozesse ermöglicht und die gesamte Organisation auf die Erfüllung der Bedürfnisse der Kunden und anderer Interessengruppen (Mitarbeiter, Kapitalgeber, Lieferanten, Partner) ausrichtet.

Geschäftsprozess-management	Managementansätze
durch Mitwirkung von Lieferanten/Partnern und Beteiligung von Mitarbeitern	Prozessführung, -organisation, -controlling ⬇ KVP*

Ziel
Steigerung von Effektivität und Effizienz

*Kontinuierlicher Verbesserungsprozess

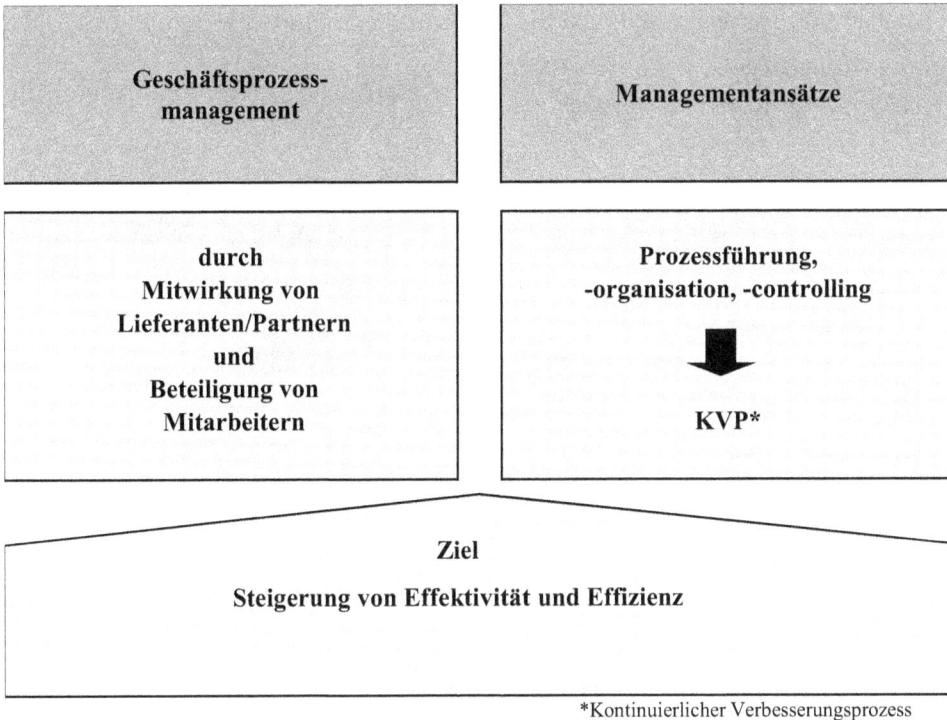

Abb. 8.1: Ziele, Aufgaben und Komponenten des Geschäftsprozessmanagements (Quelle: Eigene Darstellung)

Die Führungsaufgabe nehmen in Geschäftsprozessen die Geschäftsprozessverantwortlichen (in der Regel mittleres Management) wahr. Sie sind persönlich für die Erreichung der Prozessziele verantwortlich.

Die Prozessorganisation bildet den Ordnungsrahmen, der den effektiven und effizienten Ablauf der Geschäftsprozesse gewährleistet. Die Basis hierfür bilden klare, in die Tiefe gehende Prozessdokumentationen. Bei der Erstellung sollten die Mitarbeiter sehr konkret mit einbezogen werden, um zu gewährleisten, dass die Dokumentationen den tatsächlichen Gegebenheiten entsprechen und somit auch gelebt werden. Dies gilt auch bei organisatorischen, firmenrechtlichen bzw. gesetzlichen Änderungen von Rahmenbedingungen und daraus resultierenden Prozessanpassungen. Die Mitarbeiter sollten turnusmäßig, z. B. einmal jährlich, ihre Prozesse danach beurteilen, ob diese reibungslos bzw. effektiv ablaufen oder ob zum effektiveren Ablauf Anpassungen erforderlich sind. Dort, wo die Prozesse erledigt werden, steckt das größte Verbesserungspotenzial.

Die erfolgreiche Steuerung eines SSC setzt klare Ziele und Transparenz voraus. Die Basis dafür liefert das Prozesscontrolling.

Es umfasst die Planung der Prozessziele und die Prüfung der Zielerreichung. Wesentliche Ergänzungsaufgaben stellen die Analyse bei Zielabweichungen sowie die Einleitung und Unterstützung eines Verbesserungsprozesses dar.

Das Geschäftsprozessmanagement kann wie folgt charakterisiert werden:

- Prozessorientierung
  Im Mittelpunkt stehen Geschäftsprozesse.

- Kundenorientierung
  Gestaltung und Steuerung der Geschäftsprozesse sind auf die Erfüllung der Kundenwünsche bzw. auf die Erfüllung der Anforderungen und Erwartungen der Stakeholder ausgerichtet.

- Wertschöpfungsorientierung
  Geschäftsprozesse konzentrieren sich auf wertschöpfende Aktivitäten, Aktivitäten ohne Wertschöpfung werden eliminiert.

- Leistungsorientierung
  Effektivität und Effizienz der Geschäftsprozesse werden kontinuierlich verbessert.

- Mitarbeiterorientierung
  Die Mitarbeiter werden befähigt und erhalten die Kompetenz, weitgehend eigenständig die Geschäftsprozesse zu optimieren.

- KVP-Orientierung
  Die kontinuierliche Verbesserung der Geschäftsprozesse, unter Einbeziehung der Mitarbeiter, verstärkt und beschleunigt das organisationale Lernen.

- Kompetenzorientierung
  Die Geschäftsprozesse unterstützen den systematischen Auf- und Ausbau von Kernkompetenzen.

Hauptziele des Geschäftsprozessmanagements sind die Erhöhung der Kundenzufriedenheit und die Steigerung der Produktivität. Beide Ziele tragen zur Erhöhung des SSC bzw. des Geschäftswertes bei. Über die Gestaltung und Steuerung der Prozesse werden alle Aktivitäten des Shared Services auf die Bedürfnisse von Kunden und anderen Interessengruppen ausgerichtet. Die kontinuierliche Messung und Verbesserung der Prozesskennzahlen bilden die Basis für die Steigerung der Prozessleistung. Die Leistungssteigerungen basieren auf der Kreativität, dem Engagement und dem Sachverstand der Mitarbeiter, deren Eigenständigkeit und Motivation das Geschäftsprozessmanagement fördert. Grundsätzlich sind die beiden Ziele zwar konkurrierende Ziele, die es angemessen zu verfolgen gilt. Meines Erachtens sollte die höhere Produktivität, sprich die Kostenführerschaft zu einer vereinbarten Kundenzufriedenheit, das Ziel sein.

8.2   Performance Management

Für die Steuerung eines SSC bietet sich das umfassende Konzept des Performance Managements an. In diesem Kapitel werden deshalb die wesentlichen Grundlagen für die Steuerung eines SSC mittels Performance Management beleuchtet. Im Detail wird zuerst auf die Merkmale und Prozesse des Performance Managements eingegangen sowie auf die Ansätze, die es zu diesem Instrument gibt. Abschließend werden geeignete Performance Measures bzw. Key Performance Indicators aufgegriffen, die sich für den Einsatz des SSC eignen.

Leistung (engl. Performance) wird oft mit dem mengenmäßigen Herausbringen bzw. Erarbeiten von Leistung gleichgestellt, da dieser Begriff in vielen Gebieten, z. B. in der Physik oder in der Finanzwissenschaft, Anwendung findet. Jedoch ist diese Betrachtung zunächst auf mengenmäßige Steuerungsgrößen beschränkt und deshalb nicht wünschenswert (vgl. Armstrong 2006, S. 7).

Für die vorliegenden Ausführungen ist der Begriff „Performance Management" (PM) relevant, der ins Deutsche übersetzt mit dem Management von Leistung gleichgestellt werden kann. Wolfgang Jetter, einer der bedeutendsten Autoren im Bereich des Performance Managements, definiert diesen Begriff als „systematische[n], an der Unternehmensstrategie ausgerichtete[n] Management-Prozess, der gewährleisten soll, dass die Summe aller im Unternehmen erzielten Leistungen bzw. Ergebnisse den Leistungsanforderungen und Erwartungen […] entspricht und dadurch die Wettbewerbsfähigkeit des Unternehmens sicherstellt" (Jetter 2004, S. 41).

Performance Management ist in der Literatur ein umfassender Begriff, der oft mit einem Performance-Measurement-System und Performance Measures in Verbindung gebracht wird.

Performance Measures sind die Ableitung der Unternehmensstrategie in messbare Zielgrößen. Das Zusammenspiel dieser Kenngrößen, inklusive aller beteiligten Personen und involvierten Prozesse, bezeichnet man als Performance-Measurement-System. Ein Performance-Measurement-System ist wiederum ein Teilaspekt des übergeordneten Performance Managements und setzt sich mit der Erfüllung von Zielen und deren Gestaltung auseinander. Hierzu gehört auch die Planung, Steuerung und Kontrolle. Das nachstehende Diagramm macht den Zusammenhang dieser Begriffe nochmals deutlich.

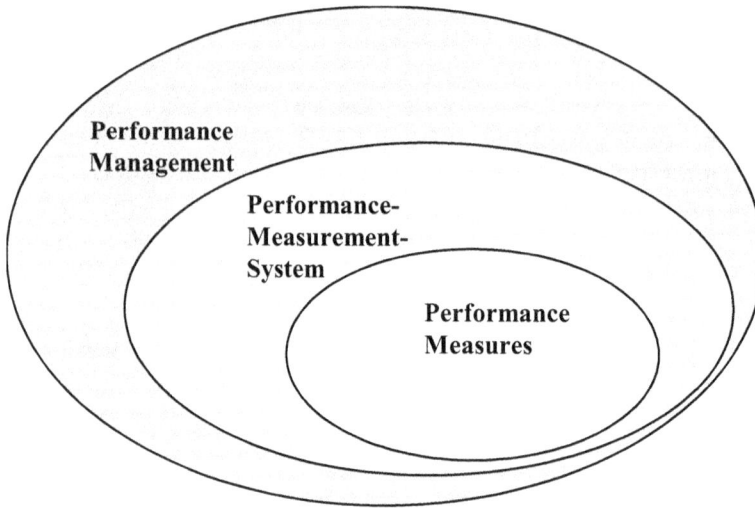

Abb. 8.2: Abgrenzung der Performance-Management-Begriffe (Quelle: Eigene Darstellung)

Neben der Definition von Jetter sieht auch Armstrong das Performance Management nicht nur als ein Steuerungsinstrument oder gar als ein starres System, sondern auch als einen systematischen Prozess zur Leistungssteigerung (vgl. Armstrong 2006, S. 1). Die Leistungs-steigerung soll die unterschiedlichen Organisationsebenen, also Mitarbeiter, Teams und Prozesse, ansprechen. Betrachtet man Performance Management als Teil der Unternehmens-führung, dann tritt neben den Phasen der Planung, Steuerung und Kontrolle vor allem die Verknüpfung der strategischen Planung einer Organisation mit der operativen Umsetzung auf. Das ist ein wichtiger Punkt für die Umsetzung der vom Management vorgegebenen Strategien und Ziele (vgl. Jetter 2004, S. XII).

8.2.1   Performance-Management-Prozess

Im Mittelpunkt des Performance-Management-Prozesses steht der sog. Deming-Kreis nach William E. Deming. In der Literatur finden sich auch die Begriffe „Deming-Rad" oder „die kontinuierliche Verbesserungsspirale". Das ursprünglich im Qualitätsmanagement ange-wandte Modell findet auch im Performance Management große Beachtung. Die wesentlichen Phasen dieses Modells bestehen aus Plan, Do, Check und Act (PDCA).

Die einzelnen Elemente dieses flexiblen, zyklischen Kreises lassen sich wie folgt erklären:

- **Plan/Analyse:** In dieser Phase wird geplant, welche Maßnahmen/Aufgaben/Projekte umgesetzt werden sollen, die zu einer Verbesserung der Leistung führen.
- **Do:** Die in der Plan-Phase vorgegebenen Maßnahmen werden umgesetzt.
- **Check:** Die ausgeführten Maßnahmen werden anhand der Planvorgabe gespiegelt.
- **Act:** Eventuelle Abweichungen aus dem Check-Zyklus werden korrigiert und der Prozess beginnt erneut bei der Plan-Phase.

Durch die allgemeine Gültigkeit dieses zyklischen Kreises ist es erforderlich zu beschreiben, wie sich die Prozesse innerhalb dieser Phasen detailliert in Bezug auf Performance Management verhalten. Nach Meinung von Jetter ist es erforderlich, die oben genannten Prozess-schritte in unterschiedliche Leistungsphasen und Leistungsebenen einzuteilen (vgl. Jetter 2004, S. XVI). Die Leistungsphasen sind im Wesentlichen die PDCA-Phasen, jedoch werden nach diesem Konzept die Act- und Check-Phasen vereint, da diese stark voneinander abhän-gig sind und auch in der zeitlichen Abfolge direkt zusammenhängen. Als Leistungsphasen werden hier Planung, Management und Konsequenzen der Performance genannt. Die Leis-tungsebenen sind in die Unternehmensebene, Organisations-/Prozessebene und Mitarbeiter-ebene unterteilt. Setzt man die Leistungsphasen und die Leistungsebenen in eine zweidimen-sionale Matrix ein, dann erhält man in den Ergebnisfeldern die einzelnen zugeordneten Kernelemente, wie die nachfolgende Tabelle zeigt:

Tab. 8.1: Phasen und Ebenen des Performance Managements (Quelle: Eigene Darstellung nach Jetter 2004)

Leistungsphasen/	Phase 1	Phase 2	Phase 3
Leistungsebenen	Planung der Performance	Management der Per-formance	Konsequenzen der Per-formance
Unternehmens-ebene	Strategische Richtung des Unternehmens festlegen	Strategien umsetzen	Human Ressource Mana-gement an der Strategie ausrichten
Organisations-/ Prozessebene	Organisation an den Zielen ausrichten	Übergreifende Projekte und Maßnahmen effi-zient managen	Feedback- und Lernpro-zess im Unternehmen verankern
Mitarbeiterebene	Ziele vereinbaren und Maßnahmen planen	Effizient arbeiten	Mitarbeitergespräche führen und Konsequen-zen vereinbaren

Armstrong weicht in seiner Vorgehensweise nicht wesentlich vom Jetter-Modell ab, jedoch werden fünf Phasen mit ihren jeweiligen Aktivitäten aufgezeigt, die nicht explizit nach un-terschiedlichen Leistungsebenen unterteilt werden. Die Phasen sind nach diesem Modell: Planung, Management, Überprüfung, Beurteilung und Verbesserung der Performance.

Die Phasen der unterschiedlichen Ansätze umfassen im Wesentlichen das gleiche Verständ-nis von Performance Management. Je nach Modell werden drei, vier oder fünf Phasen be-schrieben, die den Inhalt der Phasen auf unterschiedliche Weise zusammenfassen oder auf-teilen. Bei allen Modellen ist die erste Phase die Planungsphase. Beim Deming-Kreis wird die darauffolgende Phase mit „Do" bezeichnet, bei den Modellen von Jetter und Armstrong als „Management". Die „Check"- (Deming-Kreis) bzw. Überprüfungsphase (Armstrong) wird bei Jetter nicht explizit genannt, muss aber in der nachfolgenden Phase beachtet wer-den. Die „Act"-Phase (Deming-Kreis) spiegelt die Phasen 4 und 5 nach Armstrong wider sowie die Konsequenzen-Phase bei Jetter.

Durch eine Transformation versuchen wir, eine gemeinsame Grundlage zu bilden, in die sinngemäß die Phasen aller vorgestellten Modelle einfließen. Nach der Transformation der zwei Phasenmodelle und des Deming-Kreises ergibt sich ein vollständiges Modell, das alle wesentlichen Phasen beinhaltet:

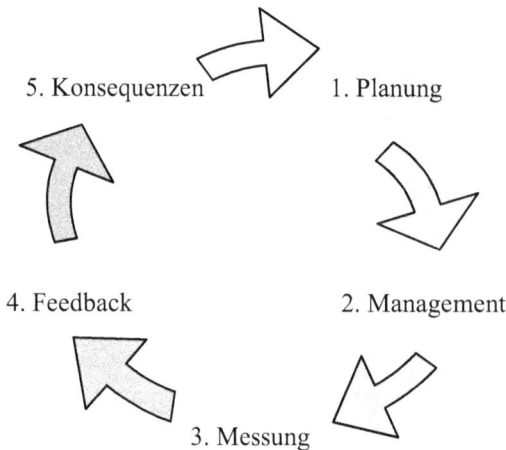

Abb. 8.3: Vollständiges Phasenmodell des Performance Managements (Quelle: Eigene Darstellung)

Dieses (vollständige) Phasenmodell bildet die Grundlage für die Vorgehensweise eines jeden Verbesserungsprozesses wie z. B. Kostenminimierung, Qualitätssteigerung, Serviceerhöhung.

8.2.2   PM-Ansätze für Shared-Service-Center

Durch die anhaltende Entwicklung des Performance Managements hat sich eine Vielzahl von Performance-Management-Ansätzen herausgebildet. Letztendlich finden in der betrieblichen Praxis überwiegend die sog. Framework-Ansätze Anwendung. Diese Ansätze sind mit Blick auf die Implementierung entwickelt worden. Die Aspekte dieser Ansätze können in folgende Kategorien geordnet werden:

- Finanzierung
- Strategie
- Prozesse
- Mitarbeiter

Unter den finanzierungsbetonten Ansätzen ist das Value Based Management sehr bekannt geworden, speziell mit dem Ansatz des Shareholder Value nach Rappaport. Weitere Ansätze in dieser Kategorie sind der Beyond-Budgeting-Ansatz, der die Ablösung der Steuerung mittels Budgets vorschlägt und im Gegenzug die Steuerung über strategische Ziele, z. B. mithilfe der Balanced Scorecard, vorantreibt. Ein weiterer finanzbetonter Ansatz ist unter dem Namen PIMS (Profit Impact of Market Strategies) bekannt. In diesem Ansatz, der ursprünglich von General Electric (GE) entwickelt wurde, werden die Haupteinflussfaktoren für mehrdimensionale Kennzahlensysteme identifiziert und untersucht.

Zu den strategisch fokussierten PM-Ansätzen gehört vor allem die Balanced Scorecard (BSC), die durch Kaplan vom Kennzahlenordnungssystem zu einem umfangreichen Managementsystem weiterentwickelt wurde. Dieser Ansatz ist nicht nur im deutschen Sprachraum der meist eingesetzte. Das Productivity Measurement and Enhancement System (ProMES) basiert auf den Gütern eines Unternehmens und versucht, dessen Eigenschaften mengenmäßig darzustellen. Die Performance Pyramid ist ein Ordnungssystem mit Feldern, die nach Organisationsebenen gegliedert sind. Bei diesem Ansatz werden „Aspekte der Integration von Performance-Indikatoren in Managementprozesse (Performance Loops), der Aufbau von Ursache-Wirkungs-Ketten zwischen einzelnen Kennzahlen der Felder sowie der Aufbau von Performance-Management-Systemen skizziert (vgl. Krause 2006, S. 86). Ein auf die Stakeholder-Ziele gerichteter Ansatz ist das Integrated Performance Measurement System (IPMS). Die Performance Prism koppelt ein strategisches, produktkonzentriertes Vorgehensmodell mit einem Kennzahlenkatalog. Das Benchmarking-Konzept ist für Unternehmen wichtig, um auf der Basis von Indikatoren die eigene Leistungsfähigkeit zu bemessen und einen Vergleich mit ähnlichen Unternehmen zu bekommen.

Die Framework-Ansätze konzentrieren sich vor allem auf die Geschäftsprozesse. Der bekannteste Ansatz ist das Ratios au Tableau de Bord. Dieser Ansatz wurde bislang insbesondere in Frankreich im Bereich des Produktionsmanagements eingesetzt und gilt als Vorläufer der BSC. Weitere geschäftsprozessfokussierte Ansätze sind die Activity Based Profitability Analysis (ABPA), die dem Ansatz des Activity Based Costing (ABC) zugeordnet werden kann, sowie der Ansatz des TQM (Total Quality Management) und der Six-Sigma-Ansatz.

Die mitarbeiterfokussierten Ansätze beschäftigen sich mit der Einbindung der Mitarbeiter in das Performance Management. Hier werden vor allem die auf Selbstbewertung der Mitarbeiter basierenden Konzepte im Bereich Qualitätsauszeichnungen und Intellectual Capital eingeordnet. Ein bekannter Selbstbewertungsansatz ist der in Deutschland bekannte Qualitätspreis der Ludwig-Erhard-Stiftung. Das Ziel bei diesen Ansätzen ist die stetige Verbesserung bestehender Strukturen in den Organisationen durch das Prinzip, dass sich Systeme aus sich selbst heraus verändern können. Von den Intellectual-Capital-Ansätzen gibt es eine große Vielzahl, die nach Strukturansätzen, monetären Gesamtbewertungen und Steuerungsansätzen unterteilt werden.

Einen Überblick über die angesprochenen Framework-Ansätze und deren Einordnung finden Sie in der folgenden Abbildung (vgl. Krause 2006, S. 84). Diese Framework-Ansätze haben für die unternehmerische Praxis große Relevanz, da sie individuell anpassbar sind.

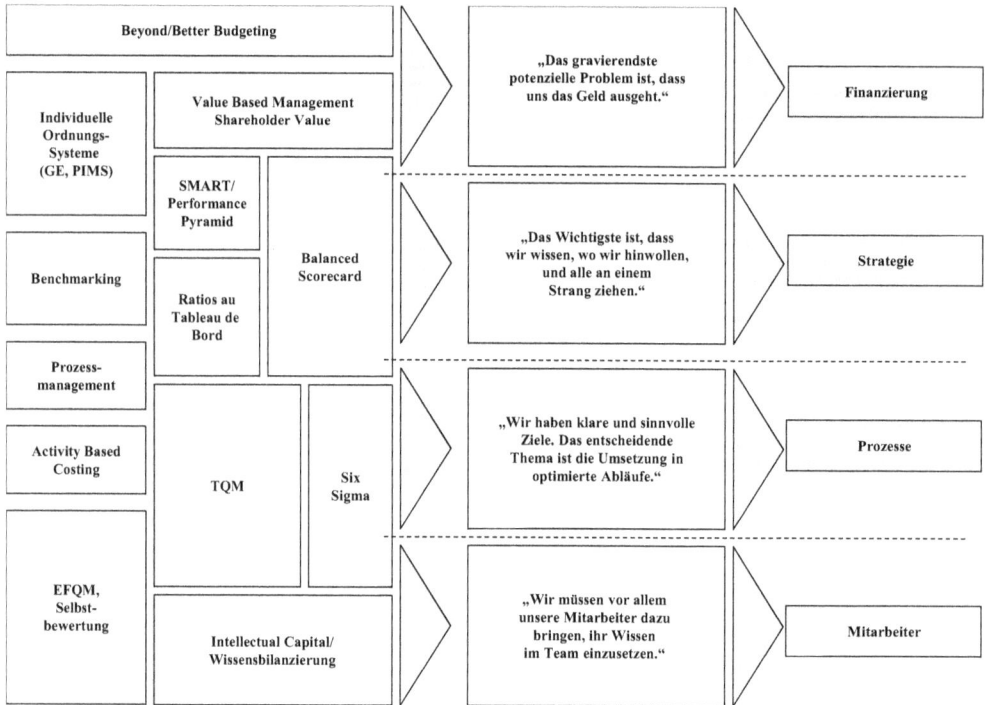

Abb. 8.4: Framework-Ansätze (Quelle: Eigene Darstellung)

8.2.3   Auswahl relevanter Ansätze

Eine detaillierte Beschreibung aller Ansätze würde den Rahmen sprengen. Wegen ihres großen Einflusses und der hohen praktischen Gestaltung bezüglich der Performance-
Management-Systeme werden aus dem Framework-Cluster die Ansätze der Balanced
Scorecard (BSC) und des Shareholder Value (SHV) beschrieben. Weiter werden wegen des
hohen Prozessbezugs die Ansätze des Total Quality Managements (TQM), aus dem Prozessmanagement die Ansätze des Total Cycle Time (TCT) sowie KAIZEN und Six Sigma
aufgezeigt.

Ein SSC bedeutet für ein Unternehmen oft eine völlig neue strategische Ausrichtung bezüglich der organisatorischen Verankerung zum Unternehmen. Damit die neu geschaffene Orga-
nisationseinheit die Unternehmensziele bestmöglich umsetzen kann, sind Ansätze und Methoden gefragt, die dieses Vorhaben unterstützen. Hierbei kann der Ansatz der Balanced
Scorecard helfen. Die BSC ist ein Konzept zur Umsetzung von Strategien innerhalb eines
Unternehmens. Sie wurde von Robert S. Kaplan und David P. Norton bereits in den 1990er-
Jahren entwickelt und findet seitdem weltweit in vielen Unternehmen große Beachtung. Die
BSC ist jedoch nicht nur ein Ansatz, Strategien im Unternehmen umzusetzen. Vielmehr
werden nach dem Ansatz der BSC die Phasen der Planung, Steuerung und Kontrolle abge-

deckt. Im Mittelpunkt einer BSC stehen demnach die Strategien und Visionen eines Unternehmens, wovon finanzielle und nicht finanzielle Kenngrößen zu einem ganzheitlichen Managementsystem abgeleitet werden (vgl. Kaplan/Norton 1997, S. 9). Unter dem Ausgewogenheitsbegriff „Balanced" ist das Gleichgewicht zwischen finanziellen und nicht finanziellen sowie externen und internen Kenn- und Treibergrößen gemeint. Diese Kenngrößen werden auf die unterschiedlichen Unternehmensebenen bis zum einzelnen Mitarbeiter heruntergebrochen, um eine ideale Verankerung im Unternehmen zu erreichen. Zu jeder Kennzahl gibt es einen Zielwert, der in einer bestimmten Zeit erreicht werden soll. Hierzu werden Maßnahmen beschrieben, die angeben sollen, welche Aktionen ausgeführt werden müssen, um den Zielwert zu erreichen.

Traditionelle Kennzahlensysteme haben sich bislang nur auf finanzielle Kenngrößen beschränkt. Ein Unternehmen ausschließlich mit Finanzkennzahlen zu steuern, reicht heute nicht mehr aus, um ein umfassendes Management zu betreiben. Kaplan und Norton haben deshalb innerhalb der BSC vier Perspektiven eingeführt, die dem Management einen Einblick in unterschiedliche Sichtweisen gewährleisten. Die von Kaplan und Norton eingesetzten Perspektiven sind:

- Finanzperspektive
- Kundenperspektive
- Interne Prozessperspektive
- Lern- und Entwicklungsperspektive

Je nach Situation können die Perspektiven angepasst oder ergänzt werden. Zum Beispiel verfeinert Parmenter die vier Standardperspektiven um zwei weitere Perspektiven (Kundenzufriedenheits- sowie Umwelt- und Gesellschaftsperspektive) (vgl. Parmenter 2007, S. 11).

Finanzen

**Preis-
Leistungs-Verhältnis,
Marktfähigkeit**

Kunde/Markt   Prozesse

**Erwartungen der Kunden
sowie
Ziele am Markt**

**Optimale Leistungen in den
kundenrelevanten
Geschäftsprozessen**

Wissen/Verhalten

**Kompetenzen,
Veränderungsbereitschaft,
Mitarbeiterzufriedenheit**

➤ Haupteinflüsse
→ Nebeneinflüsse

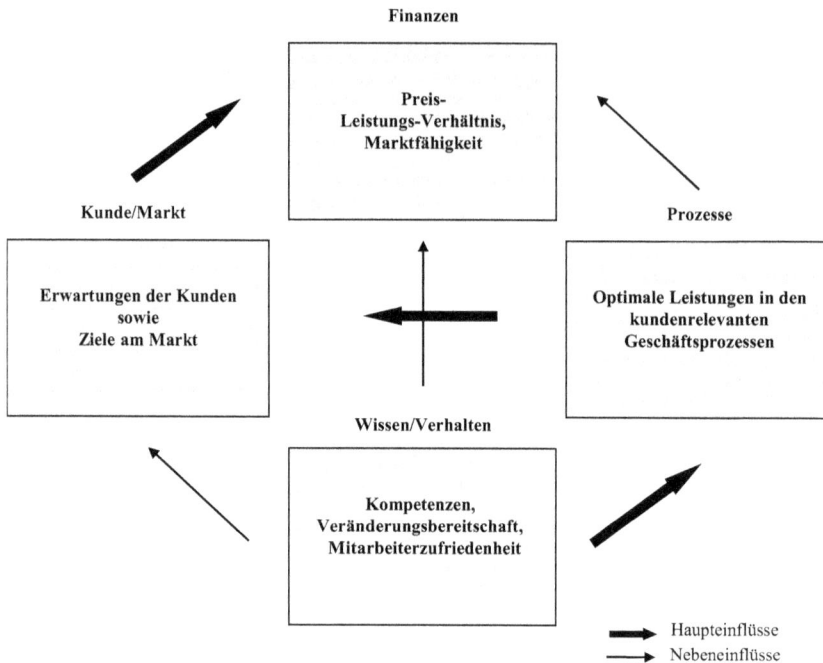

Abb. 8.5: Die vier Perspektiven der Balanced Scorecard (Quelle: Eigene Darstellung)

In die Finanzperspektive werden Kennzahlen eingeordnet, die dem SSC den Überblick geben, wie sich die Unternehmensstrategie hinsichtlich des wirtschaftlichen Erfolgs auswirkt. Die hier eingesetzten Kennzahlen drücken das Ergebnis früherer Aktionen aus. Typische Kenngrößen dieser Perspektive sind Wachstum und Rentabilität. Die Kundenperspektive gibt dem Unternehmen die Möglichkeit, Kennzahlen einzusetzen, die anzeigen, wie der Markt bzw. die Kunden das SSC bewerten. Eine Kennzahl in der Kundenperspektive ist beispielsweise die Kundenzufriedenheit. Weiter werden hier Leistungstreiber (z. B. Reaktionszeit im SSC) identifiziert, die den Erfolg der eingesetzten Kennzahlen beeinflussen (vgl. Jetter 2004, S. 94). In der internen Prozessperspektive werden die Kenngrößen eingesetzt, die die erfolgskritischen Prozesse bei der Umsetzung der Strategie bemessen. Diese Kenngrößen orientieren sich wiederum an anderen Perspektiven der BSC und geben z. B. Auskunft darüber, wie die Kundenzufriedenheit durch kürzere Prozessdurchlaufzeiten gesteigert werden kann oder wie die finanzielle Situation durch eine effektivere Arbeitsweise verbessert werden kann. Die Lern- und Entwicklungsperspektive wird auch oft nur Mitarbeiterperspektive genannt, da hier vor allem der Mitarbeiter im Mittelpunkt steht. Die in dieser Perspektive eingeordneten Kennzahlen geben Aufschluss über die eingesetzten (Mitarbeiter-)Ressourcen und die Voraussetzungen für optimal funktionierende interne Prozesse. Kenngrößen in dieser Perspektive sind z. B. die Mitarbeiterzufriedenheit oder die durchschnittliche Qualifikation von Mitarbeitern.

Als **Shareholder-Value-Ansatz (SHV)** bezeichnet man ein Konzept, das im deutschen Sprachraum unter dem Begriff der wertorientierten Unternehmensführung bekannt ist. Dieses Konzept stammt ursprünglich von Alfred Rappaport aus dem Jahre 1986, publiziert mit dem Titel „Creating Shareholder Value. The new Standard for Business Performance". Dieser Ansatz wird von den Anteilseignern bzw. Aktionären (Shareholder) getrieben mit dem Zweck, den Unternehmenswert (Value) langfristig zu steigern (vgl. Gladen 2005, S. 94). Die in der Praxis eingesetzten Maßgrößen für eine erfolgreiche Umsetzung des SHV-Ansatzes sind häufig der Economic Value Added (EVA) und der Market Value Added (MVA) (vgl. Günther 1997, S. 233 ff.). Oberflächlich betrachtet sind bei diesem Ansatz keine Parallelen zum Performance Management im SSC erkennbar. Geht man jedoch ins Detail und betrachtet die Ziele eines SSC, so sind sie mit dem Shareholder-Value-Ansatz deckungsgleich. Zwar tragen die finanziellen, prozessbezogenen, kunden- und mitarbeiterorientierten Ziele eines SSC nicht unmittelbar zur Steigerung der Eigenkapitalrentabilität bei. Doch ist der Einsatz von Performance Management in einem SSC letztlich ein Instrument, das den Shareholder-Value-Ansatz indirekt unterstützt.

Qualität ist im heutigen Wettbewerb der entscheidende Faktor bei allen Bemühungen um die Gunst der Kunden. Qualität bedeutet dabei nicht möglichst viel oder möglichst teuer, sondern schlicht, die Anforderungen der Kunden zu erfüllen. **Total Quality Management (TQM)** ist mit „umfassendes Qualitätsmanagement" zu übersetzen. TQM wird als Ausdruck einer Geisteshaltung beschrieben. TQM ist eine auf der Mitwirkung aller ihrer Mitglieder basierende Managementmethode einer Organisation, die Qualität in den Mittelpunkt stellt und durch Zufriedenstellung der Kunden auf langfristigen Geschäftserfolg sowie auf Nutzen für die Mitglieder der Organisation sowie des Unternehmens zielt. Der Ansatz des TQM beinhaltet eine Doppelstrategie, und zwar das Qualitätsniveau zu steigern sowie gleichzeitig Kostensenkungen durchzuführen. Jeder Buchstabe steht für einen wichtigen Inhalt:

- „T" steht für Total, das heißt Einbeziehung aller Mitarbeiter und Führungskräfte sowie der Partner/Lieferanten und der Kunden. Es geht nicht um Funktionsbereiche, sondern um den Ansatz, ganzheitliches Denken im Unternehmen zu verankern.
- „Q" steht für Quality, Qualität der Arbeit, der Prozesse und des Unternehmens, aus denen heraus die Qualität der Produkte und Dienstleistungen erwächst.
- „M" steht für Management, Qualität wird als Führungsaufgabe wahrgenommen, dabei spielen spezifische Führungsqualitäten (Vorbildfunktion) und Führungsschwerpunkte (Team- und Lernfähigkeit) eine bedeutende Rolle.

Der Anlass für die Entwicklung des TQM-Konzepts sind Merkmale, die im Rahmen des Modells der **European Foundation for Quality Management (EFQM)** auftreten. In diesem Modell werden Richtlinien und Kennzahlengrundraster vorgeschrieben, um mit einem Punktesystem – in Form einer Selbstbewertung des Unternehmens – den Fortschritt der praktischen Umsetzung des TQM-Grades bestimmen zu können (vgl. Krause 2006, S. 104). Das EFQM-Modell unterscheidet zwei Leistungsbereiche mit unterschiedlichen Gebieten. Zum Leistungsbereich der sog. Befähigergrößen gehören die Gebiete Führung, Politik und Strategie, Mitarbeiterorientierung, Ressourcen und Prozesse. Die Gebiete Mitarbeiterzufriedenheit, Kundenzufriedenheit, gesellschaftliche Verantwortung und Image werden dem Leistungsbereich der Ergebnisgrößen zugeordnet. Auf dieser Basis entwickelte Wolter ein hierarchisches Zielsystem mit vier Stufen (vgl. Wolter 1997, S. 54). Auf der ersten Stufe werden die Hauptziele, die Erhöhung der Kunden- und Mitarbeiterzufriedenheit und die Verbesserung des

Images erörtert. Auf der Zielstufe 2 werden Verbesserungen der Effektivität und Effizienz der Unternehmensprozesse angesiedelt. Auf den letzten zwei Stufen sind die Ziele der Abteilungen (Stufe 3) und die Teilprozessziele (Stufe 4) verankert.

Bei der Anwendung von Total Quality Management in einem HR-SSC muss vor allem darauf geachtet werden, dass die HR-Governance Führungsleitlinien entwickelt, die allen Ebenen innerhalb des integrierten HR-Geschäftsmodells bekannt sind und von diesen gelebt und auch aktiv mitgestaltet werden können. Selbst die Teilzeitmitarbeiter, aber auch die Leiharbeitnehmer müssen die Unternehmensziele kennen und verinnerlicht haben. In den Unternehmenszielen muss Qualität ein Schlüsselwort sein. Für das HR-SSC bedeutet dies, dass der Kundennutzen im Mittelpunkt steht, wobei die HR-Governance dabei über Projekte, Verbesserungsergebnisse und Qualifizierungsmaßnahmen informieren und ebenso Anerkennung und Belohnung für Verbesserungen erteilen muss (vgl. Kamiske 1994, S. 102).

Ziel des **Total Cycle Time (TCT)** ist die permanente Steigerung der Prozessleistung auf der Ebene der Geschäftsprozesse. Der Fokus wird dabei auf die Prozesszeit gelegt. Prozesszeiten werden so gekürzt, dass damit zugleich Steigerungen der Qualität, Erhöhungen der Termintreue und Senkungen der Prozesskosten verbunden sind.

Wesentliche Merkmale der TCT-Methode sind (vgl. Schmelzer/Sesselmann 2004, S. 258):

- Ermitteln von Barrieren, die den Prozesslauf behindern
- Beseitigung von Barrieren (Sach-, Prozess-, Kulturbarrieren) und Ersatzprozessen durch entsprechende Teams
- Messen der Wirkungen der Barrierebeseitigung über die Leistungsparameter Prozesszeit, Termintreue und Prozessqualität
- Vergleich der Messgrößen mit den Zielvorgaben für Prozesszeit, Termintreue und Prozessqualität

Ein weiteres wirksames Instrument von TCT stellt die AIP-Steuerung (AIP = Action in Process) dar. Zur Gewährleistung eines weitgehend reibungslosen Durchlaufs der Bearbeitungsobjekte (Aufträge und Anfragen) werden gezielte Einsteuerungen vorgenommen. Dabei wird nichts dem Zufall überlassen, sondern Abhängigkeitskriterien zur Prozessgeschwindigkeit entwickelt.

Alle eingehenden Bearbeitungskriterien werden in einem AIP-Speicher (z. B. einer Worklist) gesammelt und nach entsprechenden Kriterien gewichtet. Gewichtungskriterien können dabei z. B. sein:

- Bearbeitungsdauer des Objektes
- Beanspruchung von Engpassressourcen durch das Objekt
- Empfänger des Ergebnisses (A-, B-, C-Kunden)
- Auswirkung der Ergebnisse auf Zufriedenheit und Loyalität der Kunden
- Vertragstermine (Service-Level-Agreements)
- Risiken bezüglich Termin, Qualität, Kosten

Teile dieser Gewichtungskriterien können maschinell nach vorgegebenen Regeln/Formeln beurteilt und entschieden werden, andere müssen durch Führungskräfte (z. B. bei Engpässen) bzw. durch Experten beeinflusst werden.

Vorteile des TCT-Ansatzes sind die zielorientierte und nachhaltige Steigerung der Prozessleistung, die Einbindung und Motivation der Mitarbeiter sowie die Erhöhung der Teamfähigkeit und der Lernbereitschaft (vgl. Schmelzer/Sesselmann 2004, S. 261).

Der Begriff **KAIZEN** kommt aus dem japanischen und setzt sich aus „KAI = Wandel, Veränderung" und „ZEN = zum Besseren" zusammen und bedeutet kontinuierliche Verbesserung in kleinen Schritten als Ergebnis laufender Bemühungen.

Im Mittelpunkt von KAIZEN stehen Kunden, Prozesse und Mitarbeiter:

- Zielgruppe sind interne und externe Kunden, „Nur was dem Kunden nutzt, hat Wert"
- Objekt der Verbesserung sind die Prozesse
- Akteure der Verbesserung sind die Mitarbeiter

KAIZEN erfordert in vielen Fällen veränderte Denk- und Verhaltensweisen der Führungskräfte, denn für den Erfolg dieser Methode ist entscheidend, dass die Mitarbeiter ihr Wissen und ihre Fähigkeiten in den Veränderungsprozess vorurteils- und problemlos einbringen können. Die Mitarbeiter sollen „mitwissen, mitdenken, mitgestalten und mitverantworten", was in vielen Fällen auch ihr Wunsch ist. Die Umsetzung des KAIZEN-Ansatzes erfolgt in Arbeitsteams (vgl. Jetter 2004, S. 160). Neben besseren Ergebnissen deckt Teamarbeit auch stärker individuelle Bedürfnisse – wie z. B. Sicherheit und sozialer Kontakt auch über Abteilungsgrenzen hinweg – ab. Die Teamarbeit fördert außerdem die Zusammenarbeit, die Kommunikation, die Verantwortung für die Arbeitsergebnisse sowie die Lernbereitschaft. Durch die starke Beteiligung der Mitarbeiter an der Gestaltung und Verbesserung der Arbeitsprozesse wird aber auch die Identifikation mit der Organisationseinheit erhöht. Im Blick von KAIZEN stehen nicht die Ergebnisse, sondern die Prozesse. Die Kernfrage lautet: Wie können wir die Prozesse so anpassen bzw. verändern, dass optimale Ergebnisse, die den Kundennutzen erhöhen, erzielt werden? Die Prozessbeteiligten verstehen sich als Kunden und Lieferanten zugleich, indem sie den nächsten Arbeitsschritt als Kunden und den vorgelagerten Arbeitsschritt als Lieferanten betrachten.

Neben der Unterstützung der Führungskräfte – für Teammitglieder müssen Ressourcen wie Zeit und Kosten zur Verfügung gestellt werden – ist häufig eine Anpassung des Verbesserungsvorschlagswesens sowie der Entgeltsysteme erforderlich (vgl. Schmelzer/Sesselmann 2004, S. 264).

Six Sigma (6σ) ist eine auf statistischen Mitteln basierende Qualitätsmanagementmethode. Der Begriff steht gleichzeitig für ein statistisches Qualitätsziel. Mit dieser Methode will man die Prozesse so gestalten, dass die Prozessergebnisse nur eine geringe Streubreite aufweisen und sich somit eine Verbesserung des Mittelwertes ergibt. Jede Streuung bzw. Variation wirkt negativ auf die Kundenzufriedenheit und Prozesseffizienz. „Often, our inside-out view of the business is based on average or mean-based measures of our recent past. Customers don't judge us on averages; they feel the variance in each transaction and each product we ship. Six Sigma focuses first on reducing process variation and then on improving the process capability" (http://www.iSixSigma.com). Eine Variation von 6σ bedeutet, dass bei einer Million Möglichkeiten eine Ausbeute von 99,99966 % erreicht wird, was einer Fehlerhäufigkeit von 3,4 Fehlern entspricht (vgl. Töpfer 2004, S. 3).

Six Sigma ist eine Methode, die im Rahmen von gewichteten Projekten unter aktiver und wahrnehmbarer Beteiligung der Unternehmensleitung durchgeführt wird. Neben der Verpflichtung der Unternehmensleitung und der Einbeziehung der Stakeholder (Kunden, Mitarbeiter, Partner und Lieferanten) setzt die Methode spezifische Kenntnisse über statistische Werkzeuge, Verbesserungsmethodik und Projektmanagement voraus. Die Basis dafür legen spezifische Ausbildungsprogramme für unterschiedliche Rollen. Die Rollendefinitionen (Champion, Schwarzer Meistergürtel, Schwarzer Gürtel, Grüner Gürtel) orientieren sich an der Rangkennzeichnung (Gürtelfarbe) japanischer Kampfsportarten. Das Messsystem arbeitet mit den Maßeinheiten Fehler pro Millionen Möglichkeiten (FpMM) und der Variation (σ). Ein Fehler ist die Abweichung vom Zielwert eines kritischen Qualitätsmerkmals (CTQ = Critical to Quality), welches gemeinsam mit dem Kunden festgelegt wurde. Bei der Übersetzung der Kundenanforderungen in CTQ spielt die Methode Quality Function Development eine wichtige Rolle. Ist die Zahl der Fehler in einem Prozess bekannt, kann über eine Umrechnungstabelle der Wert für σ ermittelt werden.

Der Six-Sigma-Verbesserungszyklus (DMAIC) lehnt sich an den oben beschriebenen PDCA-Kreislauf (Deming-Kreis) an und wird in folgende Phasen unterteilt:

- Define (D)
  In dieser Phase wird der zu verbessernde Prozess identifiziert und dokumentiert und das Problem mit diesem Prozess beschrieben. Dies geschieht meistens in Form einer Projekt-Charta. Diese beinhaltet außerdem den gewünschten Zielzustand, die vermuteten Ursachen für die derzeitige Abweichung vom Zielzustand, die Projektdefinition (Mitglieder, Ressourceneinsatz, Zeitplanung).

- Measure (M)
  In dieser Phase geht es darum, festzustellen, wie gut der Prozess wirklich die bestehenden Kundenanforderungen erfüllt. Dies beinhaltet eine Prozessfähigkeitsuntersuchung für jedes relevante Qualitätsmerkmal. Zur Sicherung der Messmittelfähigkeit verwendet man in Six Sigma die sogenannte Messsystemanalyse (Measurement System Analysis), kurz MSA.

- Analyze (A)
  Ziel der Analysephase ist es, die Ursachen dafür herauszufinden, warum der Prozess die Kundenanforderungen heute noch nicht im gewünschten Umfang erfüllt. Dazu werden Prozessanalysen wie z. B. Wertschöpfungs-, Materialfluss- oder Wertstromanalysen sowie Datenanalysen (Streuung) durchgeführt. Bei der Datenanalyse werden die in der vorigen Phase erhobenen Prozess- oder Versuchsdaten unter Einsatz statistischer Verfahren ausgewertet, um die wesentlichen Streuungsquellen zu identifizieren und die Grundursachen des Problems zu erkennen.

- Improve (I) (bzw. Engineer, E, bei neuen Prozessen)
  Nachdem verstanden wurde, wie der Prozess funktioniert, wird nun die Verbesserung geplant, getestet und schließlich eingeführt. Hier werden Werkzeuge (z. B. Brainstorming)
  angewandt, die auch außerhalb von Six Sigma weit verbreitet sind.

- Control (C)
  Der neue Prozess wird mit statistischen Methoden überwacht.

Der Aufwand bei der Durchführung des Six-Sigma-Verbesserungszyklus (DMAIC) ist hoch,
sodass stets ein Abgleich zwischen dem zu leistenden Aufwand und dem zu erwartenden
Nutzen durchgeführt werden muss (vgl. George/Rowlands/Kastle 2004, S. 43 f.).

Six Sigma (siehe Praxisbeispiel 2) wurde von Motorola entwickelt und 1987 eingeführt.
Inzwischen wird Six Sigma weltweit in unterschiedlichen Branchen eingesetzt. Außer Motorola erreichte bisher kaum ein Unternehmen flächendeckend 6σ. Interessanterweise wird Six
Sigma in den USA inzwischen häufiger im Dienstleistungsbereich als im klassischen Pro-
duktionsbereich eingesetzt. Sowohl große, mittlere als auch kleine Unternehmen befinden
sich unter den Anwendern dieser Methode. Jede Variation verursacht Kosten, selbst dann,
wenn die Ergebnisse innerhalb der Spezifikationsgrenzen liegen. Eine Reduzierung der Pro-
zessvariationen führt deshalb zu einer Reduzierung der Kosten bei gleichzeitiger Erhöhung
der Kundenzufriedenheit und Steigerung der Ergebnisse.

8.2.4 Der Schlüssel zum Leistungserfolg = Key Performance Indicator (KPI)

Um den Leistungserfolg im Bereich des Performance Managements eines SSC zum Ausdruck bringen zu können, eignet sich der Einsatz von Key Performance Indicators (vgl. Thiele 2006, S. 31 f.). KPIs sind Performance Measures, die an den strategischen Leistungszielen
einer Organisation ausgerichtet sind. Wie die Bezeichnung Key Performance Indicator schon
ausdrückt, sollen hier vor allem die Indikatoren (Indicators), die den Schlüssel (Key) zum
Leistungserfolg (Performance) möglichst gut beschreiben, eingesetzt werden.

Ein Key Performance Indicator ist eine Leistungskennzahl mit speziellen Merkmalen. Während eine Kennzahl im engeren Sinne „betrieblich relevante Sachverhalte in Form absoluter
Zahlen (Grundzahlen, Summen, Differenzen und andere) oder als Verhältniszahlen (Gliede-
rungszahlen, Beziehungszahlen, Indexzahlen) darstellt" (vgl. Korndöfer 1995, S. 92), geben
im Gegensatz hierzu Indikatoren (lat. indicare) lediglich einen Hinweis auf die Leistung
einer Organisation (vgl. Krause 2006, S. 22). Da Kennzahlen im Umfeld des Performance
Managements behandelt werden, wird der Ausdruck Leistungskennzahl eingeführt. Bei der
Betrachtung von Leistungskennzahlen wird häufig der englische Begriff „Performance
Measures" verwendet. Ein KPI ist in diesem Fall eine spezielle Teilmenge einer Vielzahl von
Performance Measures. Hier ist genau abzugrenzen, was die besonderen Merkmale von Key
Performance Indicators gegenüber „normalen" Performance-Indikatoren sind. Eine Analyse
in der Praxis eingesetzter Performance Measures zeigt, dass Unternehmen oft nicht ihre
„echten" KPIs einsetzen, sondern andere Performance Measures, diese aber dennoch KPIs

nennen (vgl. Parmenter 2007, S. 1). Unter diesen allgemeinen Leistungskennzahlen oder Performance Measures wird grundsätzlich zwischen den Performance Indicators (PIs), den Key Result Indicators (KRIs) und den Key Performance Indicators (KPIs) unterschieden. Performance Indicators (PIs) unterscheiden sich von den Key Performance Indicators bezüglich des Merkmals der Wichtigkeit. Die Betonung liegt bei den KPIs auf dem Zusatz „Key" (Schlüssel), um die Wichtigkeit der KPIs für die Organisation im Vergleich mit anderen generellen Leistungsindikatoren und -kennzahlen hervorzuheben. Von dem Stichwort Key kann man auch ableiten, dass „echte" KPIs auf mehrere Perspektiven der Balanced Scorecard einwirken und daher einen signifikanten Einfluss auf die gesamte Organisation haben (vgl. Parmenter 2007, S. 5). Nach der Definition von Andreas Schneider-Neureither sind KPIs „Kennzahlen, die quantitativ messbare Sachverhalte in konzentrierter Form erfassen, das heißt, sie relevant und knapp in einer Ziffer ausdrücken" (Schneider-Neureither 2006, S. 59). Bei dieser Definition wird auch nochmals die unternehmerische Bedeutung von KPIs hervorgehoben. Im Gegensatz hierzu sind die „normalen" Performance Indicators (PIs) lediglich numerische Kenngrößen und haben keine weitreichende Relevanz bzw. Auswirkung auf mehrere Perspektiven der Balanced Scorecard. Key Result Indicators (KRIs) sind nach der Definition von David Parmenter Kenngrößen, die das Ergebnis vorhergehender Aktionen ausdrücken. Der Betrachtungszeitraum ist hier ein anderer als bei den KPIs, denn diese sollen möglichst täglich gemessen werden, um schnell auf Geschehnisse reagieren zu können. Im Gegensatz hierzu spiegeln KRIs einen längeren Betrachtungszeitraum wider. Ein typischer KRI ist die Kundenzufriedenheit, denn sie kommt über einen längeren Zeitraum durch vorangegangene Aktionen zustande. Genau genommen würde es somit keine finanziellen KPIs geben, da sich diese Kenngrößen (z. B. Umsatz) immer aus vorangehenden Aktionen (z. B. Anzahl der Kundenbesuche, verkaufte Produkte) ergeben. Wie bereits angesprochen, findet diese Unterscheidung in der Praxis keine Anwendung. In der Regel wird eine Mischung aus den genannten Typen eingesetzt (vgl. Parmenter 2007, S. 1). Daher wird in den weiteren Ausführungen auf die scharfe Differenzierung der KPI-Typen verzichtet.

Die bisher vorgestellten Merkmale reichen noch nicht aus, um KPIs bestmöglich zu beschreiben. Neben der Relevanz des Unternehmensbezugs und des Betrachtungszeitraums gibt es noch weitere Merkmale, die KPIs definieren. So ist es erforderlich, dass KPIs quantifizierbare Kenngrößen sind, die an den langfristigen strategischen Unternehmenszielen ausgerichtet sind. Franceschini sieht die Verbindung zwischen Strategie und Leistungsindikatoren ebenfalls als wichtig an: „A strategy without indicators is useless; indicators without a strategy meaningless" (Franceschini 2007, S. 9). In diesem Zusammenhang soll ein KPI auch über die vorgegebene Zielerreichung Auskunft geben können. Im Unternehmensumfeld werden deshalb klare Ziele gesteckt und auf die einzelnen Schwellenwerte der KPIs abgeleitet. Da KPIs im operativen wie im strategischen Bereich eingesetzt werden, ist es für die Steuerung des Tagesgeschäfts unerlässlich, dass die Messung regelmäßig oder sogar in Echtzeit stattfindet. Damit Maßnahmen zur Beeinflussung von KPIs durchgesetzt werden können, ist es wichtig, die Bedeutung der KPIs allen betroffenen Mitarbeitern und Führungskräften zu vermitteln. Um die KPIs beeinflussen zu können, sollen diese möglichst einfach formuliert sein. Auf diese Weise kann sich jeder von den jeweiligen Kenngrößen ein Bild machen und erkennen, welche Aktionen erforderlich sind.

Zusammengefasst besitzen KPIs folgende Merkmale:

- KPIs sind von langfristigen, strategischen Zielen des Unternehmens abgeleitet.
- KPIs haben einen Zielwert sowie unterschiedliche Schwellenwerte.
- KPIs fassen vorherige Aktionen in einer komprimierten Kennzahl zusammen.
- KPIs zeigen signifikante Auswirkungen bzgl. der Leistung einer Organisation auf.
- KPIs sprechen mehrere Perspektiven der Balanced Scorecard an.
- KPIs werden in operativen und strategischen Ebenen der Leistungssteuerung eingesetzt.
- Die Messung von KPIs findet in Echtzeit bis mehrmals pro Jahr statt.
- Die Datenerhebung und -auswertung darf keinen großen Aufwand verursachen.
- KPIs müssen zuverlässig berechnet werden können.
- KPIs werden klar und verständlich für jeden formuliert.
- KPIs eignen sich zur Vermittlung der Leistung einer Organisation an unterschiedliche Interessengruppen.

In der folgenden Tabelle werden KPIs vorgestellt, die in der Praxis in unterschiedlichen SSC-Typen (HR, Finance, Purchasing usw.) vorkommen können.

Tab. 8.2: Zusammenstellung geeigneter KPIs eines HR-SSC (Quelle: Eigene Darstellung)

KPI Name	Berechnung
Calls received	Summe eingehender Calls
E-Mails received	Summe eingehender E-Mails
Availability	Erreichte Verfügbarkeit : mögliche Verfügbarkeit
Answered (closed) Calls	Beantwortete (geschlossene) Calls : Summe Calls
Open Calls	Offene Calls : Summe Calls
Service requests (SR) closed within XX hours	Geschlossene Anfragen in XX Stunden : Summe Anfragen
Call Response Time	Durchschnittliche Antwortzeit in Minuten
1st Level Resolution Rate	Sofort (1st Level) gelöste SR : Summe SR
Request received	Summe Aufträge
Reworks	Anzahl Nacharbeiten : Summe Aufträge
Correct Incoming Request	Anzahl eingehender Aufträge ohne Fehler
Employee Satisfaction	Mitarbeiterzufriedenheit in %
Customer bzw. Partner Satisfaction	Kunden- bzw. Partnerzufriedenheit in %
Reclamation rate	Summe reklamierter Aufträge/Anfragen
% Requests executed after deadline	Anzahl verspäteter Auftragserledigungen
Cost Achievement	Eingesparte Kosten
Customer Care Quote	Summe Betreuter zu Anzahl SSC-Mitarbeiter

Die bekanntesten internen Kenngrößen zur operativen Steuerung eines Front Office sind die Erstbeantwortungsquote (First Level Resolution Rate), die Ersterreichbarkeitsquote sowie die durchschnittliche Gesprächsdauer (Call Response Time) am Telefon. Diese Kenngrößen oder auch KPIs bemessen unterschiedliche Situationen vor dem Leistungserstellungsprozess. Bei der Erstbeantwortungsquote, auch Sofortlösungsrate genannt, wird ein Wert von > 80 % angestrebt. Diese Kennzahl sagt aus, wie viele Anfragen direkt mit dem ersten Kontakt abgeschlossen werden konnten, ohne sie ans Back Office weitergeleitet zu haben. Der Wert kann nur erreicht werden, wenn bei den Mitarbeitern das nötige Wissen vorhanden ist bzw. auf die benötigten Informationen zügig und zielgenau zugegriffen werden kann.

Die Ersterreichbarkeitsquote gibt Auskunft darüber, wie viele eingehende Calls unmittelbar und ggf. in welcher Zeit angenommen wurden. Anzustreben ist ein Wert von über 90 %. Die durchschnittliche Gesprächsdauer wird in der Regel mit einem Wert von 4–5 Minuten angegeben. Dabei ist neben den vorgenannten Bedingungen wie Wissen bzw. Informationszugriff auch eine professionelle Gesprächstechnik erforderlich.

8.3 Service-Level-Agreements

Service-Level-Agreements (SLAs) sind wichtige Instrumente, um klar strukturierte und funktionstüchtige Dienstleistungsverhältnisse in der Kunden-Lieferanten-Beziehung innerhalb eines SSC zu schaffen. Die Hackett Group definiert Service-Level-Agreements wie folgt: „A Service Level Agreement (SLA) is a management tool primarily to manage expectations for service delivery. It is a partnership agreement between an internal service provider (Shared-Service) and its customers (Business Unit)" („The Hackett Group" 2006, S. 4). Nach dieser Definition versteht man unter einem SLA eine formelle Vereinbarung von zwei Parteien (Agreement) über die Lieferung von Dienstleistungen in einer gewissen Güte (Service Level). Die Dienstleistungen müssen zu diesem Zweck klar beschrieben und in einem Leistungs- bzw. Produktkatalog festgehalten werden. Der Lieferant oder Anbieter der Dienstleistung ist in diesem Fall das SSC und der Leistungsempfänger oder Kunde i. d. R. ein Geschäftsbereich innerhalb einer Organisation. Das SSC drückt mit einem SLA die Verpflichtung aus, eine definierte Dienstleistung in einem festgelegten Zeitraum in einer bestimmten Qualität bereitzustellen (vgl. Ellis/Kauferstein 2004, S. 9). Um das Produkt- und Qualitätsverständnis der angebotenen Dienstleistungen für den Kunden möglichst transparent zu halten, sollten die SLAs einfach und strukturiert formuliert werden. Die inhaltliche Abstimmung der Leistungs- und Qualitätsmerkmale erfolgt meist in Zusammenarbeit mit dem Kunden, um für beide Partner ein akzeptables Ergebnis zu erzielen. Daher sollte ein SLA die Mitte der Interessen der Parteien treffen und die Verhandlungsmacht Einzelner in den Hintergrund stellen, denn von vornherein zu hoch gesetzte Leistungsziele, die nicht erreichbar sind, schaden einem guten Geschäftsverhältnis. Durch das gemeinsame Aushandeln wird auch gewährleistet, dass der Kunde Verständnis für die angebotenen Dienstleistungen entwickelt. SLAs sollen keinesfalls wie ein streng vertragliches Aktenstück behandelt werden, sondern die Basis für ein zufriedenstellendes Kunden-Lieferanten-Verhältnis bilden (vgl. „The Hackett Group" 2006, S. 5). Die Kunden in diesen Abstimmungsprozess einzubinden ist auch deshalb sinnvoll, da diese nicht nur Leistungsnehmer sind, sondern auch über Schnittstellen z. B. Daten mit gewissen Anforderungen liefern müssen. Die folgende Tabelle gibt einen Überblick über mögliche SLAs:

Tab. 8.3: Inhaltliches Grundgerüst eines Service-Level-Agreements (Quelle: Eigene Darstellung)

Inhalte	Beschreibung	Beispiele
Dienstleistungen/Produkte	Detaillierte Beschreibung über die angebotenen Dienstleistungen und Produkte	Reisekostenabrechnung wie im Produktkatalog festgelegt
Kundenservice	Kontaktmöglichkeiten des SSC sowie Erreichbarkeiten	Telefon, E-Mail, Fax, Web
	Bürozeiten/Verfügbarkeit des SSC	Mo./Fr. 8:00–17:00 Uhr
	Antwortzeit bei eingehenden Anfragen	Innerhalb eines Arbeitstages
Preise	Auflistung der Preise für einzelne Dienstleistungen bzw. Dienstleistungspakete	Personalabrechnung: 12,50 Euro pro Monat
Performance Level	Vereinbarte Leistungszeiten sowie Vereinbarungen über Nichteinhaltung	Vertragsrelevante Aufträge: innerhalb von drei Tagen
Eilaufträge	Aufträge außerhalb der Norm	Nach Zustimmung ein Tag
Quality Level	Messbare Qualitätsstandards	Maximale Fehlerquote < 0,5 % über alle Aufträge
Kundenverpflichtung	Definition der Anforderungen an Kunden über Inhalt und Umfang, Datenqualität, Eingangszeiten	Vollständig ausgefüllte Auftragsblätter mit geforderten Pflichtdokumenten; Abrechnungsaufträge spätestens zwei Tage vor Abrechnungsschluss
Problemlösung und Eskalation	Leitfaden zur Vorgehensweise bei Verstößen für SSC und Kunden	Vertragsstrafe von XX Euro bei mehr als 5 % Verstößen vom Gesamtvolumen
	Spezifizierter Reklamations- und Eskalationsprozess	Automatisiertes Reklamationstool

Der Produktkatalog sowie die Service-Level-Agreements sind Bestandteile eines turnusmäßig abzuschließenden Dienstleistungsvertrages. Dieser beinhaltet, neben den erwähnten Kriterien, auch die Laufzeit und Bedingungen eines vorzeitigen Ausstieges (z. B. wegen Änderung der Organisationsstruktur bzw. Betriebsschließung) seitens des Kunden. In der praktischen Umsetzung des Produktkataloges sowie der SLAs wäre es zu aufwendig, jedes Produkt mit allen dazugehörigen Kriterien (SLA, Verpflichtungen des Kunden etc.) zu beschreiben, sondern es bietet sich eine Einteilung einzelner inhaltlicher Punkte in fixe und variable Blöcke an. Dabei können fixen Inhaltsblöcken feststehende Inhalte zugeordnet werden. Fixe Inhalte sind allgemeingültig und gelten für jede angebotene Dienstleistung.

In den fixen Inhaltsblock können folgende Inhalte eingeordnet werden:

- Kundenservices (Kontaktmöglichkeiten, Öffnungszeiten/Verfügbarkeit, Erreichbarkeit, Antwortzeit)
- Problemlösung und Eskalation
- Bedingungen der SLAs je Produktkategorie
- Performance Level
- Kundenverpflichtungen
- Eilaufträge

Für den variablen Teil eignen sich die Punkte:

- Dienstleistungen/Produkte
- Kosten/Preise

8.4   Fertigungssteuerung

Der Ablauf der oben aufgezeigten typischen SSC-Auftragsbearbeitung kommt dem Fertigungsprozess in der Produktion von Gütern sehr nahe. Daher wurde zu Beginn der SSC-Einführungen auch hier und da bewusst von der sog. HR-Fabrik gesprochen. Dieser Terminus war im Zusammenhang mit der zu leistenden Personalarbeit für die Akzeptanz der neuen Organisationseinheit nicht förderlich. Daher sollten wir bei dem Begriff „HR-SSC" als eine Dienstleistungseinheit für administrative Aufgaben im Umfeld der Human Ressources bleiben. Dennoch benötigt auch eine Dienstleistungseinheit mit In- und Outputgrößen eine Fertigungssteuerung. Zu dieser Fertigungssteuerung gehören die **Planungsprozesse**, die **Monitoringprozesse** sowie das **Reklamationsmanagement**.

8.4.1   Planungsprozesse

Zunächst wäre hier der **Strategieplanungsprozess** zu nennen, der dazu dient, die gesamte Strategie zu planen und in bestimmten Zeitabständen (jährlich) zu überprüfen bzw. zu überarbeiten. Wichtige Ergebnisse sind die Geschäftsstrategie, der Geschäftsplan und die Balanced Scorecard. Er besteht aus fünf Teilprozessen. Im ersten Schritt wird die Istsituation des Geschäfts analysiert und beschrieben. Ziel dieses Teilprozesses ist es, die entscheidenden Einflüsse des Geschäfts – wie Märkte, Technologien, Mitarbeiterressourcen und Produkte – aufzuzeigen und zu verstehen.

Im zweiten Schritt werden die Trends aufgezeigt, die sich auf die o. g. Einflüsse beziehen. Dieser Schritt zeigt auf, wie sich diese voraussichtlich auf bestehende und neue Geschäfte auswirken werden. Im dritten Schritt werden die entscheidenden Wettbewerbsfaktoren des

Geschäfts bestimmt und über Benchmarking die Stärken und Schwächen festgestellt. Die Erfolgsfaktoren können sich z. B. auf Kosten-, Markt- und Technologieposition, Ressourcen, Kompetenzen sowie Kooperationspartner beziehen. Die Ergebnisse aus dem zweiten und dritten Schritt zeigen die Geschäftsmöglichkeiten auf und weisen auf die Faktoren hin, von denen der zukünftige Erfolg abhängt.

Im vierten Schritt werden auf Basis der bisherigen Erkenntnisse und Faktoren Handlungsoptionen abgeleitet, auf ihre Machbarkeit geprüft und nach Prioritäten gewichtet. Ziel dieses Schrittes ist es, Entscheidungsvorschläge für aussichtsreiche Handlungsoptionen zu erarbeiten, um fundierte Strategieentscheidungen treffen zu können. Im letzten Schritt wird auf der Basis der Geschäftsstrategie der Geschäftsplan, in dem u. a. Festlegungen hinsichtlich Finanzen, Ressourcen und Investitionen getroffen werden, abgeleitet. Bestandteil dieses Plans ist die Balanced Scorecard. Außerdem wird ein Umsetzungsplan erarbeitet, der operative Zielvorgaben und Maßnahmen für das folgende Geschäftsjahr enthält.

Aufgabe eines **Ressourcenmanagementprozesses** ist es, die notwendigen technischen und personellen Ressourcen zur richtigen Zeit am richtigen Ort in der benötigten Qualität bereitzustellen. Zu den technischen Ressourcen zählen Standorte, Transportwege, maschinelle Ausstattung sowie Räumlichkeiten und Arbeitsplätze. Die personelle Ressourcenplanung beschäftigt sich mit dem wirtschaftlichen Ausgleich der Mitarbeiterkapazitäten. Insbesondere der Planungsprozess der Mitarbeiterressourcen ist für ein SSC von besonderer Bedeutung, da das aufkommende Bearbeitungsvolumen im Jahreszyklus und über Geschäftsgebiete hinweg aufgrund der entsprechenden Marktsituation stark schwanken kann. Eine wirtschaftlich vertretbare Situation kann nur erzeugt werden, wenn es gelingt, die vorhandenen Ressourcen bestmöglich auszulasten. Hier helfen die Datenbestände des Auftragsmanagementsystems sowohl in der laufenden Beurteilung und Maßnahmenableitung als auch für zukünftige Planungen. Die Zuordnung von Auftragseingängen zu Serviceeinheiten kann entsprechend der Auftragsbestände verändert werden. Entscheidend sind die Qualifikation der Mitarbeiter und die Möglichkeit, in Spitzenzeiten auf flexible und mobile Ressourcen zugreifen zu können. Eine praxiserprobte Möglichkeit bietet sich z. B. durch ein rollierendes System im Austausch zwischen Front-Office-Aufgaben im First Level Support und Back-Office-Aufgaben im Second Level Support. Diese Variante hat außerdem den Charme, dass beide Mitarbeitergruppen ihr Know-how in Feldern der Kundenbetreuung und fachlichen Abarbeitung auf dem Laufenden halten.

Aufgabe des **IT-Planungsprozesses** ist es, Information und Kommunikation des SSC mit technischen Mitteln zu unterstützen und sicherzustellen. Schwerpunkte sind Planung, Einsatz und Betreuung computergestützter IT- Systeme. Der Prozess unterteilt sich in die Teilprozesse:

- IT-Systeme planen und beschaffen
- IT-Systeme betreuen
- Dokumente verwalten und archivieren
- Daten sichern und schützen
- Anwender beraten

Häufig werden Teile dieser Aufgaben oder der gesamte Prozess von der unternehmensspezifischen Fachabteilung eingekauft bzw. aufgrund von Festlegungen übergeben. Jedoch kann ein SSC ohne das notwendige IT-Know-how nur schwer auskommen. Hier müssen im Zuliefererfall klare Leistungsverträge und SLAs vereinbart werden, damit das SSC seinen Kundenverpflichtungen nachkommen kann.

Aufgabe des **Qualitätsmanagementprozesses** ist es, Rahmenbedingungen zu schaffen, die eine wettbewerbsgerechte Qualität sicherstellen und die Erfüllung relevanter Qualitätsvorschriften gewährleisten. Der Prozess unterteilt sich in die Teilprozesse:

- QM-Systeme planen, einführen, anpassen, auditieren und ggf. zertifizieren
- Management Reviews und Q-Assessments koordinieren
- Revisionen, interne Audits sowie externe Prüfungen wie Steuer- und Sozialversicherungsprüfungen begleiten
- Q-Dokumente und Berichte erstellen und lenken
- QM-Schulungen planen und durchführen

Aufgaben des **Business-Controlling-Prozesses** sind die Budgetplanungsprozesse, die Ermittlung von Zielvorgaben, die Überwachung der Kostenentwicklung, die Kalkulation der Verrechnungspreise, die Finanzmitteldisposition, das Rechnungswesen und die Rechnungslegung. Ziele des Prozesses sind die Erreichung der wirtschaftlichen Ergebnisziele sowie die Erfüllung externer Berichtsauflagen. Input-Daten liefert das Auftragsmanagementsystem.

Der Prozess unterteilt sich in die Teilprozesse:

- Businessplan erstellen und kontrollieren
- Finanzierung und Liquidität planen und steuern
- Zahlungsverkehr überwachen und durchführen
- Dokumentenverkehr abwickeln
- Rechnungswesen
- Rechnungslegung

Die Aufgaben werden nur zum Teil prozessorientiert abgewickelt. Wegen des erforderlichen Spezialwissens und der geringen Kapazitätsauslastung bleiben meistens die funktionsorientierten Stellen erhalten.

8.4.2   Monitoring-Prozesse

Das Monitoring (Beobachtung) der Prozesse und Kenngrößen ist ein wichtiges Instrument zur umfassenden Steuerung der gesamten Leistungserstellung im HR-SSC. Zum Monitoring im HR-SSC gehören das Prozess-Monitoring, das SLA-Management und das KPI-Monitoring. Beim Prozess-Monitoring werden ausgewählte Prozesse vor allem in Bezug auf die ablaufenden Durchlaufzeiten überprüft. Das Grundgerüst hierzu bietet das SLA-Management, welches die mit dem Kunden vereinbarten Durchlaufzeiten für die Leistungserstellungsprozesse vorgibt. Durch die Integration des SLA-Managements in das Auftragsmanagementsystem kann gesteuert werden, welche Aufträge von den Mitarbeitern in welcher Reihenfolge abgearbeitet werden müssen, ohne die getroffenen Vereinbarungen (SLAs) zu verletzen. Die Prozesse werden durch unterschiedliche operative KPIs in der gesamten Prozesskette durchgehend überprüft und durch entsprechende Hinweise gesteuert. Über das HR-Cockpit werden somit täglich die Einhaltung der Service-Level-Agreements, die Auftragsbestände und die Prozessdurchlaufzeit in Form von KPIs überwacht.

Besondere Bedeutung kommt in diesem Zusammenhang den Führungskräften zu. Bei dem Monitoring handelt es sich um ein Fertigungssteuerungssystem, d. h. die Daten dienen dazu, die Mitarbeiter und Führungskräfte bei der Bewältigung der Aufgaben zu unterstützen. Es soll maschinell vorgegeben werden, welche Tätigkeiten zuerst im Sinne der Einhaltung der SLAs abgearbeitet werden müssen. Es handelt sich auf keinen Fall um ein Mitarbeiterüberwachungssystem. Ein falsches Führungsverhalten wäre an der Stelle sehr schädlich, und zwar in doppelter Hinsicht. Zum einen würde sich das Betriebsklima verschlechtern und zum anderen ist kein Verfahren vor Manipulationen im System geschützt. Das System und damit die Investition würden bei Manipulationen, z. B. durch verfrühte Ticketschließung, ins Leere laufen.

8.4.3 Reklamationsmanagement

Ein wesentliches Instrument zur Pflege der Kunden-Lieferanten-Beziehung stellt das Reklamationsmanagement dar. Verständlicherweise erzeugen Qualitätsmängel an einem Produkt oder eine nicht korrekt durchgeführte Dienstleistung beim Kunden Verärgerung. Verärgerung über den Fehler an sich, aber auch Verärgerung über die Tatsache, dass der Kunde nochmals tätig werden muss, um den Mangel zu beseitigen. Diese Tätigkeit verursacht Kosten, bindet Zeit und ist in gewisser Weise für den Kunden unangenehm. Grundsätzlich hat jeder Kunde aber auch Verständnis dafür, dass mal ein Fehler passieren kann. Entscheidend für die Kundenzufriedenheit ist, wie der Lieferant mit der Fehlermeldung, der Reklamation, umgeht. Vor Einführung eines SSC in der Personalorganisation war es für die betreuten Mitarbeiter und Führungskräfte relativ leicht, Reklamationen bzw. Mängel an die richtige Adresse zu bringen. Der oder die Verantwortliche war bekannt, entweder stand der Name des Verantwortlichen in der Gehaltsabrechnung oder im Briefkopf eines Schreibens. Man wusste, wie der zugeordnete Sachbearbeiter oder Experte telefonisch zu erreichen war, und konnte so relativ rasch eine Klärung herbeiführen. Auf der anderen Seite war der Sachbearbeiter i. d. R. dankbar, dass er direkt angesprochen wurde, ohne dass eine Reklamationsstelle oder gar der Chef eingeschaltet werden musste. Mit Einführung des HR-SSC liegt der Fall ganz anders. Kennzeichen eines HR-SSC ist es ja gerade, dass eine bisher überwiegend funktionsorientierte Organisation in eine stärker prozessorientierte Organisation umgebaut wird. Somit gibt es die klassische Eins-zu-eins-Zuordnung von Betreuten zu Mitarbeitern der Personalorganisation nicht mehr. Häufig ist eine 0800-Telefonnummer im Schriftverkehr angegeben und das heißt im Allgemeinen, dass eine anonyme Person eines Front Office eine Reklamation annimmt.

Die Anonymität schafft beim Kunden des SSC eine gewisse Verunsicherung, ob die Reklamation angekommen ist bzw. ob eine kompetente Bearbeitung gewährleistet ist. Daher haben sich einige Unternehmen dafür entschieden, die anonyme Bearbeitung von Reklamationen zu verändern und eine personifizierte Bearbeitung gegenüber dem Kunden zu gewährleisten. An der Stelle muss festgehalten werden, dass ein funktionierendes Reklamationsmanagement nicht ohne Aufwand betrieben werden kann. Allerdings ein Aufwand, der sich für alle Beteiligten lohnt und letztendlich auszahlt.

In der Regel werden für eine Reklamation die gleichen Eingangskanäle zur Verfügung gestellt wie im normalen Kundenkontakt auch, das heißt per Telefon, E-Mail, Fax oder webbasiert. Denkbar ist aber auch, dass den Kunden eine eigens für Reklamationen eingerichtete Rufnummer bzw. Mailadresse zur Verfügung gestellt wird. Wenn im Front Office festgestellt wird, dass es sich bei dem Kontakt um eine Reklamation handelt, wird die Bearbeitung an ein Reklamationsteam weitergegeben. Nun stellt sich die Frage, was eine Reklamation ist bzw. wann das Reklamationsteam eingeschaltet werden sollte. Per Definition ist eine Reklamation eine vom Kunden, Service User oder Partner ausgedrückte Unzufriedenheit über eine fehlerhafte oder nicht erbrachte Dienstleistung. Daraus folgt, dass der Kunde zunächst einmal mit seinem Anliegen recht hat und er das Gefühl vermittelt bekommt, dass er ernst genommen wird. Die Weitergabe der Reklamation läuft per Reklamationsticket über das Auftragsmanagementsystem an das Reklamationsteam. Telefonate werden direkt weitergegeben. Wie oben schon erwähnt, bedürfen Reklamationen aufgrund der emotionalen Faktoren und der hohen Bedeutung einer speziellen Behandlung. Der Reklamationsbearbeiter verpflichtet sich gegenüber dem Kunden persönlich, für die Beseitigung des Mangels zu sorgen, nennt seine persönlichen Kontaktdaten und klärt intern mit den Service Units bzw. zentralen Stellen den Sachverhalt. Das Reklamationsticket hat gewöhnlich ein terminlich verkürztes SLA (z. B. Klärung innerhalb von zwei Tagen). Sollte dieser Zeitraum nicht eingehalten werden können, erhält der Kunde vom Reklamationsbearbeiter einen entsprechenden Zwischenbericht bzw. nach Erledigung des Vorgangs eine Erledigungsbenachrichtigung. Die mögliche Korrektur wird in der zuständigen Service Unit vorgenommen. Je nach Bedeutung des Fehlers ist es angebracht, nach einer gewissen Frist beim Kunden nachzufragen, ob die Korrektur des Fehlers tatsächlich beim Kunden angekommen ist und ob damit alles erledigt sei. Den genauen Ablauf zeigt die folgende Abbildung.

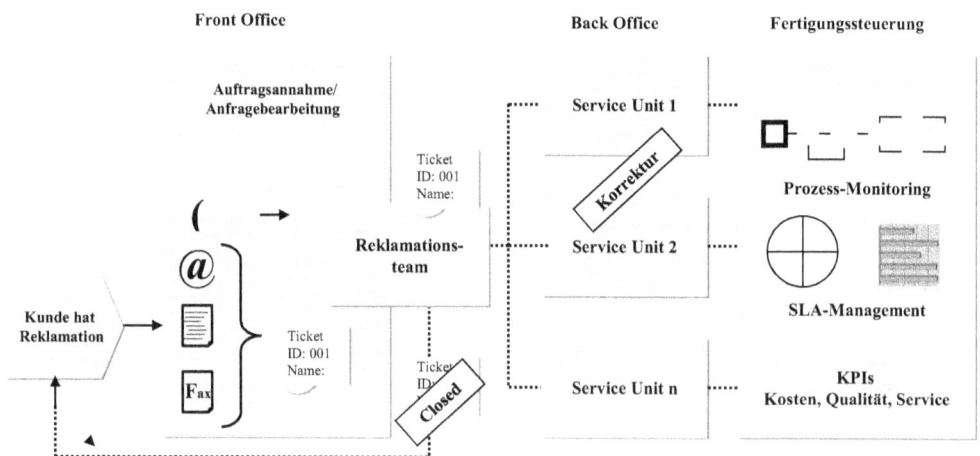

Abb. 8.6: Prozessualer Ablauf einer Reklamation (Quelle: Eigene Darstellung)

Reklamationen sind wahre Schätze, die gehoben werden müssen. Wenn wir uns vergegenwärtigen, wie hoch der Aufwand im Prozessmanagement ist, um notwendige Korrekturen zu analysieren und zu erkennen, dann erkennt man, dass an diesem Satz vieles richtig ist. Ein Unternehmen sollte für jede Reklamation dankbar sein, denn es wird dadurch in die Lage versetzt, die Ursache für die Reklamation zu beseitigen und weitere Fehler und damit Verärgerung bei den Kunden für die Zukunft zu vermeiden. Selbst unberechtigte Reklamationen haben ihren Wert, zeigen diese doch möglicherweise ein Informationsdefizit auf. Daraus folgt, dass die Reklamationen eine gute Basis für das Qualitäts- bzw. Prozessmanagement liefern. Jeder reklamierende Kunde, der den Eindruck gewinnt, dass ihm rasch, unbürokratisch und zuvorkommend geholfen wird, spricht über die positiven Erfahrungen und vergisst die Verärgerung über den Fehler. Jeder Kunde, der einen Fehler feststellt, aber nicht reklamiert, spricht über eine schlechte Leistung.

Aus dem oben gezeigten Ablauf wird aber auch deutlich, wie wichtig die Fehlervermeidung in Bezug auf die Kostenentwicklung ist. Jede Nacharbeit verursacht zusätzliche Kosten und bindet wertvolle Kapazitäten. In der Industrie liegt die Prozessqualität bei rund 98 %, d. h. die Fehlerrate beträgt rund 2 %. Eine Fehlerrate von 2 % bedeutet z. B., dass 98 von 100 Entgeltnachweisen in Ordnung sind oder jede 50. Entgeltabrechnung beanstandet wird. Fehler verursachen Fehlerkosten. Siemens bezifferte 1999 die jährlichen Fehlleistungskosten des Unternehmens auf etwa 10 % des Umsatzes (vgl. Krubasik 1999, S. 10–12).

Um Handlungsfelder feststellen zu können, sind Messgrößen erforderlich, die sich unmittelbar auf die Qualitätsabweichung beziehen und direkt aus dem Geschäftsprozess ableitbar sind. Zu diesen Messgrößen zählt u. a. der **First Pass Yield (FPY)**.

Unter FPY wird der Prozentsatz an abgeschlossenen Bearbeitungsobjekten verstanden, die bereits im ersten Prozessdurchlauf fehlerfrei sind und keine Nacharbeit erfordern. Bei einem fehlerfreien Prozessergebnis hat der FPY den Wert 1, bei einem fehlerhaften Ergebnis den Wert 0. Beispiele für einen FPY = 0 sind: fehlerhafter Schriftverkehr, fehlerhafte Einstellungsverträge, verspätete Aufträge, unvollständige Auskünfte, fehlerhafte Entgeltnachweise.

Der FPY (%) wird wie folgt errechnet:

$$\frac{\text{Anzahl abgeschlossener Bearbeitungsobjekte in einem Zeitraum t ohne Nacharbeit}}{\text{Anzahl abgeschlossener Bearbeitungsobjekte im gleichen Zeitraum x 100}}$$

Bei einem Wert < 100 % ist es unverzichtbar, die Ursache für fehlerhafte Ergebnisse zu finden und zu beseitigen. Die Messung des FPY steht am Beginn des Verbesserungskreislaufes. Die folgenden Schritte setzen sich aus Analyse der Abweichungen, Behebung der Abweichungsursachen und Kontrolle der Wirkung von Verbesserungsmaßnahmen zusammen.

Der FPY ist leicht zu verstehen und im Gegensatz zur Ermittlung von Fehlleistungskosten ohne hohen Aufwand zu generieren. Die Messgröße lässt sich unmittelbar aus dem Prozessablauf eines SSC ableiten (z. B. ist die Reklamationsrate zu einem Produkt bzw. einer Produktkategorie aus dem Auftragsmanagementsystem ablesbar) und hat hohe Aktualität. Eine

Erhöhung des FPY führt gleichzeitig zur Senkung der Fehlleistungskosten und zur Steigerung der Kundenzufriedenheit (vgl. Schmelzer/Sesselmann 2004, S. 199 f.).

8.5   Interne Kommunikation

Dass Mitarbeiter das wichtigste Kapital des Unternehmens sind, ist heute ein Allgemeinplatz:

„Am Abend verlassen 80 % unseres Kapitals das Unternehmen. Wir haben dafür zu sorgen, dass es morgens wiederkommt."[10]

Unternehmen, die in zunehmend vernetzten und beschleunigten Märkten Schritt halten wollen, werden in immer höherem Maß von den Mitarbeitern – ihrem Wissenskapital – bestimmt. Wo Veränderungsprozesse immer schneller ablaufen und neue Managementkonzepte eingesetzt werden, bekommt der Dialog mit den Mitarbeitern eine gesteigerte Bedeutung. Information ist der ausschlaggebende Faktor für die Einbeziehung und Motivation der Mitarbeiter. Die Kommunikation nach innen trägt auch wesentlich zur Effizienz der Mitarbeiter bei. Mitarbeiter, die die eingeschlagene Richtung des Unternehmens kennen, können ihre Arbeit in dieselbe Richtung lenken und nach gleichen strategischen Bedingungen vorgehen.

Interne Kommunikation ist zu einer der wesentlichen Aufgaben der Führung eines HR-SSC geworden. In einer HR-Shared-Service-Organisation arbeiten unterschiedliche Mitarbeitergruppen in verschiedenen Service Units an der Abarbeitung bestimmter Prozessketten, ohne dass für alle ein direkter Kundenbezug besteht. Insbesondere an der Schnittstelle zum Kunden ist es systembedingt, dass mehrere Mitarbeiter ein und denselben Kunden auch in gleicher Angelegenheit bedienen. Daher ist die interne Kommunikation im Sinne der Optimierung organisatorischer Abläufe (Effizienz) sowie der Informationsverbreitung (Transparenz) und mit dem Zweck der lernenden Organisation für den Erfolg der Organisationseinheit von entscheidender Bedeutung.

Gleichzeitig prägt die rasante Entwicklung und Integration der Informationstechnologien im unternehmerischen Alltag jegliche institutionelle Kommunikation. Neue Formen für die Ansprache, Gestaltung und Führung einer Kommunikationsbeziehung treten in Erscheinung. Das HR-SSC ist in diesem Sinne geprägt von hoher externer und interner Transparenz, alles ist messbar und schnell zugänglich und die Datenaufkommen werden immer größer. Hinzu kommt, dass die Produktivität der Mitarbeiter steigen sollte, ohne dass die Qualität der Arbeitsergebnisse leidet, und dass terminabhängige Arbeiten zu verrichten sind. Große Freiräume zu allgemeinen Informations-/Kommunikationsveranstaltungen gibt es nicht.

---

[10]   Zitat von Dr. Rolf Kunkel, ehem. Mitglied der Geschäftsleitung von Siemens Nixdorf bei Sauvant 2002, S. 113.

8.5.1 Formelle/informelle Kommunikation

Grundsätzlich unterscheidet sich ein interner Kommunikationsprozess in Unternehmen nicht von einer Kommunikation im privaten Bereich, d. h. die allgemeinen Grundlagen einer Kommunikation haben auch hier ihre Wirkung. Es ergeben sich jedoch insgesamt Unterschiede durch bestimmte in Unternehmen bestehende Rahmenbedingungen. Die Kommunikation in Unternehmen ist nicht gänzlich frei gestaltbar, sondern determiniert durch organisatorische Vorgaben und Regeln; diese geben nicht selten sowohl Form und Inhalt als auch den Ablauf der Kommunikation vor. Als Beispiel wäre hier ein sog. Freitagsgespräch mit vorgegebener Agenda zu nennen. Diesen organisatorischen Teil der internen Kommunikation bezeichnet man als „formell".

Merkmal dieser formellen Kommunikation ist es, dass sie meist dauerhaft und personenunabhängig organisiert ist, um einen reibungslosen innerbetrieblichen Ablauf zu gewährleisten. Die Pflicht zur formellen Organisation der Kommunikationsprozesse ergibt sich dabei beispielsweise aus dem Betriebsverfassungsgesetz. So sind, nach §§ 81–83 BetrVG, die Arbeitgeber verpflichtet, die Arbeitnehmer über ihre Arbeitsaufgaben, Gefahren, Personalunterlagen etc. zu informieren. Über diese Pflichtkommunikation hinaus werden jedoch alle Unternehmen versuchen, die interne Kommunikation zur Optimierung ihrer organisatorischen Abläufe zu nutzen.

Neben der formellen Kommunikation sprechen wir von der informellen Kommunikation, die den gesamten nicht vorgeschriebenen und organisatorisch geregelten Anteil umfasst. In der Vergangenheit wurde dieser als unzuverlässig und wenig berechenbar bezeichnet und daher als Störung der formellen Kommunikation verstanden. Mittlerweile wissen wir, dass die menschliche Arbeitsleistung nicht nur von den objektiven Arbeitsbedingungen, sondern ganz wesentlich auch von sozialen Faktoren geprägt wird und somit auch die informelle Kommunikation dazu beiträgt.

8.5.2 Spezielle Instrumente der internen Kommunikation

Neben den klassischen Printmedien wie Rundschreiben, Managementinformationsbriefen, Newspapers oder Magazinen erlangen in den SSCs vor allem die elektronischen Medien große Bedeutung. In der internen Kommunikation kombiniert man in der Regel Push- mit Pull-Instrumenten. Push-Instrumente sind solche Medien, die Informationen direkt an eine bestimmte Empfängergruppe herantragen, z. B. E-Mails. Pull-Medien hingegen stellen Informationen auf einer bestimmten Plattform zur Verfügung, müssen jedoch aktiv abgerufen werden (beispielsweise Informationen in einem Intranetsystem). Auch hier gibt es wieder Mischlösungen, z. B. wenn in einem Intranet Funktionen wie automatische Benachrichtigungen für neue E-Mails oder betriebsinterne Neuigkeiten bereitgestellt werden oder Diskussionsforen zur Verfügung stehen.

Um die Mitarbeiter im Front Office immer auf einem aktuellen Stand zu halten, wird beispielsweise ein sog. Intranet-Check-in eingerichtet, in dem sich die Mitarbeiter vor Arbeitsbeginn, ähnlich wie bei einer Wissensdatenbank, über die aktuellen Geschehnisse informieren können, um im Kundenkontakt stets rasche und kompetente Aussagen machen zu können. Dieses System wird beim Öffnen des Computers automatisch eingespielt und enthält die wichtigsten Erkenntnisse, Fragen und Antworten sowie arbeitstechnische Geschehnisse (neue Betriebsvereinbarungen, neue firmeninterne Regelungen, Fehler, die aufgetreten sind, etc.) der letzten 24 Stunden. Ebenso wird ein Katalog mit häufig gestellten Fragen und den dazugehörigen Antworten, kurz FAQ (Frequently Asked Questions), zu einem Thema ins Intranet gestellt und fortgeschrieben. Mit beiden Instrumenten wird der Tatsache Rechnung getragen, dass die Mitarbeiter eines Front Office schnell mit Informationen versorgt werden bzw. sie selbst im Rahmen der Anfragenbeantwortung schnell und zielsicher an Informationen herankommen müssen. Das Auftragsmanagementsystem enthält den Status der Auftragsbearbeitung und die Auftrags- und Erledigungshistorie zu jedem Mitarbeiter. Hierüber sind alle Mitarbeiter und Führungskräfte des HR-SSC in der Lage, sich schnell und umfassend zu informieren. Alle drei Instrumente sind jedoch arbeitsintensiv. Sie müssen jederzeit up to date sein und mit wenigen Zeilen umfassende und klare Informationen liefern.

Die Qualität der internen Kommunikation steigt, wenn die Geschäftsleitung direkt involviert ist. Wird dem Thema genug Relevanz beigemessen, werden auch dementsprechend mehr Ressourcen eingesetzt. Von Vorteil ist es, wenn eine definierte Person – idealerweise der Stabsstelle der Geschäftsleitung zugeordnet – für die interne Kommunikation verantwortlich zeichnet. So ist der Informationsfluss von oben gewährleistet und auch nach unten nicht eingeschränkt. Ebenso wird die Zusammenarbeit mit verwandten Bereichen wie Human Resources oder der Informatikabteilung (für die technische Wartung der elektronischen Medien) ermöglicht.

8.6   Ausrichten der gesamten Organisation auf Ziele

„Wer das Ziel nicht kennt, kann den Weg nicht finden." (Christian Morgenstern)

Eine Steigerung der Performance eines SSC erreicht man nur, wenn alle Instrumente und Ebenen auf die Ziele ausgerichtet sind. Wichtig dabei ist, dass die Ziele der Organisation bis auf den Einzelnen heruntergebrochen werden, denn nur so ist eine umfassende Zielerreichung möglich.

Ziele müssen aus diesem Grund spezifisch, messbar, ausführbar, relevant und terminiert (SMART) sein (vgl. Armstrong 2006, S. 57). Spezifisch bedeutet in diesem Fall, dass die Ziele klar und deutlich formuliert sind, sodass ein einheitliches Verständnis besteht. Ein Ziel muss messbar sein, denn es ist erforderlich, die Zielerreichung laufend zu überprüfen, um ggf. Korrekturmaßnahmen einzuleiten. Ausführbar oder erreichbar muss ein Ziel ebenfalls sein. Hier kommt es auf eine ausgewogene Balance an, denn Ziele, die von Beginn an zu hoch gesteckt sind, können schnell zu Missmut bei den Beteiligten führen. Dennoch sollen Ziele eine motivierende Wirkung haben, denn nur so können Leistungssteigerungen erreicht werden. Relevant bedeutet, dass die einzelnen Ziele die obersten Ziele des Unternehmens oder der Organisationseinheit widerspiegeln. Der Blick auf die (übergeordneten) Unternehmensziele darf bei der Überleitung auf die einzelnen Zielebenen nicht verloren gehen. Die Überleitung auf die einzelnen Ebenen ist nötig, damit alle Beteiligten in die strategische Zielrichtung der gesamten Organisation eingebunden werden. Speziell für den einzelnen

Mitarbeiter ist es wichtig, die Ziele des Unternehmens zu kennen, um beurteilen zu können, welcher eigene Beitrag zum Erreichen erforderlich ist. Die Ziele werden nach einer einfachen Logik in drei Stufen und auf drei Ebenen heruntergebrochen:

- Das Unternehmen setzt sich strategische Unternehmensziele, die beispielsweise nach den Perspektiven der Balanced Scorecard gegliedert werden.
- Auf der Organisations- und Prozessebene werden die strategischen Unternehmensziele als operative Kenngrößen umgesetzt.
- Für die Mitarbeiterebene bedeutet dies konkrete Zielvereinbarungen, die mit den Arbeitsschritten für jeden Einzelnen verknüpft werden.

Abb. 8.7: Unternehmensziele auf unterschiedlichen Ebenen (Quelle: Eigene Darstellung)

Da ein wichtiger Punkt bei einer erfolgreichen Umsetzung von strategischen Unternehmenszielen die Einbindung der Mitarbeiter ist, werden im nächsten Kapitel die Instrumente vorgestellt, die dies ermöglichen.

8.6.1   Verankerung der Ziele auf Mitarbeiterebene

Nachdem die strategischen Ziele jedem Mitarbeiter bekannt sind, ist für den Einzelnen eine eindeutige Beziehung zu diesen Zielen herzustellen (vgl. Jetter 2004, S. 131). Die Mitarbeiter müssen sich über den von ihnen erwarteten Leistungsbeitrag im Klaren sein, um ihre Arbeitsweise, Ressourcen und Prioritäten darauf auszurichten. Für die Führungskräfte ist es deshalb notwendig, ihren Mitarbeitern in Form von **Zielvereinbarungsgesprächen** die individuellen Ziele darzustellen. Die zu vereinbarenden Ziele werden aus der Sicht der Führungskraft dem Mitarbeiter nach dem Top-down-Ansatz vermittelt, d. h. die Ziele des Einzelnen müssen von den obersten strategischen Zielen abgeleitet werden. Aus der Perspektive des Mitarbeiters stellt diese Zielableitung einen Bottom-up-Ansatz dar, denn er soll durch seine Aktivitäten letztlich die obersten Ziele des Unternehmens positiv beeinflussen (vgl. Armstrong 2006, S. 57).

Nach diesem Schema werden als Unternehmensziel beispielsweise Kosteneinsparungen von 1 Mio. Euro festgelegt. Für die Ebene der Organisation und Prozesse bedeutet diese Situation, dass sie z. B. die Rüstzeiten um 20 % senken und weniger Ausschuss produzieren müssen. Die Mitarbeiter, die diesen Organisationseinheiten zugeordnet sind, haben die Organisations- und Prozessziele durch ihre Arbeit zu erfüllen. Für den Einzelnen bedeutet das beispielsweise, dass die Bearbeitung einer Kündigung anstatt 10 Minuten jetzt 8 Minuten Zeit in Anspruch nehmen darf und ggf. die Qualität zu erhöhen ist.

8.6.2   Kommunikation der Ziele

Um eine hohe Integrität der Ziele zu gewährleisten, müssen diese den Mitarbeitern in geeigneter Form kommuniziert werden. Die Aufgabe besteht darin, die Mitarbeiter über den Sinn und Zweck der Ziele zu informieren und den Nutzen überzeugend hervorzuheben. Dieser Bewusstseinsprozess darf hinsichtlich des Aufwands und der Dauer nicht unterschätzt werden (vgl. Jetter 2004, S. 121). So müssen aufkommende Fragen und Zweifel durch klare Informationen beseitigt werden. Durch das schrittweise Vorgehen können den Mitarbeitern die benötigten Informationen bezüglich des Performance Managements mitgeteilt werden. So kann beispielsweise in Kommunikations- und Weiterbildungsprogrammen, in Diskussionen oder mittels Aushängen vermittelt werden, was das Unternehmen unter Performance Management versteht, was es davon erwartet und was von den Mitarbeitern in diesem Zusammenhang erwartet wird. Ein offener Umgang ist hierbei wichtig, um die Unklarheiten und Sorgen der Mitarbeiter zu beseitigen. Die Erwartungen, die an die Mitarbeiter gestellt werden, sind auch wesentliche Punkte innerhalb der Zielvereinbarungen. Da ein strategisches Ziel keinen Mitarbeiter direkt oder persönlich anspricht, muss es in Form von messbaren Einheiten kommuniziert werden. Eine geeignete Methode ist, KPIs bis auf den Einzelnen überzuleiten und dabei Aktivitäten und Verhaltensweisen aufzuzeigen, die den KPI beeinflussen und somit auf das strategische Ziel einwirken. Im Folgenden werden an drei exemplarischen Zielen bzw. KPIs erforderliche Aktivitäten und Verhaltensweisen für die Mitarbeiterebene abgeleitet.

8.6.3   Kaskade Kostenbewusstsein

Für ein Zielvereinbarungsgespräch und zur Kommunikation kann das strategische Ziel Kosteneinsparung nicht in einem Schritt auf der operativen Ebene umgesetzt werden. Es müssen das Verhalten und die Aktivitäten für die Mitarbeiter beschrieben werden, die diesen KPI so beeinflussen, dass Kosteneinsparungen erreicht werden können. Gesucht werden Treiber, die auf operativer Ebene ein strategisches Ziel beeinflussen. Die Kostsituation ist seitens der Mitarbeiter durch ein kostenbewusstes Verhalten zu beeinflussen. Ein Beitrag zu diesem Verhalten ist beispielsweise ein schonender Umgang mit den zur Verfügung stehenden Ressourcen. Ebenfalls sollten die Mitarbeiter mobilisiert werden, stets kleine Verbesserungen in den Abläufen vorzunehmen, die entsprechend dem KVP-Modell zu kürzeren Prozessdurchlaufzeiten, zur Automatisierung der Arbeitsschritte und letztlich zu einer besseren Produktqualität führen. Auch durch eine effizientere Arbeitsweise können Verbesserungen erreicht und somit Kosten eingespart werden.

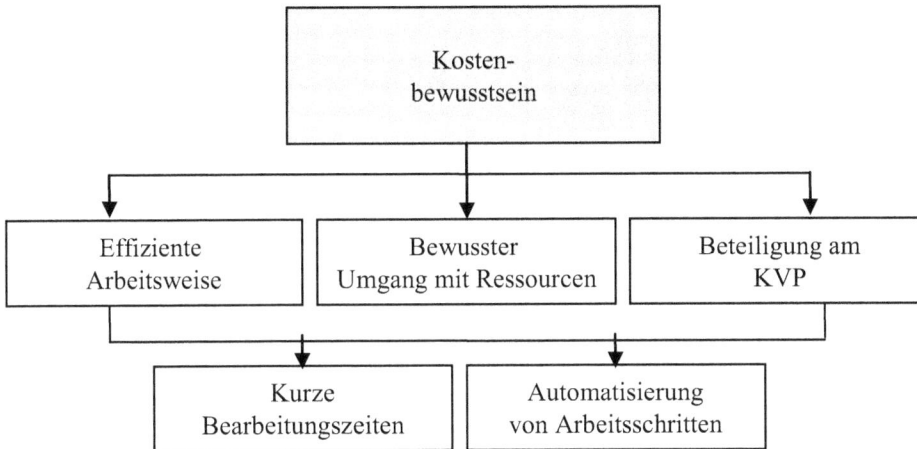

Abb. 8.8: Kaskade Kostenbewusstsein (Quelle: Eigene Darstellung)

In einem Zielvereinbarungsgespräch könnte man für dieses Ziel bzw. für diesen KPI klare Werte definieren. Beispielsweise sollte jeder Mitarbeiter mindestens einen Verbesserungsvorschlag einbringen, wie kürzere Bearbeitungszeiten realisiert werden können.

8.6.4 Kaskade SLA-Fulfillment-Rate

Im Gegensatz zur Kostensituation können die Mitarbeiter eines HR-SSC zur Erhöhung der SLA-Fulfillment-Rate einen unmittelbaren Beitrag leisten. Die Mitarbeiter sind hier die direkten Leistungstreiber, die Einfluss auf den KPI haben. Die SLA-Erfüllungsrate sagt zunächst etwas über die Einhaltung des zeitlichen Rahmens der eingehenden Aufträge aus. Für die Mitarbeiter gilt es deshalb, alle Aufträge termingerecht zu bearbeiten, damit möglichst keine Brüche bei den Vereinbarungen auftreten. Zusätzlich sollte dabei beachtet werden, dass die Ausführung der Leistung fehlerfrei durchgeführt wird, um Nacharbeiten zu vermeiden und die Fehlerrate gering zu halten. Deshalb sollte auch auf einen qualitativ hochwertigen Output geachtet werden.

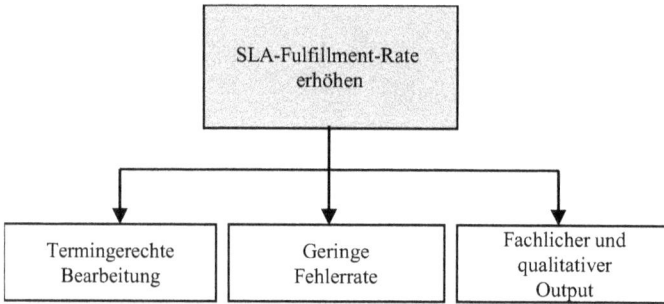

Abb. 8.9: Kaskade SLA-Fulfillment-Rate (Quelle: Eigene Darstellung)

Überträgt man diese Eigenschaften in konkrete Zahlen, so sollten z. B. die Aufträge zu 98 % termingerecht fertiggestellt werden, bei maximal zwei Fehlern je 200 Aufträge.

8.6.5 Kaskade Customer Satisfaction

Auch beim strategischen Ziel, die Kundenzufriedenheit zu erhöhen, stellt sich die Frage, was der einzelne Mitarbeiter dazu beitragen muss, damit ein hoher Zufriedenheitsindex folgt. Die Kundenzufriedenheit wird durch das Verhalten der Mitarbeiter im HR-SSC maßgeblich beeinflusst. So bewirkt die Einhaltung der SLAs einen hohen Zufriedenheitswert. Weiter kann der Mitarbeiter zu einer hohen Zufriedenheit beitragen, indem er proaktiv Reklamationen vermeidet. Hierzu zählt ebenfalls die rechtzeitige Bearbeitung der Aufträge mit einem fachlich korrekten und qualitativ hochwertigen Output. Aber auch eine Reihe von „soften" Eigenschaften des Mitarbeiters haben Auswirkung auf die Kundenzufriedenheit. Hier wäre an erster Stelle die Servicequalität zu nennen.

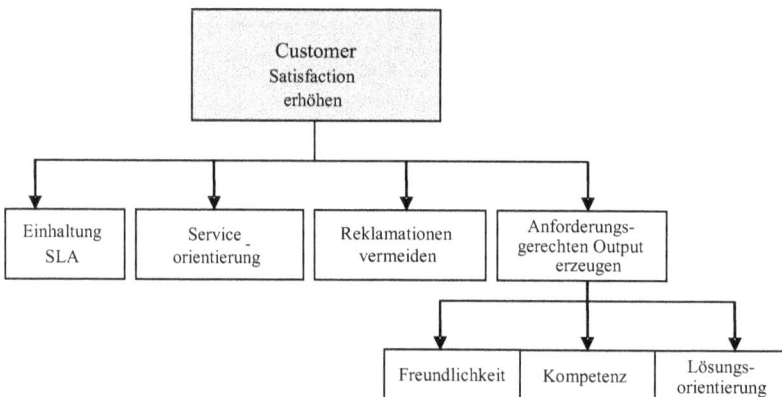

Abb. 8.10: Kaskade Customer Satisfaction (Quelle: Eigene Darstellung)

Konkret können diese Verhaltensweisen in einem Zielvereinbarungsgespräch wie folgt vereinbart werden: Lösungsorientiertes Verhalten kann man beispielsweise mit einer Sofortlösungsrate von mindestens 85 % mit dem Mitarbeiter vereinbaren. Um Reklamationen durch fehlerfreieres Arbeiten zu vermeiden, kann eine Fehlerrate von maximal 0,5 % festgelegt werden, die der einzelne Mitarbeiter zu vertreten hat.

Praxisbeispiel 5: Service Management bei Merck HR-Services – inspiriert von ITIL®

Oliver Daraga

Die IT-Infrastructure-Library (ITIL) hat sich in den letzten Jahren international zu einem Standard für die Steuerung und Durchführung aller IT-Geschäftsprozesse entwickelt. Angefangen von der IT-Strategie über die Projektplanung bis zum Betrieb operativer Systeme werden darin umfassend idealtypische IT-Prozesse beschrieben. Der nachfolgende Beitrag beschreibt die globale Übertragung dieser Prozessbibliothek auf HR-Serviceprozesse bei der Merck Gruppe mit Hauptsitz in Darmstadt.

Der Startpunkt

Im Herbst 2011 hat die Merck „Group Executive Conference" (GEC), das jährliche Treffen aller Topmanager der Merck Gruppe, eine bedeutende Veränderung der Unternehmensstruktur beschlossen. Nachdem alle Geschäftsbereiche von Merck bereits von ehemals regionaler, teilweise lokaler Verantwortung in eine globale Geschäftsstruktur überführt wurden, sollten die sogenannten Zentralfunktionen nun nachziehen. Bereiche wie Finanzen, Einkauf, IT oder eben HR wurden per Definition zu globalen Bereichen erklärt und waren aufgefordert, ihre Organisationen entsprechend umzustrukturieren. Zudem sollten die Dienstleistungen der Zentralfunktionen mit den Geschäftsbereichen per SLA vereinbart, bewertet und in Rechnung gestellt werden. Die sich daraus ergebende Herausforderung war die Einführung oder Umgestaltung von unterstützenden Prozessen.

Merck HR wurde zu Merck Group HR und reagierte mit der Einführung des Drei-Säulen-Modells. Abgeleitet aus der Unternehmensstrategie und eingebettet in das Programm „Fit für 2018" – einer umfangreichen Initiative zur Optimierung des gesamten Unternehmens bis zum 350-jährigen Firmenjubiläum 2018 – ergaben sich für Group HR die folgenden Aufgabenfelder: das Geschäftswachstum und die Transformation der Zentralbereiche zu ermöglichen; Führung, Leistung und Talentmanagement zu verbessern; eine gemeinsame Unternehmenskultur zu schaffen und zu fördern sowie die Effizienz der Organisation voranzutreiben.

Die HR-Services-Strategie

Neben der Unterstützung aller sich daraus für Group HR ergebenden Ziele stand für HR-Services die Effizienz der Organisation klar im Fokus. Konkret wurde dies übersetzt in die

Ziele einer Verbesserung des Betriebsmodells, einer Reduzierung von Komplexität und des Anbietens global konsistenter HR-Lösungen. Um dies zu erreichen, beschloss HR-Services die Einführung regionaler Servicezentren. Damit begann die Transformation einer HR-Organisation aus ehemals über 50 mehr oder weniger unabhängigen HR-Abteilungen weltweit hin zu einer einheitlichen, globalen HR-Services-Organisation mit ca. 3–6 Servicezentren in den Regionen Amerika, Europa und Asien.

Mit der Einführung von regionalen Servicezentren für standardisierte, administrative HR-Leistungen sollte nicht nur die Effizienz erhöht, sondern auch die Qualität verbessert werden. Auf den ersten Blick erscheint dies widersprüchlich, ist aber je nach Ausgangslage durchaus möglich. Voraussetzung dafür ist jedoch, dass zu einem möglichst frühen Zeitpunkt generelle, globale Standards hinsichtlich des Leistungsumfangs der Servicezentren sowie der Prozesse zur Durchführung und Unterstützung der Leistungen definiert und konsequent umgesetzt werden. Ein holistisches Service-Management-Prozessmodell sollte den Rahmen dazu bilden. Merck entschied sich dafür, auf der Basis von ITIL, dem De-facto-Standard für Service Management in IT-Organisationen, ein entsprechendes HR-spezifisches Prozessmodell zu entwickeln.

Lernen von der IT

Der IT-Bereich der Merck Gruppe war in der glücklichen Lage, bereits einige Jahre vor der Entscheidung für globale Servicestrukturen ein globales Prozessmanagement eingeführt zu haben. Es gab so eine eindeutige und umfassende Prozessstruktur mit einem global verantwortlichen CIO (Chief Information Officer). Die Trennung von Prozessdesign und Erbringung der Leistung auf der einen sowie der Unterstützung der Geschäftsbereiche durch Business Partner, hier „Information Manager" genannt, auf der anderen Seite, waren bereits etabliert. All das unter Zuhilfenahme von IT-Service-Management nach ITIL.

Warum ließen sich die Vorteile von ITIL auf die Herausforderungen in HR-Services übertragen? Die Antwort liegt in der universellen Gültigkeit der von ITIL verfolgten Ziele. So geht es in ITIL beispielsweise darum, Transparenz hinsichtlich der Aktivitäten einer Organisation zu schaffen, die Anforderungen der Kunden aufzunehmen und zu vereinbaren und ein Service Portfolio aus den Anforderungen und der Strategie abzuleiten. Weiter ist es Ziel von ITIL, gleichartige Leistungen und Prozesse zu standardisieren und zu zentralisieren, die Leistungserbringung zu überwachen und permanent zu verbessern, basierend auf klaren internen und externen Vereinbarungen zu agieren und die Einhaltung formeller Anforderungen sicherzustellen.

Aufgrund der IT-Orientierung von ITIL war der naheliegende erste Schritt die Erarbeitung eines HR-spezifischen Prozessmodells nach ITIL. Dieses Modell musste alle Aktivitäten von HR-Services vollständig wiedergeben. War eine Aktivität von HR-Services nicht enthalten, gab es nur zwei Möglichkeiten: Entweder das Modell war unvollständig oder die Aktivität gehörte nicht in den Bereich HR-Services. Bereits bei der Entwicklung des Modells ergaben sich daraus entscheidende Fragestellungen zur Klärung des Aufgabenbereichs von HR-Services. Ebenso war die Reihenfolge der Aktivitäten von entscheidender Bedeutung, um die komplexen Abhängigkeiten und Wechselwirkungen zwischen den Prozessen strukturiert zu erfassen.

Die Entwicklung des Prozessmodells für HR-Services

Das schließlich implementierte Modell unterscheidet vier Kategorien:

- **Managementprozesse (Management Processes)** regeln den gesamten Rahmen des Modells,
- **Kernprozesse (Core Processes)** reflektieren den primären Zweck und die Mission der Organisation,
- **unterstützende Prozesse (Support Processes)** stellen effiziente und effektive Kernprozesse sicher,
- **zusätzliche Definitionen und Werkzeuge (Additional Information)** unterstützen die Umsetzung.

In dieser Reihenfolge wurde auch das Prozessmodell erarbeitet.

Erster Schritt: Managementprozesse definieren

Der Rahmen des Modells musste klar definiert werden, denn je später im Prozess Klarheit entsteht oder sich Änderungen ergeben, desto größer sind die Auswirkungen auf die nachfolgenden Prozessebenen.

Hieraus ergaben sich folgende Fragestellungen:

- Was ist unsere von der Unternehmens-/Bereichsstrategie abgeleitete Vision und Strategie für den HR-Servicebereich?
- Welches Projektportfolio ergibt sich aus der Strategie?
- Mit welchen KPIs überwachen wir die erfolgreiche Umsetzung der Strategie?
- Wie verteilen wir die verfügbaren Ressourcen an Mitarbeitern und Budget auf unsere Aktivitäten? Wie viele Ressourcen verwenden wir für den Betrieb unserer Prozesse, wie viele für Projekte und wie viele für Verwaltung?
- Welche Standards und Regeln sollen für das Zielmodell gelten? Welche z. B. rechtlichen und regulatorischen Vorgaben sind zu beachten?

Zweiter Schritt: Kernprozesse definieren

Nachdem der Rahmen klar definiert war, musste festgelegt werden, welche Leistungen zukünftig wie erbracht werden sollen. In diesem Prozessschritt waren die folgenden Fragen zu klären:

- Wie soll unser Leistungsspektrum im Zielmodell aussehen, d. h. welche Leistungen werden wir zukünftig weiterhin/zusätzlich/nicht mehr anbieten? (Service Portfolio Management)
- Wie sollen die Leistungen aus dem Service Portfolio zukünftig aussehen, d. h. in welcher Qualität und in welchem Umfang werden die Leistungen erbracht? (Service Design)
- Wie sollen die Leistungen im Rahmen meines Betriebsmodells zukünftig erbracht werden, d. h. wie wird der Prozess in den Servicezentren abgebildet? (Service Process Design)

- Wie sieht unsere generelle Leistungserbringung im Servicezentrum und darüber hinaus zukünftig aus? (Service Delivery Process)

Dritter Schritt: Unterstützende Prozesse definieren

Auf Basis der vorangegangenen Schritte konnten nun die unterstützenden Prozesse entwickelt werden. Diese dienen u. a. dazu, die Leistungserbringung permanent zu überwachen und zu verbessern oder mit übergreifenden Vorgaben und Regelungen in Einklang zu bringen und zu halten.

Zur Beantwortung standen folgende Fragen:

- Wie stellen wir die zeitnahe Bereitstellung aller zur Leistungserbringung erforderlichen Informationen über Prozesse, Regeln, lokale Besonderheiten etc. sicher? (Operational Knowledge Management)
- Wie halten wir die erforderlichen Kenntnisse und Fähigkeiten aller Mitarbeiter auf dem erforderlichen Niveau? (Transition and Skill Management)
- Wie erfassen wir alle Anforderungen, setzen diese in einen Vertrag mit den Geschäftsbereichen und den HR-Einheiten um und halten diesen nach? (Service Level Management)
- Wie überprüfen wir die Zufriedenheit der Kunden? (Customer Satisfaction Management)
- Wie ermitteln wir die Kosten, die unsere Leistungen verursachen, und wie verrechnen wir diese mit den Geschäftsbereichen? (Financial Management)
- Wie überwachen wir die Qualität unserer Leistungserbringung? (Dashboard Reporting)
- Wie stellen wir die Einhaltung von gesetzlichen Vorgaben (z. B. Datenschutz), Unternehmensregeln (z. B. Risikomanagement) oder Zertifizierungen (z. B. ISO9001 QM) sicher? (Compliance, Risk und Quality Management)
- Wie managen wir alle externen Lieferanten, die wir in Anspruch nehmen? (Vendor Management)
- Welche IT-Systeme benötigen wir für die Umsetzung und den späteren Betrieb der Servicezentren? (Implementation, Support and Maintenance of IT-Systems)

Vierter Schritt: Zusätzliche Definitionen und Werkzeuge erarbeiten

Zur Umsetzung des Prozessmodells und der Einführung der Servicezentren waren weitere unterstützende Werkzeuge hilfreich, die sich nicht unmittelbar aus den vorangegangenen Prozessen ergaben. Hierzu gehören u. a. ein Glossar, welches eine möglichst einheitliche Begriffswelt schafft, Vorlagen für Dokumente wie z. B. Arbeitsanweisungen, die sich aus der Prozessarbeit ergeben, oder die generische Definition der Rollen und Verantwortlichkeiten innerhalb des Betriebsmodells (z. B. die Rolle eines Agenten im Servicezentrum).

Das HR-Services-Prozessmodell bei Merck

Abb. P. 6 zeigt das Zusammenspiel der beschriebenen Kategorien mit den Kernprozessen als primärer Wertschöpfungskette, den übergeordneten Managementprozessen, den darunterliegenden unterstützenden Prozessen sowie den Definitionen und Werkzeugen.

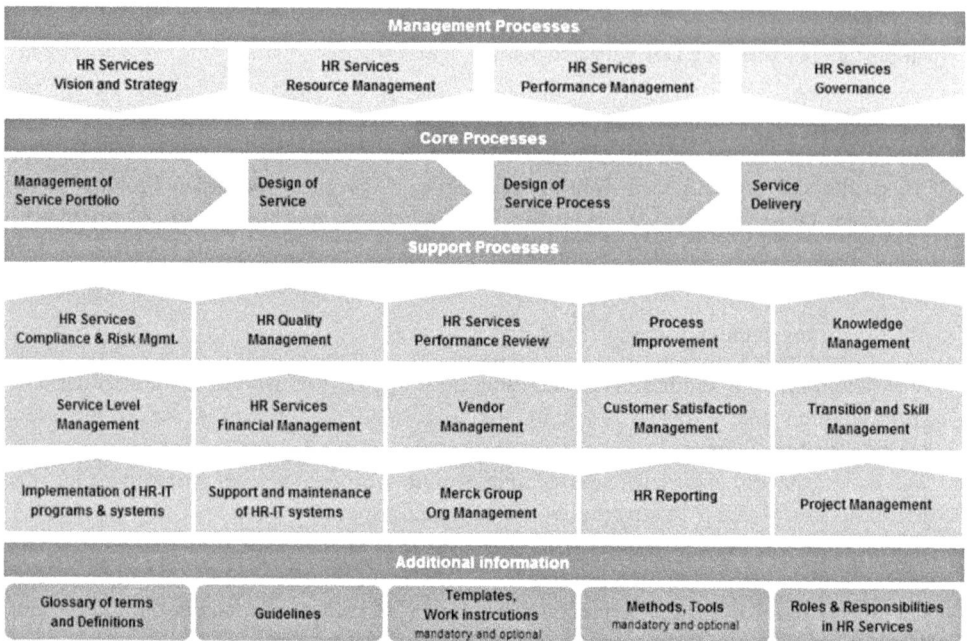

Management Processes

| HR Services Vision and Strategy | HR Services Resource Management | HR Services Performance Management | HR Services Governance |

Core Processes

| Management of Service Portfolio | Design of Service | Design of Service Process | Service Delivery |

Support Processes

HR Services Compliance & Risk Mgmt.	HR Quality Management	HR Services Performance Review	Process Improvement	Knowledge Management
Service Level Management	HR Services Financial Management	Vendor Management	Customer Satisfaction Management	Transition and Skill Management
Implementation of HR-IT programs & systems	Support and maintenance of HR-IT systems	Merck Group Org Management	HR Reporting	Project Management

Additional information

| Glossary of terms and Definitions | Guidelines | Templates, Work instrcutions mandatory and optional | Methods, Tools mandatory and optional | Roles & Responsibilities in HR Services |

Abb. P. 6: Das HR-Services-Prozessmodell bei Merck (Quelle: Eigene Darstellung)

Acht Tipps für die erfolgreiche Einführung von Servicezentren auf Basis eines Prozessmodells

Die Entwicklung eines HR-Prozessmodells kann zunächst als theoretische Übung mit idealtypischen Ergebnissen starten. Die Einführung erfolgt jedoch meist in einem komplexen Kontext und oft im Rahmen übergreifender Initiativen. Daher ist bei der Umsetzung der frühzeitige und permanente Abgleich nicht nur innerhalb des Bereichs, sondern im gesamten Unternehmen entscheidend für den Erfolg. Eine Aufstellung von acht Tipps soll Hinweise darauf geben, worauf man achten sollte, um die Chance auf eine erfolgreiche Umsetzung zu erhöhen.

1. Machen Sie die Umsetzung eines HR-Services-Prozessmodells zum Ziel aller HR-Mitarbeiter.

Im Rahmen von HR-Transformationen werden schnelle Fortschritte von allen Säulen des neuen HR-Modells erwartet. So sind beispielsweise CoEs angehalten, neue globale HR-Prozesse zu entwickeln, oder HR-Business-Partner aufgefordert, sich als strategischer Partner der Geschäfte zu etablieren. HR-Services sind jedoch auch von der Unterstützung dieser beiden Einheiten abhängig. Fehlt die Unterstützung der Business Partner beim Change Management in den betroffenen Geschäftsbereichen oder hat z. B. die Harmonisierung von Vergütungsregelungen in Ländern, die in das Servicezentrum überführt werden sollen, keine Priorität, kann es zu erheblichen Verzögerungen bei der Umsetzung kommen.

2. Etablieren Sie Service Management im gesamten HR-Bereich.

HR-Services müssen sich häufig als erste Säule im HR-Bereich mit Prozessmodellen beschäftigen, um ein neues Betriebsmodell umzusetzen. Tatsächlich betreffen die meisten der beschriebenen Prozesse aber auch die Business Partner und CoEs. Nach und nach wurde bei Merck der Anwendungsbereich für viele Prozesse auf Group HR ausgeweitet, da es offensichtlich sinnvoll ist, beispielsweise Quality Management, Operational Knowledge Management oder Service Level Management einheitlich für den gesamten Bereich zu entwickeln und durchzuführen.

3. Achten Sie auf eine einheitliche Terminologie.

Vermeiden Sie Missverständnisse im Rahmen der Einführung des Prozessmodells und dessen Einbettung in den Gesamtkontext, indem Sie sich innerhalb von HR auf eine gemeinsame Begriffswelt einigen und diese möglichst in einem gemeinsamen, global gültigen Glossar festhalten. Dies fängt schon bei Begriffen wie dem „Prozess" an, der für die oder den einen eine Abfolge von Prozessschritten im Servicezentrum, für die oder den anderen aber eine übergeordnete HR-Leistung wie z. B. „Performance Management" bedeutet.

4. Sparen Sie nicht an Change Management und Kommunikation.

Oft wird die herausragende Bedeutung von Change Management betont, selten wird dieser Bedeutung aber angemessen Rechnung getragen. Sowohl bei den Mitarbeitern von HR, die ihre Arbeit klassischerweise als Geschäft mit und für Menschen betrachten, als auch bei den Kunden von HR werden die Veränderungen mit Sorge erwartet. Der Weg von der klassischen Referentenarbeit hin zum hocheffizienten Servicedienstleiter ist für beide Seiten schwierig und zudem bezogen auf die HR-Inhalte teilweise hoch sensibel (Vertrag, Vergütung, Entwicklung, etc.). Ein einziger Tag mehr Unterstützung in der Kommunikation kann leicht Dutzende Tage Krisenmanagement im Falle von Unwägbarkeiten vermeiden.

5. Kommunizieren Sie regelmäßig den angestrebten Leistungsumfang der Servicezentren.

Ein harmonisiertes Leistungsspektrum ist meist dadurch gekennzeichnet, dass viele Leistungen nicht mehr oder nur noch in eingeschränktem Maße angeboten werden. In einer dezentralen HR-Organisation entwickeln sich über Jahre und Jahrzehnte Gewohnheiten, die erst im Rahmen der Transformation infrage gestellt und schließlich oft abgeschafft werden. Dieser „Verlust" erzeugt bei den Betroffenen – auch innerhalb von HR – oft eine grundsätzlich negative Haltung gegenüber der Transformation. Dies lässt sich nicht vollständig vermeiden, aber mit positiven Aspekten des neuen Modells ausgleichen. Zudem helfen die frühe Kommunikation und das Managen der Erwartungen schnell durch das „Tal der Tränen".

6. Stellen Sie Knowledge Management in den Mittelpunkt der Aktivitäten.

Ein Servicezentrum kann nur funktionieren, wenn alle notwendigen Informationen zeitnah, vollständig und korrekt zur Verfügung stehen. Der Agent, der eine Anfrage am Telefon beantwortet, muss jederzeit in jeglicher Hinsicht den aktuellen Stand kennen. Welche Regelungen gelten aktuell für diesen Mitarbeiter an diesem Standort in dieser Filiale in diesem Land? Jegliche Änderungen, z. B. an globalen HR-Prozessen oder gesetzlichen Regelungen, sind meistens stichtagsgebunden und ergeben sich oft auch kurzfristig (z. B. Betriebsvereinbarungen). Ist hier der Informationsfluss nicht gewährleistet, kann es schnell zu falschen Auskünften oder Aktionen kommen. Dies gilt sowohl für den Start als auch den späteren Tagesbetrieb der Servicezentren.

7. Stimmen Sie sich mit anderen Zentralfunktionen ab.

Unter den gegebenen Umständen war es für HR naheliegend, sich ein gutes Beispiel an den Vorreitern – in diesem Falle der IT – zu nehmen und sich parallel mit den anderen Zentralfunktionen abzustimmen. Dadurch erhält man Impulse aus anderer Perspektive – nebenbei auch die eines Kunden – und kann zudem Erfolgreiches adaptieren und Fehler vermeiden. Die Geschäftsbereiche sind ebenfalls dankbar dafür, nicht aus jedem Zentralbereich völlig andere SLAs und Verrechnungsmodelle zu erhalten. Hier wäre sogar eine den Zentralfunktionen übergeordnete Koordination sinnvoll.

8. Verwenden Sie Compliance nicht als „Vorschlaghammer".

Jedes Unternehmen ist an Regeln gebunden, deren Einhaltung sichergestellt und nachgewiesen werden muss. In der Vergangenheit wurden die dafür notwendigen Aktivitäten in den Vordergrund gestellt und mit sehr hohem Aufwand vorangetrieben. Ein effektives Prozessmanagement wie oben beschrieben erlaubt es, viele Compliance-Anforderungen „im Vorbeigehen" zu erfüllen. Sorgt man dafür, dass einige Schlüsselaspekte berücksichtigt werden, so kann das Prozessmodell schon für eine ISO9001-Zertifizierung ausreichen, wenn man es mit einem rudimentären QM-System anreichert. Merck HR hat so den Aufwand für die Aufrechterhaltung des Zertifikats auf einen Bruchteil der vorherigen Aufwände reduziert (PQM – „Pragmatisches Qualitätsmanagement").

9 Technik als Effizienztreiber im HR-Servicecenter

9.1 Megatrend Automatisierung

Franz Deitering, Rainer Schwarz

9.1.1 Rückblick – Status quo – Ausblick

Wenn man die Entwicklung der Shared-Service-Organisationen über die letzten 15 Jahre als Reise beschreiben wollte, dann begann die Reise mit Ticketing, führte danach zum Service Management und geht jetzt in eine weitere Ausbaustufe zum auftragsbezogenen Arbeiten. Die ersten Kunden haben SAP Customer Relationship Management (CRM) als Lösung eingesetzt, um eingehende Anfragen basierend auf Dienstleistungskatalogen zu beantworten. Schon zu diesem Zeitpunkt waren alle Kommunikationskanäle integriert und weitgehend automatisiert. Gerade im HR-Management wurde dieses Ticketing ergänzt um Employee-Self-Services (ESS) für Mitarbeiter und Manager-Self-Services.

In einem nächsten Schritt folgte eine Erweiterung zur Shared-Services-Organisation. Hier wurden nicht nur transaktionale Prozesse abgearbeitet, sondern auch die Zusammenarbeit mit sogenannten Center of Expertise (CoE) durch Ticketing, Routing und Case Management ausgebaut. In dieser Phase war aber immer noch offen, wie die Zusammenarbeit mit der restlichen HR-Organisation aussehen kann. Wie könnten z. B. HR-Business-Partner, wie HR-Experten eingebunden werden?

Gleichzeitig kam der Trend von multifunktionalen Shared-Services-Organisationen auf – heute auch oft Global-Business-Services (GBS) genannt. Sowohl der multifunktionale als auch der internationale Aspekt sind technologisch zu unterstützen. Wie kann man HR, Finanzwesen, Einkauf, IT-Service etc. mit einer Business-Plattform unterstützen? Wie kann GBS wie ein eigener Geschäftsbereich operieren – und noch viel wichtiger: Wie kann dieser Bereich das Business des Unternehmens nachhaltig und werthaltig nach vorne bringen?

Der neueste Trend, den wir sehen, ist, dass die bekannten Grenzen einer Shared-Service-Organisation verschwinden und stattdessen End-to-End-Prozessautomatisierung an Einfluss gewinnt. Ein Beispiel ist der Prozess „Einstellung eines neuen Mitarbeiters". Der „Neue" braucht einen Arbeitsvertrag, eine Zutrittskarte, einen Arbeitsplatz, einen Computer etc. Ob dieser Prozess im Bereich Personalwesen verantwortet wird oder an anderer Stelle, ist weniger relevant, als dass er vielmehr von Anfang bis Ende so weit wie möglich integriert und IT-gestützt automatisiert wird. Ein weiteres Beispiel von auftragsbezogenem Arbeiten ist das

Anlegen einer neuen Kostenstelle im Finanzwesen. An diesem Prozess sind unterschiedliche Personen beteiligt; es sind Genehmigungsprozesse zu berücksichtigen, Validierungen gegen das SAP-System durchzuführen etc. Die innovativsten Kunden investieren sehr stark in diesen Bereich der End-to-End-Prozessautomatisierung, was als das herausragende IT-Thema der HR-Services der nächsten Jahre zu sehen ist. In den nächsten Abschnitten wird aufgezeigt, wie dies konkret umgesetzt werden kann. Dabei ist das SAP Shared-Service-Framework als IT- und Business-Plattform für multifunktionale Shared-Services-Organisationen das Herzstück unseres Beitrags.

9.1.2   Automatisieren der Kommunikation durch eine IT-Plattform

Eine HR-Shared-Service-Organisation liefert Personaldienstleistungen für die Mitarbeiter des Unternehmens. Sie ist die zentrale Anlaufstelle für alle personalbezogenen Fragen. Mit der Einführung einer Shared-Service-Organisation werden Anforderungen an eine IT-Plattform gestellt, die dem SSC helfen sollen, die Kundenbeziehung zu den Mitarbeitern professionell zu handhaben und zu steuern. Die komplette Kommunikation der Shared-Service-Organisation mit den Mitarbeitern des Unternehmens, mit anderen Unternehmensbereichen und auch mit externen Organisationen wie z. B. Krankenkassen soll mithilfe eines IT-Systems erfasst, transparent gemacht, überwacht und erledigt werden. Dieses System kann darum als Kommunikationsplattform bezeichnet werden.

Mitarbeiter kontaktieren das SSC, wenn sie Bedarf nach weiteren Informationen in Personalangelegenheiten haben (z. B. Welche Regelungen gelten im Unternehmen bei Heirat und was ist vom Mitarbeiter zu veranlassen?). Zum anderen kontaktieren Mitarbeiter das SSC, wenn sie Probleme mit HR-Prozessen haben, die gelöst werden sollen (siehe Abb. 5.2: Zweistufiges Front-Office-Modell sowie die Ausführungen in Kap. 5.1 zur Interaktion von Mitarbeitern und Externen mit dem Servicecenter).

Eingehende Anfragen des Mitarbeiters oder der externen Organisation wegen Informationsbedarf oder zur Problemlösung werden in der Kommunikationsplattform erfasst. Diese Anfragen enthalten die Daten des anfragenden Mitarbeiters, die Daten des erfassenden Mitarbeiters und dessen Organisationseinheit im SSC. Bei der Erfassung wird eine Kategorisierung der Anfrage vorgenommen. Das heißt, die eingehende Anfrage wird einem Thema aus dem sogenannten Servicekatalog der Shared-Service-Organisation zugewiesen. Der Servicekatalog ist eine strukturierte Themenliste, die alle Services umfasst, die die Shared-Service-Organisation für die Mitarbeiter liefern möchte. Die Kategorisierung der Anfrage ist eine notwendige Voraussetzung für die Auswertung der eingehenden Anfragen nach Themenbereich, für die Festlegung der zuständigen Abteilung zur Bearbeitung der Anfrage oder für die Berechnung der Fristen bis zur Erledigung.

Als weiterer zentraler Punkt werden sogenannte Service-Level-Zeiten für jede Anfrage berechnet. Dazu sind unter anderem die folgenden Informationen im System zu dokumentieren: Datum der Erfassung, Datum der Erstreaktion sowie das Datum der voraussichtlichen Erledigung der Anfrage. Diese Daten und Fristen werden häufig als SLA-Zeiten bezeichnet. Service-Level-Vereinbarungen sind in der Regel umfassender und enthalten nicht nur Bear-

beitungszeiten der eingehenden Anfragen, sondern regeln die Lieferung von Services ganzheitlich. Die Kommunikationsplattform kann Daten zur Dauer der Bearbeitung von Anfragen
liefern, mittels derer die Einhaltung von Service-Level-Vereinbarungen überprüft werden
kann. Es können weitere Zeitpunkte definiert werden, zu denen einfache Benachrichtigungen
oder Erinnerungen versendet werden. Bei Überschreiten vorgegebener Fristen können als
Eskalationsschritte Aktionen definiert werden, die vom System automatisch veranlasst werden, wie z. B. der Versand einer Benachrichtigung an das Management, eine Benachrichtigung der bearbeitenden Abteilung oder eine Änderung des Status der Anfrage. Diese Schritte
und die berechneten Zeiten können je Kategorisierung unterschiedlich sein. Die relevanten
Fristen und Bearbeitungszeiten, die für jede Anfrage berechnet werden sollen, können in der
Kommunikationsplattform hinterlegt werden.

Die Erfassung der eingehenden Anfragen erfolgt durch das Front-Office-Team im SSC.
Kann dort keine Antwort oder Lösung sofort gefunden werden, wird die Anfrage an ein
Team im Back Office oder sogar außerhalb der Shared-Service-Organisation weitergegeben.
Diese Weiterleitung kann durch den Mitarbeiter im SSC manuell im System oder automatisch durch die Kommunikationsplattform veranlasst werden. Die Bearbeitung kann durch
das System dahin gehend unterstützt werden, dass bei der Beantwortung von Fragen die
jeweils für die Mitarbeitergruppe oder den Unternehmensbereich gültigen unternehmensinternen Regelungen angezeigt werden. Die Antwort kann damit schnell und in hoher Qualität
gegeben werden.

Bei allen Kommunikationsvorgängen ist darauf zu achten, dass keine Informationen mit
vertraulichen Personaldaten z. B. über Telefon gegeben werden. Antworten mit schutzwürdi-
gen Informationen sollten nur als verschlüsselte E-Mail weitergeleitet werden oder die Antwort auf eine Anfrage wird dem Mitarbeiter im Intranet im seinem Self-Services-Bereich zur
Verfügung gestellt.

Die eingehenden Anfragen im System werden stets einer bearbeitenden oder zuständigen
Abteilung oder Person zugeordnet und erhalten immer einen Statusvermerk. Mit der Erfassung jeder Anfrage im SAP Shared-Service-Framework entsteht eine absolute Transparenz
über die vorliegenden Fälle, den Status der Bearbeitung und die Dauer bis zur Erledigung.
Sollte ein Kunde zwischenzeitlich beim SSC nochmals nach dem Status der Bearbeitung
fragen, ist die Shared-Service-Organisation jederzeit auskunftsfähig. Zur Prozessvereinfachung wird den Mitarbeitern häufig im Rahmen des Self-Services im Intranet des Unternehmens eine Möglichkeit zur Verfügung gestellt, den Status der Bearbeitung jederzeit selbst
überprüfen zu können.

9.1.3   Automation mit einer IT-Plattform für auftragsbezogene Arbeiten

HR-SSC begannen damit, als zentraler Anlaufpunkt für alle Fragen und Probleme von Mitarbeitern zu fungieren. Die Anforderung an das IT-System bestand darin, eine umfassende
Kommunikationsplattform zur Verfügung zu stellen und für Transparenz über alle vorliegenden Fälle zu sorgen.

Unternehmen entwickelten ihre Shared-Service-Organisationen weiter. Die Bearbeitung von HR-Prozessen wurde zunehmend ins SSC verlegt. Für die neuen Aufgaben benötigte das SSC keine reine Kommunikations-, sondern auch eine Prozessplattform. In der Prozessplattform werden die Prozesse definiert. Es werden Aufträge erfasst und im Rahmen der vordefinierten Prozesse abgearbeitet. Dabei spricht man vom Auftragsmanagement. Prozesse und Kommunikation sollten nicht in getrennten IT-Systemen definiert werden, sondern in einer integrierten Prozess- und Kommunikationsplattform aufgebaut werden.

Bei dem sogenannten Auftragsmanagement werden von lokalen Teams aus dem HR- oder auch Nicht-HR-Bereich Aufträge erfasst. Ein HR-Prozess startet mit einem Auftrag. Der Prozess wird entsprechend der in der Prozessplattform definierten Prozessschritte abgearbeitet. In die Abarbeitung sind Teams oder Personen innerhalb und außerhalb der Shared-Service-Organisation beteiligt. Der Prozess wird in der Regel im SSC abgeschlossen. Das HR-Auftragsmanagement in der Prozessplattform definiert die Zusammenarbeit zwischen lokalen und zentralen HR-Einheiten zur Erledigung von Prozessen. In einer Prozessplattform benötigt man die Möglichkeit, die Aufträge für die unterschiedlichen Prozesse zu erfassen und die für die Abarbeitung notwendigen einzelnen Prozessschritte zu definieren. In der Vergangenheit wurden für die Erfassung von Aufträgen häufig Papierformulare erstellt und an die relevanten Abteilungen innerhalb oder außerhalb der Shared-Service-Organisation weitergegeben. Im Servicecenter werden die Formulare als Aufträge in die einheitliche Prozess- und Kommunikationsplattform integriert. Aufträge sind systemtechnisch gesehen Anfragen, die einen Prozess starten und dafür weitergehende Daten benötigen. Eine eingehende Anfrage von Mitarbeitern zur Freistellungsregelung bei einer Heirat benötigt andere Daten als ein Auftrag zur Versetzung. Aber die Kategorisierung, die Berechnung von Service-Level-Zeiten, eine Prioritäts- und Statusangabe sowie alle Funktionen und Möglichkeiten, die im vorangegangenen Abschnitt für Anfragen beschrieben wurden, sind auch für Aufträge relevant.

Soll die Plattform zur Erfassung von Aufträgen sinnvoll genutzt werden, muss genau definiert werden, welche Daten für welchen Prozess notwendig sind und welche Personen bzw. Personengruppen die relevanten Daten erfassen. Jeder Auftrag enthält die notwendige Liste an Daten, die für die Bearbeitung und Erledigung notwendig sind. Die IT-Plattform gibt die erforderlichen Daten schon bei der Erfassung je nach Prozess vor, sodass die Erledigung ohne Rückfragen wegen fehlender Daten möglich ist.

Gibt es Prozesse, die von den Managern des Unternehmens im Rahmen eines Self-Services direkt gestartet werden, dann müssen die Manager auf die integrierte Prozess- und Kommunikationsplattform zugreifen und entsprechende Aufträge anlegen können. Bei Zugriff auf die Plattform müssen die Oberflächen für diese Personengruppe einfach und intuitiv bedienbar sein, denn Manager werden die Plattform nur sporadisch nutzen und keine intensiven Nutzer sein. Deswegen sollte der Fokus auf wenigen Funktionen und einfacher Bedienung liegen, was zu einer schnellen Erfassung führt. Weitere notwendige Daten sollten von HR-Spezialisten oder dem SSC ergänzt werden. Wird die Ersterfassung mit Daten überfrachtet, ist das IT-System keine Hilfe und Unterstützung, sondern eine Last. Es kommt zur Verweigerungshaltung oder zu unvollständigen Aufträgen, die Nacharbeiten notwendig und alle möglichen Effizienzvorteile zunichtemachen. Der effiziente Einsatz des IT-Systems erfordert eine detaillierte Definition der Erfassungsmasken für die Aufträge für alle Prozesse und alle Personengruppen.

Bei der Erfassung von Aufträgen sollte darauf geachtet werden, dass Daten, die den IT-Systemen schon bekannt sind, nicht nochmals manuell erfasst werden müssen, sondern automatisch in den Auftrag übernommen werden. Das macht die Erfassung schneller und vermeidet Fehler. Fehlerhafte Eingaben und dadurch bedingte Rückfragen der Shared-Service-Organisation erhöhen die Prozessdurchlaufzeiten und vermindern die Prozesseffizienz. Rückfragen werden häufig noch per E-Mail gestellt, was weiter zu Verzögerungen führt, bis der Prozess gestartet werden kann. Neben der Vermeidung von fehlerhaften Eingaben muss die Erfassung auch komfortabel sein. Eine reine Eingabe von Daten in sogenannte Freitextfelder ist technisch einfach und schnell umzusetzen, aber für den Benutzer nicht komfortabel. Besser ist es, für alle möglichen Felder im Auftrag Auswahlhilfen und Suchhilfen zur Verfügung zu stellen. In einer Auswahlhilfe für eine Feldeingabe dürfen keine IT-Kürzel stehen, sondern für den Erfasser „sprechende" und verständliche Beschreibungen. Diese Auswahl- und Suchhilfen bestehen in der Regel schon in den existierenden HR-Systemen. In der integrierten Prozess- und Kommunikationsplattform werden diese Auswahlhilfen nicht nochmals hinterlegt, sondern aus den existierenden HR-Systemen bei der Auftragserfassung eingelesen.

HR-SSC unterstützen Unternehmensbereiche in allen Regionen. Es kann z. B. für eine Einstellung einen Auftrag mit einem Set an notwendigen Daten geben, die für alle Bereiche und Regionen gelten, und es kann daneben weitere Varianten für die Länder und Regionen bzw. für die Unternehmensbereiche geben. Die integrierte Prozess- und Kommunikationsplattform kann diese Komplexität mit Varianten der Erfassungsmasken pro Prozess unterstützen, indem Regeln im IT-System hinterlegt werden, welche Daten für welche Bereiche oder Regionen erfasst werden müssen. Die Prozesseffizienz ist größer, je weniger Varianten hinterlegt werden. Ebenso sind die Kosten für den Aufbau und die Pflege des IT-Systems geringer, je weniger Varianten verwaltet werden müssen.

Nach der Erfassung des Auftrages wird der jeweilige HR-Prozess entsprechend der im System definierten und hinterlegten Prozessschritte abgearbeitet. Dazu wird eine Möglichkeit zur Definition der Prozessschritte benötigt. Nach der Erfassung der Aufträge wird vom System automatisch die hinterlegte Prozessliste mit den Schritten zugeordnet. Ein zentrales Kriterium für die Identifikation der relevanten Prozessliste ist die Kategorisierung der Aufträge. Bei der Erfassung wird eine Kategorisierung der Aufträge vorgenommen. Das heißt, der erfasste Auftrag wird einem HR-Prozess zugewiesen. Die HR-Prozesse sind in einem Servicekatalog der Shared-Service-Organisation strukturiert. Das kann derselbe Servicekatalog sein, der für die eingehenden Anfragen genutzt wird, oder es gibt für die Anfragen und Aufträge getrennte Servicekataloge. Der Servicekatalog ist eine strukturierte Themenliste, die alle Services umfasst, die die Shared-Service-Organisation für die Mitarbeiter liefern möchte. Mittels eines Servicekatalogs kann daneben etwa die Verrechnung von HR-Leistungen gesteuert werden. Diese Kategorisierung des Auftrags ist ein zentraler Schritt für die Auswertung der eingehenden Aufträge, für die Zuordnung von Aufträgen zu Positionen des Prozesskatalogs oder die Berechnung der Fristen bis zur geplanten Erledigung.

Eine weitere Funktion, die in der Prozessliste definiert wird, sind Genehmigungen. In papiergestützten Prozessen sind Genehmigungen für etliche HR-Prozesse vorgegeben und werden schriftlich durch den jeweiligen Manager erteilt. Das IT-System kann aber automatisch anhand im System hinterlegter Regeln die verantwortlichen Entscheider finden und die Genehmigungen einholen. Der Prozess wird so lange angehalten, bis alle Genehmigungen erteilt sind oder abgelehnt wurden. Die Prozesseffizienz steigt mit jedem Schritt, der automatisch von den IT-Systemen durchgeführt wird. Weitere Automatisierungen können sein: der automatische Versand von Benachrichtigungen, Update des Status oder der Priorität eines Auftrags, der automatische Aufruf von Informationen aus den bestehenden HR-Systemen im Rahmen der Bearbeitung eines Prozessschrittes, die automatische Anlage von Folgeaufträgen, um weitere Prozesse zu starten, u. a.

Meist enden die HR-Prozesse nach der Erfassung von Daten und Genehmigungen mit dem Update oder der Änderung von Personaldaten in den bestehenden HR-Systemen. Diese Aufgabe wird üblicherweise von Abteilungen der Shared-Service-Organisation durchgeführt. Um Prozesse effizient abzuschließen und manuelle Tätigkeiten zu minimieren, sollen die Daten aus den Aufträgen automatisch in die bestehenden HR-Systeme verbucht und so die Updates oder Änderungen automatisch ausgeführt werden. Diese Möglichkeit der direkten Verbuchung ist für die Shared-Service-Organisation der wichtigste und effektivste Schritt zur Prozessautomation. Wenn man sich vorstellt, dass Aufträge aus allen Ländern und allen Unternehmensbereichen im SSC ankommen und dort die Daten nochmals manuell in den bestehenden HR-Systemen erfasst werden müssten, sorgt das für eine geringe Prozesseffizienz, für hohe Kosten und es beinhaltet eine Fehlerquote beim manuellen Übertragen der Daten. Die Möglichkeit der automatischen direkten Verbuchung der Daten in bestehende HR-Systeme macht vor allem die Shared-Service-Organisation sehr effizient und produktiv.

Auch für die Aufträge werden Service-Level-Zeiten berechnet. Die Dauer der Gesamtbearbeitung mit allen Messpunkten, welches Team oder welche Person den Auftrag wie lange in Bearbeitung hatte, sind wichtige Daten für die Auswertung und sorgen auch bei den Aufträgen wie bei den Anfragen für eine hohe Transparenz. Eskalations- oder Erinnerungszeitpunkte mit definierten Aktionen haben für Aufträge dieselbe wichtige Bedeutung wie für die Anfragen. Die Service-Level-Zeiten werden bei Aufträgen auf zwei Ebenen berechnet. Zum einen auf der sogenannten Kopfebene, das heißt auf der Ebene des Auftrages, und zum anderen auf der Ebene einzelner Prozessschritte.

Mit der Nutzung des SAP Shared-Service-Frameworks für das HR-Auftragsmanagement als eine integrierte Prozess- und Kommunikationsplattform wird es die zentrale Arbeitsumgebung für alle Teams und Personen, die am Start und der Bearbeitung von Prozessen beteiligt sind. Es ist nicht mehr nur die Arbeitsumgebung der Shared-Service-Organisation. Beim Aufbau der Plattform sind alle relevanten Teams und Personen einzubinden, damit die Plattform jeweils bedarfsgerecht definiert werden kann. Das SAP Shared-Service-Framework wird maßgeschneidert in die bestehende IT-Landschaft integriert.

9.1.4   Das SAP Shared-Service-Framework als integrierte Business- und IT-Plattform

Die Nutzung einer integrierten Prozess- und Kommunikationsplattform als Arbeitsumgebung für die Shared-Service-Organisation und alle weiteren Teams und Personen, die an der Bearbeitung der Anfragen von Mitarbeitern und der Erfassung und Abarbeitung von HR-Prozessen beteiligt sind, macht es notwendig, die Plattform mit etlichen Systemen zu verbinden, damit ein integriertes Arbeiten möglich ist und Prozessautomation in dem beschriebenen Umfang umgesetzt werden kann. Die Systeme können zum einen bereits im Unternehmen bestehen oder mit dem SAP Shared-Service-Framework neu aufgebaut werden. Die Abbildung gibt einen Überblick über die notwendigen Integrationen und Schnittstellen zu anderen Systemen.

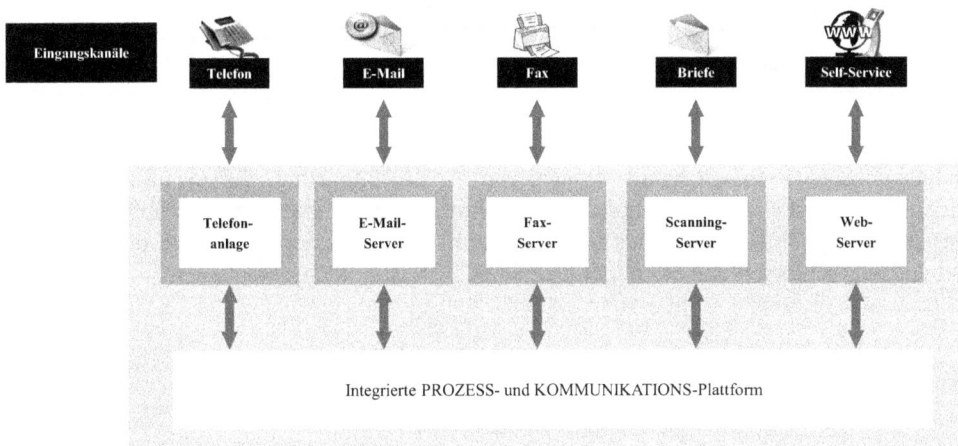

Abb. 9.1: Ein CRM-System dient der Integration verschiedener Eingangskanäle (Quelle: Eigene Darstellung)

Die relevanten Kommunikationskanäle sollten in die Kommunikationsplattform integriert werden. Das heißt, die Telefonanlage wird mit dem System verbunden, damit die Daten eingehender Anrufer sofort auf dem Bildschirm zu sehen sind. Die Übernahme der Daten des anfragenden Mitarbeiters in die Dokumentation, die vom Shared-Service-Mitarbeiter erfasst wird, ist automatisch möglich.

Der E-Mail-Server sollte ebenfalls mit der Kommunikationsplattform verbunden werden, sodass E-Mails, die an die zentralen Mailadressen des SSC geschickt werden, in die Inboxes im System geroutet werden. Die E-Mail kann an die zu erfassende Anfrage angehängt werden und weitere Daten können in die Anfrage übernommen werden, ohne aus dem E-Mail-System des Unternehmens in die Anfrage manuell kopiert werden zu müssen. Antworten an anfragende Mitarbeiter werden in der Kommunikationsplattform geschrieben und von dort direkt verschickt. Wenn eine Verbindung mit dem Mail-Server besteht, können automatische Benachrichtigungen ebenfalls direkt aus dem System an die Mitarbeiter verschickt werden. Sollten Faxe technisch über einen separaten Fax-Server im Unternehmen geroutet werden, sollte dieser ebenfalls mit der Kommunikationsplattform verbunden werden. Die integrierte Handhabung der Faxe entspricht der der E-Mails.

Häufig werden Briefe, die in Papierform eingehen, zentral eingescannt, damit sie vom SSC elektronisch bearbeitet werden können. In diesem Falle sollte der Scanning-Server in die Kommunikationsplattform integriert werden, damit automatisch für den Brief eine Anfrage angelegt und der eingescannte Brief als Anhang beigefügt werden kann. Alle eingehenden und ausgehenden Telefonate, E-Mails, Faxe und Briefe werden so automatisch an die Anfrage im System angehängt. Damit besteht eine komplette Übersicht über die Kommunikation, die zur Anfrage stattgefunden hat.

Bei der Bearbeitung von Anfragen und Aufträgen werden von Kunden oder Dritten etliche Dokumente beigefügt, die entweder als Anhang mit der Anfrage eingereicht werden oder im Rahmen des Prozesses erzeugt werden. Alle Dokumente sind in der Anfrage oder im Auftrag verfügbar und können jederzeit aufgerufen werden. Aus technischer Sicht sollten diese Anhänge in einem separaten Archivsystem abgelegt und lediglich mit den Anfragen oder Aufträgen verlinkt werden.

Die Abb. 9.2 zeigt eine beispielhafte Systemarchitektur. Die integrierte Prozess- und Kommunikationsplattform dient als einheitliche Arbeitsumgebung für die Shared-Service-Organisation und alle an der Bearbeitung der Prozesse beteiligten Personen und Teams. Eine bestehende Systemlandschaft aus einer Vielzahl von HR-Systemen wird an die Arbeitsumgebung angeschlossen und aus der einheitlichen Plattform heraus bearbeitet.

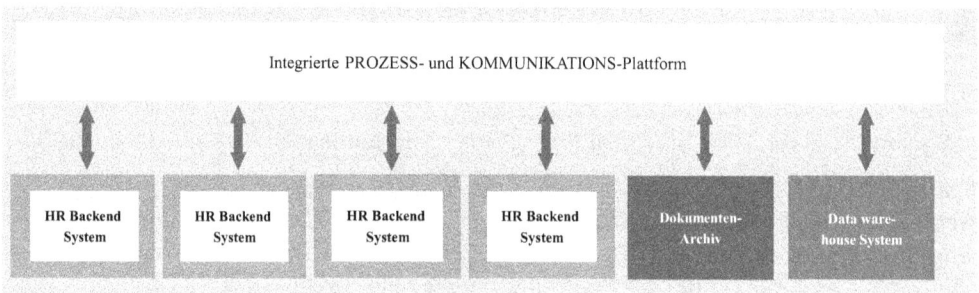

Abb. 9.2: Eine beispielhafte Systemarchitektur (Quelle: Eigene Darstellung)

Auswertungen über die Anfragen und Aufträge sind ein elementarer Bestandteil der IT-Systemlandschaft. Auswertungen zeigen den Erfolg, die Effizienz und Produktivität der Shared-Service-Organisation und aller in die Bearbeitung involvierten Abteilungen. Sie zeigen aber auch Probleme und Optimierungsmöglichkeiten auf. Dazu wird die Prozess- und Kommunikationsplattform mit einem Auswertungssystem verbunden. Alle Daten zu Anfragen und Aufträgen werden in ein Data Warehouse System transferiert und dort werden die Auswertungen erstellt und den Teams und Managern zur Verfügung gestellt. Wichtig ist es, ein zentrales Auswertungssystem aufzubauen, welches die Daten über alle Unternehmensbereiche und Regionen enthält. Nur so sind übergreifende Auswertungen möglich.

Zu diskutieren wäre, ob für eine effektive Arbeit eines HR-SSC alle die HR-Stammdaten führenden Systeme zu einem System konsolidiert werden müssen. Die Antwort ist Nein. Die Prozess- und Kommunikationsplattform ist ein separates System, welches mit mehreren bestehenden HR-Systemen verbunden werden kann. Im Rahmen des Neuaufbaus einer integrierten IT-Landschaft für ein HR-SSC sollten aber sinnvolle Konsolidierungen der bestehenden HR-Systeme vorgenommen werden, nach dem Prinzip „so wenige wie möglich, aber so viele wie nötig". Je weniger HR-Systeme bestehen, desto geringer ist die Komplexität der IT-Landschaft und desto geringer fallen die mit dem Aufbau und der Pflege der kompletten Landschaft verbundenen Kosten aus.

Für den Aufruf von Personaldaten eines Mitarbeiters zur Beantwortung einer Anfrage, einer Problemlösung oder im Rahmen einer Prozessbearbeitung soll der Aufruf des relevanten HR-Systems direkt aus der Prozess- und Kommunikationsplattform erfolgen, ohne den separaten Start eines weiteren Programms. Zum Beispiel sollte die Personalnummer des relevanten Mitarbeiters aus der Prozess- und Kommunikationsplattform automatisch an das HR-System übergeben werden, damit die Informationen direkt angezeigt werden können. Genauso sind eine Vorbefüllung von Feldern bei der Erfassung von Aufträgen, die Validierung von Feldeinträgen oder die direkte Verbuchung von Personaldaten aus der Prozess- und Kommunikationsplattform in die HR-Systeme nur möglich bei einer entsprechend integrierten Systemlandschaft. Damit die Prozess- und Kommunikationsplattform mit mehreren HR-Systemen interagieren kann, müssen Findungsregeln definiert und hinterlegt werden, um bei den Aktionen auch das jeweils relevante HR-System zu identifizieren.

9.1.5 Mehrwerte durch ein gut integriertes IT-System

Die Einführung von HR-SSCs erhöht die Transparenz, verbessert die Servicequalität, steigert die Prozesseffizienz und -automation und senkt die Kosten. Dies ist nur durch das SAP Shared-Service-Framework als integrierte Prozess- und Kommunikationsplattform zu erreichen.

Transparenz

Die Erfassung aller Anfragen von Mitarbeitern und aller Aufträge in einer einheitlichen Plattform und die Dokumentation der kompletten eingehenden und ausgehenden Kommunikation mit der Möglichkeit, die Bearbeitung zu überwachen und zu steuern, führt zu hoher Transparenz. Sowohl der Erfolg und die Produktivität von SSCs als auch Probleme bei der Bearbeitung der Anfragen oder Aufträge lassen sich über Auswertungen jederzeit nachweisen. Jeder Mitarbeiter kann den Bearbeitungsstatus seiner Anfragen oder Aufträge jederzeit überprüfen.

Servicequalität

Die Servicequalität erhöht sich, wenn Anfragen von Mitarbeitern korrekt, zielgerichtet und in der vorgegebenen Zeit beantwortet werden. Sollten für unterschiedliche Unternehmensbereiche unterschiedliche Regelungen gelten, kann das IT-System bei der Beantwortung sogleich die korrekten Regelungen für den anfragenden Mitarbeiter vorschlagen. Auch bei der Bearbeitung der Prozesse erhöht sich die Servicequalität, wenn die Aufträge korrekt und vollständig erfasst und dann ohne lästige Rückfragen schnell erledigt werden können. Aufgrund der voll integrierten Telefoninfrastruktur ist eine persönliche Ansprache im Moment der Annahme eines Telefonats möglich. Die Historie aller Anfragen des Kunden liegt dem Mitarbeiter im SSC vor. So kann schnell, kompetent und kundenspezifisch gehandelt werden.

Prozessautomation als Basis für höhere Effizienz

Die Prozessautomation ist vor allem für reife Shared-Service-Organisationen die nächste wichtige Stufe zur Steigerung der Prozesseffizienz und zur Senkung der Kosten. Die Prozess- und Kommunikationsplattform ist wie beschrieben in die bestehenden HR-Systeme und die Systeme zur Kommunikation integriert. Es ist möglich, Prozessschritte automatisch durch das System erledigen zu lassen. Ein wichtiger Automatisierungsschritt sind die Findungsregeln für die automatische Festlegung der Genehmiger oder die mögliche direkte Verbuchung der Daten aus den Aufträgen in die HR-Systeme.

Prozessstandardisierung

Mit der Definition der Prozessschritte in einer Prozessliste ist die Grundlage gelegt, nach standardisierten Prozessen zu arbeiten. Die IT-Plattform gibt dazu die Hilfestellung. Im Zuge der Definition der Prozesse und Prozessschritte wird auch die Notwendigkeit von Varianten in den Regionen oder Unternehmensbereichen kritisch diskutiert und wenn möglich reduziert. Am Ende erhält man ein Set an standardisierten Prozessen. Mit der Nutzung der IT-Plattform als zentrale Arbeitsumgebung sind alle in die Bearbeitung der Prozesse involvierten Teams gezwungen, die Prozesse gemäß der definierten Prozessschritte abzuarbeiten. Der Erfolg der Abarbeitung wird auf Basis dieses Systems ausgewertet.

Neben diesen eher formalen Kriterien liefert die Prozess- und Kommunikationsplattform auch für die unterschiedlichen Benutzergruppen erhebliche Mehrwerte. Zu den Benutzergruppen gehören unter anderem die Mitarbeiter eines Unternehmens, alle Abteilungen, die an der Abarbeitung der Prozesse beteiligt sind, und die Shared-Service-Organisation selbst.

Mitarbeiter des Unternehmens erwarten, dass die Anfragen und Aufträge einfach erfasst und schnell und effizient gelöst werden. Während der Bearbeitung soll die komplette Kommunikation mit dem SSC dokumentiert werden und eine Überprüfung des Bearbeitungsstatus jederzeit möglich sein.

Alle Abteilungen des Unternehmens, die an der Bearbeitung der Anfragen und der Bearbeitung der Prozesse beteiligt sind, erhalten bei der Erfassung der notwendigen Daten eine strukturierte Führung durch die notwendigen Prozessschritte und möglichst viele Schritte werden automatisch durchgeführt, um manuelle Tätigkeiten zu vermindern.

Das SSC möchte ebenfalls Aufträge und Anfragen schnell und effizient erledigen, um eine hohe Servicequalität zu liefern. Die Prozess- und Kommunikationsplattform ist die zentrale Arbeitsumgebung für auftragsbezogenes Arbeiten. Prozesse sind standardisiert im System hinterlegt und können entsprechend abgearbeitet werden. Die IT-Plattform und die definierten Prozessschritte sorgen dafür, dass die relevanten Daten pro Prozess auch geliefert werden, Rückfragen werden minimiert, Prozesse werden effizient abgewickelt.

Das Management des SSC und besonders die Leitung der HR-Shared-Service-Organisation möchte die höchstmögliche Transparenz erreichen und mit Auswertungen den Erfolg in der Lieferung der versprochenen Services nachweisen. Durch eine fortschreitende Prozessstandardisierung und Prozessautomation kann die Effizienz des SSC kontinuierlich gesteigert werden Die Analyseergebnisse zu Kundenzufriedenheit, zu Serviceleistungen bezogen auf das Produktportfolio und die Zugangskanäle schaffen die Basis für eine kontinuierliche Verbesserung der HR-Shared-Services.

9.2 ACD-Anlagen und Kontaktsteuerung

Thomas Jäger

9.2.1 Von der Anrufsteuerung zur Steuerung aller Kontaktkanäle

Üblicherweise steht der Begriff „ACD" für „Automatic Call Distributor" und wird regelmäßig im Zusammenhang mit der Effizienzsteigerung in einem Call Center genannt. Die zentrale Funktion von ACD-Anlagen ist die Zuweisung eingehender Anrufe an freie und geeignete Mitarbeiter im Front-Office-Bereich. Moderne ACD-Anlagen gehen jedoch über die reine Anrufverteilung hinaus und übernehmen die Verteilung aller eingehenden Kontakte auf die Arbeitsplätze. Zu nennen sind so vielfältige Kontaktmöglichkeiten wie

- E-Mail,
- Webchat,
- SMS,
- Video (Skype etc.),
- soziale Medien (Twitter, Instagram, LinkedIn etc.),
- oder mobile Anwendungen.

Dies besitzt den Vorteil, dass für ein Berichtswesen Daten über all diese Kanäle an einer Stelle zur Verfügung stehen und die Verteilung der eingehenden Anfragen und Aufträge genau wie bei Anrufen „Skill based" und auslastungsorientiert erfolgen kann. In Abhängigkeit vom Service Level und von den Merkmalen des eingehenden Kontakts können mittels der ACD-Anlage Prioritäten für die Beantwortung und weitere Bearbeitung vergeben werden. Es wird daher vorgeschlagen, von der ACD-Anlage als der **Automatic Contact Distribution** zu sprechen.

Moderne ACD-Systeme bieten die Möglichkeit, dem eingehenden Kontakt unterschiedliche Prioritäten aufgrund von nahezu beliebig definierbaren Kriterien zuzuweisen. Von der Priorisierung hängt die Reihenfolge der Bearbeitung im Front Office ab. Bedingt durch die Zeitgleichheit der Kommunikation sind die Medien bzw. Kontaktkanäle zunächst in synchrone und asynchrone Zugänge zu unterteilen. Synchrone Kanäle wie Telefonie oder Chat haben stets eine höhere Priorität als asynchrone Kanäle wie E-Mail oder SMS. Soziale Medien sind als nahezu synchrone Medien zu behandeln und haben darüber hinaus noch die Besonderheit, dass es sich dabei ggf. um eine öffentliche Interaktion handelt, die weit über die eigentlich beteiligten Parteien hinausreicht. Daraus ergeben sich besondere Anforderungen an die Kenntnisse und Fähigkeiten der Mitarbeiter, die in diesen Bereichen zum Einsatz kommen, was wiederum in den ACD-Anlagen abzubilden ist.

Die ACD-Anlage verwaltet darüber hinaus auch die Kenntnisse und Fähigkeiten (Skills) der eingesetzten Agenten und Sachbearbeiter. Ist eine Kunden-E-Mail etwa in Spanisch verfasst worden, sollte sie mit höchster Priorität an einen spanischen Muttersprachler weitergeleitet werden. Wenn ein solcher gerade nicht verfügbar ist, an einen freien Mitarbeiter, der im Spanischen verhandlungssicher ist, usw.

Im Zusammenspiel von

- Skills wie Sprach- und Fachkenntnissen,
- Verfügbarkeit des Sachbearbeiters und
- Priorität der eingehenden Anfrage

ergibt sich eine Verteilstrategie für die eintreffenden Kontaktanfragen.

Integrierte Systeme bieten über die Verteilung der eingehenden Anrufe und Kontaktanfragen wie E-Mail, Chat etc. hinaus auch noch die Möglichkeit, Kampagnen, die vom Servicecenter ausgehen, in den Arbeitsablauf der Mitarbeiter zu integrierten und damit die Effizienz weiter zu erhöhen. Eventuelle Leerzeiten zwischen eingehenden Kontakten werden vom System mit aktiven Anfragen nach draußen, sog. Outbound-Kontakten, gefüllt. Dabei ist es stets wichtig, die Interessen der Beschäftigten zu berücksichtigen, etwa dass ein bestimmter Mitarbeiter lieber telefoniert, jedoch Schwächen in der schriftlichen Kommunikation aufweist. Dies lässt sich über die Skills in die Verteilungsstrategie der ACD-Anlage einbauen.

9.2.2   Priorisierung von Kontaktanfragen

Bevor ein Kontakt nach Skills und Verfügbarkeit einem Front-Office-Mitarbeiter zugeordnet wird, kann die ACD-Anlage auf der Basis der zum Zeitpunkt des Eingangs des Kontakts vorhandenen Informationen wie etwa Telefonnummer des Anrufers oder E-Mail-Adresse des Absenders eine erste Priorisierung vornehmen. Darüber hinaus sind moderne ACD-Systeme in der Lage, die Begleitinformationen eines eingehenden Kontakts mit den Datenbeständen eines CRM-Systems abzugleichen; z. B. könnten Position im Unternehmen oder Eigenschaften wie Führungsverantwortung oder eine Tätigkeit in der Arbeitnehmervertretung in die Priorisierung des Anrufs oder der E-Mail einfließen.

Aber auch andere Systeme, die den Inhalt von textgestützten Kontaktanfragen erkennen und mit Metadaten anreichern, sind hilfreich für die Ermittlung der Priorität eines Kontakts. So können Textanalysesysteme z. B. den Inhalt von E-Mails oder Faxen überprüfen, feststellen, ob es sich etwa bei der Anfrage um eine Adressänderung oder um eine Anfrage zu Rentenangelegenheiten handelt, und die Anfrage zum kompetentesten verfügbaren Mitarbeiter weiterleiten. Schließlich sollte auch der Faktor Zeit in der Priorisierung berücksichtigt werden:

Je länger sich eine Kontaktanfrage im Wartefeld befindet, desto eher sollte sie bearbeitet werden.

9.2.3 Steuerung und manuelle Eingriffe

Die Steuerung eines professionellen Servicecenters kann auf der Basis der vorgehend beschriebenen Technologien weitgehend automatisch erfolgen. Für die Überwachung der organisations- und sachgerechten Verteilung der Kontaktanfragen stellen die marktgängigen ACD-Anlagen Kontrollfunktionen bereit; typischerweise in Form von Leistungskennzahlen zu den mit dem Auftraggeber vereinbarten Service Levels. Teamleiter können auf dieser Grundlage manuell in das System eingreifen und die hinterlegten Verteilungsregeln nachsteuern. Erkennt das System, dass die vorgegebenen Service Levels nicht eingehalten werden können, kann es entsprechende Gegenmaßnahmen vorschlagen. Etwa können Mitarbeiter des Servicecenters anderen Arbeitsgruppen zugeteilt oder Prioritäten in den Service Levels geändert werden.

Neuere ACD-Anlagen ermöglichen also sehr detaillierte Auswertungen der Kontaktanfragen und unterstützen die Führungskräfte in der Steuerung der Arbeitsverteilung. In professionellen Servicecentern können Mitarbeiter durchaus parallel zu einem Anruf auch eingehende Mails bearbeiten. Daneben gibt es auch die gemischte Kanalbearbeitung, etwa wenn der Mitarbeiter mehrere Chats parallel bearbeitet. Während der Kunde etwa auf eine Chat-Nachricht antwortet, nutzt der Servicemitarbeiter die freie Zeit, um in einem weiteren Chat mit einem anderen Kunden zu kommunizieren. Der Teamleiter kann in der ACD-Anlage einstellen, mit welchen Medien und mit wie vielen parallelen Kontakten ein Mitarbeiter ausgelastet wird.

9.2.4 Die Technik von ACD-Anlagen

Viele der aktuell eingesetzten Telefonieanlagen sind noch dedizierte Hardware-Software-Anlagen. Dagegen basieren die modernen, IP-basierten Anlagen sämtlich auf Standard-Server-Hardware mit Windows- oder Unix-Betriebssystemen und sind durchgängig in Software verfügbar. Der Übergang zu bzw. die Einbindung in die weitere Datenverarbeitung von Servicecentern mittels ERP- oder CRM-Systemen wird dadurch erheblich erleichtert.

Ältere Integrationstechnologien wie TAPI (Telephony Application Programming Interface – eine Programmierschnittstellendefinition für Telefonieanwendungen) werden mehr und mehr von Technologien wie Webservices auf der Basis von XML ersetzt. Damit werden CTI-Architekturen (Computer Telephony Integration) möglich, um eine effiziente Zuordnung vornehmen zu können. Die CTI-Technologie kann noch mehr Daten im Bearbeitungsablauf berücksichtigen. Mit der eingehenden Mobilfunknummer kann z. B. in der Kundendatenbank der Status des Anrufers (Unternehmensleitung, Management, Mitarbeiter, Rentner) identifiziert werden, um den Anruf an besonders geschulte Agenten weiterzuleiten. Der Agent kann in diesem Fall bereits bevor der Anruf an ihn durchgestellt wird die verfügbaren Informationen zur Person und Kontakthistorie des Anrufers auf seinem Bildschirm sehen. Darüber hinaus bietet die CTI die Möglichkeit, zusammen mit den nachfolgend beschriebenen IVR-

Systemen bestimmte Dienstleistungen durch den Anrufer selbst durchführen zu lassen, ohne einen Agenten einbinden zu müssen.

9.2.5   Effizienzsteigerung durch Sprachsteuerung

Sogenannte Interactive-Voice-Response-Systeme oder Sprachportale dienen dazu, eingehende Anrufe im Servicecenter an die geeignete Stelle zu lenken und das Anrufvolumen durch die Integration von Unternehmensanwendungen zu reduzieren.

IVR-Systeme bestehen im Wesentlichen aus folgenden Komponenten:

- einer Schnittstelle zum Anrufer entweder über die Tastatur des Telefons, per Einzelworteingabe oder über eine natürlich sprachliche Eingabe mit Grammatiken und Semantiken zur Spracherkennung (sog. Automated Speech Recognition),
- einer Sprachsynthese für die Ausgabe von Texten mittels automatisch generierter Ansagen sowie
- einer Anbindung von Geschäftslogik zur Durchführung von Self-Services.

Moderne IVR-Systeme können einen Kunden über mehrere Medien hinweg bei der selbstständigen Erledigung seines Anliegens unterstützen. So kann etwa bei einem Anruf von einem mobilen Endgerät automatisiert ein Link zu einer Webseite per SMS versandt werden, auf der dann Aufgaben weitergeführt oder zu Ende gebracht werden können (z. B. die Änderung einer Anschrift oder Bankverbindung). Ein relativ neuer Aspekt von IVR-Systemen, der sich bereits im praktischen Einsatz bewährt hat, ist die Authentifizierung des Sprechers mithilfe von biometrischen Mustern. Dazu müssen vom Kunden Sprechproben hinterlegt werden, die ähnlich einem Fingerabdruck eine sichere Erkennung des Anrufers gewährleisten.

IVR-Systeme sind zwar bei den Kunden in Deutschland noch sehr unbeliebt, aber sie bieten ein großes Potenzial zur Effizienzsteigerung. Vor allem werden die Technologien zur Spracherkennung und Sprachsynthese noch große Entwicklungssprünge machen, sodass noch viele Kinderkrankheiten der bekannten Systeme ausgemerzt werden und die Akzeptanz steigen wird.

9.3   ESS und MSS als Core-Element von HR-Servicecentern

Wolfgang Appel

Eine der ersten erfolgreichen Personalanwendungen im Intranet wurde im Herbst 2002 bei der Hypovereinsbank in München eingesetzt. Die Bank war gerade durch eine Krise gegangen und musste kurzfristig eine große Zahl an Mitarbeitern abbauen. Um die Fluktuation anzufeuern, wurden Abfindungszahlungen angeboten. Aber nicht wie bis dato üblich mittels persönlicher Ansprache durch den Vorgesetzten oder durch Aushang am Schwarzen Brett, sondern mittels eines webgestützten, zugangsgeschützten Programms. Dort konnte sich jeder

Mitarbeiter ein unverbindliches, individuelles Abfindungsangebot ausrechnen lassen, mit einem Brutto-Netto-Rechner die steuerlichen Auswirkungen überprüfen und mittels eines Formulars auch gleich seine Vertragsaufhebung samt Zahlung beantragen. Verbunden war das Angebot zudem mit einem „Frühbucherrabatt". Die Anwendung griff auf die individuellen Daten des Mitarbeiters zu und war Ergebnis von Verhandlungen mit dem Betriebsrat. Dieses Abfindungsprogramm beinhaltete schon alle relevanten Elemente späterer Self-Services:

- eine internetfähige, passwortgeschützte Umgebung speziell für HR-Anwendungen
- eine Individualisierung der Anwendung durch Zugriff auf die HR-Stammdaten des Mitarbeiters
- die Verknüpfung von Informationsbeschaffung und Transaktion
- die notwendige Beteiligung der Arbeitnehmervertretung
- die Schaffung von Mehrwert für Unternehmen und Mitarbeiter

Das Programm bewirkte über die Technik hinausreichende kulturelle Veränderungen durch die Direktheit der Mitarbeiteransprache, die Datensouveränität des Mitarbeiters und die vereinfachten Genehmigungswege. HR-Self-Services waren schon immer mehr als Prozessautomatisierung, denn sie veränderten stets auch die Rolle von HR im Unternehmen und die Interaktion mit den Kunden und waren und sind darum auch stets ein Stück weit umstritten.

Populäre Anwendungen

Je nach Zielgruppe in Manager- und Employee-Self-Services (MSS/ESS) unterschieden, sind folgende zentrale Anwendungen zu nennen: Nahezu alle Unternehmen, die ESS einsetzen, lassen darin Anschriften, Bankverbindungen sowie Daten zur Person und Bezugsperson – auch als Notfalladresse bezeichnet – pflegen. Ebenso weit verbreitet ist die Pflege einer Vielzahl von Zeitdaten – angefangen bei An- und Abwesenheiten, Urlaubsanspruch bis hin zu Reisedaten. Notwendig dazu ist natürlich die Anzeige individueller Kontenstände. Erst wenige Unternehmen pflegen auch die Mehrarbeit mithilfe von ESS, da die Abbildung der mitunter komplizierten Mitbestimmungsprozesse bei diesem Zeittatbestand wohl abschreckt. Auch der dezentrale Zugriff auf die elektronische Personalakte ist nur bei einer Teilmenge von Unternehmen möglich. Hingegen häufig – aber nicht flächendeckend – wird der Reisekostenabrechnungsprozess oder die Bestellung von Mitarbeiteraktien in Self-Services angeboten. Daneben gibt es oft einen Brutto-Netto-Rechner, um die Auswirkungen auf das Gehalt beim Wechsel des Beschäftigungsgrads zu simulieren, sowie eine Information über angesammelte Altersvorsorgeansprüche oder Weiterbildungszertifikate. Um eine höhere Akzeptanz zu erzielen, wurden in vielen Unternehmen Funktionen integriert, die keinen Mehrwert für die HR-Abteilung darstellen, aber von den Kunden als Service gewünscht werden. Hier sind etwa Teamansichten in der Zeitwirtschaft oder Hilfen zur Abstimmung der Urlaubsplanung zu nennen.

Bei den Manager-Self-Services dominieren Anwendungen rund um die Zeitdaten. Seltener anzutreffen sind komplexe personalwirtschaftliche Prozesse etwa zu Mitarbeitergesprächen, Entgelt- und Bonusrunden (unter dem Stichwort „Performance Management") oder die Steuerung administrativer Prozesse wie Versetzungen.

Notwendige Voraussetzungen und erste Nutzenbetrachtungen

Zur Abbildung von Workflows ist es notwendig, über ein aktuell gepflegtes Organisationsmanagement zu verfügen. Mit dieser SAP-Begrifflichkeit wird die Abbildung der Elemente als auch der Beziehungen zwischen den Elementen eines Organigramms sowie der Stelleninhaber in einer virtuellen Struktur innerhalb des ERP-Systems bezeichnet. Der Aufbau eines Organisationsmanagements ist sehr aufwendig und fachlich anspruchsvoll. Er hat aber eine bereinigende Wirkung auf die Organisationsstrukturen, da insbesondere bei Mehrfachbeziehungen zwischen Mitarbeitern und Führungskräften, man denke etwa an Projektteams neben Linienstrukturen oder an Führungssysteme in der Matrix, Klarheit geschaffen wird.

In vielen Unternehmen wurde lange diskutiert, ob das Organisationsmanagement dezentral – zumeist in den operativen Personalfunktionen – oder zentral – zumeist im HR-Servicecenter – gepflegt werden soll. Die immer komplexer werdenden, zunehmend internationaler agierenden Matrixstrukturen können häufig nur noch von hoch spezialisierten Mitarbeitern fehlerfrei abgebildet werden, die vorzuhalten sich in der Fläche nicht lohnt. So hat etwa der Pharmakonzern Roche aus diesem Grund im Jahr 2012 die Pflege des globalen Organisationsmanagements in einem Servicecenter in Budapest gebündelt. Eine solche Organisationsform setzt allerdings einen IT-Workflow voraus, mittels dessen Organisationsdaten vor Ort strukturiert gesammelt werden. Dies zeigt, dass ein Organisationsmanagement nur schwer allein mit wirtschaftlichen Effekten zu begründen ist, sondern darüber hinaus strategischen Zwecken dienen muss – etwa der besseren Verfügbarkeit von Mitarbeiterdaten und einer höheren Transparenz globaler Organisationsstrukturen.

Bei der Einführung von Self-Services war gerade für Unternehmen mit einem hohen Anteil an gewerblichen Mitarbeitern der physische Zugang zu Rechnern sehr bedeutsam. Hier haben manche Unternehmen in den letzten Jahren sogenannte Kioskterminals aufgebaut. Diese aus dem Self-Services-Bereich der Banken bekannten Geräte bringen die notwendige Robustheit als auch erforderliche Funktionalitäten mit. Diese reichen vom integrierten Werksausweisleser über eingebaute Thermodrucker, die automatisch nicht entnommene Dokumente wieder einziehen und einschwärzen (damit auch der mit dem Papierwechsel beauftragte Servicemitarbeiter keine Daten mehr rekonstruieren kann), bis zum speziellen Bildschirm, der aus Gründen des Datenschutzes nur für den direkt davor postierten Mitarbeiter lesbar ist. Aber auch hier wurde schnell deutlich, dass alleine für ein paar HR-Anwendungen die Total-Costs-of-Ownership der Kioskterminals zu hoch sind. Hier sind zur Begründung strategische Implikationen notwendig. Ein Unternehmen wie BMW hat mehrere Hundert dieser Geräte in den Produktionshallen aufgebaut, um die Mitarbeiter näher an E-Prozesse heranzuführen. Zwischenzeitlich werden aber bei BMW wie auch bei anderen Unternehmen die Kioskgeräte in der Produktion wenn nicht abgeschafft, so doch zurückgebaut. Unternehmen wie Lufthansa oder Kühne + Nagel setzen stattdessen auf Thin Clients zur Versorgung der gewerblichen Mitarbeiter – kostengünstige Endgeräte ohne eigene Rechenintelligenz.

Kein Problem war dagegen die Fähigkeit, speziell bei gewerblichen Mitarbeitern, mit webgestützten Anwendungen umgehen zu können. In der Frühzeit der Self-Services wurde von den HR-Protagonisten oft auf Webplattformen wie ebay oder Amazon verwiesen, die, um erfolgreich zu sein, ohne Anwenderschulungen auskommen mussten. Diese Vorhersage hat sich bewahrheitet: Die meisten Unternehmen haben die Bereitstellung aufwendiger Lernprogramme und Anwenderhilfen in ihren HR-Self-Services aufgegeben. Der User Service wird regelmäßig über das Front Office der Shared Services, seltener über das Help Desk der IT-Hotline sichergestellt.

Eine oft diskutierte Alternative war und ist die Nutzung der privaten Home-PCs der Mitarbeiter, weil damit die physische Schnittstelle vom Mitarbeiter finanziert wird und die Datenpflege sogar in der Freizeit stattfindet. Grundsätzlich eine stupende Idee, die allerdings in der Regel an Anforderungen der Datensicherheit gescheitert ist. Die meisten Unternehmen verlangen für das Überwinden der Firewall von extern eine VPN-Secure-ID, was wiederum beim flächendeckenden Einsatz mit zu hohen Kosten verbunden ist. Ford und BMW testen allerdings Alternativen der Datenpflege von zu Hause – die Ergebnisse werden spannend für die Branche sein. Ein weiterer wichtiger Entwicklungsschritt könnte die Nutzung von Mobile Devices wie Smartphones und Tablet-PCs sein, die im nächsten Abschnitt vorgestellt wird.

Als Erleichterung in der Passwortverwaltung und Verbesserung der Usability wurde oft das Konzept des Single Sign-on verfolgt. Dahinter verbirgt sich die Anmeldung mit einem Passwort sowohl auf dem Arbeitsplatzrechner als auch im Netzwerk und allen relevanten Anwendungen. Einige Unternehmen konnten Single Sign-on in ihren Self-Services bereits realisieren. Bei ABB wird aus Datenschutzgründen jedoch das Passwort bei der Netzwerkanmeldung nicht an die HR-Anwendungen durchgereicht, sondern dort muss man sich gesondert – aber mit dem gleichen Passwort wie zuvor – anmelden. Damit soll der völlig freie Zugriff auf schützenswerte Personaldaten in Momenten der Unachtsamkeit des Anwenders vermieden werden.

Die mit der Einführung von MSS/ESS verbundenen Hoffnungen auf eine weitgehende Standardisierung der HR-Prozesse wurden ein Stück weit enttäuscht. Den wichtigen Softwareanbietern ist es nicht gelungen, firmenübergreifend verwendbare Templates zu etablieren. Wenig verwunderlich bei unternehmensspezifisch ausgestalteten Prozessen wie der Zeitwirtschaft. Lediglich unternehmensintern konnte ein Wildwuchs aus bereichs- und standortspezifischen Abweichungen zurückgedrängt werden.

Als wichtiges Argument für Self-Services wurde die Verbesserung der Datenqualität genannt. Die Akteure mit dem größten Interesse an der Korrektheit von Daten, die Mitarbeiter, sollten die Daten selbst pflegen. Hier eröffnete die neue Technologie vor allem spezifische Vorteile, was Geschwindigkeit und Aktualität der Daten betrifft, jedoch verbunden mit daraus resultierenden Schwachstellen der Datenpflege durch den Laien. Gerne diskutiert wird immer wieder der Fall, dass eine fristlose Kündigung nicht ordnungsgemäß zugestellt werden kann, weil der Mitarbeiter nach einem Umzug die Adresse nicht im ESS geändert hat. Solchen Einwänden kann immer mit dem Hinweis auf klassische, von einem HR-Sachbearbeiter getragene Prozesse begegnet werden: Auch dort hängt die Prozessänderung davon ab, dass der Mitarbeiter die neue Adresse meldet.

Entgeltbeleg und weitere kritische Anwendungen

Überraschenderweise gehen gerade bei einem Thema, das auf den ersten Blick prädestiniert erscheint für eine Abbildung im Self-Services-Bereich – nämlich dem Gehaltsabrechnungsnachweis – die Meinungen über den praktischen Mehrwert stark auseinander. Einige Unternehmen bieten den Entgeltnachweis mit der Begründung an, dass sie dann Kosten etwa zentraler Druckerstraßen oder des Postversands einsparen. Diese Organisationen verfügen i. d. R. über eine technische Infrastruktur, die den datenschutzrechtlich unbedenklichen Ausdruck im gewerblichen Bereich etwa an gemeinsam genutzten Kioskstationen ermöglicht. Andere Unternehmen lehnen die Onlinegehaltsabrechnung ab, weil das dezentrale Drucken in den Büros und Werkshallen teurer sei als das zentrale und weil das Drucken während der Arbeitszeit erfolgen würde, während beim Versand die Entgeltabrechnung zumeist nach Feierabend gelesen würde.

Als die eigentlich kritische Zielgruppe haben sich aber nicht die Mitarbeiter, sondern sehr rasch die Führungskräfte erwiesen. Denn die Anforderungen der Führungskräfte sind sehr hoch: Sie fordern umfassenden und jederzeitigen Zugriff auf HR-Daten, die direkte und einfache Umsetzung von Transaktionen sowie eine hohe Performance verbunden mit einer Reduktion des Arbeitsaufwands. Ein HR-Self-Service-Experte von der BASF bezeichnete diesen Wunsch als „One Click Wonder": Die Self-Services-Anwendung soll den Willen des Vorgesetzten in einem Click erkennen und entsprechend in die HR-Systeme umsetzen. Eine Erwartung, die nur enttäuscht werden kann. Zudem haben verschiedene Unternehmensfunktionen neben HR wie Einkauf, Finanzen oder IT ihre Entscheidungsprozesse mittels Onlineanwendungen auf Führungskräfte übertragen, wodurch dort die Arbeitsbelastung tatsächlich gestiegen ist. Die Argumentation, dass mit dem Onlineprozess alles schneller und einfacher wurde und sich eher sogar eine Entlastung aus den Self-Services-Prozessen ergibt, ist nicht so ganz von der Hand zu weisen. Denn i. d. R. haben nicht die Führungskräfte, sondern deren Sekretariate Reisekosten genehmigt und Urlaubsanträge geprüft; eine unter Compliance-Gesichtspunkten kritische, aber ressourcenschonende Kompetenzverlagerung. Die Onlineanwendung beraubt sie dieser Entlastung, es sei denn, der Vorgesetzte umginge sie mit der unzulässigen Weitergabe der Passworte. Der heftige Widerstand der Führungskräfte konnte häufig erst mit Einführung einer Assistenz- und Stellvertreterfunktion überwunden werden, was allerdings wiederum komplexe und teure Anforderungen an das Organisationsmanagement auslöste. In einigen Unternehmen kann der Vorgesetzte heute im MSS nicht nur unterscheiden, welche Prozesse an den Stellvertreter delegiert werden (etwa Urlaub ja, Mehrarbeit nein), sondern auch differenzieren, für welchen Zeitraum dies gelten soll. Außerdem können verschiedene Prozesse an unterschiedliche Stellvertreter abgegeben werden.

Eine weitere Belastung entstand für Führungskräfte aus dem Entscheidungsdruck heraus. In papiergestützten Prozessen musste eine Führungskraft durch eine Unterschrift jeden Vorgang explizit freigeben. Bei der Überführung in Webprozesse sind immer mehr Unternehmen dazu übergegangen, eine sogenannte Genehmigung durch Duldung zu installieren. Das heißt, der Vorgesetzte wird über Buchungsvorgänge in der Zeitwirtschaft oder im Seminarkatalog informiert, aber der Vorgang gilt als genehmigt (und wird direkt im SAP-System verbucht), solange der Vorgesetzte nicht aktiv in den Prozess eingreift. Damit Vorgesetzte zeitnah und umfassend über Buchungsvorgänge in den ESS-Anwendungen informiert sind, wurden Alert-Funktionen eingeführt, die jeweils eine automatisierte Mail verschickten. In der Folge liefen die elektronischen Postkörbe über. Aktuell arbeiten einige Unternehmen an einer Vorgesetzten-Workbox, in der alle zu erledigenden Vorgänge an einer Stelle gebündelt dargestellt und ggf. sogleich mit Abarbeitungsfunktionalitäten verbunden sind.

Wie stets können Nutzer am besten von einer neuen Technologie überzeugt werden, wenn diese einen Mehrwert bietet. So war man etwa bei Philips erfolgreich, als den Managern im Moment der Dateneingabe bereits die Auswirkungen dargestellt wurden. So kann etwa im Performance Management die unterschiedliche Verteilung von Budgets simuliert und mit Kennzahlen und Grafiken dargestellt werden.

Effizienzsteigerung nur zusammen mit Organisationsentwicklung

Alle Unternehmen starteten in die Self-Services-Welt mit Trivialfunktionen wie einer Adress- oder Kontoänderung. Selbstverständlich konnte damit nie eine ausreichende Wirtschaftlichkeit begründet werden, um die hohen Anfangsinvestitionen zu rechtfertigen. Allerdings darf nicht unterschätzt werden, wie wichtig für die Personalfunktion der Lernprozess mit einfachen Self-Services-Prozessen ist: Man lernt die Verwaltung einer großen Anzahl von Anmeldedaten, gewinnt Sicherheit beim Datenschutz, erkennt die Performance-Probleme und kann mit dem Betriebsrat zunächst an wenig strittigen Prozessen „üben". Außerdem kann man den Support etwa über ein Servicecenter organisieren. Ein tatsächlicher wirtschaftlicher Mehrwert lässt sich aber nur mit dem sukzessiven Ausbau der Self-Services-Funktionen und einem damit einhergehenden schrittweisen Abbau von personellen Ressourcen erreichen. Solange viele administrative HR-Funktionen noch in der Fläche verteilt sind als Zeitdaten- oder Weiterbildungsbeauftragte, sind die Kosteneffekte kaum zu realisieren. Darum mussten auch die Versuche großer Softwareanbieter um 2005/06 herum ins Leere laufen, als sie die Reduktion von Durchlaufzeiten bei der Umstellung von papiergestützten Formularprozessen wie dem Urlaubsantrag auf eine Onlinefunktion zu messen versuchten. Diese Minutensammlungen über einzelne Prozessschritte multipliziert mit Mitarbeiterzahlen und Vorgängen pro Jahr führten zwar zu gewaltigen Werten auf dem Papier, die jedoch nie in eine tatsächliche Senkung der Auszahlungen mündete. Allein mit der Argumentation, dass frei werdende Arbeitskapazitäten für höherwertige Aufgaben genutzt werden, ist noch kein Controller überzeugt worden. Darum kann eine Self-Services-Landschaft nur mit einem hochgradig zentralisierten SSC gemeinsam erfolgreich sein.

Als Erfolgsmodell ist die Einführung einer zentralisierten Zeitwirtschaft bei der BASF zu nennen. Ursprünglich gab es dort eine Buchung über Gleitzeitterminals vor Ort unterstützt durch eine dezentralisierte Zeitdatenpflege mit über 1.200 Pflegeberechtigten (bei etwa 35.000 Mitarbeitern). Bereits ab 2002 wurden erste Erfahrungen mit einer Zeitdatenerfassung über Self-Services gemacht. Sukzessive wurden die Zeittatbestände ausgerollt, alle wichtigen Zeitarten konnten im HR-Kiosk gepflegt werden, mit Ausnahme der Mehrarbeit. Ab diesem Zeitpunkt wurden nacheinander die Unternehmensbereiche in die zentrale Zeitdatenpflege überführt, den lokalen Zeitbeauftragten wurden die Systemberechtigungen entzogen. Die Pflege von Kollisionen im System wurde an zentrale Pflegeberechtigte im HR-Servicecenter übertragen, für Fragen zur Zeitwirtschaft wurde eine Hotline ebenfalls im Servicecenter eingerichtet. Der Zentralisierungsprozess war 2009 abgeschlossen und es konnte eine Effizienzsteigerung von 30 % erreicht werden, die nur auf der Grundlage eines umfassenden Self-Services-Systems möglich war.

Unterschätzt wurde in vielen Unternehmen die kulturelle Dimension der HR-Self-Services. Diese neue technische Möglichkeit deckte vorhandene Kontroll- und Entscheidungsmuster auf, die dadurch hinterfragt wurden. Beispielsweise, auf welche Daten ihrer Mitarbeiter Vorgesetzte zugreifen dürfen. Beim Thema Zeitwirtschaft wurde etwa deutlich, dass immer noch viele Vorgesetzte versuchen, statt Zielerreichungsgraden Anwesenheiten zu kontrollieren. Andererseits waren Self-Services ein starker Hebel, um alle Mitarbeiter eines Unternehmens an die IT-gestützte Bearbeitung von Prozessen heranzuführen. Da war es konsequent, dass Unternehmen wie Daimler ihre HR-Self-Services nutzten, um die Mitarbeiter zu einer „E-Readiness" zu führen.

Ausblick

Der nächste Entwicklungssprung bei HR-Self-Services wird sich aus der zunehmenden Verbreitung sogenannter Mobile Devices wie Smartphones oder Tablet-PCs heraus entwickeln. Diskutiert wird in großen Unternehmen die Eröffnung von internen App-Stores mit der Bereitstellung verschiedener interner Anwendungen. Vergleichbar zur Entwicklung der Self-Services in den letzten zehn Jahren werden auch bei diesem Thema wenige Avantgardisten nach einiger Bewährungszeit eine große Zahl von Nachahmern nach sich ziehen, bis sich letztlich niemand mehr der Technologie verweigern möchte, um nicht als hoffnungslos veraltet zu gelten. Bei Mobile HR geht es jedoch nicht nur darum, die bekannten HR-Self-Services auf die kleineren Bildschirme von Smartphones und Tablets herunterzubrechen, sondern man sollte die neuen Funktionalitäten und Möglichkeiten der mobilen Endgeräte nutzen. Gleichzeitig muss man aber auch neue Fragen nach Eigentumsrechten, Daten- und Informationsschutz beantworten.

9.4   Mobile HR erst am Anfang

Wolfgang Appel, Malte Beinhauer

Ein bekanntes YouTube-Video über einen älteren Herrn im Gespräch mit seiner Tochter bringt das Dilemma der mobilen Anwendungen auf den Punkt: „Papa, wie kommst du eigentlich mit dem neuen iPad zurecht, das wir dir geschenkt haben?" – „Gut!", spricht er, benutzt das iPad weiter als Schneidebrett, spült es kurz ab und stellt es in die Spülmaschine.[11] Ein neues Werkzeug wird in einem dem Vater bekannten und vertrauten Verhaltensmuster durchaus effizient eingesetzt; das neue Potenzial der Technologie wird aber nicht erschlossen. Die Entwicklung der neuen Technologie im HR-Umfeld verläuft nach demselben Muster: Bestehende Self-Services-Applikationen werden smartphonefähig gemacht, aber die Konzeption der Anwendungen bleibt unverändert konventionell. Die anstehende zweite Generation der mobilen HR-Anwendungen muss dagegen „mobile leben", um erfolgreich zu sein. Die Messlatte muss höher gelegt werden. Nicht nur bestehende Anwendungen auf neue Technologie übertragen, sondern im Umfeld neuer Technik eine neue HR-Arbeit zu entwickeln, das ist die Devise.

Uns allen ist völlig klar, dass die mobilen Endgeräte die Technologie nicht nur der Zukunft, sondern bereits der Gegenwart sind: 90 % der verkauften Mobilgeräte sind Smartphones und

---

[11]   http://www.youtube.com/watch?v=gUCpOYdG8hM (Stand: 22.7.2015).

nicht mehr Handys. Nach einer Bitcom-Umfrage nutzten 2014 bereits 88 % der 10- bis 18-Jährigen ein Smartphone und 72 % die Kurznachrichtenapplikation „WhatsApp".[12] Am Beginn der Mobile-Diskussion stand die Sorge, ob man mit diesen neuen kleinen Geräten überhaupt ergonomisch sinnvoll arbeiten könne. Diese Problemstellung wurde durch den technologischen Fortschritt gelöst. Die Netzabdeckung mit schnellen Datennetzen ist weit vorangeschritten – inzwischen auch in Zügen und Flugzeugen –, Akkulaufzeiten wurden massiv verlängert und Bildschirme sowie Eingabedevices haben inzwischen eine Größe und Usability erreicht, mit der man adäquat arbeiten kann. Die Sorge um Ergonomie als Ausrede dafür zu verwenden, die Vorteile mobiler Technologie nicht zu nutzen, ist somit obsolet. Auch das Argument, „wir haben unsere Mitarbeiter ja bereits mit Laptops ausgestattet und somit für Mobilität gesorgt", hinkt. In einer globalen Betrachtungsweise stellt man fest, dass heutzutage rund ein Drittel der Weltbevölkerung lediglich über Mobilanwendungen eine Chance besitzt, ins Netz zu gelangen. Festnetzanschlüsse und WLAN sind in vielen Teilen der Welt einfach nicht vorhanden oder im Vergleich zum mobilen Datennetz über Smartphones schlichtweg zu teuer. Die Abdeckung der mobilen Datennetze ist dagegen häufig sehr gut. Bei vielen unserer gewerblichen Mitarbeiter sieht es – zumindest während der Arbeitszeit – ähnlich aus. Smartphones ermöglichen vielen Mitarbeitern überhaupt erst den Zugang zu den HR-Anwendungen, denken wir an den RWE-Mitarbeiter im Kraftwerk oder bei der Bahn an den Zugführer oder den Arbeiter im Gleisbett.

Schaut man sich den Bereich mobile Unternehmensanwendungen an, so zeigt sich, dass sich durchaus schon einige erfolgreiche Projekte und Produkte entwickelt haben. In einer ersten Welle wurden vorrangig mobile Apps für externe Kunden entwickelt. In vorauseilendem Gehorsam der Kundenforderung nach mobilem Zugang zu Informationen versuchte man, zumindest das Informationsangebot der Unternehmenswebseiten auf mobilen Endgeräten lesbar zu machen bzw. mobiles Servicepersonal wie etwa Zugschaffner in die Lage zu versetzen, verlässlichere Auskünfte zu erteilen. Beispiele wären diverse mobile Unternehmenswebseiten oder die Zugverbindungsauskunft über den DB Navigator. Neben der Erhöhung der Kunden- bzw. Serviceorientierung durch eine erweiterte Informationsbereitstellung war die Kosteneinsparung bzw. die Erhöhung der Prozesseffizienz der Treiber für diese neuen Apps.

Daneben kann mit der Übertragung von Prozessschritten auf den Kunden der Aufwand für Servicecenter reduziert werden. So bietet der Energiekonzern RWE seinen Stromkunden die Möglichkeit, Vertragsdaten, Zahlungsweisen und Rechnungen mobil zu bearbeiten. In Lindner-Hotels kann man über QR-Codes Buchungsseiten für Sonderangebote direkt aufrufen, dem Management Feedback geben und noch während seines Besuchs die Bearbeitung des eigenen Feedbacks beobachten. Nutznießer dieser erhöhten Servicequalität sind aber in erster Linie Endkonsumenten und nicht das eigene Personal. Dabei sind die Anforderungen der eigenen Mitarbeiter durchaus vergleichbar. Warum sollen nicht auch Mitarbeiter ihre „Vertragsdaten" wie Urlaub, Arbeitszeit, 360-Grad-Feedbacks, Verbesserungsvorschläge etc. in diesem Umfeld gestalten? Die Zielsetzungen sind die gleichen: mehr Service, höhere Qualität, schnellere Auskunft und langfristig Einsparung von Kosten. Allerdings ist die Überzeu-

---

[12] Bitcom (Hrsg.): Kinder- und Jugend-Studie 3.0.

gungsarbeit, um den Vorstand zu Investitionen in nicht direkt wertschöpfende Prozesse zu bewegen, bei Weitem aufwendiger als bei Prozessen direkt am Kunden.

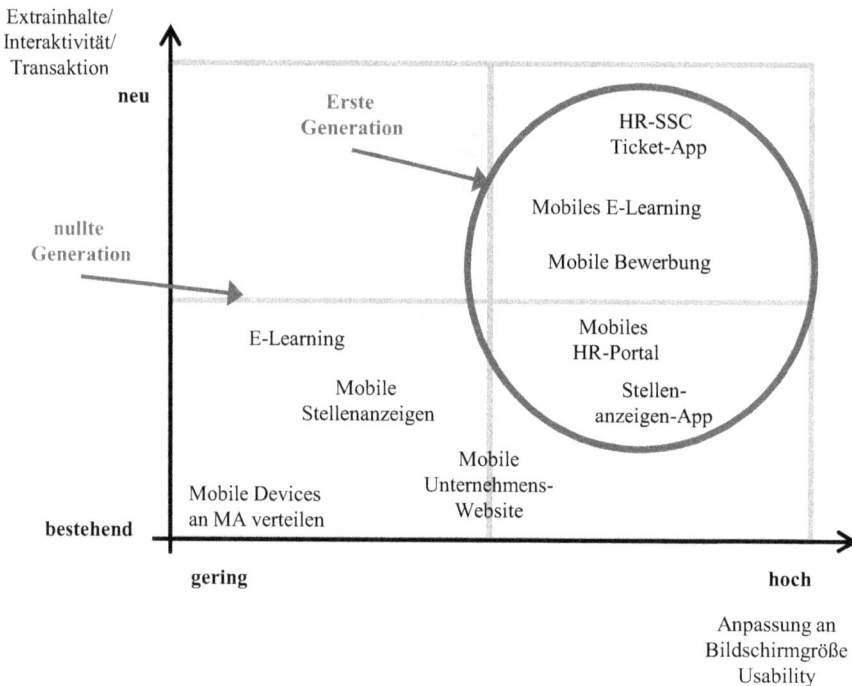

Abb. 9.3: Generationsmatrix Mobile-HR-Anwendungen (Quelle: Eigene Darstellung)

Im Rahmen einer qualitativen Studie wurden überwiegend DAX-30-Unternehmen nach ihren existierenden Projekten und Produkten im Bereich Mobile HR befragt. Die Rückmeldungen wurden in eine Matrix eingeordnet, die unterschiedliche Generationen der Entwicklung aufzeigt (siehe Abb. 9.3). Die Abszisse zeigt den Grad, in dem der Größenrestriktion sowie den begrenzten Eingabemöglichkeiten mobiler Endgeräte in Bezug auf die Usability Rechnung getragen wurde. Die Ordinate stellt den Grad dar, in dem die Applikation Interaktivität bis hin zur vollwertigen Transaktion unterstützt, also weg von der reinen Informationsdarstellung hin zur interaktiven Arbeit mit dem Programm geht.

Anwendungen der „nullten" Generation im unteren linken Quadranten ermöglichen den Zugang zum bestehenden Intranet, die Recherche nach Stellenanzeigen etc. einfach über ein mobiles Endgerät. Ordnet man die bereits im Praxiseinsatz oder in der Projektphase befindlichen HR-Apps in diese Matrix ein, dann zeigt sich, dass sie größtenteils noch zur ersten Generation (im Quadranten rechts unten und rechts oben) von Anwendungen gehören: Dies bedingt die Anpassung der Usability an die kleineren Bildschirme der mobilen Geräte. In erster Linie handelt es sich um Informationsbereitstellung, ggf. verbunden mit rudimentären Transaktionsmöglichkeiten. Dieses Spektrum der „Generation-1-Applikationen" lässt sich besonders gut am Beispiel der Recruiting-Apps darstellen. Sie stellen lediglich Stellenanzeigen in größenoptimierter Darstellung zur Verfügung. Einige Mobile-Recruiting-Apps (rechts oben in der Matrix) ermöglichen zusätzlich Bewerbungen von unterwegs. Sobald die Daten vom Kunden eingegeben wurden, wechseln diese wieder auf klassische HR-Technologien – etwa aus Datenschutzgründen. So werden Bewerbungen einfach nur als Mailanhang vom Mailprogramm des Smartphones übertragen und dann vom Mitarbeiter ins HR-System über-führt. Echte Schnittstellen, die diese Daten direkt in die Endsysteme überführen, sind noch äußerst selten anzutreffen. Zusätzliche Möglichkeiten wie ein Jobalarm, wenn ein interessan-tes Jobangebot mit dem bereits eingegebenen Suchprofil übereinstimmt, oder Anlegen und Verwalten eines Bewerberprofiles bzw. einer Bewerbungsmappe sind größtenteils Fehlan-zeige. Das Angebot verfolgt immer noch einen Mobilitätswechsel von stationär zu mobil zu wieder stationär. Als unwillkommenen Nebeneffekt berichten Praktiker, dass mit solchen Anwendungen die Anzahl völlig ungeeigneter Bewerber aus allen Winkeln des Globus stark ansteigt, weil die Zugangshürde extrem niedrig gelegt wird.

Dies gilt ebenso für fast alle anderen existierenden mobilen Anwendungen. Auch mobile Führungsinformationssysteme beschränken sich in erster Linie nur auf die Informationsbe-reitstellung. Eine direkte Weiterbearbeitung der Prozesse ist selten vorgesehen. Mobile HR befindet sich noch lange nicht im Bereich futuristischer Anwendungsfälle, sondern scheinbar gelöste Themen wie Terminkalenderfunktionen beschäftigen die HR-IT heute noch wie in den 1990er-Jahren, nur auf einer fortgeschrittenen Hardwareplattform. Alle diese Anwen-dungen versuchen, sich auf den kleinen Bildschirm von Smartphones und Tablets hin zu optimieren, nur manche schaffen es in geringem Maße, zusätzliche Inhalte zu generieren und zusätzliche Funktionalität zu integrieren. Watzlawick sagte: „Wer als Werkzeug nur einen Hammer hat, sieht in jedem Problem einen Nagel." Demgemäß wird versucht, die bestehen-de Welt eins-zu-eins in eine neue Welt zu überführen. Damit kann sich das volle Potenzial von Mobile HR nicht entfalten. Man muss vielmehr analysieren, welchen konkreten Mehr-wert man für den Kunden aus der Nutzung der neuen Technologie generieren und somit zu einer neuen Generation von HR-Applikationen gelangen kann. Dies bedingt ein tiefes Ver-ständnis des Geschäftsmodells, einer Bestimmung der Kunden und ihrer Bedürfnisse. Man sollte sich dabei nicht auf die bekannten Bedürfnisse konzentrieren, die schon zuvor adäquat mit „alten Technologien" befriedigt werden konnten, sondern muss versuchen, mobilen Zu-satznutzen für noch schlummernde Bedürfnisse zu generieren. Dieser Zusatznutzen erweitert die vorstehende Matrix um eine dritte Achse, die des generierten mobilen Zusatznutzens (siehe Abb. 9.4).

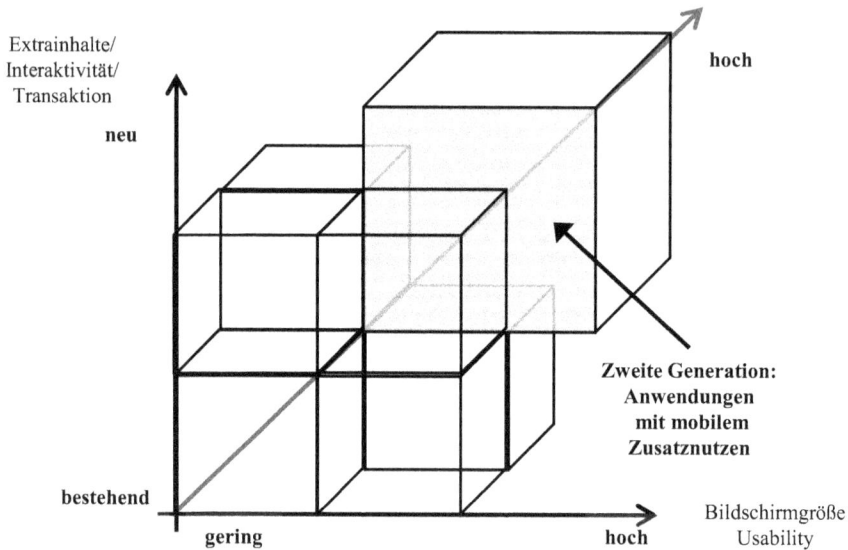

Abb. 9.4: Zweite Generation: Mobiler Zusatznutzen (Quelle: Eigene Darstellung)

Mobiler Zusatznutzen meint, dass die Vorteile mobiler Technologien genutzt werden. Dies umfasst neben der erweiterten Mobilität, also der Verlagerung von Geschäftsprozessen an den Ort des Geschehens, die Nutzung von erweiterter technologischer Funktionalität wie GPS-Ortung, Bewegungssensoren, Multimedia (Video, Foto, Ton), Echtzeitinformation durch Datenabruf und gleichzeitige Anreicherung der Realität im Sinne der Augmented Reality. Diese Funktionalitäten werden bereits von diversen Applikationen im Freizeitbereich selbstverständlich verwendet. Nur im Bereich der mobilen HR-Applikationen beschränkt man sich in der Regel auf solide browserbasierte Technologie ohne konkreten Mehrwert. Dabei ließen sich solche Mehrwerte aus bestehenden erfolgreichen Apps aus dem Unterhaltungsbereich kreativ übertragen. Dies soll exemplarisch am Beispiel des Recruitings gezeigt werden. Im Kern einer jeden Applikationsentwicklung muss der gesonderte Wert für den User stehen: Warum soll er genau diese App mobil verwenden? Dadurch, dass Jobangebote in der Größe angepasst werden, wird lediglich der Mehrwert geschaffen, dass der Benutzer jederzeit und überall nach einer neuen Stelle schauen kann. Aber möchte dieser potenzielle Bewerber wirklich lieber zwischen zwei Umsteigeverbindungen solch eine wichtige Entscheidung wie die über eine Bewerbung für einen neuen Job treffen? Solange wir immer noch eine umfassende Bewerbung hoher Qualität im Recruitment-Prozess vorsehen, würde der Bewerber im Zweifelsfall lediglich die freie Zeit nutzen, um sich darüber zu informieren, dass es eine neue Stellenausschreibung gibt, um sich dann in Ruhe von zu Hause aus, wo alle notwendigen Dokumente vorhanden sind, zu bewerben. Mobiler Zusatznutzen muss weiter gehen.

Der mobile Zusatznutzen der zweiten Generation könnte in der Einbindung von GPS-Diensten bestehen: Ein Mitarbeiter ist z. B. auf Dienstreise in Köln und bekommt beim Aussteigen am Hauptbahnhof einen Hinweis auf sein Smartphone, dass gerade in der Stadtmitte interessante Jobs offen sind. Beziehunhsweise er könnte durch eine Stadt spazieren und würde auf einer Karte Gebäude, in denen Jobs vakant sind, direkt angezeigt bekommen. Diverse Apps wie bspw. Around me oder Swarm, die solche Informationen für Restaurants, Bankautomaten etc. anzeigen, sind bereits erfolgreich im Umlauf. Durch Contentsyndikation mit bestehenden Arbeitgeberbewertungsportalen wie bspw. Kununu kann der User in einer einfachen Ampeleinfärbung direkt sehen, wo in seiner Stadt positiv bewertete Arbeitgeber mit freien Stellen existieren. Verändert man den Bewerbungsprozess in Richtung einer Vernetzung von Recruiter und Bewerber, könnte man sich an diversen Dating Apps wie bspw. Tinder und Co. orientieren. So kann der potenzielle Bewerber einen Hinweis erhalten, dass einer der Mitreisenden im Zug gerade über eine interessante Stellenausschreibung, korrespondierend zu seinem Profil, entscheidet und man ihn direkt ansprechen kann. Im Zweifelsfall muss noch nicht mal ein konkreter Wechselwille vorhanden sein, aber man lernt sich für die Zukunft einfach mal kennen und kann bei passenden Vakanzen direkt auf diesen als positiv eingestuften Kontakt zugehen. Dies verändert zwar die zeitliche Perspektive des Bewerbungsprozesses, bietet aber gerade im Bereich der hoch qualifizierten Arbeitskräfte interessante Potenziale im War for Talents.

Der Mehrwert für einen wechselwilligen Experten könnte sein, dass er seinen Marktwert schnell und direkt testen könnte, dass er seine Chancen auf Verbesserung wahrt, auch wenn er nicht aktiv sucht, und dass er auf bereits hinterlegte Profile ohne wesentlichen Zusatzaufwand zurückgreifen kann. Diese Profile sind generisch und müssen nicht mehr für jedes Unternehmen individuell angepasst werden. Das unkomplizierte Kennenlernen tritt an die Stelle elaborierter Bewerbungsunterlagen. Zu prüfen wäre, was eine höhere Validität der Bewerberbewertung aufweist: eine kunstvoll geschriebene Bewerbungsmappe oder ein zwangloses Viertelstundengespräch. Die Prozessdauer zur Besetzung einer neuen Stelle könnte auch durch die direkte Einbindung von Kommunikationstools wie Skype bzw. Facetime zur direkten Interaktion mit dem Recruiting-Experten minimiert werden. Bei einem Alarm über ein neues passendes Angebot des Stellenscouts, der bereits quantifizierbare Ausschlusskriterien wie Notendurchschnitt, Ausbildungsdauer, Berufserfahrung usw. mit dem bestehenden Profil abgeglichen hat, kann der potenzielle Bewerber direkt über das Smartphone inklusive Videoübertragung ein erstes Vorstellungsgespräch durchführen. Dieses sollte zwar nicht direkt zwischen Tür und Angel erfolgen, aber mit einem Einbuchen in ein Kalendersystem, kann ad hoc der nächste mögliche Termin abgestimmt werden, ohne dass es großer Interaktion mit dem Recruiter bedarf.

Auch wenn diese neuen Prozesse noch viele ungeklärte Fragen beinhalten, so sind die daraus resultierenden Interaktionsprozesse doch den Digital Natives aus anderen Bereichen bereits vertraut. Es bedarf lediglich eines Umdenkens und eines Überwerfens mit alten Konventionen.

Eine weitere wichtige Frage ist, ob die gesamte Prozesstiefe in die mobilen Endgeräte übertragen und dann mit dem oben angesprochenen mobilen Zusatznutzen angereichert werden muss. Gegebenenfalls reicht es auch aus, durch mobile Endgeräte Zusatznutzen zu existierenden Programmen hinzuzufügen. So ist ein Manko an vielen stationären HR-Systemen, dass sie nicht am Platz des Geschehens verfügbar sind: Nicht alle Mitarbeiter haben Zugang zu einem Rechner am Arbeitsplatz. Zur Nutzung von Shared Services wurden für solche

Mitarbeiter bereits stationäre Kiosksysteme eingerichtet. In der Produktion von BMW gab es einmal 600 Geräte, die aber wieder abgebaut wurden. Warum? Weil die Mitarbeiter nicht den Drang verspüren, von sich aus mit dem Kiosk in Interaktion zu treten, da in 90 % der Fälle keine für sie relevanten Aktionen oder Aufgaben vorliegen. Eine Möglichkeit ist es, das HR-Ticketing komplett auf das Smartphone zu übertragen. Häufig scheitern diese Projekte an Bedenken in Bezug auf Datenschutz oder Usability. Würde man jedoch lediglich den Impuls, das HR-System bspw. über ein Kioskterminal aufzurufen, weitergeben, könnte man diese Problematik umgehen. Der Mitarbeiter würde mittels GPS-Tracking, sobald er sich einem Kioskterminal nähert, darauf hingewiesen, dass ein neuer Vorfall, der seiner Interaktion bedarf, vorliegt. In diesem Fall kann er das wesentlich komplexere existierende System mit all seinen Möglichkeiten dann direkt aufrufen.

Mobile Zeiterfassung ist schon länger ein Thema. Eine mobile HR-App könnte eine Reisekostenabrechnung aber nicht nur durch das automatisierte Setzen von Zeitstempeln am Ort des Geschehens oder bei Grenzübertritten erleichtern. Vorstellbar wären auch die automatisierte Berechnung von Zulagen oder die Abrechnung unterschiedlicher Steuersätze bei Auslandsaufenthalten bis hin zum Fotografieren und Archivieren der Belege.

Natürlich können die Smartphones auch zur Steuerung und Überwachung genutzt werden. Trotz aller gerechtfertigten negativen Befürchtungen einer Zwangsüberwachung sollte man auch die Potenziale bedenken. Viele Menschen nutzen solche Funktionen bereits freiwillig, obwohl sie um die Gefahren der Überwachung wissen. Warum? Weil sie einen konkreten Mehrwert liefern. Die Apps Find my friends oder Swarm bzw. Foursquare sind bei vielen Digital Natives bereits im Einsatz. Sie zeigen bspw. für Nutzer, die dies explizit aktiviert haben, an, wo sich Freunde gerade befinden, um diese etwa beim Kneipenbummel treffen zu können. Übertragen auf Unternehmen würde dies bedeuten, dass der Benutzer, wenn er einen Kollegen dringend erreichen muss, nachschauen kann, wo im Unternehmen er sich gerade befindet. Sollten Anliegen nicht dringend sein, kann eine Erinnerung in die App eingegeben werden und der Benutzer wird, sobald der Kollege in seiner räumlichen Nähe ist, an die Aufgabe erinnert.

Der gelieferte Zusatznutzen entscheidet über den Erfolg des Projektes. Ein Personaler eines deutschen Autobauers nannte den Speiseplan der Kantine mit integrierter Videoüberwachung der Kassenschlange als erfolgreichstes mobiles Projekt des Konzerns. Warum ist diese App so erfolgreich? Sie liefert einfachen, mobilen, multimedialen Mehrwert direkt am Ort des Geschehens, exakt zum richtigen Zeitpunkt. Beachtet man solchen Mehrwert bei der Konzeption von Apps, ist es leicht, für Systeme Akzeptanz zu gewinnen.

Selbst wenn diese Ideen beherzigt werden, besteht die Gefahr, dass in dem Moment, in dem HR-Self-Services der zweiten Generation betriebsfähig entwickelt wurden, bereits die Hardware der übernächsten Generation eingesetzt wird. Sind Smartphones dann überhaupt noch die Devices, über die wir reden? Moderne Uhren weisen jetzt schon Schnittstellen zu Smartphones auf. Zusätzlich besitzen sie bewegungssensitive Sensoren, die etwa auch erkennen könnten, welche Tätigkeiten der Träger gerade verrichtet. Damit wären bspw. sehr viel detailliertere Arbeitsanalysen möglich. Gepaart mit dem Trend zur persönlichen Optimierung durch permanente Körperdatenaufzeichnung und -analyse würden sich hier ganz neue Potenzialfelder ergeben. Erste Datenbrillen kommen bereits auf den Markt. Hier könnten Hinweise und Hilfestellungen direkt ins Blickfeld des Betrachters eingeblendet werden. In Qualifizierungsmaßnahmen könnte die Blickperspektive des Mitarbeiters an den Coach oder Trainer übertragen werden. In der Personalentwicklung könnte dies die Bereiche kontextbasiertes Lernen bzw. Ad-hoc-Expertenhilfe revolutionieren.

Der Trend des Ubiquitous Computing, also der Integration der Informationstechnologie in alle Dinge des täglichen Gebrauchs, schafft neue Möglichkeiten. So könnte die Krankmeldung oder auch einfach nur die Mitteilung, dass man heute eine Stunde später auf der Arbeit erscheint, direkt vom Wecker aus an den Arbeitgeber geschickt werden. BMW hat bereits jetzt prototypisch eine Integration seines HR-Kennzahlensystems in den Bordcomputer von Dienstwagen umgesetzt. Die Anzahl der mobilen Devices und der daraus entstehenden Möglichkeiten wird noch deutlich wachsen. Statt lange im Voraus umfassend zu planen, wie das holistische „Mobile-Gesamtprogramm" aussehen könnte, sollte stattdessen die agile Entwicklung in Richtung kleiner, aber nutzenbringender One-Purpose-HR-Apps gehen.

9.5 Wissensmanagement

Malte Beinhauer, Sven Kayser

Die Kernprozesse von Wissensmanagement, Wissensidentifikation, -erwerb, -entwicklung, -teilung, -nutzung und -bewahrung sind allen Unternehmensbereichen gemein (vgl. Probst/Raub/Romhardt 2010, S. 28). Somit unterscheiden sich auch die zur Unterstützung notwendigen Informations- und Kommunikationstechnologien nicht wesentlich. Aus diesem Grund werden im Folgenden nur besondere Herausforderungen des Wissensmanagements im HR-Servicecenter fokussiert.

Die Zentralisierung der Mitarbeiter im SSC ermöglicht den Aufbau umfangreichen Wissens. Dies erfolgt zum einen durch die Konzentration von bisher verteiltem Einzelwissen in der neu geschaffenen zentralen Organisationseinheit und zum anderen durch den einfacheren Wissensaustausch aufgrund der räumlichen Nähe zwischen den Spezialisten im SSC. Wissensträger multiplizieren ihr Wissen durch Weitergabe, schnellste Hilfestellungen oder Trainingsmaßnahmen. Verbessertes Wissensmanagement durch Einführung eines SSC zielt somit nicht nur auf eine Bündelung, sondern auch auf eine Erweiterung der Wissensbasis des Unternehmens ab (vgl. Kagelmann 2001, S. 78).

Dieser Vorteil von HR-Servicecentern wird allerdings zum Preis einer zwischenmenschlichen Entfremdung zwischen betreuten Mitarbeitern und dem SSC erkauft, welche insbesondere den Bereich des situativen impliziten Wissens empfindlich tangiert. Dieses nicht formulierbare Wissen fußt im HR-Bereich häufig auf der Kenntnis der einzelnen Personen, der Prozesse und Rahmenbedingungen der Fachabteilung und allgemeinen Stimmungen und Schwingungen in der entsprechenden Organisationseinheit. Wird der SSC-Mitarbeiter aufgrund der räumlichen Trennung von diesem Informationsfluss abgeschnitten, wird es ihm schwerfallen, die situative Komponente in seine Entscheidungen einzubeziehen. Während dies für standardisierbare HR-Prozesse wie Entgeltabrechnung, HR-IT oder in Teilen der

Weiterbildung nicht eklatant erscheint, ist dieser Einbezug jedoch evident bei „sensiblen" Personalprozessen wie Karriereplanung, qualitativen Weiterbildungsbedarfsanalysen usw.

Besondere Zielsetzung des Wissensmanagements im SSC ist es, durch geeigneten Technikeinsatz das durch die räumliche Trennung verloren gegangene Wissen zur Verfügung zu stellen. Der Technik im Wissensmanagement kann hierbei allerdings nur eine unterstützende Rolle in Form eines Werkzeuges zukommen.

Die effiziente Gestaltung der Kommunikationsprozesse bildet die Grundlage für alle oben genannten Wissensprozesse. Kommunikation ist unvermeidlich und zeitintensiv. Zudem ist sie ein strategisch wichtiger Faktor, insbesondere zur Aufrechterhaltung und Pflege der internen Kundenbeziehung. Die Kommunikation muss für Sender wie Empfänger effektiv sein, relevante Informationen müssen möglichst im Erstkontakt geliefert werden. Mehrfache Kontakte, die durch Informationsmangel entstehen, werden sowohl intern als auch extern negativ bewertet und verursachen hohe Kosten (vgl. Vollmer/Fischer/Röder 2008, S. 307). Diese geforderte Effizienz kann durch größtmögliche Automatisierung der Kommunikation bei gleichzeitiger Integration der Daten liefernden ERP-Systeme erreicht werden. Als hilfreich erweisen sich hier Erfahrungen aus dem Einsatz semantischer Technologien, wie sie seit einiger Zeit erfolgreich in vergleichbaren wissensintensiven Prozessen des Customer Service eingesetzt werden. Zielsetzung dieser Ansätze ist es, das im konkreten Prozessschritt benötigte Wissen in Echtzeit dem SSC-Mitarbeiter bereitzustellen, sodass eine direkte Verwendung ermöglicht wird. Herausforderung dabei ist das automatisierte Schließen auf das benötigte Wissensobjekt. Hierbei werden unterschiedliche Methoden und Werkzeuge zur Identifizierung prozessrelevanten Wissens, zur Bereitstellung notwendigen Wissens für Mitarbeiter und Kunden, aber auch zur effizienten Erschließung von Expertenwissen eingesetzt. Dies sind insbesondere statistische Methoden der künstlichen Intelligenz, linguistische Verfahren der Sprachtechnologie, aber auch semantische Methoden zur Wissensmodellierung in Ontologien. Dies führt aufgrund einer durchgängigen Prozessbegleitung zu Transparenz sowie Nachhaltigkeit und somit zu prozessualer Exzellenz.

Moderne Konzepte zum Wissensmanagement in Servicecentern folgen hierbei einem mehrstufigen Ansatz, der die Bearbeitung von Kundenanfragen über den kompletten Lebenszyklus einer ebensolchen Anfrage unterstützt.

So wird durch den Einsatz geeigneter Funktionalitäten wie FAQ-Listen, intelligenter Suchmaschinen oder von Self-Service-Portalen dem Kunden eine erste Gelegenheit gegeben, in den vom Unternehmen bereitgestellten Informationen (z. B. Richtlinien, Policen, Unternehmensgrundsätzen, Erläuterungen zu Vertragsbestandteilen etc.) Lösungen und Antworten für seine Fragestellung zu finden und damit schnell und unkompliziert das vorliegende Problem zu bearbeiten. Eine interessante Erweiterung des Self-Service-Konzeptes stellt der Einsatz von Social-Media-Elementen in diesem Bereich dar. Ziel ist es, die (internen) Kunden untereinander zur Interaktion und somit zur gegenseitigen Hilfestellung anzuregen, also die Bearbeitung der Anfragen auf freiwilliger Basis in die Community auszulagern (vgl. Beinhauer 2004, S. 51 ff.). Im besten Fall werden auch die SSC-Mitarbeiter in diese interaktive Kommunikation mit eingebunden und können so Leerzeiten nutzen, um Fragestellungen schnell zu beantworten. Auf diese Weise wird ihr Wissen expliziert – also eindeutig kommunizierbar gemacht – und anderen Suchenden nachhaltig zur Verfügung gestellt. Erste Tools zeigen ihren Erfolg im Bereich von Frage-Antwort-Datenbanken und Alert-Filtertools bei Instant Messaging oder Microblogging-Services wie bspw. Twitter oder Facebook Status Updates. Sie helfen, schnell Antworten zu finden und diese auch längerfristig zu archivieren. Durch Interaktionselemente wie Bewertungssysteme oder Like-it-Buttons können Suchende den Nutzwert der gegebenen Antworten bestimmen. Auf diese Weise können die ad hoc generierten Wissenselemente im Nachgang strukturiert aufbereitet werden, bspw. in Form einer FAQ-Liste. Werden diese validierten Wissensobjekte im zeitlichen Verlauf vom Front Office während einer Kundenanfrage verwendet, können diese mit dem jeweiligen Beratungsprozessschritt verknüpft und so zukünftig im Prozessverlauf dem Agenten proaktiv angeboten werden. Eine detaillierte Beschreibung von Customer-Self-Care-Elementen als Instrumenten des Service Managements ist bei Keuper/Schulmeyer/Hintzpeter 2008, S. 265–291, zu finden.

Die Interaktionsmöglichkeiten von Social Media im HR-SSC beschränken sich allerdings auf den Bereich der nicht sensitiven Personaldaten und Fragen. Bereiche, die der Vertraulichkeit unterliegen, können nur im direkten Kontakt geklärt werden. Wobei Selbsthilfegruppen, sog. Communities of Interest, deren Zugang auf Peers beschränkt ist oder bei denen aufgrund einer Anonymisierung des Users keine Zuordnung zum Mitarbeiter möglich ist, interessante Potenziale für die Auslagerung bzw. Automatisierung „weicher" Personalberatungsprozesse wie Konfliktberatung, Lebensberatung, Suchtberatung etc. darstellen.

Wird keine zufriedenstellende Lösung gefunden oder ist ein direkter, interaktiver Dialog notwendig, können die Kunden – je nach individueller Vorliebe – entweder per Telefon oder per E-Mail mit einem Mitarbeiter des SSC in Kontakt treten. Die Hauptfunktionalitäten der im Front Office verwendeten Systeme bestehen in der Integration mehrerer Kommunikationskanäle, der strukturierten Weiterleitungsmöglichkeiten an Bearbeiter sowie in der Bereitstellung der zur Lösung der Anfrage notwendigen Informationen. Um dies effizient zu ermöglichen, ist in beiden Fällen eine Vorklassifizierung der Anfrage notwendig. Hierfür können die bereits im Self-Service-Portal ausgewählten Antworten genutzt werden und diese direkt mit Mitarbeitersystemen, Kunden- und/oder Produktdatenbanken abgeglichen werden, um damit eine Zuordnung zu relevanten Ansprechpartnern zu gewährleisten.

Im Falle einer telefonischen Anfrage können Voice-Portale mit Auswahlmöglichkeiten eine erste, schnelle Strukturierung der Anfrage erwirken, bevor die persönliche Bearbeitung seitens eines Agenten stattfindet. Auch hier kann im interaktiven Kundendialog durch den Einsatz z. B. von Entscheidungsbäumen eine deutliche Prozessverbesserung bei der Identifizierung der relevanten Lösung erreicht werden. Mit der Hinterlegung relevanter Mitarbeiterstammdaten sowie deren Verbindung miteinander, z. B. durch die Bereitstellung entsprechender Ontologien (s. u.), kann Expertenwissen für SSC-Mitarbeiter expliziert werden. Ontologien sind sprachlich gefasste und formal geordnete Darstellungen einer Menge von Begrifflichkeiten und der zwischen ihnen bestehenden Beziehungen in einem bestimmten Gegenstandsbereich. Auf diese Weise lassen sich inhaltliche Zusammenhänge bei unscharfen Formulierungen ableiten.

Ein analoges Vorgehen erfolgt im Falle einer schriftlichen Anfrage, z. B. per E-Mail, wobei hier Verfahren aus den Bereichen der Semantik und Linguistik eingesetzt werden, um eine höchstmögliche Genauigkeit zu erreichen. So werden bei der Analyse eingehender Anfragen im Customer-Service-Center moderne linguistische Verfahren genutzt, um vollautomatisiert prozessrelevante Informationen (z. B. Kundennummern, Vertragsnummern, Adressinformationen, verwendete Sprache etc.) zu identifizieren, zu extrahieren und für die Prozesssteuerung zu verwenden – auch im Abgleich mit Stammdaten führenden Bestandssystemen. Eine Übertragung auf Serviceprozesse des HR-Servicecenters erscheint möglich. So könnte über Rufnummer, verwendete Sprache, Name, Personalnummer sowie Grund des Anliegens eine genauere Klassifizierung der Anfrage erfolgen. Auf Basis der Klassifizierung wird der Agent durch einen frühzeitigen Abgleich mit notwendigen Informationen wie bspw. Mitarbeiterstammdaten, Bewerberdatenbanken oder Jobprofilen zum Zeitpunkt der Bearbeitung versorgt.

Auf Basis dieser Erkenntnisse kann nun eine Zuordnung an einzelne Bearbeiter bzw. Generalisten, Spezialisten oder Expertengruppen des HR-Servicecenters erfolgen, welche die für den Geschäftsvorfall notwendigen Kenntnisse besitzen. Auch dieses skillbasierte Routing ist letztendlich die Verknüpfung zu der anfangs beschriebenen Notwendigkeit eines über die Organisation gesteuerten Wissensmanagements. Durch das Prozesswissen gesteuert, werden nun den eingegangenen Anfragen Lösungen zugeordnet und voll- oder halbautomatisiert in den Beantwortungsprozess gegeben.

Sind die in der Lösungsdatenbank vorgehaltenen Antworten nicht zutreffend oder ausreichend, stehen dem Mitarbeiter intelligente Suchverfahren zur Verfügung, mit denen in angeschlossenen Wissensquellen Antworten gefunden werden können. Hierbei ist festzuhalten, dass zumindest im Bereich der Customer-Service-Center ein Trend zur Verknüpfung unterschiedlicher Wissensquellen vorliegt, so können z. B. auch Produktdatenbanken von Zulieferern bei der Suchanfrage des Mitarbeiters berücksichtigt werden. Die dort gefundenen Suchergebnisse können dann aufgrund ihrer semantischen Nähe zu organisationsinternem Wissen in Beziehung gesetzt werden.

Diese inhaltliche Nähe kann auch genutzt werden, um Verbindungen zwischen Anfragen zu identifizieren, was zum einen durch den Einsatz von Ontologien erreicht werden kann, zum anderen durch den Einsatz statistischer Verfahren der Sprachanalyse. So kann trotz unterschiedlicher Fehlerbeschreibungen im Laufe der Zeit ein intelligentes Wissensmanagementsystem entstehen, welches die strukturierten Wissensinhalte von Prozess- und Verfahrenshandbüchern, Jobbeschreibungen etc. mit unstrukturiertem Erfahrungswissen verbindet. Diese Erkenntnisse müssen im Rahmen der Wissensentwicklung wiederum Eingang finden in das zuvor genannte Self-Service-Portal.

Dieser Ansatz stellt neue Anforderungen an Unternehmen, da nur durch eine Öffnung des Unternehmens zu den richtigen Wissensquellen und deren geschickte Verbindung ein erfolgreiches Vorgehen für ein ganzheitliches Wissensmanagement gewährleistet werden kann. Damit verbunden ist eine deutlich höhere Transparenz beispielsweise im Hinblick auf die Dienstleistungsgüte. Dennoch liegt hier eine Chance für Unternehmen, zu einer völlig neuartigen Form der Mitarbeiterbindung zu gelangen und so den Nutzenverlust aufgrund der oben erwähnten Entfremdung der Mitarbeiter zu kompensieren.

Semantische und linguistische Technologien bieten aber auch Ansatzpunkte zur Lösung von der „situativen" Komponente des Wissensflusses. Im Customer-Service-Center können bereits Stimmungsanalysetechnologien eingesetzt werden, die anhand von Lautstärke, Atmung, Pausen sowie Wortwahl die Stimmung des Kunden analysieren und so dem Agenten einen besseren Anhaltspunkt der situativen Komponente trotz fehlendem Face-to-Face-Kontakt vermitteln. Analoge Möglichkeiten bieten sich für die semantische Analyse von geschriebenen Texten bspw. über Flüchtigkeitsfehler wie Buchstabendreher, Wortwahl etc. Die Tonalität dieser geschriebenen Texte kann erkannt werden und als Basis für eine weitere Bearbeitung dienen. Eine Übertragung dieser Verfahren auf das HR-SSC würde Potenziale bieten für Priorisierung der Anfragebearbeitung, Wahl des Kontaktmediums sowie das Nutzen von Individuallösungen im Vergleich zum Standardprozedere.

Kombiniert man diese individuelle Anfrageanalyse mit den Ergebnissen von Metaanalysen wie bspw. der Häufung von Anfragen aus bestimmten Abteilungen zu bestimmten Themen oder bestimmten Mitarbeitergruppen, so lässt sich die Sensibilisierung des Front Office für die spezifische derzeitige Situation verschiedener Unternehmensbereiche stärken und ggf. die Extrahierung von Expertenwissen zu den Themen, die zurzeit auf Resonanz stoßen, unterstützen.

Die auch im internen Unternehmenskontext immer stärker genutzten Social Media Tools (Enterprise 2.0) liefern weitere Ansatzpunkte zur Generierung situativen Wissens. Durch die einfache, schnelle und unkomplizierte Form der Kommunikation zwischen Mitarbeitern in Social Communities, firmeninternen Netzwerken oder Microblogging-Systemen wird eine größere Offenheit und Transparenz gefördert. Die Analyse dieser Kommunikation zur Generierung von zusätzlichem Expertenwissen erscheint nicht unbedingt zielführend. Dennoch lassen sich aus diesem „Geflimmer des virtuellen Flurfunks" mithilfe von semantischen Technologien Stimmungsbilder der Belegschaft ableiten und so im Beratungsprozess des häufig lokal vom informellen Informationsfluss abgeschnittenen SSC nutzen. In den Bereichen Marketing, Kommunikation und Service werden zunehmend die neuen Kommunikationskanäle nach kritischen oder positiven Anmerkungen über das Unternehmen oder Produkte automatisiert analysiert. Diese Stimmungsbilder können wiederum als Ausgangspunkt für Serviceprozesse genutzt werden.

Semantische Technologien kommen im Bereich des Wissensmanagements somit immer dann zum Tragen, wenn unstrukturierte Daten analysiert werden müssen, um auf Basis dieser Analyse Informationen zeitgerecht und zielgerichtet zuteilen zu können und diese so durch den konkreten Anwendungsbezug in Wissen zu transformieren. Die Hauptpotenziale der Technologie liegen im Bereich der Schaffung von Effizienz, jedoch helfen sie immer stärker, die damit einhergehenden Nachteile der Automatisierung so gut wie möglich abzuschwächen.

Praxisbeispiel 6: Das HR-Portal als Self-Services-Plattform bei RWE

Ralf Entrup

Der HR-Bereich des RWE-Konzerns hat im Sommer 2014 sein Organisationsmodell überarbeitet. Ziel der Restrukturierung war vorrangig, durch eine Bündelung der Aufgaben die konzernweite Komplexität der HR-Arbeit zu verringern. In diesem Zusammenhang wurden alle HR-Mitarbeiter in die neue Organisation bestehend aus Shared-Service-Center, Center of Expertise (CoE) und lokalen HR-Business-Partnern transferiert.

Aufgaben des SSC sind neben der Prozessharmonisierung und -automatisierung die optimale Gestaltung der Zugangskanäle für Mitarbeiter und Manager zum HR-Bereich und dessen Self-Services. Dieser technische Zugang der Kunden zu HR-Leistungen wird nachfolgend beschrieben.

HR-Portal – Der Projektauftrag

In der neuen HR-Organisation ist der Group Process Owner HR (GPO) verantwortlich für die optimale Ausgestaltung aller HR-Prozesse und der hierfür notwendigen Shared-Service-Organisation. In dieser Rolle beauftragte der GPO den Bereich HR-Technology und das Servicemanagement des SSC mit der Erarbeitung und Implementierung eines gruppenweiten HR-Portals als zentraler Eingangskanal im neuen HR-Modell. Ziel ist es, die vorhandenen lokalen HR-Intranetseiten mit deren Inhalten abzulösen und eine nutzerorientierte Oberfläche zu schaffen.

Das HR-Portal soll die zentrale Self-Services-Plattform im HR-Bereich darstellen. Es gibt dem Nutzer der HR-Services die Möglichkeit:

- Prozesse, Informationen und Transaktionen an einer zentralen Stelle zu finden,
- mit wenigen Klicks bzw. mittels Suchfunktion Inhalte schnell zu erreichen,
- einer einfachen und intuitiven Bedienung, die keine Schulung erfordert.

Designgrundsätze und Zielgruppen

Zu Beginn des Projektes wurden die Ziele und Anforderungen an das HR-Portal erarbeitet. Sehr früh wurden alle betroffenen HR-Funktionsbereiche von Servicecenter und CoE bis zu den Business Partnern in die Analysephase eingebunden. Ein wesentlicher Aspekt hierbei war, dass die Anforderungen stets aus Sicht der Anwender (z. B. Mitarbeiter und Manager) beschrieben wurden.

Mit diesem Projektteam wurden die nachfolgenden Designgrundsätze des HR-Portals erarbeitet:

- „One-Stop-Shop"
  Der Nutzer aus dem Business soll nur noch über das HR-Portal als zentralen digitalen Zugang mit dem HR-Bereich Kontakt aufnehmen. Die bis dahin verfügbaren lokalen HR-Seiten sollen mit Inbetriebnahme des Portals abgeschaltet werden.
- Intuitiver Benutzerzugang
  Der Inhalt wird logisch und intuitiv nutzbar für den Nutzer dargestellt.
- Intelligente Suchmaschine
  Die Suchmaschine soll den Nutzer gezielt zu den Inhalten führen.
- Einheitliches Design der Oberflächen
  Das HR-Portal ist in allen Unternehmensbereichen und auf allen Ebenen gleich aufgebaut.
- Ausprägung in den relevanten Landessprachen
  Das HR-Portal wird in den Sprachen der beteiligten Länder bereitgestellt.
- Personalisierung
  So weit wie möglich werden die Inhalte auf den jeweiligen Nutzer zugeschnitten. Sämtliche Inhalte und Self-Services werden nach den Zielgruppen (z. B. Nationalität, Rolle/Funktion, Konzerngesellschaft) gesteuert.
- „Single Sign-on"
  Der Nutzer benötigt möglichst keine weiteren Kennwörter zum Zugriff auf die Self-Services der angeschlossenen Backend-Systeme (z. B. SAP, Lumesse, SuccessFactors).
- Zwei-Klick-Strategie
  Viel genutzte Self-Services und die wesentlichen Inhalte sind möglichst mit zwei Klicks von der Homepage zu erreichen.
- Weiterentwicklung
  Das HR-Portal kann ohne großen Aufwand weitere Anwendungen integrieren (z. B. Knowledge Management, Ticketsystem).
- Wartung
  Das HR-Portal ist einfach und kostengünstig seitens der IT zu managen.

Im Rahmen der Zielgruppenanalyse wurden zunächst alle Nutzergruppen des HR-Bereichs erarbeitet. Diese wurden für das Projekt in Phasen priorisiert.

Zum Start wird das Portal die folgenden Rollen unterstützen:
- Mitarbeiter
  Mitarbeiter mit direktem Zugang zum Corporate Intranet, Zugriff auf das HR-Portal.
- Manager
  Disziplinarische Führungskräfte, die im SAP-Organisationsmanagement entsprechend gekennzeichnet sind.

Die Steuerung der Rollen erfolgt im HR-Portal über das konzernweite Active Directory System, welches über eine Schnittstelle mit dem SAP HCM-System verbunden ist.

In weiteren Phasen sollen die Zielgruppen Zeitadministratoren in den Konzerngesellschaften, Betriebsräte sowie HR-Business-Partner aufgenommen werden. Die Zielgruppe Inaktive (Rentner, ATZ passiv) wurden nicht berücksichtigt.

Mitarbeiter ohne Intranetzugang (z. B. gewerbliche Bereiche ohne Kioskzugang) sollen zukünftig über mobile Lösungen Zugang zu den Self-Services erhalten.

Die Navigationsstruktur des HR-Portals ist nach den Bedürfnissen des Anwenders und nicht nach der Organisation des HR-Bereiches gegliedert. In einem internationalen Content-Migration-Team wurden mit den Vertretern der lokalen Gesellschaften und dem Servicemanagement die Vorgaben für die Navigationsstruktur erarbeitet und konzernweit abgestimmt.

Implementierung

Zur Minimierung der Risiken für die Einführung eines solchen unternehmensweiten HR-Portals ist es unerlässlich, die Unterstützung des Managements zu erhalten. Hierbei ist neben den HR-Direktoren auch die Einbindung der Unternehmensbereiche und wesentlicher Stakeholder wie IT, Konzernkommunikation und Mitbestimmung erforderlich.

Damit die relevanten Entscheider frühzeitig im Prozess einen Eindruck davon bekommen konnten, was ein HR-Portal als Self-Services-Plattform leisten kann, wurde bereits in einer frühen Phase des Projektes ein Prototyp des HR-Portals erstellt, der die Funktionsweise des HR-Portals nachvollziehbar darstellen konnte. Er war gleichzeitig die Basis für die weitere IT-seitige Entwicklung. Besonders aufwendig waren die Phasen der Konzepterstellung sowie die Aufbereitung der Inhalte. Zunächst wurden in mehreren ganztägigen Workshops mit den Vertretern der internationalen Konzerngesellschaften und der Technik über ein Jahr von der Idee des HR-Portals bis zum Kommunikationsplan alle notwendigen Schritte erarbeitet.

Das Content-Migration-Team erstellte neben der unter „Designgrundsätze und Zielgruppen" beschriebenen Navigationsstruktur auch die Analyse der abzulösenden ca. 2.000 Intranetseiten und deren systematische Aufbereitung/Neuerstellung und Veröffentlichung entsprechend der neuen Struktur im HR-Portal.

Es waren keine großen Investitionen in Hard- und Software notwendig, da auf der bestehenden Intranettechnologie mit den dahinterliegenden Systemen (z. B. SAP HCM) zurückgegriffen werden konnte. Die technische Umsetzung der Fachanforderungen vom Prototyp bis zur Produktivumgebung dauerte ca. vier Monate. Die Steuerung der technischen Umsetzung erfolgte durch den Bereich HR-Technology des SSC. Hier wurden die Anforderungen, sowohl für die Einrichtung des HR-Portals im Corporate Intranet, als auch die Verbindungen zu den Backend-Systemen (z. B. SAP, Lumesse), koordiniert und mit der IT abgestimmt.

Der Aufbau des HR-Portals

Im Mittelpunkt des HR-Portals sollte neben den zuvor beschriebenen Designgrundsätzen eine interessante und abwechslungsreiche Gestaltung stehen. Wir wollen damit erreichen, dass der Mitarbeiter zuerst diesen Zugang aufsucht, bevor der HR-Bereich persönlich kontaktiert wird.

Abb. P. 7 stellt den Aufbau des HR-Portals dar. Folgende Sachverhalte wurden hierbei erarbeitet:

- Die Personalisierung des Nutzers erfolgt automatisch über das Active Directory System. Der Nutzer hat über den Button „Benutzerprofil" die Möglichkeit, weitere Personalisierungen vorzunehmen.
- Auf der Ebene 1 (Startseite) sind die Zugänge zu den persönlichen Favoriten und die am häufigsten genutzten Inhalte dargestellt. Die Topinhalte und die Self-Services werden über die Personalisierung im Benutzerprofil gesteuert.
- Über die Navigation kann der User auf die weiteren Fachthemen zugreifen. Die folgende zweite Ebene hat den gleichen Aufbau wie Ebene 1, damit der Anwender sich schnell orientieren kann. So erhält er bei Anwahl des Reiters „Dienstreise" direkt die Inhalte und Self-Services zum Thema Reisen; der Reiter „Karriere" gibt direkten Zugang zum konzerninternen Stellenmarkt.
- Zur Orientierung des Nutzers und um den jederzeitigen Rücksprung auf die Startseite zu ermöglichen, wurde die Navigation auf allen Ebenen fixiert.
- Mit der Funktion „HR-Neuigkeiten" kann der HR-Bereich den Mitarbeiter auf Aktuelles aus HR hinweisen. Hier werden Laufbilder mit Texten als „Hingucker" eingebunden, um das HR-Portal ständig interessant zu halten.
- Der Bereich „HR-Themen" enthält aktuelle Betriebsvereinbarungen, Hinweise zu personalwirtschaftlichen Themen oder Kurzfilme, z. B. zum Thema Arbeitssicherheit.
- Mit dem Symbol „HR-Aufträge" wird dem Nutzer angezeigt, ob und wie viele HR-Workflows er noch abzuarbeiten hat. Beispiele sind hier Genehmigungen aus den Manager-Self-Services.
- Unter „Meine Apps" stehen dem Nutzer sämtliche für ihn zugelassene HR-Self-Services zur Verfügung. Er hat selber die Möglichkeit, seine Favoriten für die Ebene 1 direkt zu bestimmen. Alle weiteren Self-Services sieht der Mitarbeiter beim Klick auf die gesamte Anwendungsübersicht. Ziel war es, dass der Nutzer bereits mit dem zweiten Klick die wesentlichen Transaktionen in den Systemen erhält.
- In der „Info-Box" werden dem Mitarbeiter Informationen und Anwendungen bereitgestellt. So erhält der Mitarbeiter z. B. die Information, dass der aktuelle Entgeltnachweis (Ansicht des aktuellen Monats im Text der Schaltfläche) verfügbar ist und direkt über die Schaltfläche abgerufen werden kann.
- Die Suchfunktion ermöglicht eine Komplettsuche im HR-Portal. Bei Eingabe erhält der Nutzer Vorschläge zu Themen. Hierbei kann sowohl in den Inhalten als auch in den Self-Services gesucht werden. Die Suchergebnisse können nach verschiedensten Kriterien weiter eingegrenzt werden.
- Am rechten Bildrand der jeweiligen Portalseite erhält der Mitarbeiter unter dem Button „Kontakt HR" die Möglichkeit, das zuständige Shared-Service-Center anzufragen. Hier

ist sowohl die zentrale Rufnummer einzusehen als auch die Möglichkeit, ein Ticket an das SSC zu richten. Der Nutzer kann hier ebenfalls direkt Feedback zum HR-Portal sowie zu Leistungen des SSC an das HR-Servicemanagement geben.

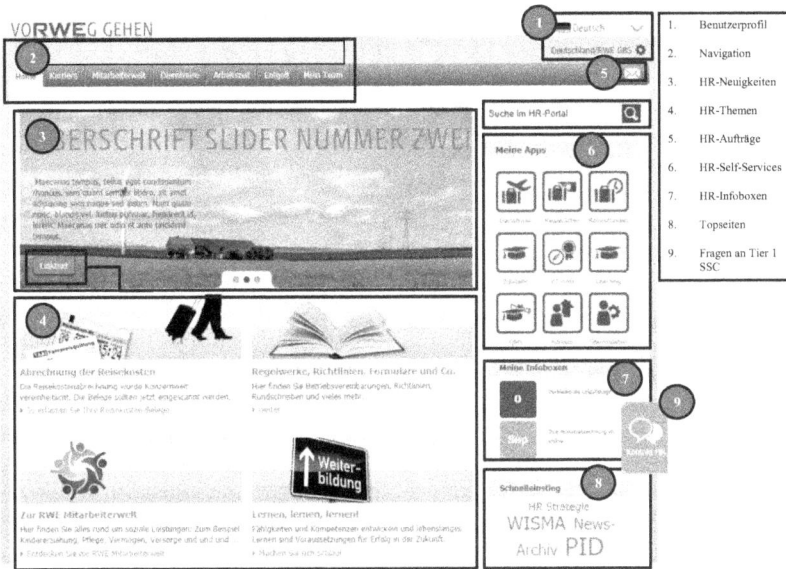

Abb. P. 7: Aufbau des HR-Portals (Quelle: Eigene Darstellung)

Ausblick

Für die Aktualisierung und Weiterentwicklung des HR-Portals wurden feste Zuständigkeiten und Redaktionsprozesse definiert.

Das HR-Servicemanagement ist die zentrale Funktion im Konzern, die Änderungen am Portal vornehmen kann. Mit der inhaltlichen Governance verantwortet sie Tier 0. Um die richtigen Entscheidungen treffen zu können, wurde ein HR-Wissensnetzwerk implementiert, in dem Vertreter aus den verschiedenen HR-Funktionen des Konzerns gemeinsam an den Inhalten für das Portal arbeiten. Dadurch soll sichergestellt werden, dass genau die Inhalte im HR-Portal vorhanden sind, die dem Nutzer möglichst viele Fragen beantworten oder Aktionen ausführen lassen. Zudem wird das Nutzerverhalten laufend analysiert. Dieses erfolgt durch die Erhebung und Auswertung von Webstatistiken, KPI-Reporting und Befragungen. Die Ergebnisse sind eine wichtige Basis für das HR-Servicemanagement, um entsprechende Optimierungsmaßnahmen einzuleiten.

Im nächsten Schritt sollen weitere Zielgruppen (Rollen), wie im Abschnitt „Designgrundsätze und Zielgruppen" beschrieben (z. B. Zeitadministratoren), für das HR-Portal erschlossen werden. Weiterhin werden neue personalwirtschaftliche Self-Services, z. B. mit integrierten elektronischen Formularen, mit den dahinter liegenden standardisierten und automatisierten Prozessabläufen in das HR-Portal eingebunden.

Praxisbeispiel 7: Aufbau einer europäischen HR-Servicestruktur bei TEVA

Andreas Mayer

Unternehmensentwicklung und Projekthintergrund

TEVA ist ein über 100 Jahre altes Pharmaunternehmen mit dem Schwerpunkt auf Generika, Spezialmedizin und frei verkäuflichen Medikamenten. Gegründet im Jahr 1901 in Israel, hat sich das Unternehmen insbesondere in den letzten Jahren stark internationalisiert. Im globalen Markt befindet sich TEVA unter den TOP 10 der Pharmaunternehmen. Mit der Übernahme der Ratiopharm-Gruppe im Jahr 2010 besitzt TEVA in Deutschland eine der bekanntesten Arzneimittelmarken. Hinter Novartis und Pfizer liegt TEVA auf Platz drei im deutschen Pharmamarkt und ist hier führend im Generikageschäft. Mehr als 40.000 Menschen sind rund um den Globus für TEVA in allen Funktionen eines modernen Industrieunternehmens tätig. 2013 hat TEVA in Europa ein Projekt gestartet, um eine regionale HR-Servicestruktur aufzubauen – der Projektname lautet dementsprechend „Regional HR-Service-Implementation". Die ersten erfolgreichen Schritte dieses Wegs sollen im nachfolgenden Beitrag aufgezeigt werden. Der Verfasser dieser Arbeit hat dabei seine Erfahrungen als Führungskraft in den HR-Services von Opel bzw. General Motors einbringen können. Einige Schritte weichen von den üblichen, stark zentralistischen SSC-Konzepten ab. Uns war es aber wichtig, einen eigenständigen, zu TEVA passenden Weg zu gehen.

TEVA ist in Europa in 32 Ländern aktiv und unser Regionsverständnis reicht damit über die Grenzen der Europäischen Union hinaus. In Europa beschäftigt das Unternehmen rund 20.000 Mitarbeiter, 3.800 davon in Deutschland mit dem Schwerpunkt in Ulm, der Firmenzentrale von Ratiopharm. Deutschland ist auch der größte Markt von TEVA in Europa; Kroatien und Ungarn sind weitere Schwerpunkte. In diesen Ländern wie auch in Tschechien und Polen gibt es TEVA-Produktionsstätten. In den mehr als 30 Ländern ist TEVA in über 50 legalen Einheiten aufgestellt, die an mehr als 50 Standorten aktiv sind. Es werden in der europäischen TEVA-Organisation über 25 Sprachen verwendet. Vor Beginn des HR-Serviceprojektes gab es fünf verschiedene HR-IT-Systeme; in zwei Ländern war SAP im Einsatz, jedoch verwendete die Mehrheit von 21 Ländern Oracle, und das auch noch in unterschiedlichen Versionen. Daneben gab es eine Vielzahl von Recruiting-Systemen und ebenso heterogene Prozesse mit einem sehr geringen Standardisierungsgrad. Eine moderne HR-Struktur entsprechend dem Drei-Säulen-Modell war ebenfalls nicht vorhanden. Die

Kosten der HR-Administration waren vergleichsweise hoch, obwohl bereits in einer Mehrzahl der Länder die Entgeltabrechnung an ADP fremdvergeben war. Eine interne Untersuchung zeigte, dass trotzdem noch etwa 60 % der HR-Kapazitäten in administrativen Tätigkeiten gebunden sind. Die HR-Arbeit von TEVA hatte also Verbesserungsbedarf auf allen Ebenen: der Organisation, der Prozesse und der HR-IT-Systeme.

Ziele des Projektes „Regional HR-Service-Implementation"

Die Personalleitung hat sich bei der Definition der Ziele des Reorganisationsprojektes nicht an externen Benchmarks orientiert, sondern vielmehr ein eigenes Zukunftsbild entworfen und in vier Ebenen beschrieben:

- *Eine schlanke Kostenstruktur:* TEVA benötigt, um im globalen Pharmamarkt bestehen zu können, wettbewerbsfähige Kosten der Querschnittsfunktionen. Darum sollen die Kosten der Administration im Verlauf des Projektes nachhaltig gesenkt werden.
- *Verbesserung der Qualität:* Zunächst soll die Datenqualität gesteigert werden, um bessere Möglichkeiten für Reporting und Steuerung zu bekommen. Es soll aber auch die Servicequalität für die Mitarbeiter verbessert werden, z. B. indem HR-Service auch für die Spät- oder Nachtschichtmitarbeiter oder für mobile Vertriebsmitarbeiter erreichbar ist. In weiterer Zukunft könnte als Fernziel eine Serviceverfügbarkeit rund um die Uhr an allen Tagen im Jahr über ein globales Servicecenter stehen.
- *Eine höhere Transparenz:* Etwa sollen Führungskräfte die Leistungen von HR besser nachvollziehen und jederzeit den Status eines Auftrags abfragen können.
- *Vergleichbarkeit von Services:* In allen Regionen sollen Mitarbeiter und Führungskräfte vergleichbare Serviceumfänge in vergleichbarer Qualität erhalten. Dazu sollen globale Servicestandards eingesetzt werden.

Das eingangs erwähnte Verhältnis von 60 % administrativen zu 40 % beratenden HR-Ressourcen soll zunächst mindestens umgekehrt werden.

Mittel zur Zielerreichung

Die Leitung des HR-Projektes hat zu Beginn eine Projektmission formuliert: „Establish a centralized HR services organization for Europe providing excellent HR services supported by globally standardized processes and the best in class HR system to enable our employees and managers to maximize business results with best human capital." Dies möchte TEVA erreichen mittels eines globalen HR-IT-Systems mit einer hohen Transparenz und Zugänglichkeit zu Daten; einer globalen Karrierearchitektur, um Jobs und Rollen bewertbar und vergleichbar zu machen; einem globalen Set von Regeln für alle HR-Prozesse vom Eintritt bis zum Austritt; robusten und konsistenten Kernprozessen mit klaren Rollen und Verantwortlichkeiten, gesteuert über SLAs; und nicht zuletzt klaren Bewertungsprozessen.

Für unser HR-Projekt ergeben sich daraus fünf operative Projektziele:

- Zunächst wurde beschlossen, HR-Servicecenter noch im Jahr 2015 an drei Standorten in Europa aufzubauen. Ausgewählt wurden Krakau, Zagreb und Madrid, die als Ergebnis einer Analyse die beste Verfügbarkeit der notwendigen Sprachkompetenzen und die niedrigsten Arbeitskosten aufwiesen. Außerdem ist TEVA an diesen Standorten bereits präsent und kann auf vorhandene legale und organisatorische Strukturen zugreifen.

• Bis zum Ende des ersten Quartals 2015 werden SLAs und Pflichtenhefte entwickelt und mit den lokalen, regionalen und globalen Stakeholdern vereinbart. Damit soll den Kunden wie der Unternehmensleitung signalisiert werden, was diese von der neuen HR-Servicestruktur an Leistungen erwarten können.

• In den Jahren 2015 und 2016 soll die Leistungserbringung aus den neuen Servicecentern tatsächlich erfolgen. Es soll in diesem Zuge auch überprüft werden, welche administrativen Aufgaben aus den CoEs herausgelöst werden können.

• Parallel sollen Programme für das Change Management in den lokalen HR-Organisationen sowie für die Kommunikation und das Training der beteiligten Funktionen entwickelt und umgesetzt werden, um einen reibungslosen Übergang von Mitarbeitern, Services und Technologien zu erreichen.

• Nicht zuletzt sollen die nationalen Besonderheiten soweit notwendig in den Prozessen abgebildet werden.

Ungewöhnlich ist bei diesem Modell sicherlich, dass TEVA die Neuorganisation mit drei Servicecenterstandorten angehen will. In der Diskussion mit Stakeholdern werden oft Einwände hinsichtlich Kosten oder Steuerungskomplexität erhoben. Wenn man sich die HR-Servicelandschaft ansieht, dann kann man feststellen, dass nur die ganz großen Unternehmen wie BASF oder Deutsche Bank ein (einziges) vollumfängliches HR-Servicecenter aus eigener Kraft aufbauen können. Die meisten der regionalen HR-Servicecenter werden mit einem starken Outsourcing-Partner betrieben, der häufig selbst auf mehrere Standorte zurückgreift. Zu nennen wäre hier etwa Unilever mit dem Outsourcing-Partner Accenture an den Standorten Prag und Bukarest.[13] TEVA ist sicherlich in der Pharmabranche bekannt, aber als Arbeitgeber nicht so stark, dass an einem Standort eine große Anzahl qualifizierter HR-Mitarbeiter in kurzer Zeit rekrutiert werden könnte. Wir haben uns also aus Rekrutierungsgründen entschlossen, an mehreren Standorten aktiv zu werden. Außerdem möchten wir so das Ausfallrisiko eines einzigen Standorts ausschließen.

Natürlich können die Projektziele nur auf der Grundlage einer umfassenden Konsolidierung der zersplitterten HR-IT-Landschaft erreicht werden. TEVA hat entschieden, SuccessFactors einzuführen, und zwar nicht nur die funktionalen Elemente etwa für Compensation, Learning oder Recruiting, sondern auch das Datenverwaltungsmodul „Employee Central". Auf der Grundlage von SuccessFactors werden auch alle HR-Prozesse überarbeitet. Zudem wird das Outsourcing der Entgeltabrechnungen zusammen mit dem Partner ADP weitergeführt.

Die Umsetzung in Servicestrukturen

Die HR-Servicecenter werden nach einem einheitlichen Grundmuster aufgebaut. Für Mitarbeiter und Führungskräfte wird es einen Tier-1-Zugangskanal geben mit einer einheitlichen Rufnummer, einer Mailadresse und einer einheitlichen postalischen Adresse. Daneben soll es für die HR-Mitarbeiter der Standorte einen direkten Zugriff auf Experten des Tier 2 geben.

---

13 Siehe hierzu den Beitrag Praxisbeispiel 1 von Hendrik Böhmer.

Es wäre kontraproduktiv, auch die eigene HR-Zielgruppe bei der Abwicklung konkreter Prozesse in die Tier-1-Ebene zu zwingen. Die individuellen Rufnummern der Tier-2-Mitarbeiter werden so nur für die HR-Mitarbeiter offengelegt, es bleibt jedoch bei der einheitlichen Mailadresse, um alle Interaktionen innerhalb des Case-Management-Systems aufzuzeichnen. Zuletzt soll es an den TEVA-Standorten noch „Employee Care Station" genannte Betreuungsstellen geben. Zum einen sollen nur etwa 70 % der HR-Prozesse in die HR-Service-Hubs verlagert werden, der Rest soll noch vor Ort erledigt werden. Damit soll bei spezifischen lokalen HR-Prozessen noch eine hohe Qualität gesichert werden und es soll nicht zu viel schwer zu steuernde und teure Komplexität in den Hubs aufgebaut werden. Die Mitarbeiter in der Employee Care Station sollen aber der Einflussnahme der lokalen HR-Manager entzogen werden und direkt an den Teamleiter im HR-Servicecenter berichten.

Mehrwert auf allen Ebenen

Die Zufriedenheit mit den HR-Leistungen soll auf mehreren Ebenen gesteigert werden. So gab es schon vor dem laufenden Projekt eine Messung der Zufriedenheit der Kunden mit der HR-Administration. Auf einer 5er-Skalierung haben zwischen 50 und 80 % der Mitarbeiter für verschiedene HR-Leistungen die Note 1 oder 2 vergeben. Was im oberen Bereich ein akzeptabler Wert wäre, ist im unteren Bewertungsbereich vielfach darauf zurückzuführen, dass die Kunden die HR-Leistungen nicht kannten oder nicht richtig zuordnen konnten. Hier zeigte sich ein dringender Handlungsbedarf. Den Führungskräften wiederum sollen Werkzeuge in die Hand gegeben werden, um den gesamten Beschäftigungszyklus eines Mitarbeiters steuern zu können. Diesem Zweck soll die Einführung verschiedener Manager-Self-Services-Szenarien im Rahmen der Etablierung von SuccessFactors dienen. Nicht zuletzt soll natürlich TEVA selbst durch verringerte Administrationskosten und eine Fokussierung der HR-Funktion auf die Bedürfnisse des Business profitieren.

Das Projektteam baut die HR-Servicecenter aus eigener Kraft; auf den Einsatz externer Berater wurde verzichtet. Dafür wird aber für jedes Land ein HR-Transition-Manager eingesetzt, dessen Ziel es ist, die Zielgröße von 70 % der HR-Prozesse zu identifizieren und in das Service-Hub zu überführen. Die Transition Manager sind als eine Art Interimsmanager zu verstehen, die vom externen Markt kommen, zumeist aber schon in einer Geschäftsbeziehung zu TEVA standen. Die dabei frei werdenden Personalressourcen sollen nach Möglichkeit im Unternehmen weiter vermittelt werden. Um die Personalstandsreduktion nachhalten zu können, wurde das Projektcontrolling im Projektteam angesiedelt. Im Laufe des Projektes wurde meine Rolle als Projektleiter bereits auf eine globale Rolle erweitert. Ein deutliches Zeichen, dass TEVA bei der Optimierung der Personaladministration nicht nur im regionalen, europäischen Rahmen handeln will, sondern bereits die globale HR-Funktion im Auge hat.

Seit dem Start des Projektes im Mai 2013 wurden eine HR-Servicestrategie und ein Betriebskonzept erarbeitet. Nachdem Mitte 2014 ein Business Case vorgelegt und die notwendigen Ressourcen ermittelt waren, konnte mit der Umsetzung begonnen werden. Im Februar 2015 konnte der erste HR-Service-Hub in Krakau in Betrieb genommen werden. An den anderen beiden Servicestandorten laufen der Know-how-Transfer sowie die Rekrutierung neuer Servicemitarbeiter, sodass ein erfolgreicher Abschluss des Projektes bis Ende 2016 realistisch erscheint.

10 Aspekte des HR-Shared-Service-Centers im internationalen Umfeld

Rainer Aries

10.1 Einleitung

Was ist so anders an Human Resources? Warum sind die Potenziale nicht höher? Weshalb geht es bei Finance, IT, Beschaffung – und bei HR gibt es immer wieder Probleme? Wenn es national geht, warum ist es international problematisch? Wieso dauert das immer so lange? Weshalb klappt es bei Firma A, bei uns aber nur schwerlich? Warum treten die Personaler nur kontinuierlich auf die Bremse, vor allem wenn es um eine grenzübergreifende Bündelung geht?

Dies ist nur ein Auszug von Fragen, die Vorstände, Geschäftsführer oder Eigentümer stellen, wenn sie aufgefordert sind, international die transaktionsnahen HR-Themen zu bündeln und an einen geeigneten Standort zu verlagern. Fragen, über die man trefflich und vor allem emotional diskutieren kann. Gibt es die Antwort dafür? Salomonische Antwort: Es kommt immer darauf an, was die Firmenleitung möchte.

Oft genug werden Entscheidungen zur Überraschung der Experten und entgegen aller vorliegenden Fakten getroffen. Daher ist sicherlich eine der vorrangigen Fragen: Welche Zielsetzung verbindet der Vorstand oder die Geschäftsführung mit der Errichtung eines HR-Shared-Services?

Der nachfolgende Beitrag soll einige Anregungen und Denkanstöße geben, die die Diskussion mit Auftraggebern, Entscheidungsträgern oder Kritikern erleichtern. Für die Konzeption und Implementierung eines internationalen SSC werden einige Empfehlungen und Hilfestellungen zur Umsetzung gegeben. Eine persönliche Einschätzung der bisherigen Erfahrungen ist dann hoffentlich eine Entscheidungshilfe, mit Nachdruck und Ausdauer für eine adäquate Lösung zu plädieren.

10.2   Grundsätzliches

Im Laufe der letzten Jahre haben sich mehrere Ansätze zum Aufbau bzw. der Bündelung von transaktionsnahen Prozessen herauskristallisiert, von denen sich drei durchgesetzt haben:

- Lift and Shift:
  die Bündelung an einem Standort ohne Veränderung der Prozesse und Infrastruktur

- Standardisierung:
  die vor einer Bündelung gelagerte Anpassung der HR-Services und -Systeme

- Outsourcing:
  Übernahme von HR-Dienstleistungen durch einen zentralen, internationalen Service Provider (Business Process Outsourcing, BPO)

Lift and Shift zeichnet sich vor allem durch eine kurze Projektlaufzeit und die Möglichkeit der schnellen Verlagerung und Bündelung an einem kostengünstigen Standort aus. Die Vorteile liegen einzig in dem schnellen Kostenvorteil. Die Erzielung von Skaleneffekten im SSC lässt sich kaum umsetzen, da die Abstimmung mit den einzelnen Ländern gesteuert durch den Dienstleister kaum durchführbar ist (fehlende Governance).

Standardisierung ist die nachhaltigste und auf lange Frist kostenwirksamste Methode, die den Aspekten eines Shared Service sicherlich am nächsten kommt. Die zu verlagernden HR-Services werden zunächst mit Blick auf international zu erzielende Skaleneffekte in einem Prozess-Redesign überarbeitet. Erst danach erfolgt der Transfer an einen zentralen Standort. Klarer Nachteil dieses Vorgehens: Der Aufbau und die Verlagerung sind eine langwierige Angelegenheit, die u. U. viele Jahre in Anspruch nehmen kann.

Wer sich für Outsourcing entscheidet, überlässt die Erzielung von Kosteneffekten einem Anbieter, der je nach Größe des Unternehmens die Integration in den bestehenden internationalen Standard oder die Übernahme der unveränderten Leistungen anbietet. Wobei sich aus Kostengesichtspunkten nur die Akzeptanz des Standards anbietet, der eine Bereinigung der Richtlinien und Vereinbarungen im Unternehmen voraussetzt.

Für welche Art man sich entscheidet, hängt im Wesentlichen vom Firmentyp ab. Diese lassen sich auf zwei Arten mit folgenden Kriterien zusammenfassen.

- Homogene, junge Unternehmen, deren Merkmale folgendermaßen beschrieben werden können:
  - gleichartige Mitarbeiterklientel (z. B. überwiegend Angestellte), kein oder einheitlicher Tarifvertrag
  - hohes Ausbildungsniveau, meist Englisch sprechend, Reduktion auf wenige Sprachen möglich
  - wenige bis keine Betriebsvereinbarungen, kein Betriebsrat oder aktive Gewerkschaften
  - Zugang zu elektronischen Medien (E-Mail, ESS/MSS, Workflow)

Bei diesem Firmentyp könnten sowohl strategische als auch ökonomische Gründe für den Aufbau eines internationalen Shared Service sprechen.

- Über viele Jahrzehnte gewachsene, alteingesessene, Unternehmen, die folgende Merkmale auszeichnen:
  - unterschiedliche Mitarbeitergruppen (z. B. Arbeiter und Angestellte), mehrere Tarifverträge
  - breites Ausbildungsniveau, Sprachenvielfalt
  - Fülle an Betriebsvereinbarungen, stark diversifiziert durch Mergers and Acquisitions, aktiver Betriebsrat oder Gewerkschaften
  - oft fehlender Zugang zu elektronischen Medien, wenig bis keine Akzeptanz von Kiosksystemen

  Für diese Art kommen fast ausschließlich strategische Gründe infrage. Der Kostenvorteil ist im Bereich Human Resources ein eher marginaler.

Auch wenn der Firmentyp bereits einen erheblichen Einfluss beim Aufbau von nationalen Shared Services hat, so potenziert sich dieser dramatisch auf internationaler Ebene. Dies hat vor allem Auswirkungen auf die Gestaltung der Organisation und Prozesse und damit der zu erzielenden Potenziale.

Wesentliches Kriterium auch beim Aufbau eines internationalen Shared Service ist vor allem die Größe der Firma und deren Landesgesellschaften. Nachdem immer ein lokaler Anteil bleibt, sollte der Verlagerungsanteil einen gewissen Wert nicht unterschreiten bzw. Prozesse nur als Ganzes verlagert werden (z. B. Reisekostenprüfung), da sich sonst der Projektaufwand und der Regelbetrieb nicht rechnen.

Es empfiehlt sich daher, vor allem im internationalen Umfeld, eine Vorstudie/Baselining zu beauftragen, um ein möglichst umfangreiches Bild vor einem Verlagerungsprojekt zu bekommen.

10.3   Vorstudie/Baselining

Jeder geplante Aufbau eines Shared Service erfordert prinzipiell eine starke Begleitung durch die Firmenleitung. Der Sponsor sollte daher aus der ersten Ebene (Vorstand, Geschäftsführer) und hoch akzeptiert sein sowie einen starken Einfluss auf eine Region (Europa, Asien, Südwesteuropa, Nordamerika etc.) haben. Denn was schon auf nationaler Ebene schwer durchsetzbar ist, wird länderübergreifend deutlich schwieriger, da das Abgeben an ein Nachbarland, oft kulturell und/oder historisch belastet, eine noch stärkere Hürde darstellt.

Es empfiehlt sich, dass der Auftrag für eine Vorstudie bereits an den potenziellen späteren Projektleiter erteilt wird. Der Projektleiter sollte wie bei allen grenzübergreifenden Projekten eine überzeugende Persönlichkeit sein, die vor allem ein hohes interkulturelles Verständnis zeigt. Erfahrungen in internationalen Projekten, besonders im Umfeld von Human Resources, sind hilfreich.

Wichtig in diesem Zusammenhang ist, bereits im Rahmen der Vorstudie die strategischen Überlegungen der Firmenleitung abzufragen. Neben den üblichen Fragen zum Aufbau eines Shared Service sollte man zusätzlich folgende Überlegungen diskutieren:

- Wird eine internationale Bündelung in jedem Fall angestrebt, unabhängig von Einsparungspotenzialen?
- Wie hoch ist die Bereitschaft, in Länderhoheiten und deren oft vorhandene Unabhängigkeit einzugreifen?
- Ist eine schnelle Erzielung von Einsparungen gewünscht, was eher für Lift and Shift spricht, oder geht es um eine bereinigte Überleitung, wobei die Standardisierung im Vordergrund steht?
- Sind auch grenzübergreifende Potenziale zu ermitteln wie z. B. ein Recruiting Center für eine Region?
- Sind vorhandene Infrastrukturen bzw. existierende Offshore-Standorte des Unternehmens zu nutzen oder ist eine Standortbewertung vorzunehmen?
- Verbleibt der Shared Service in jedem Fall im Hause oder sind Outsourcing-Überlegungen an einen internationalen Anbieter einzubeziehen?
- Ist eine andere Zuordnung von Ländern zulässig (z. B. sprachliche Bündelung)?
- Ist Near-Shoring eine Alternative (z. B. in strukturschwachen Regionen)?

Zielsetzung der Vorstudie ist es, einen Überblick über alle Leistungen zu bekommen, die der entsprechende Personalbereich erbringt. Auch wenn ein länderübergreifender Vergleich sehr schwer ist, so hat sich ein standardisierter, prozess- bzw. leistungsorientierter Fragebogen bewährt. Die Erhebung sollte nicht zu detailliert, aber auch nicht zu oberflächlich sein (min. 50, max. 100 über alle HR-Leistungen/-Prozesse). Neben den generellen Kriterien wie Anzahl betreuter Mitarbeiter, Kosten (inkl. Outsourcing), Standorte und Anzahl der Mitarbeiter des Personalbereichs (die Werkstudenten nicht vergessen!) sind auf Leistungsebene die Anzahl der Transaktionen, Anzahl der Vollzeitmitarbeiter etc. zu erheben.

Hilfreich ist auch, die Leistungen bereits bei der Erhebung in zwei Gruppen und zwar nach „im Land" oder „länderübergreifend zentralisierbar" einzuteilen. Das ist nebenbei ein erster Schritt, das Land an den Verlagerungsgedanken heranzuführen. Dazu sollte man den Inhalt der Leistungen hinterfragen:

- Ist er kritisch?
  Die Leistungserbringung wirkt sich direkt auf das Geschäft aus. Geschäftskritisches Wissen ist notwendig; häufige, oft persönliche Interaktion mit Führungskräften ist erforderlich.

- Ist er spezifisch?
  Physischer Kundenkontakt mit Führungskräften, anderen HR-Mitarbeitern, Behörden nach Vereinbarung sind mit einem zeitlichen Vorlauf möglich. Geschäfts-/landes-/standortspezifisches Wissen zur Leistungserbringung notwendig, Postversand des Personalschriftverkehrs erforderlich (z. B. wegen erforderlicher Unterschriften)?

- Ist er unbedenklich?
  Niemals ist physischer Kundenkontakt notwendig. Er ist hochgradig standardisierbar, Kontakt über Telefon, E-Mail ausreichend. Es erfolgt kein Postversand des Personalschriftverkehrs (z. B. Unterschriften mit gez.). Könnte man diese Leistung bei Zugriff auf die IT-Verfahren und das nötige Know-how auch von zu Hause erbringen?

Mit der Beantwortung dieser Fragestellungen erhält man schon ein erstes Bild über Optimierungs-, Bündelungs- und Verlagerungspotenziale.

Die Daten benötigt man logischerweise für die Kalkulation des Business Case, aber auch für die Diskussion mit den Entscheidungsträgern bei der Frage, was kann bzw. was kann nicht verlagert werden. Diese Diskussion muss verständlicherweise intensiv auch mit den heutigen Leistungserbringern geführt werden.

Bei der Kalkulation des Business Case sind neben den Projektkosten auch Nachlaufkosten zu berücksichtigen, die z. B. für die Steuerung des internationalen Shared Service erforderlich sind. Dies empfiehlt sich auch, wenn das Unternehmen sich aus strategischen Gesichtspunkten bereits für den Aufbau ausgesprochen hat. Diese Kosten können unter Umständen exorbitant steigen und sollten daher bereits sehr früh berücksichtigt werden.

Es ist ratsam, sich bereits beim Baselining ein Bild von den kommenden Herausforderungen wie

- lokalen gesetzlichen Regelungen,
- sprachlichen Hürden, Datenschutz,
- kulturellen Unterschieden,
- Komplexitäten der Leistungserbringung,
- Organisation des Shared Service etc.

zu machen. Ergebnisse sollten seriöserweise nur präsentiert werden, wenn die Besonderheiten beim Aufbau eines internationalen Shared Service bekannt und diese auch im Business Case einkalkuliert sind.

10.4 Herausforderungen

10.4.1 Standort

Shared Services werden vorrangig aus Kostengesichtspunkten ins Leben gerufen. Daher sollte der Standort auf alle Fälle in Summe Kostenvorteile zu den bisherigen Standorten aufweisen. Das Einkommensniveau in Niedriglohnländern bildet die Basis für deutliche Kostenoptimierungen. Die Erfahrung vieler Unternehmen lehrt jedoch, dass das Produktivitäts- und das Qualitätsniveau in vielen Ländern nicht mit den gewohnten Maßstäben zu messen ist. Die Kostenvorteile, die sich aufgrund des Lohnniveaus ergeben, sollten zumindest nicht gänzlich durch negative Faktoren aufgebraucht werden.

Des Weiteren sollte man berücksichtigen, dass die Nachfrage das Angebotsniveau bestimmt. Wenn bereits einige große Firmen an einem Standort Shared Services planen bzw. in Betrieb haben, werden die Gehälter an diesem Standort relativ schnell ansteigen. Dafür sorgen schon die Konkurrenz bei der Rekrutierung von Mitarbeitern und in der Regel ein nicht unerschöpflicher Arbeitsmarkt.

Erfahrungsgemäß sind eingearbeitete Mitarbeiter bei entsprechendem Angebot durchaus wechselwillig, was neben dem Know-how-Verlust auch die Einkommensspirale am Offshore-Standort nach oben treibt. Als Beispiel für diese Anmerkungen eignet sich Prag, da dort aufgrund der Vielzahl angesiedelter Unternehmen ein außerordentlich starker Wettbewerb um Mitarbeiterressourcen herrscht. Arbeitslosigkeit ist dort praktisch nicht vorhanden, entsprechend hoch sind inzwischen die Gehälter.

Empfehlungen:

- In Europa gibt es viele Länder, die eine gut ausgebaute Infrastruktur haben und dennoch ein niedriges Lohnniveau aufweisen (z. B. Portugal).
- Es empfiehlt sich, in das Umland oder in den Großraum von Städten zu gehen. In Berlin z. B. ist im neuen Teil der Stadt ein deutlicher Einkommensunterschied gegenüber Westberlin festzustellen.
- Gegenden mit schlechtem Image, in denen die Mitarbeiter froh sind, wenn sie wegkommen, sollten gemieden werden.
- Ordentliche Arbeitsmittel, ein heller Arbeitsplatz und internationale Atmosphäre schaffen zusätzliche Anreize.
- Bodenständige Bevölkerungsteile vermeiden in der Regel große Fluktuationsbewegungen.
- Nachdem die Einkommen ohnehin eher niedrig sind, steigert eine kostenlose Anfahrt mit öffentlichen Verkehrsmitteln die Attraktivität eines weiter entfernten Arbeitsplatzes.

Ein weiterer Aspekt zur Standortwahl ist in dem Aufwand für den infrastrukturellen Unterbau zu suchen. Dabei geht es um Fragen zur Logistik (z. B. Postwege) bis hin zu Fragen der internen und externen Kommunikation (z. B. Bandbreite des IT-Netzwerkes). Welches Niveau haben die Mietpreise? Sind die gewünschten Sprachen in der entsprechenden Vielfalt vorhanden? In vielen Teilen Osteuropas sind Sprachkenntnisse wie beispielsweise Türkisch fast nicht oder nicht im erforderlichen Umfang verfügbar. Deutsche Sprachkenntnisse findet man in diesen Ländern dagegen sehr häufig.

Personalprozesse, vor allem abrechnungsnahe Aktivitäten, verlangen ein ordentliches Know-how über verschiedenste sich ständig ändernde Rahmenbedingungen. Daher sollte auch das Bildungsniveau an den infrage kommenden Standorten berücksichtigt werden.

- Welche Schulen und Ausbildungsstätten sind vor Ort bzw. in annehmbarer Nähe vorhanden?
- Wie berücksichtigt der kulturelle Aspekt des Landes Lern- und Weiterbildungsbereitschaft?
- Ist ausreichende Kompetenz im Umgang mit IT-Systemen vorhanden?

Empfehlungen:

- Postlaufzeiten spielen trotz verstärkter Nutzung elektronischer Medien eine wichtige Rolle und sollten daher im Vorfeld geklärt werden. Ideal wäre es, wenn mehrere Logistikunternehmen in der Nähe des infrage kommenden Standortes angesiedelt sind.
- Da man mit Scanning, E-Mail und Zugang zu HR-Applikationen einen leistungsstarken IT-Zugang benötigt, reicht eine bloße Erkundung über die Bandbreite der IT-Anbindungen nicht aus. Bewährt haben sich in der Praxis dabei entsprechende IT-Tests, die auch die Leitungen im anzumietenden Gebäude umfassen.
- In vielen strukturschwachen Regionen sind trotzdem ordentliche Ausbildungsstätten (Fachschulen, Hochschulen) zu finden, was in Bezug auf die Mitarbeiterressourcen positive Auswirkungen hat, da die Menschen dort oft kulturell verwurzelt sind und entsprechende Arbeitsangebote gerne wahrnehmen.
- Sollte auch ein internationales Front Office (z. B. zentrale Telefonie) geplant sein, gilt es, in der Hauptsache auf ausreichende Ressourcen mit ordentlichen Sprachkenntnissen zu achten. Ordentliche Sprachkenntnisse sind die entscheidenden Kriterien für die Akzeptanz eines international agierenden Shared Service.

Vor allem Personaldaten unterliegen einem besonderen sowie in den auszulagernden Ländern oft unterschiedlich anzuwendenden Datenschutz. Ist dieser erforderliche Schutz im ausgewählten Land tatsächlich garantiert? Erlaubt der Datenschutz der abgebenden Länder eine Verlagerung? Wie stark ist die Mitbestimmung von Betriebsrat, Datenschützern, dem Gesetzgeber? Eine Verlagerung innerhalb der Europäischen Union ist beispielsweise eher unproblematisch, eine Verlagerung außerhalb der europäischen Grenzen kann zu erheblichen Problemen führen und hat in Einzelfällen schon die Aufgabe eines Offshore-Standorts zur Folge gehabt.

Empfehlungen:

- Länder, von denen bekannt ist, dass Datenschutz keine oder wenig Priorität hat, sollten grundsätzlich gemieden werden.
- In jedem Fall ist im Vorfeld die Zustimmung der jeweiligen Landesdatenschützer bzw. zuständiger Mitbestimmungsgremien einzuholen.
- Man sollte immer sowohl die lokale Datenschutzerklärung des Offshore-Standortes als auch die des Herkunftslandes von den Mitarbeitern unterzeichnen lassen. Es hat sich bisher bewährt, lieber eine mehr als eine zu wenig unterzeichnen zu lassen.
- Es ist unbedingt darauf zu achten, dass das infrage kommende Land die entsprechenden technischen Voraussetzungen für den Datenschutz zulässt (z. B. verschlüsselte Speicherung bzw. Übertragung von Daten).

10.4.2   Prozesse und Organisation

Die Verlagerung von Prozessen bzw. Leistungen – z. B. die Datenerfassung von abrechnungsrelevanten Vorgängen in Offshore-Standorten – hat meist den Nachteil, dass zusätzliche Schnittstellen entstehen.

Entscheidet man sich für den Aufbau eines zentralen Eingangs für alle Services (Telefonie, E-Mail etc.) kommt zusätzlich Komplexität ins Spiel. Beim Aufbau eines Expert Centers (nächster Abschnitt) ist ein in die Tiefe gehendes Know-how erforderlich, was eine zusätzliche Herausforderung im Rahmen des Wissenstransfers darstellt.

Empfehlungen:

- Prozesse und Leistungen sollten möglichst komplett, ansonsten mit wenigen Schnittstellen verlagert werden. Hilfreich ist auch die Bündelung von Spezialthemen, Services, die selten vorkommen und hohes Know-how erfordern.
- Schnittstellen aufgrund interner unternehmensspezifischer Richtlinien wie z. B. Unterschriftenregelungen sollten vermieden bzw. vereinfacht werden (Vermeidung von unnötigem Dokumentenversand).
- Je mehr Expertenwissen am Offshore-Standort aufgebaut wird, desto höher ist die Verlagerungsmöglichkeit bzw. der nachhaltige Erfolg derselben.
- Prozesse und Leistungen sollten sehr verständlich und ausführlich dokumentiert werden. Für den Know-how-Transfer haben sich in der Praxis ausführliche Beschreibungen der Prozesse in sogenannten Handlungsanweisungen bewährt.
- Eine Wissensdatenbank ist zumindest zu Beginn eine wertvolle Anschaffung und erleichtert den schnellen Übergang.
- Mit einem Outsourcing-Provider ist unbedingt zu klären, ob die Prozesse so, wie sie sind, übernommen werden können, ob sie ggf. anzupassen sind oder ob vom Provider nur ein Standard angeboten wird, den man bedienen muss.
- Ein Redesign der Prozesse ist immer der bessere Weg und dem Lift-and-Shift-Ansatz vorzuziehen.
- Firmentöchter sollten nur berücksichtigt werden, wenn sie bereits auf der Prozessseite integriert sind.

Eines der Kernthemen ist sicherlich die Organisation. Der Klassiker, nur einfache Tätigkeiten auszulagern, wird nun zusehends durch die Bündelung ganzer Services am Offshore-Standort abgelöst. Dies gilt inzwischen auch für den Aufbau eines mit Experten besetzten Front Office (Anfragen werden durch Experten beantwortet) anstatt eines Call Centers (Entgegennehmen und Verteilen der Anfragen auf Experten).

Dennoch verbleiben immer noch Teile lokal im jeweiligen Land. Dies hängt im Wesentlichen mit landesspezifischen Regelungen zusammen, die gesetzliche, aber auch firmenspezifische Rahmenbedingungen haben können.

Zu Beginn empfiehlt es sich, mit der Verlagerung einfacher Services ein kleines, landesorientiertes Team aufzubauen, das zumindest in der ersten Zeit vom jeweiligen Land aus gesteuert wird. Diese Vorgehensweise gilt auch bei der Übergabe an den Outsourcing-Dienstleister.

Mit zunehmender Kompetenz der Mitarbeiter am Offshore-Standort und dem Abbau lokaler Ressourcen sollte dies umgekehrt werden. Der Outsourcing-Dienstleister sollte dann nur noch über SLAs gesteuert werden.

Empfehlungen:

- Auf eine kritische Mindestanzahl der Mitarbeiter am Offshore-Standort ist zu achten.
- Es empfiehlt sich zunächst ein integrativer Weg – das Land steuert das Offshore-Team als Teil seiner Organisation.
- Eine Implementierung von Service Levels sollte langsam, aber stetig erfolgen. Für alle verlagerten Leistungen sollten Kennzahlen und Messgrößen festgelegt werden.
- Bei einer Steuerung aus der Unternehmenszentrale sollte man auf einen sehr zurückhaltenden Aufbau der Ressourcen achten.
- Eine Verlagerung des zentralen Eingangs (Telefonie, Post) an den Offshore-Standort sollte erst umgesetzt werden, wenn genügend Experten vor Ort sind (Akzeptanz der Kunden!).
- Lokale Anforderungen verlangen häufig eine örtliche Präsenz (z. B. Sozialversicherungsträger und Finanzämter oder Behörden, die bei Einstellungen und Versetzungen mitbestimmen), entsprechende lokale Ressourcen sind beizubehalten bzw. aufzubauen.

10.4.3   IT

Die IT-Ausstattung ist im starken Maße abhängig von der im Vorfeld zu treffenden strategischen Entscheidung, ob der Aufbau der zu transferierenden Services und Prozesse nach dem Lift-and-Shift- oder dem Standardisierungsansatz erfolgen wird. Bezüglich eines Outsourcing-Ansatzes gelten die gleichen Rahmenbedingungen, die auch bei nationalen Projekten zum Tragen kommen.

Bei Lift and Shift ist die größte Herausforderung nicht die IT an sich, sondern dass im Rahmen der Verlagerung mit mehreren Applikationen gearbeitet werden muss. Nachdem die Prozesse inklusive der Software unverändert verlagert werden, geht es nur darum, die entsprechenden Berechtigungen aufzubauen und die Netzwerkverbindungen nach dem im Unternehmen gültigen Sicherheitsstandard sicherzustellen. Der Rest ist Training der Mitarbeiter an der Applikation.

Für die Auswahl eines Human-Resources-Customer-Relationship-Management-Systems (HR-CRM) beim Lift-and-Shift-Ansatz ist vor allem ein simples Andocken an die Schnittstellen der jeweiligen Applikationen ein entscheidendes Kriterium. Auch wenn alle gängigen HR-CRM-Systeme heute über Standardschnittstellen verfügen, so findet man noch viele Länder mit Eigenentwicklungen oder landesspezifischen Datenverwaltungs- und Abrechnungssystemen, deren Anbindung schon aufgrund der Vielzahl der Datenmodelle eine Herausforderung darstellt.

Schwieriger und vor allem langwieriger ist der Weg der Konsolidierung vor allem der Datenverwaltungssysteme. Das Heben auf eine einheitliche Applikation hat vor allem Vorteile bei einer späteren Automatisierung bzw. Einführung von Workflows im Unternehmen. Dabei ist ein einheitliches Daten- und Organisationsmodell Grundvoraussetzung. Dass sich ein internationales SSC leichter tut, Synergieeffekte zu heben, oder dass sich die Ausbildung der Mitarbeiter einfacher gestalten lässt, ist ein positiver Nebeneffekt, der aber nicht im Vordergrund stehen sollte.

Die IT-Investition in ein solches Infrastrukturprojekt ist für ein Shared-Service-Vorhaben allein zunächst viel zu mächtig. Vordergründig sollten strategische HR-Unternehmensprojekte sein, um die Investitionskosten wenigstens zu teilen.

Was das HR-CRM-System bei Standardisierung angeht, so gelten analog die Rahmenbedingungen wie bei nationalen Shared Services. Einzig die Sprache ist zu berücksichtigen, was aber bei allen gängigen Applikationen sowieso der Fall ist.

Scanning und elektronisches Archiv sind natürlich auch in der überwiegenden Zahl internationaler SSC heute nicht mehr wegzudenken. Die Integration in alle gebräuchlichen HR-CRM-Systeme ist ebenfalls heute Standard.

Generell ist sowieso zu empfehlen, möglichst keine originalen Dokumente zu versenden, sondern immer den Weg über E-Mail oder Server zu gehen.

Empfehlungen:

- Schnelle Einsparungen sind nur ohne hohe Investitionskosten in die Infrastruktur zu erzielen. Der Lift-and-Shift-Ansatz ist aus dieser Sicht, zumindest kurzfristig, der bessere Weg.
- Nachhaltigkeit erzielt man nur über den Weg der Konsolidierung und Vereinheitlichung von Systemen. Man sollte diesen Weg nur gehen, wenn auch das Unternehmen dieses Investment nicht oder nur teilweise in die ROI-Betrachtung einbezieht bzw. der Ersatz des HR-Verfahrens sowieso ansteht.
- Das HR-CRM-System ist international noch wichtiger als alle anderen Applikationen, die im Shared Service eingesetzt werden. Daher ist auf gute Referenzen anderer Unternehmen zu achten. Man sollte auf keinen Fall eine Software auswählen, die erst kurz am Markt ist, da die Aufgabenstellung international doch noch herausfordernder ist.
- Unterschriften, die „gezeichnet" oder elektronisch (z. B. PKI) erfolgen, unterstützen in einem erheblichen Ausmaß zu erzielende Einsparungen sowie den schnellen Aufbau entsprechender Infrastruktur.
- Reorganisationen sowie Automatisierung, Workflow, ESS/MSS sind häufig einer Verlagerung aus Qualitäts- und Kostengesichtspunkten vorzuziehen. Die dafür erforderliche Infrastruktur ist inzwischen erschwinglich und wird oft im Rahmen von HR-CRM-Systemen oder eines elektronischen Archivs bereits mitgeliefert.

10.5 Internationales Projekt

Auch wenn sich die internationalen Projekte hinsichtlich ihrer Komplexität unterscheiden, anspruchsvoll sind sie allemal, vor allem wegen ihrer vielschichtigen kulturellen Herausforderungen. Bei nationalen Projekten ist der Personalabbau in Verbindung mit dem Know-how-Übertrag die Herausforderung schlechthin. Für die Verlagerung in ein anderes Land können die bisherigen Mitarbeiter kaum Verständnis aufbringen. Das Erfolgsrezept liegt in einer Mischung struktureller Methoden und einem ausgewogenen, ehrlichen Change Management. Dabei spielen die Führungskräfte aller Beteiligten eine herausragende Schlüsselrolle und verdienen neben der intensiven Betreuung der betroffenen Mitarbeiter besonderes Augenmerk hinsichtlich ihrer Fürsorgepflicht.

Die Methodik sollte deutlich im Vorfeld des Rollouts entwickelt werden. Es hat sich bewährt, sich im Rahmen der Vorstudie bereits Gedanken über einen möglichen Rollout-Plan zu machen. Entscheidendes Kriterium ist hierbei, dass ein Land die Notwendigkeit zur Verlagerung selbst erkannt hat oder von Beginn an die Neuorientierung mitgestalten möchte, also willig ist, mitzumachen. Alle anderen Kriterien wie Komplexität, Infrastruktur, vorhandene Standards, Größe des Landes oder Größe der Organisation sind zwar wichtig, aber nicht entscheidend.

Die zu schaffenden Gremien, mit denen das Vorgehen abzustimmen ist, sollten aus einer gesunden Mischung aus kompetenten Führungspersönlichkeiten und erfahrenen Fachleuten bestehen. Dies ist der erste und wichtige Schritt, um frühzeitig mit wesentlichen Stakeholdern ausgesuchter Länder in Kontakt zu kommen.

Die nachfolgenden Empfehlungen sollen anregend wirken, wobei diese speziell internationale Aspekte enthalten, die je nach Situation berücksichtigt werden können. Dabei soll nun auf die wesentlichen Elemente eines Projektes dieser Kategorie eingegangen werden. Teile können jederzeit weggelassen werden, wenn sie für den jeweiligen Ansatz (Lift and Shift, Standardisierung, Outsourcing) nicht erforderlich sind.

10.5.1 Vorbereitung

Die Projektvorbereitung sollte schrittweise erfolgen. Zunächst sind das lokale HR-Management sowie weitere örtliche Entscheidungsträger in die Abstimmung der Projektplanung und den Aufbau der Projektorganisation zu integrieren. Zu diesem Zeitpunkt sollten bereits intensive Change-Management-Aktivitäten eingeplant werden.

Sobald Einigkeit über den Projektverlauf und potenzielle Einsparungen – sprich mögliche Anzahl der zu reduzierenden Mitarbeiter – besteht, empfiehlt es sich, das lokale Management, mitbestimmende Gremien – soweit vorhanden (Betriebsrat, Gewerkschaften etc.) – und vor allem die Mitarbeiter der HR-Organisation über das Projekt zu informieren.

Um späteren Ärger und Widerstände zu vermeiden, sollte man bei der Erstinformation die Grundregel beachten, so ehrlich und ausführlich wie möglich zu sein. Die betroffenen Mitarbeiter merken relativ schnell, um was es geht. Wenn „Berater" oder fremde Personen aus der

Zentrale vor Ort sind, läuten bei den Mitarbeitern alle Alarmglocken. Die Unterstützung durch die betroffenen Mitarbeiter, insbesondere für den Know-how-Transfer und das Aufrechterhalten des Betriebes in der Übergangsphase, ist ein kritischer Erfolgsfaktor. Das lokale Management und mitbestimmende Gremien sind beim Transfer sowie bei Fachdiskussionen im Rahmen der Projektarbeit von großer Wichtigkeit, vor allem wenn Projektleitung und/oder Projektmitarbeiter nicht aus dem eigenen Land kommen. Es empfiehlt sich, im Rahmen der Projektorganisation Schlüsselressourcen eine feste Position oder Aufgabe im Projekt zu übertragen.

Im zweiten Schritt findet dann der offizielle Kickoff unter Einbindung der Projektmitarbeiter statt. Der Schlüssel zum Erfolg ist dabei, sich ausreichend Zeit zu nehmen, um die Projektmitarbeiter auf ihre herausfordernde Aufgabe vorzubereiten. Die Investition von einem, besser zwei Tagen zahlt sich im weiteren Projektverlauf aus. Alle Projektmitarbeiter, vor allem die lokalen Mitarbeiter, müssen mit erheblichen Widerständen zurechtkommen. Ein möglicher Weg, die Projektmitarbeiter für die herausfordernde Aufgabe zu stärken, ist, im Rahmen des Kickoffs ein gemeinsames Zielbild zu schaffen und die Chancen, die so ein internationales Projekt hat, herauszuarbeiten. Meist lassen sich trotz des negativen Beigeschmacks positive Aspekte finden. Es gibt Befürworter, die die raue Methode („Das wird einfach umgesetzt, basta!") für treffender halten. Dem ist entgegenzusetzen, dass gerade in der Phase der Überleitung viel Know-how verloren gehen kann, erst recht wenn sich Schlüsselressourcen doch dazu entscheiden, vorzeitig eine neue Aufgabe, außerhalb von HR, zu übernehmen.

Die Zeitspanne für die gesamte Vorbereitungsphase ist unabhängig vom Shared-Service-Ansatz. Sie nimmt etwa zwei bis drei Monate in Anspruch.

10.5.2   Überblick und Design

Nachdem das Projekt offiziell gestartet ist, sollte recht schnell mit der Planung und Umsetzung von Kommunikationsmaßnahmen begonnen werden. Zu diesem Zeitpunkt kann man bereits mit dem Aufbau der Offshore-Mitarbeiter beginnen, denn diese Aufgabe gestaltet sich meist schwieriger und zeitintensiver als angenommen.

Ein behutsames Rekrutieren ist dabei ratsam und ergibt sich ggf. auch aufgrund der örtlichen Arbeitsmarktsituation, denn oft stellt sich beim Design der Prozesse heraus, dass sich bestimmte Teile doch nicht so verlagern lassen wie angenommen (z. B. mehrere Prozessbrüche, da zwischendurch komplexe Gehaltsberechnungen erforderlich sind). Auch die Planungen für den Aufbau der lokalen Infrastruktur (Räume, Zugänge, PCs etc.) sollten zu diesem Zeitpunkt gestartet werden.

Die Prozessaufnahme und das Redesign erfolgen dann nach den bereits beschriebenen Methoden. Diese Phase sollte umfangreich dokumentiert werden. Für den Know-how-Transfer sind diese Unterlagen von großer Bedeutung, auch wenn man mittlerweile von umfangreichen Wissensdatenbanken absieht. Oft wird nämlich unterschätzt, dass die ausländischen Kollegen sehr wohl die geforderte Landessprache beherrschen, jedoch der Fachjargon eine enorme Herausforderung darstellt. Die Dokumentation der Prozesse ist ausgesprochen hilfreich, um den Transfer in relativ kurzer Zeit erfolgreich bewerkstelligen zu können.

Ein wichtiger Faktor in dieser Phase ist es auch, die nötige Infrastruktur zu schaffen. Bei vorhandenen Systemen müssen Berechtigungskonzepte überarbeitet und grenzübergreifende Zugriffe gewährleistet werden. Dabei sind vor allem die Themen der Mitbestimmung und des Datenschutzes zu berücksichtigen. In manchen Ländern kann eine fehlende Betriebsvereinbarung oder ein nicht eingebundener Datenschützer den sofortigen Stopp des Projektes nach sich ziehen.

Sobald der Rahmen für einen ordentlichen Wissenstransfer geschaffen ist, kann mit der Einbindung der Offshore-Mitarbeiter begonnen werden. Vor allem um den menschlichen Faktor zu berücksichtigen, ist auch hier eine Kickoff-Veranstaltung mit abgebenden lokalen Schlüsselpersonen und den aufnehmenden ausländischen Kollegen eine hilfreiche Methode, Direktkontakte möglichst unbürokratisch zu ermöglichen und Barrieren abzubauen. Beiden Einheiten geht es in dieser Situation nicht besonders gut. Die lokalen Mitarbeiter sind selbstverständlich nicht gerade begeistert, Arbeit abzugeben, und die Offshore-Kollegen wissen das natürlich. Ein wichtiger Aspekt ist hierbei auch die interkulturelle Schulung der Offshore-Mitarbeiter im Vorfeld. Dabei sind auch die Unternehmenskultur und eventuelle lokale Ausprägungen der Leistungsempfänger zu berücksichtigen.

Zu guter Letzt ist in dieser Phase noch wichtig, einen dezidierten Plan aufzusetzen, zu welchem Zeitpunkt welches Wissen übergeben wird. Abhängig von dieser Planung sind Trainingsunterlagen zu erstellen. Als Basis dienen dabei immer die Unterlagen aus dem Prozessdesign, die gleichzeitig für die Wissensdatenbank verwendet werden können.

Eine kontinuierliche Kommunikation mit Betroffenen, Führungskräften und mitbestimmenden Gremien sollte auch in diesem Abschnitt des Projektes selbstverständlich sein. Dabei gilt die Aufmerksamkeit vor allem den Mitarbeitern, die ihren Arbeitsplatz verlieren.

Die Dauer dieser Projektphase ist stark abhängig vom Verlagerungsansatz und vom Umfang. Bei Lift and Shift ist in drei bis vier Monaten extrem viel zu schaffen. Bei einer vorweg vorzunehmenden Standardisierung oder bei Outsourcing-Projekten verlängert sich dieser Zeitraum in Abhängigkeit des Umfangs und dauert erfahrungsgemäß zwischen sechs und neun Monaten, unter Umständen auch mehrere Jahre.

10.5.3 Wissenstransfer und Übergabe

Grundsätzlich kann auch diese Phase zweigeteilt werden, und zwar in den Teil, in dem die Offshore-Mitarbeiter im abgebenden Land ihr Wissen vor Ort aufbauen, und den Teil, in dem sie dann an ihrem Heimatstandort mit dem Gelernten üben. Die Sprachkenntnisse und die kulturellen Unterschiede sind in einem internationalen Projekt als Besonderheit zu berücksichtigen. Ansonsten ist der Ablauf des Wissensübertrages analog einem nationalen HR-Shared-Service-Projekt durchzuführen.

Der erste Aufenthalt der ausländischen Kollegen am abzugebenden Standort sollte gründlich vorbereitet sowie zielorientiert und respektvoll begleitet werden. Dieser Vorgang ist emotional nicht so einfach und beinhaltet unter Umständen viel Zündstoff. Letztendlich geht es darum, die Arbeits- und Servicequalität für das Unternehmen während und nach der Transferphase aufrechtzuerhalten. Sehr hilfreich können dabei das Vorstellen aller betroffenen

Mitarbeiter, gemeinsame Arbeitsplätze in unmittelbarer Nähe, Offenheit in der Kommunikation, gemeinsame Foren, ein Mentor etc. sein. Im Prinzip sollten alle Maßnahmen eingesetzt werden, die helfen, die Hürden in der Zusammenarbeit zu überwinden.

Wenn nun die Schulungen beginnen, gilt es zu bedenken, dass Dinge, die für einen lokalen Sachbearbeiter selbstverständlich sind, keineswegs für einen ausländischen Kollegen normal sind. In Deutschland werden beispielsweise Mehrarbeitszuschläge unter bestimmten Voraussetzungen auch bei Krankheit oder Urlaub bezahlt. Von einem Kollegen aus der Slowakei erntet man zunächst völliges Unverständnis, wenn man ihm erklärt, dass man mehr Geld bekommt, wenn man nicht arbeitet.

Zu unterschätzen ist auch nicht das sprachliche Problem. Man sollte nie davon ausgehen, dass die Kollegen aus dem Ausland wirklich alles verstanden haben. Lokale Dialekte und Expertenjargon machen es nicht gerade einfach. Daher ist immer ein Qualitätscheck erforderlich. Man sollte nicht nur Dinge vortragen oder am Beispiel zeigen, sondern den ausländischen Kollegen Gelegenheit geben, etwas selbst zu machen. Dabei könnten sie z. B. die Pflege der Wissensdatenbank oder die Anpassung der Dokumentation nach Einarbeitung und Qualitätscheck eigenständig vornehmen. Triviale Dinge, die beim Aufbau eines nationalen Shared Service eine untergeordnete Rolle spielen, können international erhebliche Bedeutungen bekommen.

Um nun das Erlernte am Offshore-Standort ausführen zu können, ist dies der späteste Zeitpunkt, die Systemzugänge und nötige Infrastruktur bereitzustellen bzw. final zu überprüfen. Es hat sich auch bewährt, die Übungen, die lokal erfolgt sind, nochmals am Offshore-Standort durchzuführen. Dabei ist die Anwesenheit eines erfahrenen Kollegen des abgebenden Landes äußerst hilfreich.

Vor dem Go-Live empfiehlt es sich, einen End-to-End-Test durchzuführen. Gemeint ist damit, komplette Prozessketten durchzutesten, und zwar vom Posteingang über das Erzeugen eines Tickets, die Bearbeitung am System, die Weiterleitung zwischen den Standorten, das Briefeschreiben, den Workflow bis hin zum Versand an Führungskräfte und Mitarbeiter sowie die Archivierung. Gerade bei Vorgängen mit Schnittstellen und Wechsel der Infrastruktur und Landesgrenzen schleichen sich häufig unvorhersehbare Fehler ein.

Die Verlagerung an ortsfremde Standorte sowie der Aufbau von international agierenden Shared Services sind nicht nur bei den Betroffenen umstritten. Häufig sind diese Vorgänge in vielen Unternehmensteilen auch durch Erfahrung oder Mund-zu-Mund-Propaganda negativ besetzt. Ein anforderungsgerechter Test ist daher eine einmalige Chance, nicht gleich zu Beginn unangenehme Überraschungen zu erleben. Eine intensive Kommunikation mit den Leistungsempfängern, sprich den zu betreuenden Führungskräften und Mitarbeitern des Unternehmens, ist ein weiterer Erfolgsfaktor. Die Kommunikation gewinnt vor allem dann an Bedeutung, wenn die Leistungsempfänger einen direkten Kontakt z. B. über ein Front Office mit der neu geschaffenen Einheit pflegen. Ein formeller Vertrag und die Vereinbarung von Service-Level-Agreements (SLAs) zwischen der nationalen HR und der internationalen Organisation runden das Projekt ab.

Die Dauer dieser Projektphase ist hauptsächlich abhängig vom Umfang der zu verlagernden Prozesse und beträgt erfahrungsgemäß zwischen zwei und vier Monaten.

10.5.4   Stabilisierung und Abschluss

Fehler lassen sich auch bei noch so guter Vorbereitung nicht vermeiden. Um Schuldzuweisungen zwischen Shared Service und dem jeweiligen Land zu umgehen, hat sich eine lokale Präsenz am neuen Offshore-Standort während der Anfangsphase bewährt. Auch die konkrete Planung einer Taskforce ist für solche Fälle hilfreich. Ein offener Umgang mit Fehlern und eine lösungsorientierte Zusammenarbeit sind in jedem Fall zu bevorzugen, auch wenn der Reiz eines Schuldübertrags, gerade bei internationalen Projekten, besonders groß ist.

Wenn die Anfangsphase überstanden ist und die ersten Wogen geglättet sind, gehört wie bei allen Projekten ein Lessons Learned dazu. Dies könnte im Rahmen einer abschließenden Projektveranstaltung vor Übergabe in den Regelbetrieb geschehen und der Beginn für eine kontinuierliche Verbesserung und Zusammenarbeit zwischen Land und Offshore-Standort sein.

Diese letzte Projektphase dauert üblicherweise zwischen einem und zwei Monaten.

10.5.5   Regelbetrieb

Ein Wort noch zum Regelbetrieb einige Monate nach Projektabschluss. Das Projekt kann gute Dienste geleistet, viel für einen reibungslosen Ablauf und die Zusammenarbeit zwischen allen Beteiligten getan haben. Das bleibt nach Wegfall der Projektstruktur oft nicht.

Es schleichen sich Fehler ein, einhergehend mit Schuldzuweisungen zwischen den Standorten, Produktivitätsprobleme in der abgebenden Einheit etc. Meist ist Achtlosigkeit der verantwortlichen Führungskräfte ein Grund hierfür.

Die für den Regelbetrieb verantwortlich handelnden Personen sollten daher in den ersten Jahren verstärkt darauf achten, dass die mit dem Projekt erzielten Erfolge nicht verloren gehen. Dies gilt im Besonderen für die Zusammenarbeit zwischen den Offshore-Standorten und den lokalen HR-Organisationen. Kontinuierliche Verbesserung und konsequentes Reklamationsmanagement sind Führungsaufgaben vor allem in der ersten Zeit und sollten sich nicht auf den Offshore-Standort beschränken.

10.6   Fazit

Grundsätzlich lassen sich natürlich auch im Personalumfeld internationale Shared Services aufbauen. Trotz einer Vielzahl von Vereinheitlichungen, gerade innerhalb der Europäischen Union, gibt es eine unvorstellbare Zahl unterschiedlicher lokaler Regelungen und Gesetze, insbesondere beim Steuer- und Sozialversicherungsrecht. Dies gilt es zu beachten.

Daher gilt die Empfehlung: International ja, wenn,

- im Land keine vergleichbaren Kostenstrukturen (bspw. strukturschwache Regionen, eigener Tarifvertrag) vorhanden sind,
- nachweislich Skaleneffekte erzielt werden,
- eine strategischen Unternehmensentscheidung zur Verlagerung führt, dieser Umstand ist dann aber auch so zu kommunizieren! Empfehlung hierbei: erst Infrastruktur und Prozesse standardisieren, dann verlagern,
- der zentrale Overhead zur Steuerung möglichst gering gehalten wird.

Ansonsten bewährt sich bei einer entsprechenden Unternehmensgröße immer der Aufbau nationaler Shared Services oder bei entsprechendem Unternehmensstandard die Übergabe an einen Outsourcing-Provider.

11   Schlusskapitel: Reifegrade

Wolfgang Appel, Werner Felisiak, Nicole Müller

Wir haben in den vorangegangenen Kapiteln das HR-Servicecenter umfassend aus den verschiedensten Blickwinkeln beleuchtet. Wir wollen diese Aspekte in Form eines Reifegradmodells zusammenführen und dazu in drei Schritten vorgehen: Jedes HR-Serviceprojekt beginnt mit der Bestimmung der Ziele des Vorhabens – wir zeigen im ersten Abschnitt dieses Kapitels den möglichen Zielraum. Die Realisierung der Ziele vollzieht sich in unterschiedlichen Phasen und Geschwindigkeiten und auf verschiedenen Ebenen; wir entwerfen im zweiten Abschnitt einen Gestaltungsraum in Form eines Reifegradmodells (vgl. Blume, 2006, S. 67–88). Und zuletzt wird im dritten Abschnitt ein Fazit für den Aufbau und die Fortentwicklung eines HR-Servicecenters gezogen.

11.1   Zieldimensionen von HR-Services

Ziele ermöglichen die Planung des Unternehmensgeschehens und sind wichtige Steuerungsinstrumente für operative Entscheidungen der jeweiligen Entscheidungsträger. Zugleich bilden sie die Richtschnur aller Aktivitäten und den Maßstab, an dem das Unternehmen seine Leistungen messen kann bzw. an dem seine Leistungen gemessen werden können. Die Qualität eines HR-Services hängt in hohem Maße davon ab, ob die Aufgabenstellung lösungsneutral formuliert und die Ziele konkretisiert wurden. Ziele müssen erreichbar und mit den zur Verfügung stehenden Mittel auch durchführbar sein. Bezüglich Inhalt, Ausmaß und Zeit dürfen sie nur wenig Interpretationsspielraum zulassen.

1. Finanzielle Ziele
Finanzielle Ziele, denen in den meisten Fällen in der Praxis die höchste Bedeutung beigemessen wird, sind Maßstab von Kostensenkungsvorgaben bzw. von Effizienüberlegungen. Die Konkretisierung dieser Ziele kann in Vorgaben bestehen wie Einhaltung des Budgetrahmens, Verbesserung der Wirtschaftlichkeit, Steigerung der Wertschöpfung, Senkung der Personalkosten oder anderem mehr. In fortentwickelten Servicecentern, die auch Drittkunden beliefern, können die Kostenziele in Gewinnziele übergehen.

2. Prozessbezogene Ziele
Es geht im Wesentlichen um folgende Ziele: Produktivität steigern, Wert erhöhen, Kunden zufriedenstellen. Prozessbezogene Ziele wirken sich erst in weiteren Schritten auf die Prozesskosten und damit auf die (kostenbezogenen) finanziellen Ziele aus. Sie wirken indirekt auf alle genannten Zielgruppen wie Finanzen, Qualität, Kunden und Mitarbeiter. Beispiele

für prozessbezogene Ziele sind die schnellere Bereitstellung von Standardpersonalleistungen durch kürzere Reaktions- und Durchlaufzeiten oder die Gewährleistung eines höheren Standardisierungsgrades ebenso wie die Fähigkeit zur Verarbeitung einer größeren Heterogenität etwa im internationalen Umfeld.

3. Qualitätsbezogene Ziele

Die Qualität, mit der das Center seine Aufgaben und Ziele erfüllt, ist in hohem Maße – wie oben schon erwähnt – von den zugrunde liegenden Prozessen abhängig. Eine hohe Qualität der Dienstleistungen zieht oftmals eine hohe Nachfrage auf der Kundenseite nach sich. Zielsetzungen in diesem Zusammenhang sollten daher die Schaffung einer höheren Transparenz bzgl. der HR-Servicekanäle und der HR-Serviceerbringung, ein direkter und einfacher Zugang zu allen relevanten HR-Informationen für Vorgesetzte und Mitarbeiter sowie die Ausrichtung der HR-Services an den Bedürfnissen der Kunden sein. Ein elementarer Qualitätsaspekt der Personalarbeit ist und bleibt die Qualität der HR-Stammdaten, an denen gerade der Erfolg des HR-Servicecenters gerne gemessen wird.

4. Kundenorientierte Ziele

Die Ausrichtung an den Bedürfnissen der Kunden ist ein wichtiger Erfolgsfaktor für das Center. Wesentlich ist, Freiraum für die HR-Business-Partner zu schaffen, um eine höherwertige Beratung und strategische Unterstützung der Linienorganisation zu erreichen. Die Fähigkeit, Reorganisationen besser zu begleiten dank organisatorischer Unabhängigkeit der Personaladministration und höherer Businessorientierung der HR-Beratung sind weitere Aspekte der Kundenorientierung. Daneben können ganz klassische kundenorientierte Ziele stehen, etwa eine verbesserte Erreichbarkeit der HR-Funktion, eine Reduktion der Beschwerdequote durch eine hohe Beratungs- und Prozessqualität, eine hohe Kundenzufriedenheit sowie die Einhaltung der vereinbarten Service Levels.

5. Mitarbeiterorientierte Ziele

Mitarbeiter und Führungskräfte des HR-Servicecenters sind maßgeblich für den Erfolg des Centers verantwortlich, da sie nunmehr als Dienstleister agieren und ihre Kernkompetenzen den Kunden anbieten. Damit verbunden sind hohe Anforderungen an die Kompetenz und Motivation der Beschäftigten, um den hohen Serviceerwartungen gerecht zu werden.

Die Optimierung des Ressourceneinsatzes als Oberziel eines SSC orientiert sich an dem aus dem Qualitätsmanagement bekannten Konzept der Vermeidung von Verschwendung im Unternehmen. Durch die Zusammenlegung von Nicht-Kernprozessen trägt der Shared-Service-Ansatz zu einer verbesserten Wertschöpfungsorientierung der einzelnen Geschäftseinheiten bei, die ihre Ressourcen dann stärker für Managementaufgaben als für die Abwicklung von Transaktionen einsetzen können.

Die Realisierung der Ziele vollzieht sich auf mehreren Ebenen und verschiedenen Entwicklungsstufen zugleich. Im nächsten Abschnitt haben wir ein Reifegradmodell beschrieben, in dem die Entscheidungsmöglichkeiten dargestellt werden können.

11.2 Ausgestaltung des Reifegradmodells

Wir sind bei der Entwicklung des Reifegradmodells von der organisationstheoretischen Konzeption des evolutionstheoretischen Ansatzes ausgegangen. Danach besitzen alle Individuen einer Population einen gemeinsamen Genpool. „Der Genpool umfasst alle Eigenschaften, mit deren Hilfe die Individuen für die Auseinandersetzung mit ihrer Umwelt bestimmte Problemlösungen finden" (Kieser 1993, S. 244). Ein Mitglied der Population kann die Eigenschaften durch Reproduktion weitergeben, wobei ein dadurch neu entstehendes Mitglied der Population keine exakte Kopie des Ursprungsindividuums ist, sondern durch die Kombination von unterschiedlichen Variationen eines Gens eine mehr oder weniger stark abweichende Eigenständigkeit aufweist (vgl. Kieser 1993, S. 244 f.). Dieser Ansatz lässt sich sehr gut auf die Population der HR-Servicecenter übertragen: Trotz aller Unterschiedlichkeiten von Branchen und Kulturen besitzen die neuen HR-Organisationen eine so große Ähnlichkeit untereinander, dass die Idee der Einzigartigkeit, die von vielen Personalern als Abschirmargument gerne gebraucht wird, hinfällig wird. Um die Population der HR-Servicecenter zu beschreiben, werden in einem ersten Schritt die relevanten Gene identifiziert. In einem zweiten Schritt wird dann deren Variationsbreite (in Tabellenform) dargestellt.

1. Gen: Strategie
Entsprechend den vorgestellten Zieldimensionen eines HR-Servicecenters sind Ziele zum Zeitpunkt des Starts des SC-Projektes, zum Zeitpunkt der Implementierung und für den laufenden Betrieb einschließlich des Grades der Zielerreichung zu bestimmen. Ein wichtiger Bestandteil der Strategie ist, Kriterien zur Auswahl der Lokation und deren Gewichtung zu entwickeln. Ferner ist eine Implementierungsstrategie notwendig.

2. Gen: Organisation, Governance und Compliance
Zu nennen wären hier etwa das Kernkonzept des Servicecenters – die Frage also, ob es eher ein Center of Expertise oder ein produktionsgetriebenes Center werden soll. Es sind Methoden der Kostenverrechnung zu entwickeln. Die Rolle und Aufbauorganisation des SC-Managements (Leitung, Teamleitung etc.) ist zu beschreiben und es ist festzulegen, wer die Verantwortung für Geschäftsentwicklung und Prozessverbesserungen trägt. Damit zusammen hängt die Frage, wer Prozessverantwortlicher sein soll, ob es SLAs geben wird und wie diese vereinbart werden.

3. Gen: Qualitätsmanagement
Ein Qualitätsmanagement umfasst eine regelmäßige und systematische Analyse von Kosten und Qualität sowie eine kontinuierliche Suche nach und Implementierung von Verbesserungsmaßnahmen. Zu diesem Zweck müssen Qualitätsmanagementtools angepasst werden.

4. Gen: Geschäftsprozesse
Das aktive Management von Geschäftsprozessen ist ein wesentlicher Hebel, mit dem ein HR-Servicecenter erfolgreich betrieben werden kann. Zu klären ist in dieser Dimension das Ausmaß der Standardisierung und Automatisierung der Prozesse innerhalb und außerhalb des SSC sowie die Form und der Detaillierungsgrad der Prozessdokumentationen.

5. Gen: Kundenbeziehungen

Neben der Frage, welches Kundenverständnis besteht, ist auch die Kundenstruktur, also etwa der Anteil interner und externer Kunden, zu klären. Daraus folgt die Festlegung, mit welchen Servicestrukturen die Leistungen erbracht werden und was als angemessener Grad der Kundenorientierung gesehen wird. Nicht zuletzt sind Werkzeuge für das Kundenmanagement wie Tools zur Messung der Kundenzufriedenheit zu implementieren.

6. Gen: Performance Management

Der Output eines HR-Servicecenters ist im Unterschied zu dem anderer HR-Funktionen in der Regel eindeutig zu quantifizieren. Überhaupt spielt die Messbarkeit der HR-Leistungen eine große Rolle für das Selbstverständnis der Servicefunktion. Darum sind Leistungsziele im Soll und im Ist ebenso zu definieren wie die Verfahren zur Kontrolle des Erreichungsgrades dieser Ziele. Wichtig ist auch die Frage der Transparenz des Leistungsmanagementprozesses und wie die damit gewonnenen Daten und Informationen dem strategischen und operativen Management, aber auch den Mitarbeitern zur Verfügung gestellt werden.

7. Gen: Personalmanagement

Die Mitarbeiter des HR-Servicecenters sind ein leider oft vernachlässigter, aber essenzieller Bestandteil eines erfolgreichen SSC. Über die Leistungsfähigkeit des Personals entscheidet die richtige Auswahl ebenso wie die Nutzung verschiedener Trainings- und Personalentwicklungskonzepte oder die Qualität der Kommunikation zwischen Management und Personal. Außerdem sollten Befragungen über die Zufriedenheit der Mitarbeiter in regelmäßigen Abständen stattfinden.

8. Gen: Applikationen und Technik

Zu untersuchen ist hier der Grad der Prozessautomatisierung und der Standardisierung der IT-Systeme. Auch die Frage, ob Prozesse zur kontinuierlichen Verbesserung der IT-Systeme vorhanden sind und elektronische Workflows eingesetzt werden, gilt es im Rahmen dieses Punktes zu beantworten.

Jedes dieser Gene hat unterschiedliche Variationen, die miteinander kombiniert werden können. Wir gehen davon aus, dass die Variationen in einer chronologischen Abfolge durchschritten werden. Eine Phase wird dabei vielleicht nur gestreift, in einer anderen Phase bleibt das Service dauerhaft stehen, aber dennoch repräsentieren sie in Summe den Genpool der HR-Servicepopulation. Die erste Phase beginnt mit dem Start eines Projektes zur Etablierung eines HR-Servicecenters. Die Etablierung reicht von der Inbetriebnahme eines Servicecenters, die häufig durch starke Qualitätsprobleme und intensive Konflikte mit den anderen HR-Organisationen gekennzeichnet ist, bis zur Überwindung der Kinderkrankheiten. In der nun startenden Wachstumsphase werden dem Servicecenter neue Prozesse und Produkte hinzugefügt, es werden aber auch die Entscheidungen aus der Startphase des Servicecenters überprüft. In der Phase der Verselbstständigung wächst das Servicecenter aus seiner dienenden HR-Funktion heraus und entwickelt ein eigenständiges Profil und Selbstbewusstsein als Dienstleister.

Tab. 11.1: Reifegradmodell HR-Shared-Services (Quelle: Eigene Darstellung)

Kriterium	Phase Start-up	Phase Etablierung	Phase Wachstum	Phase Verselbstständigung
1. Strategie und Standort(e)	– keine SSC-spezifischen Ziele, Strategien, Messungen und Implementierungspläne festgelegt – häufig Start als Brownfield-Modell am Sitz des Stammhauses	– wenige SSC-spezifische Ziele, Strategien, Messungen und Implementierungspläne festgelegt – mehrere nationale Servicestandorte nebeneinander	– SSC-spezifische Ziele, Strategien, Messungen und Implementierungspläne sind festgelegt – Konsolidierung auf wenige Standorte	– SSC-spezifische Ziele, Strategien, Messungen und Implementierungspläne sind festgelegt – regelmäßige Überprüfung der Implementierung und Einleitung von Maßnahmen wenn nötig – wenige regionale Hubs mit teilweise globalen Prozessen
2. Organisation/ Governance	– SSC arbeitet auf Kostenbasis – Kosten werden auf Basis von FTEs festgelegt – SSC wird ausschließlich von SSC-Leitung gesteuert – es sind keine SLAs vorhanden – keine klaren Prozessverantwortlichen – keine Zusammenarbeit zwischen Kunde und SSC	– SSC arbeitet auf Kostenbasis – Kosten werden auf Basis von FTEs und abgewickelten Geschäftsvorfällen festgelegt – SSC wird von SSC-Leitung und fachlichen Teamleitern gesteuert – es sind wenige SLAs vorhanden – mehrere Prozessverantwortliche pro End-to-End-Prozess – zunehmende Zusammenarbeit zwi-	– SSC arbeitet auf Kostenbasis – Kosten werden auf Basis von abgewickelten Geschäftsvorfällen festgelegt – SSC wird von SSC-Leitung und den Teamleitern gesteuert – umfassende SLAs vorhanden – dezidierte, einzelne Prozessverantwortliche (end-to-end) pro Geschäftsbereich sind benannt	– SSC arbeitet auf Gewinnbasis und/oder als rechtlich selbstständige Einheit – Kosten werden auf Basis von Marktpreisen festgelegt – SSC wird von SSC-Leitung und zusätzlichen End-to-End-Teamleitern gesteuert – es sind umfassende SLAs vorhanden, die regelmäßig angepasst werden – dezidierte, einzelne Pro-

		schen Kunde und SSC	– strukturierte und regelmäßige Zusammenarbeit zwischen Kunde und SSC	zessverantwortliche (end-to-end) pro Geschäftsbereich – strukturierte Zusammenarbeit zwischen Kunde und SSC
3. Qualitätsmanagement	– keine Verbesserungen in Bezug auf Kosten, Qualität oder Quantität – Qualitätsmanagementtools werden nicht eingesetzt	– geringe Verbesserungen in Bezug auf Kosten, Qualität oder Quantität – Qualitätsmanagementtools werden diskutiert und die Anwendung geprüft	– Verbesserungen in Bezug auf Kosten, Qualität oder Quantität – Six Sigma, ITIL oder TQM befinden sich in der Implementierungsphase	– wichtige Verbesserungen in Bezug auf Kosten, Qualität und Quantität – Six Sigma, ITIL oder TQM werden kontinuierlich eingesetzt
4. Geschäftsprozesse	– nicht standardisiert, harmonisiert oder automatisiert – keine oder geringe Prozessdokumentation – einfache Massengeschäftsvorfälle	– hauptsächlich standardisiert und harmonisiert – keine oder nur geringe Automatisierung – keine oder geringe Prozessdokumentation – einfache Massengeschäftsvorfälle und wenige Expert Services	– optimierte und automatisierte Geschäftsprozesse – Prozessdokumentation etabliert (Berücksichtigung von Risiken und Compliance-Anforderungen findet Anwendung) – einfache und komplexere Massengeschäftsvorfälle und zusätzliche Expert Services	– Optimierungen in der kompletten Unternehmung – optimierte Dokumentation, die das Geschäftsrisiko reflektiert – umfassende Services in Form von ganzheitlichen Prozessen – globales Prozessmanagement etabliert

5. Kunden-beziehungen	– nur interne Kunden – keine standardisierten Strukturen und kein organisiertes Kundenmanagement – Self-Services sind nicht implementiert	– nur interne Kunden – standardisierte Prozessroutinen und Transaktionen – laufende Implementierung von Customer Support Tools (wie Kundenfeedbacks, Reklamationsmanagement etc.)	– interne und ausgewählte externe Kunden – Fokus auf Effizienz (Auslastung) und Effektivität (Erfolg und Leistung) im SSC – laufende Implementierung von weiteren ESS-/MSS-Szenarien	– überwiegend externe Kunden – Fokus auf dem Wertschöpfungsbeitrag für das gesamte Unternehmen – Customer Support Tools sind implementiert und werden regelmäßig aktualisiert
6. Performance Management (= PM)	– PM-Tools (BSC etc.) sind nicht vorhanden oder werden nur unregelmäßig benutzt – ein internes Kontrollsystem ist nicht vorhanden – keine Qualitäts- oder Leistungsziele vorhanden	– PM-Tools werden entwickelt – ein internes Kontrollsystem ist vorhanden – Qualitäts- oder Leistungsziele werden eingeführt	– PM-Tools sind eingeführt – internes Kontrollsystem wird genutzt – umfassende Qualitäts- und Leistungsziele sind definiert	– PM-Tools sind in ständigem Gebrauch – ausgedehntes internes Kontrollsystem vorhanden, einschließlich dessen Optimierung – ständiger Abgleich der Qualitäts- und Leistungsziele
7. Personal-management	– unstrukturiertes System/ Management – Verbindung zwischen Personalentwicklung und Leistungsbeurteilung nicht vorhanden – keine Trainingssysteme eingeführt – es werden nahezu ausschließlich Stammmitarbeiter eingesetzt	– Kombination der vorhandenen Fachkenntnisse und Fokus auf Expertenwissen – Verbindung zwischen Personalentwicklung und Leistungsbeurteilung nicht standardisiert – Einführung von Trainingssystemen	– Expertenwissen und Managemententwicklung (als Teil der Personalentwicklung) sind etabliert – Verbindung zwischen Personalentwicklung und Leistungsbeurteilung umfassend gestaltet – ausgedehntes und professionelles Trainingssystem	– Service- und Führungskultur etabliert – Verbindung zwischen Personalentwicklung und Leistungsbeurteilung wird fortlaufend überprüft – ständige Verbesserung des Trainings und professionelles Trainingssystem

			– ausgewogener Personalmix aus Stamm- und befriste-ten Mitarbei-tern	
8. Applikatio-nen und Technik	– verschiedene Systeme, kei-ne Standardi-sierung der ERP-Systeme – kein Workflow-System einge-führt – keine IT-Governance aufgebaut	– teilweise Standardisie-rung der ERP-Systeme – Workflow-System einge-führt – IT-Governance aufgebaut auf niedriger Stu-fe	– Standardisie-rung der ERP-Systeme – Workflow-System einge-führt, umfang-reiche Auto-matisierung – IT-Governance auf fortge-schrittenem Level	– optimierte, modulare ERP-Systeme – unterneh-mensweite Workflow-Systeme – IT-Governance auf höchstem Niveau

11.3   Fazit

In diesem Buch wurden die Ziele, Merkmale und Rahmenbedingungen eines HR-SSC vorge-stellt. Wir haben versucht zu zeigen, welche vielfältigen Ausprägungen sie annehmen kön-nen: vom Anbieten einfacher Dienste via Onlineinteraktion bis hin zu einer hochwertigen, Sprachgrenzen und Rechtsräume überschreitenden Managementberatung.

Damit ein SSC-Projekt erfolgreich umgesetzt werden kann, genügt es nicht, unspezifische Ziele zu definieren und ein Budget festzulegen. Vielmehr bedarf es der detaillierten Analyse der unternehmensindividuellen Situation und einer genauen Planung der Gestaltungsparame-ter. Insbesondere die Unterstützung des Projektes über alle Ebenen des Konzerns hinweg sowie die konsequente Umsetzung der Ziele und Strategien sind wichtig. Begleitend sollten die oftmals hochgesteckten Einsparziele ebenso hinterfragt werden wie die Kommunika-tions- und Qualitätsprobleme, die oftmals mit der Schaffung oder Verlagerung von SSCs verbunden sind.

Kurzfristige Ziele einer Organisation sollten zu Beginn vor allem die Stabilisierung der Qua-lität, die Konzentration auf die Kernkompetenzen sowie die Optimierung der Schnittstellen und die Entschlackung nicht optimal gestalteter Prozesse sein. Mittel- und langfristig können weitere Prozessoptimierungen durch Automatisierung, Skaleneffekte und eine höhere Flexi-bilität in Bezug auf ausgewählte Prozesse oder ganze Bereiche der Verwaltung erreicht wer-den.

Wird mit dem hier beschriebenen höchsten Reifegrad die Entwicklung des HR-Servicekonzepts zum Abschluss kommen? Nein, sicher nicht. Aber nach der stürmischen Entwicklung der letzten zehn Jahre wird nun eine Phase der kontinuierlichen Verbesserung, der evolutionären Entwicklung in inkrementell kleinen Schritten folgen. Wird das HR-

Servicecenter wieder einmal von der HR-Landkarte verschwinden? Davon ist nicht auszugehen. Alle Megatrends unserer Zeit wie Digitalisierung, Zentralisierung, Beschleunigung und Internationalisierung sprechen dagegen. Wie zu jeder Bewegung wird es auch dazu einmal eine Gegenbewegung geben. Wir sind jedoch fest davon überzeugt, dass diese Gegenbewegung nicht in einer Wiederholung der HR-Organisationskonzepte des 20. Jahrhunderts bestehen wird. Es wird andere Antworten auf Wünsche nach Nähe, Stabilität und persönlicher Kommunikation zwischen Mitarbeiter und Unternehmen geben und die werden sicherlich für Personaler genauso herausfordernd sein, wie es vor mehr als zehn Jahren die HR-Service-Welle für die HR-Profession war.

Glossar

Agent (auch Serviceagent)

Mitarbeiter im Front-Office-Bereich eines HR-Servicecenters, in einigen Unternehmen auch Berater oder Direktberater genannt.

ACD

Automatic Call Distribution: Technologie zur Verteilung eingehender Kundentelefonate auf freie Agenten.

AMS

Auftragsmanagementsystem: Software zur Unterstützung der Schnittstelle zwischen Agent, Sachbearbeiter und Kunde. Im AMS werden alle eingehenden Aufträge und Anfragen – unabhängig vom Eingangskanal Post, Fax, Telefon, Mail oder persönlicher Kontakt – erfasst und Bearbeitungsschritte dokumentiert (siehe auch CRM).

Auftrag

In einen Sachbearbeitungsprozess mündender Kundenkontakt, z. B. Erstellung einer Bescheinigung.

Anfrage

Im Moment des telefonischen Kundenkontakts lösbares Kundenanliegen.

BPO

Business Process Outsourcing: Vergabe von kompletten HR-Prozessen oder von Ausschnitten aus HR-Prozessen an rechtlich und/oder wirtschaftlich selbstständige Dritte.

Business Partner

Der Teil der HR-Organisation, der mit der Betreuung der Führungskräfte und deren spezifischen, teilweise strategischen Bedürfnissen befasst ist.

CTI

Computer Telephone Integration: Eingehende Kundenkontakte werden nicht über eine Telefonhardware gesteuert, sondern über eine Software, die in den Arbeitsplatzrechner des Agenten integriert ist. Bei einer Verknüpfung der HR-Stammdaten mit den Telefoniedaten kann das System mit eingehendem Anruf die zugehörigen Stammdaten des Kunden im CRM anzeigen.

CRM

Customer-Relationship-Management (dt. Kundenbeziehungsmanagement) oder Kundenpflege bezeichnet die konsequente Ausrichtung einer Unternehmung auf ihre Kunden und die systematische Gestaltung der Kundenbeziehungsprozesse.

Der Begriff wird auch gleichgesetzt mit einer bestimmten Informationstechnologie zur Unterstützung der Kundenbeziehungen. In manchen Unternehmen wird das CRM auch als Ticketing-Tool oder Auftragsmanagementsystem bezeichnet.

ERP

Enterprise-Resource-Planning bezeichnet die unternehmerische Aufgabe, die in einem Unternehmen vorhandenen Ressourcen (wie z. B. Kapital, Betriebsmittel, Personal etc.) möglichst effizient für den betrieblichen Ablauf einzuplanen. Der ERP-Prozess wird in Unternehmen heute durch komplexe ERP-IT-Systeme wie SAP unterstützt.

EIC

Employee-Interaction-Center sind zentrale Bausteine im Lösungsangebot von SAP für das Personalmanagement. Es handelt sich um Fortentwicklungen eines CRM-Systems für HR-Belange.

ESS/MSS

Employee-Self-Service/Manager-Self-Service

Front Office

Die mit dem direkten Kundenkontakt über Telefon oder Mail befasste Organisationseinheit eines Servicecenters (auch als Direktberatung oder Service Line bezeichnet).

Governance-Board

Der Zusammenschluss der Kundenvertreter aus der HR-Funktion und der Leitung des HR-SSC. Entscheiden über Preise und strategische Entwicklungen.

HR-Spezialist

Ansprechpartner für Experten auf einem bestimmten Gebiet, etwa Sozialversicherung oder Pfändung.

IVR

Interactive Voice Response: Ansagetechnik zur gezielten Weiterleitung von telefonisch eingehenden Kundenanfragen.

Nearshoring

Verlagerung von Aktivitäten an einen ausländischen Standort nahe oder sogar benachbart des Herkunftslandes; das Nearshoring kann günstigere Lohnkosten mit kulturellen oder sogar sprachlichen Gemeinsamkeiten verbinden. Die Arbeitskosten sind jedoch in der Regel höher als an Offshore-Standorten.

Produktkatalog

Verzeichnis aller von einem HR-SSC angebotenen Dienstleistungen – oft versehen mit Preisen pro Leistungseinheit.

Offshoring

Verlagerung von Aktivitäten an einen ausländischen Standort weit entfernt vom Herkunftsland. Geringen Kosten stehen jedoch erhöhter Steuerungsaufwand aufgrund der großen Entfernungen und hohen kulturellen und sprachlichen Unterschieden gegenüber.

Sachbearbeiter

Mitarbeiter im Back Office eines HR-SSC, zuständig für die Abarbeitung bestimmter Prozesse.

Quellenverzeichnis

Adam, D.: Investitionscontrolling, 3. Auflage, München 2000

Alsbaek, H.: Der Betriebsübergang und seine individualrechtlichen Folgen in Europa, Berlin 2001

Amelingmeyer, J.: Wissensmanagement: Analyse und Gestaltung der Wissensbasis von Unternehmen, 3. Auflage, Wiesbaden 2004

Appel, W.: 10 Tipps ein Service-Center scheitern zu lassen, in Personalwirtschaft, H. 9/2009, S. 20 f.

Appel, W./Mayer, V.: Gemischte Modelle für die Verrechnung, in Personalwirtschaft, H. 1/2009, S. 34–36

Appel, W./Schimpf, M. (2014): Gefangen in der Warteschleife – Studie zur Service-Qualität im Recruiting, in Personalwirtschaft, H. 12/2014, S. 26–28

Arcache, A./Beck-Peccoz, G./Bauer, H.: Shared-Services in der Erfolgsfalle, in Personalmagazin, H. 2/2009, S. 42–44

Armstrong, M.: Performance Management – Key Strategies and Practical Guidelines, 3. Auflage, London/Philadelphia 2006

Bachner, M./Gerhardt, P.: Betriebsübergang, Basiskommentar zu § 613 a BGB mit den Folgen für die Mitbestimmung, 2. Auflage, Frankfurt am Main 2011

Bayreuther, F.: Rechte und Pflichten bei Betriebsübergang, Kommentierung des § 613 a BGB, in: Dornbusch, G./Fischermeier, E./Löwisch, M. (Hrsg.), Fachanwalts-Kommentar Arbeitsrecht, 6. Auflage, Köln 2014

Becker, J. C.: Das Vertragsstatut der Outsourcing-Vereinbarung, Rechtsfragen grenzüberschreitender Unternehmensauslagerungen im internationalen Privatrecht, Hamburg 2010

Becker, M.: Personalentwicklung, Stuttgart 2013

Becker, W./Kunz, C./Mayer, B.: Shared-Service-Center: Konzeption und Implementierung in internationalen Unternehmen, Stuttgart/Berlin/Köln 2009

Beinhauer, M.: Knowledge Communities, Köln 2004

Bergeron, B.: Essentials of Shared-Services, New Jersey 2003

Bernecker, M./Eckrich, K.: Handbuch Projektmanagement, München 2003

Beseler, L.: Der Betriebsübergang, in Beseler, L./Düwell, F./Göttling, W. (Hrsg.), Arbeits-rechtliche Probleme bei Betriebsübergang, Betriebsänderung, Unternehmensumwandlung, 4. Auflage, Münster 2011

Bitcom (Hrsg.): Kinder und Jugend-Studie 3.0,

Blume, P.: HR Service Delivery Maturity Model, in Kullpke, H./Otto, M./Gontard, M. (Hrsg.): Human Capital Management, Personalprozesse erfolgreich managen, Berlin/ Heidelberg 2006, S. 67–88

Bohinc, T.: Grundlagen des Projektmanagements: Methoden, Techniken und Tools für Projektleiter, 2. Auflage, Offenbach 2010

Bruhn, M.: Qualitätsmanagement für Dienstleistungen, 8. Auflage, Heidelberg u. a. 2011

Bruhn, M./Stauss, B.: Serviceorientierung im Unternehmen – Eine Einführung in die theoretischen und praktischen Problemstellungen, in Bruhn, M./Stauss, B. (Hrsg.): Serviceorientierung im Unternehmen, Wiesbaden 2010, S. 4–32

Buchelt, A.: Flexibilität, aber wie? Zeitarbeit, Inhouse Outsourcing und Überlauf Outsourcing, in Call Center Forum Deutschland e. V. (Hrsg.): Call Center erfolgreich betreiben, Fürth 2007, S. 56–62

Burghardt, M.: Einführung in Projektmanagement: Definition, Planung, Kontrolle, Abschluss, 5. Auflage, Erlangen 2007

Burgmer, C./Richter, S.: Der Betriebsübergang im Arbeitsrecht, Überblick über die Rechtslage und die Rechtsentwicklung, Stuttgart 2008

Büttner, A. K.: Personalmanagement im Call Center, Saarbrücken o. J.

Butz, K.: Erfolgreich rekrutieren für HR-Shared-Service-Center, in Personalmanager, H. 4/2012, S. 30–32

Claßen, M./Kern, D.: Neue Rolle für den Klassiker, in Personalwirtschaft, H. 3/2010, S. 30–32

Cohnen, K.: Betriebsverlagerungen ins Ausland und § 613 a BGB, in Bauer, J./Beckmann, P./Lunk, S./Meier, H./Schipp, J./Schütte, R. (Hrsg.): Arbeitsgemeinschaft Arbeitsrecht im Deutschen Anwaltsverein, Festschrift zum 25-jährigen Bestehen, Bonn

Commandeur, G./Kleinebrink, W.: Gestaltungsoptionen im Anwendungsbereich des § 613 a BGB, in NZA-RR 2004, S. 449–464

Corsten, H./Corsten, H.: Projektmanagement: Einführung, München 2000

Däumler, K.-D.: Grundlagen der Investitions- und Wirtschaftlichkeitsrechnung, 11. Auflage, Herne/Berlin 2003

Demmer, C.: Nichts für Dünnbrettbohrer, in Personalwirtschaft, H. 5/2010, S. 22–25

DGFP e. V. (Hrsg.): Integriertes Personalmanagement in der Praxis, Bielefeld 2009

Dressler, S.: Shared-Service, Business Process Outsourcing und Offshoring, Wiesbaden 2007

Ellis, A./Kauferstein, M: Dienstleistungsmanagement – Erfolgreicher Einsatz von prozess-orientiertem Service Level Management, Berlin 2004

Enders, T.: Virtuell überzeugen, in Personalmagazin, H. 11/2014, S. 36 f.

Europäischer Wirtschafts- und Sozialausschuss: Stellungnahme des Europäischen Wirt-schafts- und Sozialausschusses zu dem Vorschlag für eine Richtlinie des Europäischen Par-laments und des Rates über Maßnahmen zur Erleichterung der Ausübung der Rechte, die Arbeitnehmern im Rahmen der Freizügigkeit zustehen, ABl. C 341 vom 21.11.2013, S. 54–58

Europäischer Wirtschafts- und Sozialausschuss: Stellungnahme des Europäischen Wirt-schafts- und Sozialausschusses zum Thema „Eine stärkere europäische Industrie bringt Wachstum und wirtschaftliche Erholung. Aktualisierung der Mitteilung zur Industriepolitik", ABl. C 327 vom 12.11.2013, S. 83–89

Feudner, B. W.: Grenzüberschreitende Anwendung des § 613 a BGB?, in NZA 1999, S. 1184–1190

Financial Times Deutschland: Auslagern im eigenen Haus ist billiger – Shared-Service-Center sind Alternativen zum Outsourcing, Ausgabe vom 4.6.2006, S. SA8

Fischer, T./Sterzenbach, S.: Controlling von Shared-Service-Centers: Ergebnisse einer empi-rischen Studie in deutschen Unternehmen

Fitting, K.: Betriebsverfassungsgesetz, Handkommentar, neu bearbeitet von Engels, G./Trebinger, Y./Schmidt, I./Linsenmaier, W., 26. Auflage, München 2012

Franceschini, F.: Management by Measurement – Designing Key Indicators and Perfor-mance Measurement Systems, Berlin 2007

Franzen, M.: Der Betriebsinhaberwechsel nach § 613 a BGB im internationalen Arbeitsrecht, Heidelberg 1994

Frese, E.: Anmerkungen zum Outsourcing aus organisatorischer Sicht, in Hoven, U. v./Lang, R. (Hrsg.): Organisation im Unternehmen zwischen Tradition und Aufbruch, Wiesbaden 1996, S. 17–39

George, M./Rowlands, D./Kastle, B.: What is Lean Six Sigma?, New York, Chicago u. a. 2004

Gladen, W.: Performance Measurement – Controlling mit Kennzahlen, 3. Auflage, Wiesba-den 2005

Gräfer, H./Beike, R./Scheld, G.: Finanzierung, 5. Auflage, Berlin 2001

Günther, T.: Unternehmensorientiertes Controlling, München 1997

Haller, S.: Dienstleistungsmanagement, 4. Auflage, Wiesbaden 2010

Hebeisen, W.: F. W. Taylor und der Taylorismus – Über das Wirken und die Lehre Taylors und die Kritik am Taylorismus, Zürich 1999

Heidel, T./Willamowski, M.: NomosKommentar, Aktienrecht und Kapitalmarktrecht, 3. Auflage, Baden-Baden 2011

Hermes, V.: DDS Dresdner Direktservice: Erfolgsfaktor Vergütungssysteme, in Fojut, S. (Hrsg.): Call Center Excellence – Erfolgreiche Call Center im Porträt, Wiesbaden 2004, S. 70–73

Hesse, J./Schrader, H. C.: Das große Hesse/Schrader Bewerbungshandbuch, München 2010

Hosch, K.: HR-Shared-Service-Center: Einführung um jeden Preis?, in Personalführung, H. 5/2015, S. 82–85

Hodges, M./Cecil, B.: Strategy: Laying the Foundation for Success, in Beaman, K. V. (Hrsg.): Common Cause – Shared-Services for Human Resources, Austin 2007, S. 5–8

Hollich, F./Otter, T./Scheuermann, H. D.: Shared-Services – Foundation, Practice and Outlook – A Comparison Study of Shared-Services Implementations, München 2008

Jahn, G.: Personalmarketing und -beschaffung. Wie finde ich die richtigen Mitarbeiter?, in Call Center Forum Deutschland e. V. (Hrsg.): Call Center erfolgreich betreiben, Fürth 2007, S. 48–54

Jetter, W.: Performance Management – Strategien umsetzen, Ziele realisieren, Mitarbeiter fördern, Stuttgart 2004

Kabst, R./Kötter, P. M./Meifert, M. u. a.: HR Business-Partner gesucht, in Personal, H. 3/2010, S. 6–9

Kagelmann, U.: Shared-Service als alternative Organisationsform, Wiesbaden 2001

Kamiske, G. F.: Die hohe Schule des Total Quality Management, Berlin/Heidelberg 1994

Kaplan, R. S./Norton, D. P.: Balanced Scorecard, Stuttgart 1997

Kearney, A. T.: Offshore Location Attractiveness Index – Making Offshore Decisions, Chicago 2004

Keuper, F./Schulmeyer, C./Hintzpeter, R.: Internetbasierte Customer-Self-Care-Elemente als Instrumente des Service Management, in Keuper, F./Hogenschurz, B. (Hrsg.): Sales & Service – Management, Marketing, Promotion und Performance, Wiesbaden 2008, S. 265–291

Kieser, A.: Evolutionstheoretische Ansätze, in Kieser, A. (Hrsg.): Organisationstheorien, Stuttgart 1993, S. 243–276

Korndörfer, W.: Unternehmensführungslehre, Wiesbaden 1995

Kötter, P. M.: Investieren in HR, in Personal, H. 5/2011, S. 40

Krause, O.: Performance Management, Wiesbaden 2006

Krubasik, E. G.: Qualität zahlt sich aus, in Siemens Welt, H. 6/1999

Kruppke, H. u. a.: Human Capital Management – Personalprozesse erfolgreich managen, Berlin/Heidelberg 2006

Kruschwitz, L.: Investitionsrechnung, 11. Auflage, München 2007

Kuster, J./Huber, E./Lippmann, R. u. a.: Handbuch Projektmanagement, 2. Auflage, Berlin 2007

Lehner, F.: Wissensmanagement – Grundlagen, Methoden und technische Unterstützung, 3. Auflage, München 2009

Litke, H.-D.: Projektmanagement: Methoden, Techniken, Verhaltensweisen. Evolutionäres Projektmanagement, 5. Auflage, München 2007

Meyer, T.: Offshoring an neuen Ufern, Nearshoring nach Mittel- und Osteuropa, Deutsche Bank Research, Economics, Nr. 58 vom 19.7.2006, abrufbar unter: http://www.dbresearch.de/PROD/DBR_INTERNET_DE-PROD/PROD0000000000200245/Offshoring+an+neuen+Ufern%3A+Nearshoring+nach+Mittel.pdf (Stand: 6.4.2015)

Neef, K.: Betriebsübergang und Betriebsänderung, Eine Analyse der Rechtsprechung, in NZA 1994, S. 97–102

Nicolai, A.: Leitfaden zum Betriebsübergang, 1. Auflage, Saarbrücken 2007

Oertig, M.: HR-Transformation zu Business-Partnership und operativer Exzellenz, in Oertig, M. (Hrsg.): Neue Geschäftsmodelle für das Personalmanagement, 2. Auflage, Köln 2007, S. 17–45

Oertig, M.: Werte mit Leistung zusammenführen, in Personalwirtschaft, H. 5/2009, S. 26–28

Olfert, K.: Finanzierung, 15. Auflage, Herne 2011

Parmenter, D.: Key Performance Indicators, Developing, Implementing and Using Winning KPIs, Hoboken 2007

Picot, G./Schnitker, E.: Arbeitsrecht bei Unternehmenskauf und Restrukturierung, München 2001

Probst, G./Raub, S./Romhardt, K.: Wissen managen – wie Unternehmen ihre wertvollste Ressource optimal nutzen, 6. Auflage, Wiesbaden 2010

Rauen, C./Reichold, H. (2008): Neues zum grenzüberschreitenden Betriebsübergang, in Konzen, H./Krebber, S./Raab, T./Veit, B./Waas, B. (Hrsg.): Festschrift für Rolf Birk zum siebzigsten Geburtstag, Tübingen 2008, S. 687–702

Richardi, R./Annuß, G.: Betriebsverfassungsgesetz mit Wahlordnung, Kommentar, 14. Auflage, München 2014

Richter von Hagen, C./Stucky, W.: Business-Process- und Workflow-Management – Prozessverbesserung durch Prozess-Management, Wiesbaden 2004

Röhrich, M.: Wirtschaftlichkeitsanalysen kommunaler Investitionen am Beispiel Eigentum versus Miete: Ein Plädoyer für die gesetzliche Festschreibung der Kapitalwertmethode, in Zeitschrift für Kommunalfinanzen 44 (1994), S. 4–8

Saenger, I.: Gesellschaftsrecht, München 2010

Sauvant, N.: Professionelle online PR, Frankfurt am Main/New York 2002

Schaaf, J.: Offshoring: Globalisierungswelle erfasst Dienstleistungen, Deutsche Bank Research, Digitale Ökonomie und struktureller Wandel, Economics Nr. 45 v. 26.08.2004, abrufbar unter: http://www.dbresearch.de/PROD/DBR_INTERNET_EN-PROD/PROD0000000000178654.pdf (Stand: 6.4.2015)

Scherm, E./Kleiner, M.: Shared-Personal-Service-Center – Was leistet es (nicht)? Warum wollen es (trotzdem) alle haben?, in Keuper, F./Oecking, C. (Hrsg.): Corporate Shared-Services, 2. Auflage, Wiesbaden 2008, S. 287–308

Schewe, G./Kett, I.: Maßgeschneidert – Die unternehmensspezifische Situation und ihr Einfluss auf die „richtige" Form des Outsourcing, in Zeitschrift Führung und Organisation 76, 2007

Schmelzer, H. J./Sesselmann, W.: Geschäftsprozessmanagement in der Praxis, 4. Auflage, München/Wien 2004

Schneider-Neureither, A.: Service-Level-Agreements – Erfolgsfaktor für Shared-Service-Center, in ControllerNews, H. 2/2006

Scholz, C.: Personalmanagement, 5. Auflage, München 2000

Schuler, H./Wecker, B./Lütze, B.: Qualitätssicherung und Mitarbeiterentwicklung: Coaching und Monitoring im Call Center, in Schuler, H./Pabst, J. (Hrsg.): Personalentwicklung im Call Center der Zukunft, Neuwied 2000, S. 185–193

Schuler, H./Prochaska, M.: Leistungsmotivationsinventar (LMI), in Erpenbeck, J./Rosenstiel, L. v. (Hrsg.): Handbuch Kompetenzmessung, Stuttgart 2007, S. 23–43

Schwarz, G./Schiele, J.: Es muss nicht gleich Outsourcing sein, in Personalwirtschaft, H. 7/2004, S. 40–43

Schweer, R.: „Nehmen Sie es nicht persönlich" – Ansätze zur Gestaltung von Emotionsarbeit im Callcenter, in Personalführung, H. 5/2009, S. 30–34

Seiwert, G.: Grundlagen der Arbeitszeitorganisation und Vergütungssysteme, in Schuler, H./Pabst, J. (Hrsg.): Personalentwicklung im Call Center der Zukunft, Neuwied 2000, S. 111–118

Sinek, Simon: Notes to inspire, https://www.startwithwhy.com (Stand: 3.6.2015)

Spies, R.: Mehr Rückgrat im Personalmanagement, in Personalführung, H. 12/2007, S. 36–42

Staud, J.: Geschäftsprozessanalyse – Ereignisgesteuerte Prozessketten und objektorientierte Geschäftsprozessmodellierung für Betriebswirtschaftliche Standardsoftware, 3. Auflage, Berlin 2006

Steinbuch, P. A.: Organisation, in Olfert, K.: Kompendium der praktischen Betriebswirtschaft, 12. Auflage, Ludwigshafen 2001, S. 87 f. und S. 100–107

Storey, J./Wright, P./Ulrich, D. (Hrsg.): The Routledge Companion to Strategic Human Resource Management, London 2009

Strack, R./Caye, J.-M.l/Leicht, M. u. a.: The Future of HR in Europe 2015, Studie der Boston Consulting Group, http://www.bcg.de/documents/file15033.pdf (Stand: 18.9.2011)

The Hackett Group (Hrsg.): Service-Level-Agreements and Billing Models for Shared-Services, Studie 2006

Thiele, M.: Treiber und Getriebene, in Personal, H. 3/2006, S. 31–33

Thüsing, G.: Europäisches Arbeitsrecht, 2. Auflage, München 2011

Töpfer, A.: Six Sigma – Konzeption und Erfolgsbeispiele für praktizierte Null-Fehler-Qualität, 3. Auflage, Berlin u. a. 2004

Treacy, M./Wiersema, F.: The Discipline of Market Leaders, New York 1997

Ulrich, D.: Delivering Results: A New Mandate for Human Resource Professionals, Boston 1998

Ulrich, D.: Human Resource Champions: The Next Agenda for Adding value and Delivering Results, Boston 1996

Ulrich, D./Allen, J./Brockbank, W. u. a.: HR Transformation – Building Human Resources from the Outside In, New York/Chicago u. a. 2009

Ulrich, D./Brockbank, W.: The HR Value Proposition, Boston 2005

Ulrich, D./Brockbank, W./Johnson, D. u. a.: HR Competencies – Mastery at the intersection of people and business, o. O. 2008

Ulrich, D./Brockbank, W./Johnson, D. u. a.: HR Competencies, Boston 2008

Ulrich, D./Nazemian, N.: „Key Enablers of Successful HR Transformation" last updated on March 27, 2012 on http://www.changeboard.com/content/4158/leadership-and-management/change-management/key-enablers-of-successful-hr-transformation/ (Stand: 22.7.2015)

Ulrich, D./Younger, J./Brockbank, W.: HR from the Outside In: Six Competencies for the future of Human Resources, McGraw-Hill 2012

Ulrich, D./Younger, J./Brockbank, W.: The Next Evolution of the HR Organization, in Storey, J./Wright, P. M./Ulrich, D. (Hrsg.): The Routledge Companion to Strategic Human Resource Management, New York 2009, S. 183–188

Vogt, V. (2014): Datenübertragung innerhalb und außerhalb des Konzerns, in BB (Betriebs-Berater) 2014, S. 245–250

Voigt, C.: Über Sinn und Sensibilität – Interview mit Dave Ulrich, in Personalwirtschaft, H. 1/2011, S. 28 f.

Vollmer, M./Fischer, B./Röder, S.: Next Generation Shared-Services – Automatisierung als Trend, in Keuper, F./Schomann, M./Grimm, R. (Hrsg.): Strategisches IT-Management, Wiesbaden 2008, S. 279–316

Willemsen, H. J.: in Willemsen, H. J. /Hohenstatt, K./Schnitker, E./Schweibert, U./Seibt, C. (Hrsg.): Umstrukturierung und Übertragung von Unternehmen, Arbeitsrechtliches Handbuch, 3. Auflage, München 2008

Wißkirchen, F./Kleinertz, M.: Shared-Service-Center als Alternative zu Outsourcing, in Köhler-Frost, W. (Hrsg.): Berlin 2000, S. 181–199

Witasek, F.: Eine globale HR für ein globales Unternehmen, in Personalwirtschaft, H. 12/2009, S. 37

Wollweber, M.: Steuerklauseln in Unternehmenskaufverträgen – Typische Problemstellungen in der Praxis, in AG 2012, S. 789–794

Wolter, O.: Entwicklung und praktische Erprobung eines Kennzahlensystems für TQM, Berlin 1997

Wunderer, R./Arx, S.: Personalmanagement als Wertschöpfungs-Center – Integriertes Organisations- und Personalentwicklungskonzept, 3. Auflage, Wiesbaden 2002

Wunderer, R./Jaritz, A.: Unternehmerisches Personalcontrolling – Evaluation der Wertschöpfung im Personalmanagement, 3. Auflage, München 2006

Zapf, D./Machowski, S./Trumpold, K.: Hoher Einsatz mit Nebenwirkungen, in Personalführung, H. 6/2009, S. 18–29

Zollondz, H.-D.: Grundlagen Qualitätsmanagement – Einführung in Geschichte, Begriffe, Systeme und Konzepte, 2. Auflage, München 2006

Autorenporträts

Prof. Dr. Wolfgang Appel

Er wurde 1965 in Mainz geboren. Ausbildung in der gesetzlichen Unfallversicherung. Von 1989 bis 1993 Studium der Betriebswirtschaftslehre an der Johannes Gutenberg-Universität Mainz mit den Schwerpunkten Organisation und Publizistik. 1999 Promotion zu Fragen der computergestützten Gruppenarbeit. Von 1999 bis 2007 bei der BASF Aktiengesellschaft im Personalwesen. Ab 2003 verantwortlich für Aufbau und Leitung der HR-Shared-Services der BASF AG. Seit 1. Oktober 2007 Professor für Personal- und Servicemanagement an der Hochschule für Technik und Wirtschaft (HTW) des Saarlandes. Vortrags- und Beratungstätigkeiten insbesondere zur Organisation der Personalfunktion und zum Aufbau und Betrieb von HR-Shared-Services.

Rainer Aries

Jahrgang 1964, seit 2007 Inhaber von ariYes consulting, ist als Organisationsentwickler und Coach im Bereich Human Resources tätig. Die Verantwortung von internationalen Projekten, vor allem im Shared-Service-Umfeld, sind seit 2002 sein Schwerpunkt. Berufliche Erfahrungen sammelte Rainer Aries zunächst in der Elektrotechnik, bevor er 1995 in das operative Personalgeschäft wechselte. Danach folgte der Wechsel in die Zentrale der Siemens AG, wo strategische HR-Projekte die Hauptaufgabe darstellten. Nach der Einführung des HR-Shared-Service in Deutschland übernahm er die Konzernverantwortung für den Aufbau internationaler HR-Shared-Services. In den letzten beiden Jahren bei Siemens trug er die Geschäftsverantwortung für eine Einheit im Bereich HR-Application-Management.

Prof. Dr. Malte Beinhauer

Er ist Professor für Unternehmensführung und Organisation an der Hochschule für Technik und Wirtschaft des Saarlandes. Er verfügt über 15 Jahre akademische und professionelle Erfahrung in Prozess-, IT-, Wissens- und Change Management. Als langjähriger Berater verantwortete Dr. Beinhauer die Implementierung von HR-Anwendungssystemen und Business-Prozess-Reengineering-Projekten sowohl in öffentlichen Institutionen als auch in großen, global agierenden Unternehmen, u. a. für BMW, Daimler, E.ON, KPMG und Volkswagen. Zuletzt war Dr. Beinhauer als Director international Corporate Sector bei der IMC AG tätig. Dr. Beinhauer promovierte 2004 bei Prof. August-Wilhelm Scheer am Institut für Wirtschaftsinformatik im Deutschen Forschungszentrum für künstliche Intelligenz DFKI, Saarbrücken, wo er als Leiter des Kompetenzzentrums Wissensmanagement arbeitete.

Hendrik Böhmer

Hendrik Böhmer war zunächst als HR-Generalist und Industrial Relation Manager in verschiedenen Geschäftsbereichen wie z. B. Head Office und Field Force auf den klassischen Feldern von Human Resources Management tätig. Der Schwerpunkt seiner späteren Aufgabe als HR-Business-Partner unter anderem im Bereich Supply Chain lag dann in den Bereichen Organisations- und Personalentwicklung. Derzeit ist Herr Böhmer für die Steuerung der externen HR-Service-Provider verantwortlich, an die wesentliche HR-Aufgaben für die mehr als 7.000 Mitarbeiter in Deutschland, der Schweiz und Österreich ausgegliedert wurden.

Oliver Darga

Jahrgang 1970. Ausbildung zum Mathematisch-technischen Assistenten (Informatiker) bei der DZ BANK AG, anschließend Studium der Betriebswirtschaftslehre in Frankfurt am Main und Tätigkeit u. a. als Projektleiter und Gruppenleiter im IT-Bereich der DZ BANK AG. Seit 2004 bei der Merck Gruppe in verschiedenen Rollen in der IT mit starkem Bezug zu Kommunikation, Kollaboration und Internet-Technologien. Von 2012 bis 2014 im Bereich HR verantwortlich für den Aufbau einer Service-Management-Abteilung in HR-Services, seit August 2014 verantwortlich für „Embedded IT", der IT-getriebenen Produktinnovation in den Merck-Geschäftsbereichen Pharma und Chemie.

Dr. Franz G. Deitering

Geboren 1962. Nach verantwortlichen Positionen im HR in deutschen und amerikanischen Konzernen wurde er 1996 Leiter der weltweiten Personal- und Organisationsentwicklung der SAP. Als Mitglied des Global HR-Leadership-Teams entwickelte er unter anderem auch die HR-Shared-Service-Strategie für SAP. 2001 wechselte er in den Vertrieb, in dem er Hunderte Unternehmen wie Siemens, Philip Morris, Colgate, NSW, Sinopec unterstützt hat. Seit 2007 verantwortete er weltweit das Business Development für Shared-Services-Lösungen in allen Regionen und Branchen und hat auf dieser Basis neue Lösungen wie das SAP Shared-Service-Framework 2010 in den Markt gebracht. Nach einem Top Talent Fellowship 2010 wurde er 2011 zum Global Head Shared-Services Solutions der SAP befördert. Als international anerkannter Experte ist er mehrfach von den Mitgliedern des global führenden Shared-Services-Netzwerks – SSON – als G-6-Innovator gewählt worden. Franz Deitering hat sein Diplom in Arbeits- und Organisationspsychologie in Osnabrück gemacht und an der Universität Gießen promoviert. Er hat zwei Bücher und eine Vielzahl von Artikeln veröffentlicht. Darüber hinaus ist er Lehrbeauftragter für Organisationsentwicklung an den Universitäten Osnabrück, Mannheim und Heidelberg.

Ralf Entrup

Geboren 1966 in Osnabrück. Ausbildung zum Industriekaufmann. Von 1993 bis 1996 Studium der Betriebswirtschaftslehre an der Verwaltungs- und Wirtschaftsakademie Osnabrück. Seit 1982 im RWE Konzern. Von 2000 bis 2004 verantwortlich für Aufbau und Durchführung der zentralen Entgeltabrechnung. Seit 2004 zusätzlich verantwortlich für die HR-IT-Lösungen. Ab Sommer 2013 Übernahme der Gesamtverantwortung für HR-Technology im RWE Konzern.

Dr. Michaela Felisiak, LL.M.

Geboren 1983 in Erlangen. Von 2002 bis 2007 Studium der Rechtswissenschaften an der juristischen Fakultät Augsburg und Würzburg. 2007 absolvieren des ersten Staatsexamens sowie eines LL.M.-Studiums an der Universität Bern im Schwerpunkt Wirtschaftsrecht. 2008–2010 Referendariat und Ablegen des zweiten Staatsexamens. Seit 2010 zugelassene Rechtsanwältin. 2010–2012 Rechtsanwältin in einer Münchener Wirtschaftskanzlei. 2012–2014 Promotion an der Universität Augsburg zum grenzüberschreitenden Betriebsübergang. Seit Anfang 2014 Juristin des Österreichischen Generalkonsulats, Handelsabteilung in München.

Werner Felisiak

Jahrgang 1948, ist nach dem Abitur und einer Lehre zum Industriekaufmann bei Siemens dort seit 1974 im Personalwesen tätig. In unterschiedlichsten Funktionen sowohl in operativen (Leiter der Entgeltabrechnung) als auch in strategischen HR-Bereichen (Fachabteilungsleiter Organisationsentwicklung im Personalbereich, Projektleiter Einführung SAP, Machbarkeitsstudie Shared-Services in HR etc.) sammelte Werner Felisiak praktische Erfahrungen im Hause Siemens sowohl in Essen, München als auch in Erlangen. Als Leiter Prozess-/Qualitätsmanagement begleitete er ab 2003 den Aufbau und die organisatorische Entwicklung des HR-SSCs der Siemens AG zunächst für Deutschland und anschließend in Europa. Seit 2010 ist Herr Felisiak als selbstständiger Berater auf dem Gebiet HR-Development tätig.

Christine Glörfeld

Diplom-Betriebswirtin, geboren 1966 in Münster. Nach einer kaufmännischen Ausbildung Studium der Betriebswirtschaft an der Fachhochschule Münster. Dann Eintritt in die Deutsche Post DHL; mehrjährige Erfahrung im Bereich Human Resources sowie langjährige Tätigkeit in zentralen Projekten zur Prozessoptimierung im HR-Bereich, u. a. als Teilprojektleiterin und stellvertretende Gesamtprojektleiterin bei der Implementierung eines internen SSC für administrative Personalarbeit im Konzern in Deutschland. Nach Implementierung des SSC Übernahme der Abteilungsleitung Business Process Optimization bei der Serviceniederlassung HR-Operations Deutschland. Seit dem 1. Juli 2010 Abteilungsleiterin Business Process Optimization im Bereich Finance & HR-Operations Deutschland.

Thomas Jäger

Geboren 1960 in Bruchsal. Studium der Informatik an der TH Karlsruhe (heute KIT) mit Abschluss als Diplom-Informatiker 1986 mit dem Schwerpunkt Mensch-Computer-Schnittstelle. Danach bei Digital Equipment und Wang Technologies in verschiedenen Rollen in Kundenprojekten tätig.

Seit 1996 in verschieden Führungs- und Vertriebsaufgaben für IT-Software und -Lösungen tätig. In den letzten acht Jahren im Vertrieb von Contact-Center-Lösungen aktiv.

Dr. Gabriele Jahn

Geboren 1962 in Elz. Studium der Biologie und Geografie an der Philipps-Universität Marburg und anschließende Promotion zum Dr. rer. nat. am Fachbereich Biologie mit dem Schwerpunkt Endokrinologie. 1994 bis 1998 stellvertretende Institutsleitung und wissenschaftliche Mitarbeiterin am Wissenschaftlichen Institut der Ärzte Deutschlands e. V. und Zentrum für Arbeit und Gesundheit gGmbH, Stuttgart. 1998 bis 1999 Referentin für Qualitätsmanagement und Gesundheitsanalyse der Gmünder Ersatzkasse – GEK. Verantwortlich für die Konzeption, Umsetzung und Einführung von Projekten und Maßnahmen zum betrieblichen Gesundheitsmanagement insbesondere in KMU. Von 1999 bis Oktober 2014 bei den Stadtwerken München tätig, zunächst als Leiterin Personalcontrolling, -strategie, -planung, dann als Leiterin Service-Center Personal, Aufbau eines umfangreichen Leistungsportfolios von der Personaladministration über Entgeltabrechnung, Anwendungsbetreuung Personalinformationssysteme, Reisemanagement, Veranstaltungsorganisation (Trainings- und Seminarorganisation), Mitarbeiterbindung, Personalzeitwirtschaft bis hin zum Bewerbermanagement. Seit Oktober 2014 bei der Linde AG, Engineering Division in Pullach als Head of HR-Rewards and Systems mit der Verantwortung für Payroll, Secondment, Prozesse und Systeme im Bereich HR-Compensation and Benefits.

Sven Kayser

Sven Kayser, Senior Product Manager bei Attensity Europe GmbH, absolvierte ein Studium der Betriebswirtschaftslehre an der Universität des Saarlandes. Nach seinem Studium arbeitete er zunächst als Berater, dann als Product Manager in einer Ausgründung des universitären Instituts für Wirtschaftsinformatik von Prof. Dr. Scheer. Seit 2003 ist er in unterschiedlichen Positionen im Bereich Servicemanagement, zuletzt als Director Professional Service für KI-basierte Anwendungssysteme bei der Attensity Europe GmbH tätig. In dieser Zeit verantwortete er zahlreiche Einführungen, z. B. bei Postbank, PostFinance, SBB, Schweizer Fernsehen und anderen. Seit Dezember 2010 zeichnet er als Senior Product Manager für die Produktfamilie Respond verantwortlich. Sven Kayser lebt in Saarbrücken, ist 37 Jahre alt, verheiratet und Vater von zwei Töchtern.

Snezana Kerp

Diplomkauffrau, geboren 1971 in Nördlingen. Nach einigen Jahren in der Beratung bei Accenture mit den Schwerpunkten Management Consulting und IT-Projektleitungen wechselte Frau Kerp 2009 zur Deutschen Post DHL in den Unternehmensbereich BRIEF. Dort agierte sie als interner SAP-Berater. Seit 2011 ist Frau Kerp im Umfeld Six Sigma + LEAN tätig. Sie startete als Projektleiterin für das LEAN Programm im Bereich Finance & HR-Operations Deutschland. Nach Abschluss des Programms baute sie das Sachgebiet „First Choice" auf und leitet dieses seitdem.

Joachim Krahl

Dipl.-Verwaltungswirt. Geboren 1963. Seit 1979 bei der Deutschen Post beschäftigt, Fachhochschulstudium an der FH Bund für öffentliche Verwaltung von 1988 bis 1991, seit 1999 in verschiedenen leitenden Funktionen im Personalwesen tätig – zuvor Einsatz in diversen Betriebs- und Verwaltungsbereichen. Seit dem 1.1.2010 Geschäftsleiter Shared-Services PERSONAL DIREKT bei Finance & HR-Operations Deutschland.

Andreas Mayer

Er studierte Organisation und Führung sowie Politikwissenschaft an der Johannes Gutenberg-Universität in Mainz. 1998 startete er seine berufliche Karriere in der Personalabteilung der Adam Opel AG in Rüsselsheim. Ein Jahr später wurde er mit der Leitung der Auslandsentsendungen betraut. Im Mai 2005 übernahm Mayer für die Adam Opel AG die Verantwortlichkeit für die Verlagerung administrativer Personalprozesse im europäischen HR-Servicecenter in Barcelona, Spanien, und wurde knapp drei Jahre später selbst in das internationale Führungsteam des HR-Servicecenters berufen, wo er die Verantwortung für operative HR-Dienstleistungen sowie alle HR-IT-Projekte und -Prozesse in Europa innehatte. Seit 2013 beim Pharma-Unternehmen TEVA, dort ist er verantwortlich für den Aufbau globaler HR-Servicestrukturen. Andreas Mayer ist verheiratet und hat zwei Kinder. Er lebt in Amsterdam und in der Nähe von Mainz.

Stefanie Link

Diplom-Betriebswirtin (BA)/Black Belt UMS, geboren 1984 in Lüdinghausen. Berufsbegleitend zum Studium der Betriebswirtschaftslehre an der Berufsakademie Stuttgart arbeitete Frau Link im Unternehmensbereich BRIEF der Deutschen Post AG in Dortmund. Im Jahre 2006 erfolgte der Wechsel in den Bereich Finance & HR-Operations Deutschland. Seit 2008 ist Frau Link im Umfeld Six Sigma + LEAN der Deutschen Post DHL tätig. Schwerpunkte ihres Aufgabenumfeldes liegen in der Durchführung und dem Coaching von Prozessoptimierungsprojekten sowie der Ausbildung von Mitarbeitern und Führungskräften im Umfeld Six Sigma + LEAN.

Thomas Merkl

Thomas Merkl studierte Betriebswirtschaftslehre an der Fachhochschule Ludwigshafen und Wirtschaftsingenieurwesen an der Fachhochschule Mannheim. Erste praktische Erfahrungen im Thema der Produktionssysteme konnte er u. a. bei BMW und Porsche sammeln. Weitere Stationen waren die IDS Scheer AG, wo er als Projektmanager internationale Projekte in verschiedenen Branchen verantwortete. Danach verbrachte er einige Jahre bei der Siemens AG als Logistik- und Prozessberater und trug bei der Robert Bosch GmbH am Standort Homburg Verantwortung für das Thema „BPS in indirekten Prozessen". Seit 2014 leitet er bei der Continental Business Consulting globale Projekte. Er ist zertifizierter Six Sigma Black Belt und EFQM-Assessor.

Nicole Müller

Nicole Müller studiert Service-Center-Management an der HTW Saarbrücken. Ihre berufliche Karriere startete sie im KundenService-Center der ERGO Versicherung AG, wo sie in der zentralen Steuerungseinheit für die Konzeption und Prozessgestaltung der Routing-Plattform zuständig war. Zudem war sie maßgeblich an der Entwicklung des Data Warehouse beteiligt. Danach verbrachte sie vier Jahre bei der CSS Versicherung AG in Vaduz, wo sie für den Aufbau des Kundenservices verantwortlich war und die Abteilung Servicetelefonie leitete. Derzeit ist sie für die Credit Suisse AG in Zürich verantwortlich für das Workforce-Management des Customer-Service-Centers.

Navid Nazemian

Navid Nazemian studierte Internationales Manage-
ment/Außenwirtschaft in Hamburg. Er verbrachte insgesamt
sechs Jahre in Sales-Tätigkeiten, bevor er in den Bereich HR-
Global-Operations zu Adidas wechselte. Danach war er Teil-
nehmer des HR-Leadership-Programms (HRLP) bei General
Electric (GE). Nach einigen Senior HR-Stationen bei der
BAT-Gruppe im Nahen Osten, Großbritannien sowie
Deutschland war er bei der Roche als Global HR-Business-
Partner in der Schweiz tätig. Derzeit ist Herr Nazemian bei
Vodafone Deutschland als Hauptabteilungsleiter Personal
beschäftigt. Aufgrund seiner mehrjährigen Tätigkeit in Sales-
Positionen und anschließender Erfahrung in HR wird er von
vielen als wahrer „HR from the Outside-In"-Kenner bezeich-
net. Herr Nazemian ist Mitglied im Advisory Council des
Harvard Business Reviews und ausgebildeter Verhandlungs-
trainer an der Harvard Law School in den USA. Neben seinem aktuellen Lehrauftrag an der Hof University ist er als
Autor zahlreicher Buch- und Artikelpublikationen bekannt.
Als internationaler Keynote-Referent ist Herr Nazemian
weltweit gefragt.

Dr. Claus Peter Schründer

Geboren 1966 in Hamburg. Von 1986–1992 Studium der
Wirtschaftsinformatik an der Fachhochschule We-
del/Holstein. 1996 Promotion an der University of Bucking-
ham im Bereich Einkauf. Von 1996–2002 bei der Pricewater-
houseCoopers Unternehmensberatung GmbH zuletzt als Senior Manager (Prokurist). Ab 2002–2010 in verschiedenen
Unternehmensbereichen der Deutschen Post AG tätig. Dort
trug er zuletzt die globale Verantwortung für die kontinuierliche Verbesserung von Geschäftsprozessen innerhalb der
Service Line Finance und HR-Operations. 2010 Wechsel in
den Personalservice der Deutschen Telekom AG als Mitglied
der Geschäftsleitung sowie Leiter des Bereiches „Mitarbeiter-
Services". Seit dem 1.7.2014 Sprecher der Leitung der HBS
und Leiter des Operations-Bereiches.

Michael Schwarz

Michael Schwarz, Jahrgang 1975, absolvierte im Rahmen eines dualen Studienganges eine Ausbildung zum Industriekaufmann und studierte Internationale Betriebswirtschaft an der Fachhochschule Ludwigshafen. Seinen Berufseinstieg fand er im Jahr 2000 im Controlling des Personalbereichs der BASF. Seit 2005 war er am Auf- und Ausbau des HR-SSC in der Konzernzentrale beteiligt. Ab 2008 leitete er das europäische HR-SSC der BASF in Berlin. Von 2010 bis 2013 verantwortete er beim Umwelt- und Recyclingdienstleister ALBA das Controlling in dessen Multi-Tower-SSC. Aktuell ist er beim Engineering- und Servicekonzern Bilfinger am Auf- und Ausbau der Shared Services im Bereich Finance & Accounting sowie Human Resources beteiligt. Seit April 2014 leitet Herr Schwarz die Cross Functions der globalen Shared-Service-Organisation, welche die Aufgabengebiete Controlling, Service und Performance Management, Process und Quality Management sowie Project Management umfasst.

Rainer Schwarz

Rainer Schwarz, geboren 1967. Nach sechs Jahren als Privatkundenbetreuer bei einer deutschen Großbank und dem Studium der Betriebswirtschaftslehre startete er bei SAP in der
Beratung in Deutschland im Bereich CRM. Im Rahmen seiner Tätigkeit begleitete er CRM-Einführungen und Rollouts
bei global agierenden Konzernen aus Deutschland und Europa in der Rolle als Berater, Architekt und Projektmanager. Er
hat ab 2004 die ersten IT-Projekte zur Implementierung von
Kommunikationsplattformen auf Basis CRM für HR-SSC
verantwortet. Seitdem betreut er zum einen Kunden der SAP,
die SSC-Organisationen aufbauen und IT-Lösungen dafür
benötigen, und zum anderen Kunden, die schon ein SSC
haben und den Reifegrad weiter ausbauen wollen. Die vorhandene Projekterfahrung wurde als Input bei der Entwicklung der SAP-Lösung SAP Shared-Service-Framework genutzt. Es folgten Projekte zur Einführung von
Kommunikations- und Prozessplattformen für neue Bereiche
wie im Finance, im Einkauf etc. Rainer Schwarz hat nach der
Ausbildung zum Bankkaufmann und weiteren drei Jahren
Berufstätigkeit als Privatkundenbetreuer sein Diplom der
Betriebswirtschaftslehre an der Universität in Mannheim
gemacht.

Arthur Seidl

Arthur Seidl leitet seit 2010 die Abteilung „Global Business
Process Optimization" im Bereich „Finance and HR-
Services", der die internen SSCs von Deutsche Post DHL
betreibt. Aufgabenschwerpunkte sind dabei neben der Prozessoptimierung und -harmonisierung die Einführung neuer
Tools, die Sicherstellung der Compliance sowie die Weiterentwicklung der Bereichsstrategie. Weiterhin ist er im Projektmanagement, Storylining und der Präsentationserstellung
beratend und als Trainer tätig. Zuvor war Herr Seidl acht
Jahre bei DP DHL Inhouse Consulting, der internen Top-
Management-Beratung des Konzerns, tätig. In dieser Zeit hat
er eine Reihe von Projekten in der Strategieentwickung, Prozessoptimierung und Supply-Chain-Optimierung geleitet
sowie das Inhouse-Consulting-Regionalbüro in Singapur mit
aufgebaut.

Michael Wahler

Michael Wahler ist Inhaber von WAHLER Human Resources – einem praxisorientierten Beratungsunternehmen mit Schwerpunkten im strategischen HR-Consulting sowie im HR-Prozessmanagement gestützt auf innovative HR-Systeme. Für seine Beratungsprojekte verbindet Michael Wahler tiefgreifendes administratives, strategisches und IT-Wissen zu innovativen Lösungen. Von 1996 bis 1999 arbeitete er als Personalreferent bei der Nestlé Deutschland AG und war in einem Produktionsstandort verantwortlich für das operative Personalmanagement. Von 1999 bis 2005 arbeitete er bei Siemens Business-Services zunächst im HCM-Consulting als zertifizierter SAP HCM Solution Consultant und war zuletzt verantwortlich für die Leistungserbringung für externe Kunden. Es folgte ein Jahr als Head of Project Management Office bei Affiliated Computer Services in Barcelona. Als Management Consultant für HR-Transformation ging er 2006 bis 2008 zur PA Consulting Group. Anschließend führte er als Senior Manager bei der KMPG den Bereich HR-Transformation und leitete HR-Projekte in verschiedensten Branchen für Großkonzerne und den Mittelstand. 2012 machte er sich mit WAHLER Human Resources selbstständig.

www.ingramcontent.com/pod-product-compliance
Lightning Source LLC
Chambersburg PA
CBHW051115200326
41518CB00016B/2511